线装中华国粹

荀子

（战国）荀况◎著
郭美星◎译注

二十一世纪出版社
21st Century Publishing House
全国百佳出版社

图书在版编目（CIP）数据

荀子 / (战国) 荀况著 ; 郭美星译注 . —南昌 :
二十一世纪出版社 , 2015.1
(线装中华国粹系列)
ISBN 978-7-5568-0174-9

Ⅰ . ①荀… Ⅱ . ①荀… ②郭… Ⅲ . ①儒家②《荀子》—
译文③《荀子》—注释 Ⅳ . ① B222.6

中国版本图书馆 CIP 数据核字 (2014) 第 222357 号

荀　子　（战国）荀况　著　郭美星　译注

策　　划　张秋林
责任编辑　周向潮　穆静雯
出版发行　二十一世纪出版社（江西省南昌市子安路 75 号　330009）
　　　　　　www.21cccc.com　cc21@163.net
出 版 人　张秋林
经　　销　全国各地书店
印　　刷　北京威远印刷有限公司
版　　次　2015年1月第1版　2015年1月第1次印刷
印　　数　0001 ~ 15000册
开　　本　787mm × 1092mm　1/16
印　　张　21.5
字　　数　336 千字
书　　号　ISBN 978-7-5568-0174-9
定　　价　24.90 元

赣版权登字—04—2014—915

序　言

荀子，名况，战国末期赵国（今山西安泽）人。十五岁即游学于齐，曾在齐国国都临淄的稷下学宫讲学，并三次担任“祭酒”之职。时人仰慕荀子的学问，尊称其为“荀卿”。后为避汉宣帝刘询讳，人们将“荀”改为“孙”，故后人又称其为“孙卿子”。荀子在齐国受到诋毁而适楚，楚相春申君以之为兰陵令。公元前238年，春申君去世，荀子随之被罢免。之后，荀子便定居于兰陵，著书立说，直至去世。

荀子的文章当时以单篇流传，西汉时，刘向整理、校订了荀子的著作，将其编订成书，定著三十二篇，命名为《新书》。唐代杨倞重新编排荀子的著作，并将书名改为《荀子》，这就是今本《荀子》的开始。学界普遍认为,《荀子》一书中的大部分篇章为荀子自著,《议兵》《强国》《大略》等少数篇章可能是荀子弟子的记录，但这些篇章与荀子的思想并不矛盾，依然可以作为研究荀子思想的重要资料。

荀子生活在政治动荡，民不聊生，而在思想上却又百家争鸣的时代，他热切地希望天下统一和安定。因此他站在儒家的立场上，吸收并批判各家思想，从哲学、伦理、政治、教育、艺术、经济、军事等各个方面提出了自己的主张。荀子的思想综罗各家而又归于一统，这为大一统的国家制度的实现奠定了思想基础，而这也使得荀子成为战国末期的一个集大成的思想家。

在哲学上，荀子反对人格化的“天命”观念，提出了自然的天道观。他说:“天行有常，不为尧存，不为桀亡。应之以治则吉，应之以乱则凶。”(《荀子·天论》)在荀子之前，人们认为尧之所以能够得到天下，桀纣之所以失去天下，这都是上天的意志。但荀子认为，天是没有意志的，天地自然的运行有其固定的法则，人们依照这些法则去做就会得到好的结果，不按照这些法则去做就会得到坏的结果，因此天下的得失，关键在于统治者是否按照治理天下的法则去统治万民。以自然的天命观为基础，荀子提出了注重经验的认识论。他认为，人们认识的来源在于“天官”，所谓天官，也就是人天生的感官，即眼、耳、鼻、舌、身。但感觉经验未必准确，因此还需要通过“心”的思量，将感觉经验上升到理性的认识，因此荀子说：“心居中虚，以治五官，夫是之谓天君。”（《荀子·天论》）除此之外，荀子在解除认识的弊端、事物命名的方法、论证的原则等方面也有重大的贡献。

在伦理学上，荀子与孟子相反，提出了“人之性恶”的主张，他说：“人之性恶，其善者伪也。”（《荀子·性恶》）也就是说，人的本性是恶的，而人之所以能够为善，那是“伪”——后天教化的结果。当然，也有学者认为，荀子并不认为人的本性是恶的，而是认为人的本性是无所谓善恶的，人只有顺从自己的本性而不加节制才会变恶。其依据的是荀子的下面一段论述：

“今人之性，生而有好利焉，顺是，故争夺生而辞让亡焉；生而有疾恶焉，顺是，故残贼生而忠信亡焉；生而有耳目之欲，有好声色焉，顺是，故淫乱生而礼义文理亡焉。然则从人之性，顺人之情，必出于犯分乱理，而归于暴。故必将有师法之化，礼义之道，然后出于辞让，合于文理，而归于治。”（《荀子·性恶》）

依据这段话，好利、嫉恶、耳目之欲这些都是人天然的本性，这些天然的本性是无所谓善恶的，至于人最终变善还是变恶，关键在于后天的努力。如果人总是顺从自己的欲望，那他就会变恶；如果人能以礼义为标准节制自己的欲望，那他就会变善。因此有的学者反问：“如果人的本性就是恶的，那又怎么可能会变善呢？”不管荀子认为“人性本恶”还是“顺人之性会变恶”，总之，荀子的“性恶论”为他“隆礼重法”的政治学说奠定了人性论基础。

荀子看到了顺人之性可能导致的弊端，因此在政治上，他注重礼和法的作用，他说：“人君者，隆礼尊贤而王，重法爱民而霸。”（《荀子·强国》）荀子推崇明礼知法的大儒，他认为，君主只有任用这样的大儒才能够得到天下。以前的儒者虽然不反对用法，但他们更强调的是道德教化。比如孔子说：“道之以政，齐之以刑，民免而无耻；道之以德，齐之以礼，有耻且格。”（《论语·为政》）孟子说：“先王有不忍人之心，斯有不忍人之政矣。以不忍人之心，行不忍人之政，治天下可运之掌上。”（《孟子·公孙丑上》）因此，荀子提出以礼和法来治国，的确是儒家思想的重大变革。另外，以往的儒者大多“尊王贱霸”，而荀子却在一定程度上肯定霸道的意义，这说明荀子思想不只局限在儒家内部，而是吸收了其他各家之所长。荀子“隆礼重法”“王霸并用”的思想对先秦政治产生了重要影响。他的学生韩非，综合了荀子与早期法家的思想，成为先秦法家思想的集大成者和代表人物，而李斯则直接参与政治实践，帮助秦国统一天下，并建立了大一统的政治制度，此后中国两千余年的政治实践都受到了秦制的影响。

此外，荀子在教育、乐论、文学等方面都有很大的成就。他的《劝学》是中国古代的教育学名篇，《乐论》是中国古代音乐理论的经典著作，《成相》乃后世弹词之祖，《赋》篇对汉赋的兴起有着重大的影响，甚至荀子的文章本身也质朴雄健、自成一家，是中国古代散文的典范。然而以上所述不过是荀子思想和成就的大端，荀子思想之博大精深，还需读者在阅读时慢慢体会。

本书的注、译参考了古今学者的很多研究成果，其中当代学者的著作主要有：张觉，《荀子译注》，上海古籍出版社，1995年版；高长山，《荀子译注》，黑龙江人民出版社，2003年版；蒋南华、罗书勤等，《荀子全译》，贵州人民出版社，2009年版。在此向作者表示感谢。因水平有限，本书肯定还有很多不足之处，敬请方家指正。

2014年2月11日

目录

contents

劝学篇第一

原 文

君子曰：学不可以已[①]。青，取之于蓝，而青于蓝；冰，水为之，而寒于水。木直中绳，輮[②]以为轮，其曲中规，虽有槁暴[③]，不复挺者，輮使之然也。故木受绳则直，金就砺[④]则利，君子博学而日参省乎己，则知明而行无过矣。

故不登高山，不知天之高也；不临深溪，不知地之厚也；不闻先王之遗言，不知学问之大也。干、越、夷、貉之子[⑤]，生而同声，长而异俗，教使之然也。《诗》曰："嗟尔君子，无恒安息。靖共尔位，好是正直。神之听之，介尔景福[⑥]。"神莫大于化道[⑦]，福莫长于无祸。

吾尝终日而思矣，不如须臾之所学也。吾尝跂[⑧]而望矣，不如登高之博见也。登高而招，臂非加长也，而见者远；顺风而呼，声非加疾也，而闻者彰。假舆马者[⑨]，非利足也，而致千里；假舟楫者，非能水也，而绝江河。君子生非异也，善假于物也。

注 释

①已：停止。

②輮（róu）：通"煣"，《说文·火部》："煣，屈申木也。"即用火熏烤木料，使之变形。

③槁：通"熇"，用火烤。暴：用太阳晒。

④砺：磨刀石。

⑤干（hán）：通"邗"，春秋时期的诸侯国，后被吴国所灭。越：春秋时期的越国。夷：即东夷，指居住在我国东部的少数民族。貉（mò）：通"貊"，指居住在我国东北部的少数民族。

⑥嗟尔君子……介尔景福：引自《诗经·小雅·小明》，意思是说：君子啊，不要总是想着安乐。一定要尽心于你的职位，喜好正直的品德。神明知道你这样做，一定会帮助你获得极大的幸福。恒：常，总是。靖：安。共（gōng）：通"供"，指供奉。介：帮助，佐助。景：大。

⑦化道：即化于道，也就是遵从道。

⑧跂（qǐ）：踮起脚。

⑨假：凭借，借助。舆：车。

译文

君子说：学习不可以停止。靛青是从蓝草中提取出来的，但它比蓝草的颜色更深；冰是水凝固而成的，但它比水更寒冷。木头笔直得合乎墨线，但在火的熏烤下可以弯曲成车轮，它的弯曲度与圆规的标准相符，即使再经过火烤、日晒，也不会变直，这是熏烤使它如此的缘故。因此木头经过墨线的校正就可以变直，金属在打磨下就可以变得锋利，君子如果能够广博地学习并且每天检查反省自己，那么他的智慧就会非常高深明达，行为也不会有过错了。

所以不登上高山，就不知道天有多高；不亲临深谷，就不知道地有多厚；没有听说过古代帝王的遗言，就不知道学问有多么广大。干、越、夷、貉之族的孩子，他们出生的时候啼哭之声相同，等他们长大了却有不同的风俗习惯，这是教育使他们如此的。《诗经》中说："君子啊，不要总是想着安乐。一定要尽心于你的职位，喜好正直的品德。神明知道你这样做，一定会帮助你获得极大的幸福。"其实，多么伟大的神明的帮助也比不上遵从道，什么样的幸福也比不上没有灾祸。

我曾经整日思考，不如片刻学习之所得；我曾经踮起脚向远处张望，不如登上高处看得更广阔。登上高处招手，手臂并没有加长，但很远的人都能看到；顺风呼喊，声音并没有增大，但人们能听得更清楚。借助车马的人，他们并没有比别人更敏捷的双脚，却能到达千里以外的地方；借助舟楫的人，他们并非擅长潜水，却能渡过江河。君子并不是生来有什么不同，只是善于凭借外物罢了。

原文

南方有鸟焉，名曰蒙鸠[①]，以羽为巢，而编之以发，系之苇苕[②]，风至苕折，卵破子死。巢非不完也，所系者然也。西方有木焉，名曰射干[③]，茎长四寸，生于高山之上，而临百仞之渊，木茎非能长也，所立者然也。蓬生麻中，不扶而直；白沙在涅[④]，与之俱黑。兰槐之根是为芷，其渐之滫[⑤]，君子不近，庶人不服。其质非不美也，所渐者然也。故君子居必择乡，游必就士，所以防邪僻而近中正也。

物类之起，必有所始。荣辱之来，必象其德。肉腐出虫，鱼枯生蠹。怠慢忘身，祸灾乃作。强自取柱，柔自取束。邪秽在身，怨之所构。施薪若一，火就燥也；平地若一，水就湿也。草木畴生[⑥]，禽兽群焉，物各从其类也。是故质的[⑦]张而弓矢至焉；林木茂而斧斤至焉；树成荫而众鸟息焉；醯酸而蜹聚焉[⑧]。故言有召祸也，行有招辱也，君子慎其所立乎！

积土成山，风雨兴焉；积水成渊，蛟龙生焉；积善成德，而神明自得，圣心备焉。故不积跬[⑨]步，无以致千里；不积小流，无以成江海。骐骥一跃，不能十步；驽马十驾，功在不舍。锲而舍之，朽木不折；锲而不舍，金石可镂。螾[⑩]无爪牙之利，筋骨之强，上食埃土，下饮黄泉，用心一也。蟹六跪而二螯[⑪]，非蛇蟺[⑫]之穴，无可寄托者，用心躁也。是故无冥冥[⑬]之志者，无昭昭之明；无惛惛之事者，无赫赫之功。行衢[⑭]道者不至，事两君者不容。目不能两视而明，耳不能两听而聪。螣蛇[⑮]无足而飞，鼫鼠五技而穷[⑯]。《诗》曰："尸鸠在桑，其子七兮。淑人君子，其仪一兮。其仪一兮，心如结兮[⑰]。"故君子结于一也。

昔者瓠巴[⑱]鼓瑟而流鱼出听；伯牙鼓琴而六马仰秣[⑲]。故声无小而不闻，行无隐而不形。玉在山而草木润，渊生珠而崖不枯。为善不积邪，安有不闻者乎？

注 释

①蒙鸠：即鹪鹩，又名黄脰鸟、巧妇鸟、桃雀、桑飞等，常以茅苇毛毳为巢，喜欢将巢建在芦苇上。

②苇苕（tiáo）：芦苇的花穗。

③射（yè）干：一种香草，多年生草本植物。

④涅：黑泥。

⑤渐：浸泡。滫（xiǔ）：酸臭的淘米水，泛指污臭之水。

⑥畴：通"俦"，类。"畴生"即同类丛生。

⑦质的（dì）：泛指箭靶。质：箭靶。的：箭靶的中心。

⑧醯（xī）：醋。蜹（ruì）：一种小虫，体形似蝇，蚊类。

⑨跬（kuǐ）：半步。古人以两脚各走一次为一步。

⑩螾（yǐn）：蚯蚓。

⑪跪：足。螯（áo）：螃蟹的钳子。

⑫蟺（shàn）：通"鳝"。

⑬冥冥：本意指昏暗，这里用来形容专心、用功的样子。下文中的“惛（hūn）惛”亦同。

⑭衢（qú）：歧出，分叉。

⑮螣（téng）蛇：传说中一种能飞的蛇。

⑯鼫（shí）鼠：一种危害农作物的鼠。穷：困窘。

⑰尸鸠在桑……心如结兮：引自《诗经·曹风·鸤鸠》。尸鸠：布谷鸟。淑：善。

⑱瓠（hù）巴：春秋时期楚国著名的琴师。

⑲伯牙：春秋时期精于琴艺的人。琴曲《水仙操》《高山流水》，相传均为他所作。秣（mò）：草料，饲料。

译文

南方有一种鸟，名叫蒙鸠，它用羽毛筑巢，并用毛发编织起来，然后将巢系在芦苇的花穗上。一旦大风吹过，芦苇的花穗被吹折，巢中的卵就会被摔破，幼鸟也会被摔死。这并不是因为它的巢不完好，而是巢所建的地方使之如此。西方有一种草，它的名字叫射干，它的茎只有四寸高，而它却生长在高山之上，面对着百仞高的深渊，这并不是因为它的茎长得高，而是它所长的地方使之如此。蓬草生长在麻中，不用扶也会长得很直；白沙混在黑泥之中，会和泥一样黑。兰槐的根叫作芷，将其浸泡在污臭之水中，君子不愿意靠近它，普通百姓不愿意佩戴它。并非它的质地不美，是它所浸泡之处使之如此。因此君子居住一定要选择好的地方，交游也要选择贤良之人，这是为了防止奸邪偏颇而接近中正之道。

各类事物的兴起，一定都有其起因。荣誉、侮辱的到来，一定与此人的德性相关。肉腐烂了就会生虫子，鱼干枯了就会长蛀虫。懈怠散漫而忘失自我，灾难就会发生。坚硬的东西自然会被取来做柱子，柔软的东西自然会被取来扎束东西。自身沾染邪僻污秽之物，怨恨就会由此产生。堆放的柴火看起来一样，但火总是先烧着干燥的；平坦的土地好像是一样的，但水总是往低湿的地方流。草木同类丛生，禽兽依群而处，事物总是各从其类。因此箭靶张开，弓箭就会向靶心射来；林木茂盛，就会有斧头来砍；树木成荫，就会有众多的鸟儿来栖息；醋变质，就会有蚋虫聚生。所以言语有时会招来祸患，行为有时会招来屈辱，君子立身处事一定要谨慎啊！

泥土堆积成为高山，风雨就会在这里兴起；水积聚成为深渊，蛟龙就会来这里生长；积累善行形成美好的品德，自然会得到极高的智慧，达到圣人的思想境界。所以说，不积累半步，就不能到达千里之外；不积聚细小的溪流，就不能汇成江海。骏马一跃，没有十步远；劣马走十天的路程，也可以达到千里，它的成功之处在于不放弃。雕刻东西如果半途而废，即使腐烂的木头也不能折断；如果不放弃努力，即使是金属、石头也能镌刻。蚯蚓没有锋利的爪牙，也没有强壮的筋骨，但它上可以吃地上的泥土，下可以饮地下之水，这是因为它用心专一。螃蟹有六条腿和两个钳子，但它除了占用蛇、鳝的洞穴外，没有寄身之处，这是因为它用心太急躁。因此没有专心的求索，就没有清明的智慧；没有刻苦的努力，就没有巨大的功劳。走在歧路上就不会到达目的地，同时侍奉两个君主，你就不会被他们中的任何一位接受。眼睛不可能同时看清两样东西，耳朵不可能同时听清两种声音。螣蛇没有腿却可以飞上天，鼫鼠有五种技能却会受困。《诗经》中说："布谷鸟在桑树上，耐心地喂养它的七个孩子。善良的君子啊，他的言行是多么的一致。他言行一致呀，心好像结在一处不散乱。"因此君子要用心专一。

古时候每当瓠巴弹奏瑟，水中的鱼儿就会浮上来聆听；每当伯牙弹琴，正在吃草料的马也会抬起头来听。因此，声音不会因为小就不被听见，行为不会因为做得隐蔽就不显露。美玉藏在山上，山上的草木就会很茂盛；深水中有了珍珠，岸边的植物就不会枯萎。善行只是不积累罢了，否则怎么会不被别人知道呢？

原　文

学恶乎始？恶乎终？曰：其数则始乎诵经[①]，终乎读《礼》；其义则始乎为士，终乎为圣人。真积力久则入，学至乎没[②]而后止也。故学数有终，若其义则不可须臾舍也。为之，人也；舍之，禽兽也。故《书》者，政事之纪也；《诗》者，中声之所止也；《礼》者，法之大分，类之纲纪也。故学至乎《礼》而止矣，夫是之谓道德之极。《礼》之敬文也，《乐》之中和也，《诗》《书》之博也，《春秋》之微[③]也，在天地之间者毕矣。

君子之学也，入乎耳，箸[④]乎心，布乎四体，形乎动静。端而言，蠕[⑤]而动，一可以为法则。小人之学也，入乎耳，出乎口；口耳之间则四寸耳，曷足以美七尺之躯哉！古之学者为己，今之学者为人。君子之学也，以美其身；小人之学也，以为禽犊。故不问而告谓之傲[⑥]，问一而告二谓之囋[⑦]。傲，非也；囋，非也。君子如向[⑧]矣。

学莫便乎近其人。《礼》《乐》法而不说[⑨]，《诗》《书》故而不切[⑩]，《春秋》约而不速[⑪]。方其人之习君子之说[⑫]，则尊以遍矣，周于世矣。故曰：学莫便乎近其人。

学之经莫速乎好其人，隆礼次之。上不能好其人，下不能隆礼，安特将学杂识志[13]，顺《诗》《书》而已耳。则末世穷年，不免为陋儒而已。将原先王，本仁义，则礼正其经纬蹊径也。若挈裘[14]领，诎五指而顿之[15]，顺者不可胜数也。不道礼宪，以《诗》《书》为之，譬之犹以指测河也，以戈舂黍也，以锥餐壶也，不可以得之矣。故隆礼，虽未明，法士也；不隆礼，虽察辩，散儒[16]也。

注释

①数：指具体学习科目。经：古代对经典的尊称。先秦学习的具体科目主要有六种，统称六艺，即《诗》《书》《礼》《乐》《易》《春秋》。其中《诗》是指《诗经》；《书》是指《尚书》；《礼》是指《礼记》；《乐》是指《乐经》，如今已失传；《易》是指《周易》；《春秋》是先秦记载历史事件的书籍，现在流传的《春秋》则是孔子根据鲁国的史书删订而成的。

②没：通“殁”，死。

③微：精微，深奥。

④箸（zhuó）：通“著”，附着。

⑤蠕（rú）：虫类爬行的样子，微动貌。

⑥傲：急躁。

⑦囋（zán）：多言，唠叨。

⑧向：通“响”，回声。

⑨法：法度，准则。说：详细阐明。

⑩故：过去的事情。切：切合当下，切合现实。

⑪速：迅速掌握。

⑫方：通“仿”，仿效。习：练习，实践。

⑬安：语气助词。特：但，只。识：记。志：记载。

⑭裘：皮衣。

⑮诎（qū）：屈。顿：振动。

⑯散儒：指知识驳杂无统的儒者。

译文

学习从哪里开始？又在哪里结束？答曰：就具体科目而言，从诵经开始，到学习《礼记》结束；就内在的道理而言，从学习做士人开始，到成为圣人结束。不断努力坚持，时间久了，学问就会不断深入，学习要直到死亡才能停止。所以说，学习的具体科目有结束的时候，但学习的意义则是片刻也不能舍弃的。按照书中的道理去做事才算是人，舍弃书中的道理就与禽兽无别了。《尚书》记载的是政治事件;《诗经》收集的是合乎音律的篇章;《礼记》记载的是制度法令的根本以及人们行为的准则。所以学习要以《礼记》为终点，因为这就达到了道德的极点。《礼记》的敬重人文,《乐经》的中庸和谐,《诗经》《尚书》的知识广博,《春秋》的微言大义，天地之间的道理尽在于此。

君子学习，听于双耳，记在心头，用于身体四肢，表现于行为举止。谨慎的言语，轻微的行动，都可以成为别人学习的榜样。小人的学习，由耳而入，由口而出；耳与口之间的距离只有四寸，怎么能完善七尺高的身躯呢？古代学习的人是为了提高自己的修养，今天学习的人是为了在别人面前炫耀。君子的学习是为了完善自身，小人的学习是将知识当作家禽、小牛那样的礼物来炫耀。所以别人不问而主动地告知就是急躁，别人问一而告知以二就是唠叨。急躁是不对的，唠叨也是不对的。君子的回答应该像回声一样。

学习没有比亲近老师更方便的了。《礼记》《乐经》虽然记录了一些法度、但准则不详细,《诗经》《尚书》讲的是过去的事情但不切近现实,《春秋》简约却不容易迅速掌握。仿效老师对君子学说的实践，那么你的品德才能迅速提高，你的学识才能广博，才能洞晓世事。所以说学习没有比亲近老师更方便的了。

学习的途径没有比喜好贤师更迅速有效的了，其次则是尊奉礼法。上不能喜好贤师，下不能尊奉礼法，则只能学习一些驳杂的知识，死记一些文献，默守《诗经》《尚书》的内容。这样的话，终其一生也不免做个鄙陋之儒。如果探究古代帝王，以仁义为本，那么礼的各种准则、规范都会得到校正。就好像提起皮衣的领子，弯曲手指一抖，被理顺的毛多得难以计数。如果不讲求礼的法度，只是按照《诗经》《尚书》去做，这正如以手指测河的深浅，用戈来捣黍米，用锥子吃壶中的饭，是不可能成功的。因此，尊奉礼法，即使尚未彻底明白，也算是有法度之人；不尊奉礼法，即使明察善辩，也不过是个散漫的儒生。

原　文

问楛[①]者，勿告也；告楛者，勿问也；说楛者，勿听也；有争气者，勿与辩也。故必由其道至，然后接之，非其道则避之。故礼恭而后可与言道之方；辞顺而后可与言道之理；色从而后可与言道之致。故未可与言而言，谓之傲；可与言而不言，谓之隐；不观气色而言，谓之瞽[②]。故君子不傲、不隐、不瞽，谨顺其身。《诗》曰:“匪交匪舒，天子所予[③]。”此之谓也。

百发失一，不足谓善射；千里跬步不至，不足谓善御；伦类不通，仁义不一[④]，不足谓善学。学也者，固学一之也。一出焉，一入焉，涂巷之人也；其善者少，不善者多，桀、纣、盗跖也[⑤]。

全之尽之，然后学者也。

君子知夫不全不粹之不足以为美也，故诵数以贯之，思索以通之，为其人以处之，除其害者以持养之。使目非是无欲见也，使耳非是无欲闻也，使口非是无欲言也，使心非是无欲虑也。及至其致好之也，目好之五色，耳好之五声，口好之五味，心利之有天下。是故权利不能倾也，群众不能移也，天下不能荡也。生乎由是，死乎由是，夫是之谓德操⑥。德操然后能定，能定然后能应。能定能应，夫是之谓成人⑦。天见⑧其明，地见其光⑨，君子贵其全也。

注释

①楛（kǔ）：恶劣，不正当的事情。杨倞注："楛与苦同，恶也。问楛，谓所问非礼义也。"

②瞽（gǔ）：盲，瞎。

③匪交匪舒，天子所予：引自《诗经·小雅·采菽》，意思是：不急躁也不缓慢，天子赞同这一点。

④一：恒一，专一。

⑤桀：夏代末年的暴君。纣：商代末年的暴君。盗跖（zhí）：相传是春秋战国之际的一个大盗。

⑥德操：道德操守。

⑦成人：德才完备的人。

⑧见：通"现"，显露，显现。

⑨光：通"广"，广阔。

译文

询问邪恶之事的人，不要告诉他；告诉你邪恶之事的人，不要向他询问；言说邪恶之事的人，不要听他讲话；那些爱争吵斗气的人，不要与他们辩论。因此，是以合乎道的方式来求教的，才可以接待他；不以合乎道的方式来求教的，就要回避他。所以对方礼貌恭敬，则可以和他谈论求道的方法；对方言辞和顺，则可以和他谈论道的原理；对方颜色谦和，则可以和他谈论道的极点。因此，不可以跟他说的却说了，这是急躁；可以跟他说却不说，这是隐瞒；不观察别人的气色而跟他谈话，这就是盲目。因此君子应该不急躁、不隐瞒、不眼盲，而且要行事审慎。《诗经》上说："不急躁也不缓慢，天子赞同这一点。"说的就是这个意思。

射一百次只有一次没射中，就不能称其善于射箭；千里的路程，离终点只差半步，就不能称其善于驾车；同类事物不能贯通，仁义之行不能持久，就不能称其善于学习。学习之道，本来就是要学习专一持久。一会儿不学，一会儿学，没有恒心，这是街头巷尾之人；好的品行少，恶的品行多，这是桀、纣、盗跖一类的人；务求全面地掌握知识，又尽力地去实行，这才是学习之人。

君子知道学习不完全、不彻底就不算完美，因此他们背诵各种经典以求贯通，竭力思考以求融会，仿效良师以处世，去己之恶以持养身心。使眼睛不去看不对的地方，耳朵不去听不对的声音，嘴巴不去说不对的言辞，心不去思考不对的东西。等到非常喜好礼义的时候，就好像眼睛喜好五色，耳朵喜好五声，嘴巴喜好五味，心贪图拥有天下一样。这样的话，权力、利益不能使其颠覆，人多势众不能使其改变，拥有天下也不能使其动摇。依礼义而生，依礼义而死，这就是所谓的道德操守。有了道德操守的人便能心志坚定，心志坚定便能应对自如，心志坚定而又应对自如，这就是德才完备的人。苍天显示其光明，大地显示其广阔，君子贵在追求德行完美。

修身篇第二

原　文

见善，修然[①]必以自存也；见不善，愀然[②]必以自省也。善在身，介然[③]必以自好也；不善在身，菑然[④]必以自恶也。故非我而当者，吾师也；是我而当者，吾友也；谄谀我者，吾贼[⑤]也。故君子隆师而亲友，以致恶其贼。好善无厌，受谏而能诫，虽欲无进，得乎哉？小人反是：致乱而恶人之非己也；致不肖而欲人之贤己也；心如虎狼，行如禽兽，而又恶人之贼己也。谄谀者亲，谏争者疏，修正为笑，至忠为贼，虽欲无灭亡，得乎哉？《诗》曰："噏噏呰呰，亦孔之哀。谋之其臧，则具是违；谋之不臧，则具是依[⑥]。"此之谓也。

扁[⑦]善之度：以治气养生，则后彭祖；以修身自名，则配尧禹。宜于时通，利以处穷，礼信是也。凡用血气、志意、知虑，由礼则治通，不由礼则勃乱提僈[⑧]；食饮、衣服、居处、动静，由礼则和节，不由礼则触陷生疾；容貌、态度、进退、趋行，由礼则雅，不由礼则夷固、僻违、庸众而野[9]。故人无礼则不生，事无礼则不成，国家无礼则不宁。《诗》曰："礼仪卒度，笑语卒获[10]。"此之谓也。

以善先人者谓之教，以善和人者谓之顺；以不善先人者谓之谄，以不善和人者谓之谀。是是非非谓之知，非是是非谓之愚。伤良曰谗，害良曰贼。是谓是，非谓非曰直。窃货曰盗，匿行曰诈，易言曰诞。趣[11]舍无定谓之无常，保利弃义谓之至贼。多闻曰博，少闻曰浅。多见曰闲，少见曰陋。难进曰偍[12]，易忘曰漏。少而理曰治，多而乱曰秏[13]。

注 释

①修然：整饬的样子。

②愀（qiǎo）然：忧惧的样子。

③介然：坚定不动摇的样子。

④菑（zāi）：通"灾"，灾害。菑然：灾害在身的样子。

⑤贼：害。

⑥噏噏呰呰……则具是依：此诗引自《诗经·小雅·小旻》，意思是：随声附和，诋毁正言，也是很大的悲哀。谋划出善的意见，全部违背；谋划出不善的意见，却全部听从。噏（xī）噏：形容众口附和。呰（zǐ）呰：通"訾"，诋毁。孔：大，很，甚。臧：善。

⑦扁：通"遍"，全面。

⑧勃：通"悖"，违背。提僈（màn）：轻视，轻慢。

⑨夷固：傲慢。僻违：乖僻不合。野：无教养，粗鲁。

⑩礼仪卒度，笑语卒获：引自《诗经·小雅·楚茨》，意思是：只要礼仪完全合乎法度，一言一笑都会很恰当。

⑪趣：通"取"。

⑫偍（tí）：行动迟缓。

⑬秏（mào）：通"眊"，昏昧不明，昏乱。

译 文

看到好的行为，一定要认真检查自己是否也有这样的修养；看到不好的行为，一定要心存忧惧并反省自己。如果自己身上有好的品行，一定要坚定地珍惜它；如果自己身上有不好的品行，一定要像自己的身体遭遇灾害一样去讨厌它。所以否定我而否定得对的人，就是我的老师；认可我而认可得合理的人，就是我的朋友；谄媚我的人，就是害我的贼人。因此君子一定要尊重老师，亲近朋友，极端厌恶害人的贼人。喜好善行而不满足，受到劝谏就能规诫自己，即使不想进步，这怎么可能呢？小人则与此相反：极端昏乱，而又厌恶别人否定自己；品德极端低下，而又想要别人认为自己贤良；心像狼虎一样狠毒，行为像禽兽一样邪恶，而又厌恶别人伤害自己。亲近阿谀谄媚的人，疏远规劝诤谏的人，把纠正自己的话当作笑话，把忠信当作祸害，这样的人想要不灭亡，怎么可能呢？《诗经》中说："随声附和，诋毁正言，实在太令人悲哀。有完美可行的计划，结果却全部违背；对不好的计划却全部听从。"讲的就是这种人。

普遍至善的法度是：通过调养气血来养生，寿命就会超过彭祖；通过修养身心来提高自己，就能和尧、舜齐名。适宜用来因时通变，方便用来困顿自处的，就是礼仪和信义。凡是在人们调养气血、培养意志、运用思虑的时候，依礼而行就会理顺通达，不依礼而行就会悖乱轻慢。凡是饮食、穿衣、居处、行动方面，依礼而行就会和谐有序，不依礼而行就会触犯禁忌而生病；在颜色容貌、言语态度、行事进退、走路前行方面，依礼而行就会显得十分优雅，不依礼而行就会显得傲慢、乖僻、庸俗而又粗鲁。因此人不遵从礼就不能生活，做事不遵从礼就不能成功，国家没有礼仪制度就不会安宁。《诗经》中说："只要礼仪完全合乎法度，一言一笑都会很恰当。"讲的就是这个意思。

用善来引导人就是教化，用善使人和气就是和顺；用不善来引导人就是谄媚，用不善使人和气就是阿谀。以对为对，以错为错，这就叫作聪明；以错为对，以对为错，这就叫作愚昧。伤害良善叫作陷害，陷害贤人叫作奸贼。对就是对，错就是错，这叫作率直。偷东西叫作盗，隐藏自己的行为叫作欺诈，言语轻率叫作荒诞。取舍不定叫作无常，保全利益、舍弃仁义叫作大贼。听说的多叫作广博，听说的少叫作肤浅。眼见的多叫作多识，眼见的少叫作鄙陋。不易前进叫作迟缓，容易忘记叫作疏漏。少而有秩序叫作条理，多而杂乱叫作昏昧。

原　文

治气养心之术：血气刚强，则柔之以调和；知虑渐深[①]，则一之以易良；勇胆猛戾，则辅之以道顺；齐给便利[②]，则节之以动止；狭隘褊[③]小，则廓之以广大；卑湿重迟贪利[④]，则抗[⑤]之以高志；庸众驽散，则劫之以师友；怠慢僄弃[⑥]，则昭之以祸灾；愚款端悫[⑦]，则合之以礼乐，通之以思索。凡治气养心之术，莫径由礼，莫要得师，莫神一好。夫是之谓治气养心之术也。

志意修则骄富贵，道义重则轻王公；内省而外物轻矣。传曰：

“君子役物，小人役于物。”此之谓矣。身劳而心安，为之；利少而义多，为之；事乱君而通，不如事穷君而顺焉。故良农不为水旱不耕，良贾不为折阅不市[⑧]，士君子不为贫穷怠乎道。

体恭敬而心忠信，术礼义而情爱人；横行天下，虽困四夷[⑨]，人莫不贵。劳苦之事则争先，饶乐[⑩]之事则能让，端悫诚信，拘守而详[⑪]。横行天下，虽困四夷，人莫不任。体倨固而心执[⑫]诈，术顺墨而精杂污[⑬]；横行天下，虽达四方，人莫不贱。劳苦之事则偷儒转脱[⑭]，饶乐之事则佞兑而不曲[⑮]，辟违而不悫，程役而不录[⑯]。横行天下，虽达四方，人莫不弃。

行而供冀[⑰]，非渍淖[⑱]也；行而俯项，非击戾[⑲]也；偶视而先俯，非恐惧也。然夫士欲独修其身，不以得罪于比俗[⑳]之人也。

注释

①知：通“智”。渐（qián）：潜伏。

②齐给便利：动作敏捷，这里指行为毛躁。

③褊（biǎn）：狭小，不宽广。

④卑湿：意志消沉。重迟：迟钝。

⑤抗：振奋，激励。

⑥僄（piào）弃：轻忽抛弃。

⑦愚款：质朴。悫（què）：朴实。

⑧折（shé）：亏本。阅：卖。

⑨四夷：中国周边的少数民族。这里指偏远地区。

⑩饶乐：安逸享乐。

⑪详：通“祥”，安详。

⑫执：通“势”，狡诈。

⑬顺：当为“慎”，指慎到，早期法家人物。墨：指墨翟，墨家学派的创始人。

⑭偷：苟且。儒：通“懦”，懦弱。

⑮兑：通“悦”，这里指取悦于人。不曲：不以为不正。

⑯程役：放纵欲望。程：通“逞”。役：通“欲”。录：检点。

⑰供冀：谨慎小心。供：通“恭”。

⑱渍淖：陷于污泥。

⑲击戾：碰撞。

⑳比俗：世俗。

译　文

调理血气、修养身心的方法：血气刚强的，就用和顺的办法使其温柔；智慧思虑潜伏深沉的，就用坦诚直率的办法使其明白；勇敢刚猛的，就用引导的办法来安抚；行为毛躁的，就用举止安详之法来节制；心胸狭小的，就要用宽宏大度来开导；意志消沉、反应迟钝、贪图利益的，就用高尚的节操来激励；平庸懒散的，就让师友来鼓励；怠慢轻忽的，就要警之以灾祸；质朴单纯的，就要用礼乐教化，使其思虑通顺。大凡调理血气、修养身心的方法，没有比学习礼义更为便捷的了，没有比得到贤师更重要的了，没有比爱好专一更神妙的了。这就是调理气血修养身心的方法。

意志美好就能傲视富贵，重视道义就轻视王侯公卿，反省内心就会看轻外物。古书上说："君子操控外物，小人被外物操控。"说的就是这个。身体劳累但让内心踏实的事，可以去做；利益少但道义多的事，可以去做。侍奉昏乱之君而显达，不如侍奉不得志之君且随遇而安。所以说优秀的农民不会因为害怕洪水和干旱而不去耕种，优秀的商人不会因害怕折本而不做买卖，士和君子不会因贫穷而不守道义。

外貌恭敬而内心忠信，以礼义为方法并具有爱护他人的性情，这样的人行走天下，即使受困于边远的少数民族之乡，人们没有不尊重他的。劳苦之事争先去做，享乐之事则让给别人，朴实诚信，谨慎安详，行走天下，即使受困于边远的少数民族之乡，人们也没有不信任他的。外表高傲内心狡诈，依从慎到、墨翟的学说，精于驳杂污秽之术，行走天下，受困于边远的少数民族之乡，人们没有不轻贱他的。遇到劳苦之事则苟且地显示懦弱而转给别人，遇到享乐之事就去奸猾地取悦别人而不以为非，狡诈而不诚恳，放纵欲望而不检点，行走天下，受困于边远的少数民族之乡，人们没有不抛弃他的。

走路谨慎小心，不是害怕掉到泥坑里；走路低着头，不是害怕撞到什么东西；与人对视而先低头，不是畏惧对方。这是士人想要修养自己的品德，而不愿去得罪世俗之人。

原　文

夫骥一日而千里，驽马十驾则亦及之矣。将以穷无穷，逐无极与？其折骨绝筋，终身不可以相及也。将有所止之，则千里虽远，亦或迟、或速、或先、或后，胡为乎其不可以相及也？不识步道[①]者，将以穷无穷，逐无极与？意亦有所止之与？夫"坚白"、"同异"、"有厚无厚"之察[②]，非不察也，然而君子不辩，止之也。倚魁[③]之行，非不难也，然而君子不行，止之也。故学曰："迟，彼止而待我，我行而就之，则亦或迟、或速、或先、或后，胡为乎其不可以同至也？”故跬步而不休，跛鳖千里；累土而不辍，丘山崇[4]成。厌[5]其源，开其渎，江河可竭。一进一退，一左一右，六骥不致。彼人之才性之相县[6]也，岂若跛鳖之与六骥足哉！然而跛鳖致之，六骥不致，是无他故焉，或为之，或不为尔？道虽迩[7]，不行不至；事虽小，不为不成。其为人也多暇日者，其出入不远矣。

好法而行，士也；笃志而体[8]，君子也；齐明[9]而不竭，圣人也。人无法，则伥伥然[10]；有法而无志其义，则渠渠然[11]；依乎法，而又深其类，然后温温然[12]。

注　释

①步道：走路。

②“坚白”、“同异”、“有厚无厚”：战国时期名家的著名命题。“坚白”是公孙龙提出的命题，他提出“离坚白”，他认为石头的坚的性质和白的性质是可以分离的，甚至可以脱离石头而独立存在。“同异”是惠施的命题，他认为事物间的同与异都是相对的，从小的方面而言，事物之间有小同和小异，但从根本上来说万物皆同或万物皆异，就同而言，万物都是物，就不同而言，它们各有各的性质。“有厚无厚”也是惠施提出的命题，他认为：“无厚，不可积也，其广千里。”表达了空间的相对性。

③倚魁：奇怪，怪癖。

④崇：通“终”，最终。

⑤厌：堵塞。

⑥县：通“悬”，差异。

⑦迩（ěr）：近。

⑧体：践行，实践。

⑨齐明：思虑敏捷明智。

⑩伥（chāng）伥然：无所适从的样子。杨倞注：“伥伥，无所适貌，言不知所措履。”

⑪渠渠然：窘迫不安的样子。渠：通“遽（jù）”。

⑫温温然：轻松平和的样子。

译　文

骏马一天可以跑千里远，劣马连续走十天也可以达到。如果是穷尽无穷远的路程，追逐没有终点的目标呢？那么就算折骨断筋，一辈子也不能达到。如果有终止之处，千里之遥虽然很远，或快或慢、或先或后，怎么可能赶不上呢？不懂得行路的人，他们是想要穷尽无穷的路程、追逐没有终点的目标吗，还是他们也有终止之处呢？对“坚白”、“同异”、“有厚无厚”等命题的明察，不是不能明察，然而君子却不去辩解，这是因为他们思辨的东西有限度。怪僻的行为，不是不应该责难，然而君子不去做，是因为他们的行为有其限度。因此学者说：“我”学习得很慢，别人停下来等着我，我赶紧努力去接近他，那么或慢或快、或先或后，怎么不可以一起到达目标呢？”所以说，半步半步地走而不停止，瘸腿的鳖也可以走千里之远；不停地堆土，最终会堆成高山。如果堵塞源头，挖开沟渠，江河也会干涸；前进一步后退一步，左一步右一步，六匹骏马也不能到达目的地。人的才能和本性的差异，难道有瘸腿的鳖和骏马的腿那么大吗？然而瘸腿的鳖可以到达的地方，六匹骏马却不能到达，这没有别的原因，一个去做一个不去做罢了。路途虽然很近，但不去走就不会到达；事情虽小，但不去做就不能完成。那些整天闲闲散散的人，他们的才能不会比别人高的。

热爱法度、遵法而行的人，是士子；志向坚定而又能躬身实践的人，是君子；思虑敏捷明智、智慧无穷的人，是圣人。人没有礼法可依就会无所适从，有礼法可依但不解其意就会窘迫不安，遵循礼法而行并且能够深明各类道理就会轻松平和。

原　文

礼者、所以正身也；师者、所以正礼也。无礼何以正身？无师，吾安知礼之为是也？礼然而然，则是情安礼也；师云而云，则是知①若师也。情安礼，知若师，则是圣人也。故非礼，是无法也；非师，是无师也。不是师法，而好自用，譬之是犹以盲辨色，以聋辨声也，舍乱妄无为也。故学也者，礼法也。夫师，以身为正仪，而贵自安者也。《诗》云：“不识不知，顺帝之则②。”此之谓也。

端悫顺弟③，则可谓善少者矣；加好学逊敏焉，则有钧④无上，可以为君子者矣。偷儒惮事⑤，无廉耻而嗜乎饮食，则可谓恶少者矣；加惕悍⑥而不顺，险贼而不弟焉，则可谓不详⑦少者矣，虽陷刑戮可也。老老⑧而壮者归焉，不穷穷⑨而通者积焉，行乎冥冥⑩而施乎无报，而贤不肖一焉。人有此三行，虽有大过，天其不遂⑪乎！

君子之求利也略⑫，其远害也早，其避辱也惧，其行道理也勇。君子贫穷而志广，富贵而体恭，安燕而血气不惰，劳倦而容貌不枯，怒不过夺，喜不过予。君子贫穷而志广，隆仁也；富贵而体恭，杀势⑬也；安燕而血气不惰，柬理⑭也；劳倦而容貌不枯，好交⑮也；怒不过夺，喜不过予，是法胜私也。《书》曰："无有作好，遵王之道。无有作恶，遵王之路⑯。"此言君子之能以公义胜私欲也。

注 释

①知：通"智"。

②不识不知，顺帝之则：引自《诗经·大雅·皇矣》，意思是：不知不觉，却符合上天的法则。

③悫（què）：诚恳。弟：通"悌"，尊重兄长。

④钧：通"均"，相等。

⑤偷：苟且。儒：通"懦"，懦弱。

⑥惕（dàng）悍：放荡凶悍。

⑦详：通"祥"，吉祥。

⑧老老：尊敬老人。

⑨穷穷：轻慢不得志的人。

⑩冥冥：昏暗，这里指暗地里行事。

⑪遂：通"坠"，死亡，灭亡。

⑫略：简约，这里指淡泊名利。

⑬杀势：减弱威势。

⑭柬理：选择合乎道理的事。柬：选择，挑选。杨倞注："柬与简同，言柬择其事理所宜。"

⑮交：疑为"文"，指礼仪。

⑯无有作好……遵王之路：引自《尚书·洪范》，意思是：不要有个人的偏好，遵从先王指明的大道；不要有个人的偏恶，遵从先王指明的大路。

译 文

礼仪是用来修正身体的，老师是用来修正礼仪的。没有礼仪，怎么来修正身体？没有老师，我怎么知道礼仪为何这样设计？礼仪这样就按这样去做，这就是性情安于礼仪；老师怎么说就怎么做，智慧就可以和老师一样。性情安于礼仪，智慧同于老师，这就是圣人。所以说不遵守礼仪，就是没有法度；违背老师的教诲，就是心无师长。不遵从老师的教导而喜欢自以为是，这就好像是让瞎子来分辨颜色，让聋子来分辨声音，除了混乱狂妄的事就没有什么可以做的了。因此，学习就是要学习礼仪法度。老师是指那些能以自身为表率并且能够安心于此的人。《诗经》中说：“不知不觉却符合上天的法则。”讲的就是这个道理。

端庄诚恳而又恭顺长者，可以说是优秀的少年了；再加上好学、谦逊、聪敏，那么就只有与他相等而没有能超过他的人了，而这就可以称为君子了。苟且懦弱怕事，没有廉耻之心而又贪爱吃喝，这就可以说是不良少年了；再加上放荡顽劣而不恭顺，阴险狡诈而不尊重长者，这就是不祥的少年了，他们即使受到刑罚，也是应该的。尊敬老人，那么强壮的人就会来归顺；不轻慢处境穷困之人，那么通达之人就会越来越多；暗中做好事而不求回报，不肖之人与贤人都会来归附。人能够做到这三件事，即使犯了大错，上天也不会让他灭亡。

君子求利之心淡泊，他们能够深谋远虑地远离灾祸，能够谨慎地避开侮辱，能够勇敢地践行道义。君子贫苦不得志但志向远大，处于富贵之中而能体貌恭顺，安逸燕居而能气血平和不怠惰，身体劳累而能容貌端庄，生气时不会过分处罚，高兴时不会过分奖赏。君子贫苦不得志但志向远大，是因为他们以仁为重；处于富贵之中而能体貌恭顺，是因为他们主动减弱威势；安闲逸居而能气血平和不怠惰，是因为他们依道义行事；身体劳累而能容貌精神，是因为他们喜好礼仪；生气时不会过分处罚，高兴时不会过分奖赏，是因为他们遵从法度胜过自己的私情。《尚书》中说：“不要有个人的偏好，遵从先王指明的大道；不要有个人的偏恶，遵从先王指明的正路。”这就是说，君子能够用公正的道义来克制自己的私人欲望。

不苟篇第三

原　文

君子行不贵苟[①]难，说不贵苟察，名不贵苟传，唯其当之为贵。故怀负石而赴河，是行之难为者也，而申徒狄[②]能之；然而君子不贵者，非礼义之中也。“山渊平”，“天地比”，“齐、秦袭”，“入乎耳，出乎口”，“钩[③]有须”，“卵有毛”，是说之难持者也，而惠施、邓析能之[④]；然而君子不贵者，非礼义之中也。盗跖吟口[⑤]，名声若日月，与舜、禹俱传而不息；然而君子不贵者，非礼义之中也。故曰：君子行不贵苟难，说不贵苟察，名不贵苟传，唯其当之为贵。《诗》曰：“物其有矣，惟其时矣[⑥]。”此之谓也。

君子易知而难狎[⑦]，易惧而难胁，畏患而不避义死，欲利而不为所非，交亲而不比[⑧]，言辩而不辞，荡荡乎其有以殊于世也。

君子能亦好[⑨]，不能亦好；小人能亦丑，不能亦丑。君子能则宽容易直以开道人，不能则恭敬缚绌[⑩]以畏事人；小人能则倨傲僻违以骄溢人，不能则妒嫉怨诽以倾覆人。故曰：君子能则人荣学[⑪]焉，不能则人乐告之；小人能则人贱学[⑫]焉，不能则人羞告之。是君子小人之分也。

君子宽而不僈[⑬]，廉而不刿[⑭]，辩而不争，察而不激，直立而不胜，坚强而不暴，柔从而不流，恭敬谨慎而容。夫是之谓至文[⑮]。《诗》曰："温温恭人，维德之基[⑯]。"此之谓也。

注　释

①苟：苟且。

②申徒狄：商朝末年人，因厌恶当时政治黑暗，不满自己的政治主张不被采用，抱石投江而亡。

③钩：疑为"姁"，"姁"通"妪"，妇人。

④惠施：战国时期宋国人，先秦名家代表人物之一。邓析：春秋末期郑国人，崇尚刑名之学，法家的先驱，曾著有《竹刑》一书。

⑤吟口：吟诵于口。

⑥物其有矣，惟其时矣：引自《诗经·小雅·鱼丽》，意思是：事物的存在，应该合乎时宜啊。

⑦狎（xiá）：不礼貌地亲近。

⑧比：结党。

⑨好：美好。

⑩缚绌：抑制，贬损。缚：通"撙"，抑制。

⑪荣学：以向他学习为荣。

⑫贱学：以向他学习为耻。

⑬僈（màn）：怠惰。

⑭刿（guì）：用刀割，刺伤。

⑮至文：品行完备。

⑯温温恭人，维德之基：引自《诗经·大雅·抑》，意思是：温文谦恭的人，只把德性作为根本。

译　文

君子做事不以苟且难能为可贵，言说不以苟且明察为可贵，名声不以苟且传世为可贵，只以符合礼义为可贵。抱着石头投河，这是很难做到的事，而申徒狄能做到，但君子不以这种行为为可贵，因为这不合乎礼义之正道。“高山和深渊齐平”、“天与地相邻”、“齐国和秦国连在一起”、“语言从耳朵进入，从嘴巴说出”、“妇人有胡须”、“蛋里有毛”，这些言说是很难把握的，但是惠施、邓析能把握，然而君子却不以此为可贵，因为这不合乎礼义之正道。盗跖的名字吟诵在人们的口中，他的名声像日月那样为人熟知，和舜、禹共同被传颂不止，然而君子不以盗跖为可贵，因为盗跖的行为不合乎礼义之正道。所以说：君子做事不以苟且难能为可贵，言说不以苟且明察为可贵，名声不以传世苟且为可贵，只以符合礼义为可贵。《诗经》中说：“事物的存在，应该合乎时宜啊。”讲的就是这个道理。

君子容易结交但不容辱慢，容易恐惧但难以胁迫，畏惧灾祸但不逃避取义而死，追求利益但不为非作歹，与人相亲但不结党营私，言语雄辩但不求华丽，胸怀坦荡，他与世人是不相同的。

君子有才能很美好，没才能也很美好；小人有才能很丑陋，无才能也很丑陋。君子有才能，就会用宽容、平易、正直等品质去开导人，没才能就恭敬、谦逊、谨慎地去侍奉人；小人有才能就会高傲、怪癖、无理地居人之上，没才能就会去妒忌、怨恨、诽谤、诋毁别人。所以说：君子有才能，人们都会以向他学习为荣，没才能人们也乐意告诉他；小人有才能，人们会以向他学习为耻，无才能，人们也羞于告诉他。这就是君子和小人的分别。

君子宽容而不怠惰，正直而不伤人，善辩而不强词夺理，明察而不有失偏颇，行事正直而不盛气凌人，意志坚定而不凶狠暴躁，温柔顺从而不随波逐流，恭敬谨慎而能从容不迫，这就叫德行完备。《诗经》说：“温文谦恭的人，只把德性作为根本。”讲的正是如此。

原　文

君子崇人之德，扬人之美，非谄谀也；正义[①]直指，举人之过，非毁疵也；言己之光美，拟于舜禹，参于天地，非夸诞也；与时屈伸，柔从若蒲苇，非慑怯也；刚强猛毅，靡所不信[②]，非骄暴也；以义变应，知当曲直故也。《诗》曰：“左之左之，君子宜之；右之右之，君子有之[③]。”此言君子以义屈信变应故也。

君子，小人之反也。君子大心则敬天而道，小心则畏义而节；知[④]则明通而类，愚则端悫而法；见由则恭而止，见闭则敬而齐；

喜则和而理，忧则静而理；通则文而明，穷则约而详。小人则不然：大心则慢而暴，小心则淫而倾；知则攫盗而渐⑤，愚则毒贼而乱；见由则兑⑥而倨，见闭则怨而险；喜则轻而翾⑦，忧则挫而慑；通则骄而偏，穷则弃而儑⑧。传曰："君子两进，小人两废。"此之谓也。

君子治治，非治乱也。曷谓邪？曰：礼义之谓治，非礼义之谓乱也。故君子者，治礼义者也，非治非礼义者也。然则国乱将弗治与？曰：国乱而治之者，非案⑨乱而治之之谓也，去乱而被之以治；人污而修⑩之者，非案污而修之之谓也，去污而易之以修。故去乱而非治乱也，去污而非修污也。治之为名，犹曰君子为治而不为乱，为修而不为污也。

注释

①义：通"议"，议论，评价。

②信：通"伸"，伸展。

③左之左之……君子有之：引自《诗经·小雅·裳裳者华》，意思是：该往左就往左，君子适宜它；该往右就往右，君子适应它。

④知：通"智"。

⑤渐：欺诈。

⑥兑：通"悦"，高兴。

⑦翾（xuān）：通"儇"，轻佻，轻薄。

⑧儑（àn）：忧郁，迟顿。

⑨案：通"按"，依照、依据。

⑩修：美好。

译文

君子尊崇别人的德行，弘扬别人的美德，并不是为了谄媚别人；正当地评价别人，直接指出别人的过错，并不是为了诋毁别人；言说自己光明美好的品行，和舜、禹相类比，与天地相提并论，并不是夸大自己；根据时机而或屈或伸，温柔顺从像蒲苇一样，并不是因为胆怯害怕；坚强勇猛，永不屈服，并不是骄横暴躁。那是因为他们根据道义来应变，根据时机以屈伸。《诗经》中说："该往左就往左，君子适宜它；该往右就往右，君子适应它。"说的就是君子根据道义来屈伸应变。

君子与小人相反。君子心有大志就会敬顺天命而遵从法则，心无大志就会畏惧道义而有节制；聪明就会明智睿达而通晓各类事理，愚笨就会端正诚恳而守法；被任用了会恭敬而守礼，不被任用也会肃敬而端庄；高兴时会平和而讲理，忧伤时会冷静而理智；得志时会温文而明达，不得志时会自我约束并详查事理。小人则不是这样，心有大志就会轻慢而暴躁，心无大志就会奸邪而倾轧；聪明就会巧取豪夺并且欺诈，愚笨就会狠毒而作乱；被任用了就会兴奋而高傲，不被任用就会幽怨而阴险；高兴时会轻佻而浮薄；忧虑时会挫败而惊恐；显达了就会骄傲而偏颇，困窘时就会自暴自弃而神情沮丧。古书上说："君子在两种极端情况下都会进步，小人在两种极端情况下都会堕落。"讲的就是这个道理。

君子治理安定的国家，不治理混乱的国家。这是什么意思呢？回答是：合乎礼义就叫作安定，不合乎礼义就叫作混乱。所以说，君子治理合乎礼义之国，不治理不合礼义之国。那么，国家混乱了就不去治理它吗？回答是：国家乱了而进行治理，说的并不是依照混乱的情况去治理，而是清除混乱之后再对国家进行治理。一个人的德行由污秽而变得美好，并不是在污秽的基础上而使其美好，而是去除污秽之处然后再使之美好的品行。因此，清除混乱而不是治理混乱，去除污秽而不是整治污秽。治理之所以叫治理，说的就是君子治理安定的国家而不治理混乱的国家，使品行美好而不是整治污秽。

原　文

君子洁其身而同焉者合矣，善其言而类焉者应矣。故马鸣而马应之，牛鸣而牛应之，非知也，其势然也。故新浴者振其衣，新沐者弹其冠，人之情也。其谁能以己之潐潐[①]，受人之掝掝[②]者哉！

君子养心莫善于诚，致诚则无它事矣，唯仁之为守，唯义之为行。诚心守仁则形[③]，形则神，神则能化矣。诚心行义则理，理则明，明则能变矣。变化代兴，谓之天德[④]。天不言而人推高焉，地不言而人推厚焉，四时不言而百姓期[⑤]焉。夫此有常，以至其诚者也。君子至德，嘿然而喻[⑥]，未施而亲，不怒而威。夫此顺命，以慎其独者也。善之为道者，不诚则不独，不独则不形，不形则虽作于心，见于色，出于言，民犹若未从也；虽从必疑。天地为大矣，不诚则不能化万物；圣人为知[⑦]矣，不诚则不能化万民；父子为亲矣，不诚则疏；君上为尊矣，不诚则卑。夫诚者，君子之所守也，而政事之本也，唯所居以其类至。操之则得之，舍之则失之。操而得之则轻[⑧]，轻则独行，独行而不舍，则济矣。济而材尽，长迁而不反其初，则化矣。

君子位尊而志恭，心小而道大[9]；所听视者近，而所闻见者远。是何邪？则操术然也。故千人万人之情，一人之情也。天地始者，今日是也。百王之道，后王是也。君子审后王之道，而论于百王之前，若端拜[10]而议。推礼义之统，分是非之分，总天下之要，治海内之众，若使一人。故操弥约，而事弥大。五寸之矩[11]，尽天下之方也。故君子不下室堂，而海内之情举积此者，则操术然也。

注释

①潐（jiào）潐：明察貌。

②掝（huò）掝：混乱、迷惑的样子。

③形：表现。

④天德：阴阳交替，四时运兴等自然规律。

⑤期：预期，预知。

⑥嘿：通"默"。喻：明白。

⑦知：通"智"。

⑧轻：容易。

⑨道大：志向远大。

⑩端拜：正身拱手之拜。唐杨倞注："端拜，犹言端拱。"形容从容不迫的样子。

⑪矩：画方形的工具。

译文

君子自身廉洁，那么与他志同道合的人就会到来；言辞美好，那么与他同类的人就会响应。因此马嘶鸣就会有马回应它，牛鸣叫就会有牛回应它，这不是因为它们聪明，而是自然的趋势。所以刚洗完澡的人总是抖抖衣服，刚洗完头的人总是弹弹帽子，这是人之常情。谁会以自己的明察而受别人的迷惑呢？

君子修养身心没有比真诚更好的方法了，做到了真诚也就没有别的事情了，只需要守住仁爱，并遵守道义而行。真诚地用心去坚守仁爱，仁爱就一定会在行动上表现出来，表现出来就会显得很神明，显得神明就能化育万物。真诚地用心去践行道义就会有条理，有条理就会明达，明达就能使事物变化。变化交替出现，这就是天然的德行。天不说话但人推崇它的高远，地不说话但人推崇其博厚，四时不说话但人们可以知道它们的变化。这是因为它们都有规律所以做到真诚。君子有了至高的德行，虽然沉默但能让人明白，未施恩惠却使人亲近，不发怒但有威严，这是因为他们恭顺天命，在独自一人时也能谨慎行事。

善于修道的人，不真诚就不能慎独，不慎独道义就不能表现出来；道义不能表现出来，即使能够在心上起作用，并表现于容貌和言语，百姓还是不会顺从他；即使顺从他，也一定会心生疑惑。天地算是广大的了，不真诚就不能使万物变化；圣人算是聪明的了，不真诚就不能教化万民；父子算是亲近的了，不真诚就会疏远；君主算是高贵的了，不真诚就不能受到尊重。真诚是君子要守护的，也是政事的根本。只要坚守真诚，同类就会聚集；操持真诚就会得到同类，舍弃真诚就会失去同类。操持真诚而得到同类是很容易的，容易得到就可以专心去践行道义了，践行道义而不放弃，就会成功。成功之后人的才性就会得到充分的发挥，永远使人向善而不会返回到原来的样子，那么人们也就被教化了。

君子地位尊贵但内心谦逊，心思谨慎而志向远大，他所听到、所看到的都是很近的事物，但他能听见看见的东西可以达到很远。这是怎么回事呢？这是因为他掌握了方法。所以说，千万人的情况，也是一个人的情况；天地的开始，和今天的情况一样；百代帝王的道术，从后代帝王就可以体现出来。君子审察后代帝王的道术而推论到百代帝王之前，就好像拱手而谈那样轻松。推原礼义的根本，区分是非的差异，总揽天下的机要，治理四海之内的百姓，就好像役使一个人一样。因此，所掌握的方法越简单，能做的事情就越大。五寸大小的矩，可以穷尽天下所有的方形。因此，君子不下朝堂，而四海之内的情况全部聚集到面前，是因为他善于掌握方法。

原　文

有通士者，有公士者，有直士者，有悫士者，有小人者。上则能尊君，下则能爱民，物至而应，事起而辨，若是则可谓通士矣。不下比以暗上，不上同以疾[①]下，分争于中，不以私害之，若是则可谓公士矣。身之所长，上虽不知，不以悖君；身之所短，上虽不知，不以取赏；长短不饰，以情自竭[②]，若是则可谓直士矣。庸[③]言必信之，庸行必慎之，畏法[④]流俗，而不敢以其所独甚[⑤]，若是则可谓悫士矣。言无常信，行无常贞，唯利所在，无所不倾，若是则可谓小人矣。

公生明，偏生暗，端悫生通，诈伪生塞，诚信生神，夸诞生惑。此六生者，君子慎之，而禹桀所以分也。

欲恶取舍之权：见其可欲也，则必前后虑其可恶也者；见其可利也，则必前后虑其可害也者。而兼权之，孰[⑥]计之，然后定其欲恶取舍，如是则常不失陷矣。凡人之患，偏伤之也。见其可欲也，则不虑其可恶也者；见其可利也，则不顾其可害也者。是以动则必陷，为则必辱，是偏伤之患也。

人之所恶者，吾亦恶之。夫富贵者，则类傲⑦之；夫贫贱者，则求柔⑧之。是非仁人之情也，是奸人将以盗名于晻⑨世者也，险莫大焉。故曰：盗名不如盗货。田仲、史鳝不如盗也⑩。

注释

①疾：害。

②竭：通“揭”，揭露。

③庸：常，平常。

④法：效法。

⑤甚：疑为“是”。

⑥孰：通“熟”，详细仔细。

⑦类傲：统统加以傲视。

⑧求柔：普遍加以安抚。求：尽，全部。

⑨晻（àn）：通“暗”，昏暗。

⑩田仲：又称陈仲子，战国时期齐国人，其兄长在齐国做官，他认为兄长的财产是不义之财，兄长的房屋是不义所得，于是便离兄独居，以廉洁著称。史鳝：春秋时期卫国人，他曾向卫灵公举荐蘧伯玉，并要求他罢免弥子瑕，卫灵公没有听从他的建议。他在临死时，要求儿子不要将他的尸体装入棺材，以此向卫灵公进行“尸谏”。卫灵公最终听从了他的建议，他也因此以正直著称于世。

译文

有通达之士，有公正之士，有正直之士，有诚恳之士，还有小人。上能够尊重君主，下能够爱护百姓，事情到来能够应付，事情发生能够处理，像这样的人就可以称为通达之士了。不会在下面结党营私来蒙蔽主上，不会巴结主上而陷害在下面的人，在纷争中持守中道，不以私害公，像这样的人就可以被称为公正之士了。自己身上的长处，主上虽然不知道，但不因此而背叛君主；自己身上的短处，主上虽然不知道，但并不因此去骗取赏赐，长处和短处不加掩饰，如实地表露自己，像这样的人就可以称为正直之士了。平常说话有信用，平常做事很谨慎，害怕效法流俗，又不敢自以为是，像这样的人可以称为诚恳之士了。说话经常不讲信用，做事经常不忠贞，一切依利益而做，没有什么不能动摇他的，像这样的人就可以称为小人了。

公正产生光明，偏颇产生黑暗，端正诚恳产生通达，欺诈虚伪产生闭塞，诚实信用产生神明，虚夸妄诞产生疑惑。这六种“情况”，君子一定要谨慎对待，这是禹和桀的区别。

喜好还是厌恶、获取还是舍弃的权衡标准是：见到事物喜爱的一面，一定要前前后后地考虑它可恶的一面；见到事物有利的一面，一定要前前后后考虑它有害的一面。然后合起来权衡，仔细地考虑，最后再确定喜欢它还是讨厌它，获取它还是舍弃它，这样才能永远不产生过失。大凡人的灾祸，都是由偏颇引起的伤害。见到事物喜爱的一面，就不考虑它可恶的一面；见到事物有利的一面，就不考虑它有害的一面。这样的话，一行动就会有过失，一做事就会受侮辱，这就是偏颇所导致的灾祸。

别人厌恶的东西，我也厌恶。对于富贵之人全都傲视他们，对于贫贱之人全都安抚他们，这并不是仁人的性情，而是奸邪之人用来欺世盗名的，没有比这更用心险恶的了。所以说："偷名声不如偷东西。"田仲、史䲡这样的人连盗贼都不如。

荣辱篇第四

原　文

憍泄者[①]，人之殃也；恭俭者，偋[②]五兵也。虽有戈矛之刺，不如恭俭之利也。故与人善言，暖于布帛；伤人之言，深于矛戟。故薄薄[③]之地，不得履之，非地不安也，危足[④]无所履者，凡在言也。巨涂则让[⑤]，小涂则殆，虽欲不谨，若云不使。

快快[⑥]而亡者，怒也；察察而残者，忮[⑦]也；博而穷者，訾也；清之而俞[⑧]浊者，口也；豢[⑨]之而俞瘠者，交也；辩而不说[⑩]者，争也；直立[⑪]而不见知者，胜也；廉而不见贵者，刿[⑫]也；勇而不见惮者，贪也；信而不见敬者，好剸[⑬]行也。此小人之所务，而君子之所不为也。

斗者，忘其身者也，忘其亲者也，忘其君者也。行其少顷之怒，而丧终身之躯，然且为之，是忘其身也；家室立残，亲戚不免乎刑戮，然且为之，是忘其亲也；君上之所恶也，刑法之所大禁也，然且为之，是忘其君也。忧[⑭]忘其身，内忘其亲，上忘其君，是刑法之所不舍也，圣王之所不畜也。乳彘触虎[⑮]，乳狗不远游，不忘其亲也。人也，忧忘其身，内忘其亲，上忘其君，则是人也，而曾狗彘之不若也。

凡斗者，必自以为是，而以人为非也。己诚是也，人诚非也，则是己君子，而人小人也；以君子与小人相贼害也，忧以忘其身，内以忘其亲，上以忘其君，岂不过甚矣哉！是人也，所谓“以狐父之戈钃牛矢”也[16]。将以为智邪？则愚莫大焉；将以为利邪？则害莫大焉；将以为荣邪？则辱莫大焉；将以为安邪？则危莫大焉。人之有斗，何哉？我欲属之狂惑疾病邪？则不可，圣王又诛之。我欲属之鸟鼠禽兽邪？则不可，其形体又人，而好恶多同。人之有斗，何哉？我甚丑之。

注　释

①憍（jiāo）：通“骄”，傲慢。泄：通“媟（xiè）”，轻慢，不庄重。

②偋：通“屏”，屏除。

③薄薄：广阔。

④危足：侧着脚。

⑤让：通“攘”，拥挤。

⑥快快：肆意。

⑦忮（zhì）：嫉妒。

⑧俞：通“愈”，更加。

⑨豢：喂养。

⑩说：说服。

⑪直立：正直。

⑫刿：伤害。

⑬剸（zhuān）：通“专”，独断。

⑭忧：疑为“下”。

⑮乳彘触虎：宋本补为“乳彘不触虎”。

⑯狐父：古代地名，传说这里出产优质的戈。矢：通“屎”，粪便。

译　文

骄傲轻慢，会给人招来灾祸；恭敬谦卑，可以防止刀、箭、矛、剑、戟等兵器的伤害。即使有戈矛那样的锋芒，也不如恭俭这样的品德锐利。因此对别人说善良的话，比给他穿上布帛还温暖；说伤害别人的话，比矛戟刺得还深。所以广阔的土地，脚却不能踩在上面，不是土地不安稳，侧着脚也没有地方立足，是因为言语伤人。大路上拥拥攘攘，小路上也很危险，此时即使不想谨慎，也像有什么迫使他不得不如此。

肆意而为导致灭亡，是因为一时发怒；明察秋毫却遭到伤害，那是因为嫉妒；知识广博而不得志，那是有人毁谤；名声清白而越来越污浊，那是有人搬弄是非；供养款待别人而感情却越来越淡薄，那是交友出了问题；雄辩却不能说服人，是因为争强不让人；为人正派而不被别人赏识，那是因为好胜；行为端正却不被人敬重，是因为伤害了他人；勇猛却不被别人惧怕，是因为贪婪；守信用却不被尊重，是因为太专断。这些都是小人喜欢做的，而君子所不为的事情。

用武力搏斗的人，忘了他自己，忘了他的亲人，也忘了他的君主。为发泄了一时的愤怒，而丧失了生命，然而还一定要这样做，这就是忘记了自己的身体；家人受到伤害，亲人也不免受到刑罚，然而还要去搏斗，这就是忘记了他的亲人；私下搏斗是君主所讨厌的，也是法律所严明禁止的，然而还是要去做，这就是忘记了他的君主。下忘记了自己的身体，中忘记了自己的亲人，上忘记了自己的君主，这是刑法一定不能放过的人，也是圣明的帝王一定不会容忍的人。哺乳的母猪不去触犯老虎，哺乳的母狗不敢离家太远，这都是不忘其亲人的表现。而有些人却下忘记了自己的身体，中忘记了自己的亲人，上忘记了自己的君主，这样的人，连猪狗都不如啊。

大凡那些搏斗的人，一定都认为自己是对的，而别人是不对的。如果自己真的对，别人真的不对，那么自己就是君子而别人就是小人了。然而以君子的身份与小人相互残害，下忘记了自己的身体，中忘记了自己的亲人，上忘记了自己的君主，这不是错得太过分了吗？这样的人，就是所谓的“拿狐父出产的戈来砍牛粪”的人，这是聪明的吗？这是莫大的愚蠢啊。这是有好处的吗？这是莫大的损失啊。这是光荣的吗？这是莫大的耻辱啊。这是安全的吗？这是莫大的危险啊。别人在搏斗，我该如何看待呢？将他们看作是疯狂迷乱的病人吗？不行，因为圣明的君主会诛杀他们。将他们看作是鸟、鼠之类的禽兽吗？不行，因为他们的形体是人，他们的好恶与常人相同。人们之间有搏斗，这是为什么呢？我深深地以之为耻。

原　文

有狗彘之勇者，有贾盗之勇者，有小人之勇者，有士君子之勇者：争饮食，无廉耻，不知是非，不辟死伤，不畏众强，恈恈然[①]唯利饮食之见，是狗彘之勇也。为事利，争货财，无辞让，果敢而振，猛贪而戾，恈恈然唯利之见，是贾盗之勇也。轻死而暴，是小人之勇也。义之所在，不倾于权，不顾其利，举国而与之不为改视，重死持义而不桡[②]，是士君子之勇也。

鯈鲦者[③]，浮阳之鱼也。胠[④]于沙而思水，则无逮[⑤]矣。挂于患而欲谨，则无益矣。自知者不怨人，知命者不怨天；怨人者穷，怨天者无志[⑥]。失之己，反之人，岂不迂乎哉！

荣辱之大分，安危利害之常体[7]：先义而后利者荣，先利而后义者辱；荣者常通，辱者常穷；通者常制人，穷者常制于人；是荣辱之大分也。材悫者常安利，荡悍者常危害；安利者常乐易[8]，危害者常忧险；乐易者常寿长，忧险者常夭折；是安危利害之常体也。

夫天生蒸民，有所以取之：志意致修，德行致厚，智虑致明，是天子之所以取天下也。政令法，举措时，听断公，上则能顺天子之命，下则能保百姓，是诸侯之所以取国家也。志行修，临官治，上则能顺上，下则能保其职，是士大夫之所以取田邑也。循法则、度量、刑辟、图籍，不知其义，谨守其数，慎不敢损益也；父子相传，以持王公，是故三代虽亡，治法犹存，是官人百吏之所以取禄秩也。孝弟原[9]悫，軥录疾力[10]，以敦比其事业[11]，而不敢怠傲，是庶人之所以取暖衣饱食，长生久视，以免于刑戮也。饰邪说，文奸言，为倚事，陶诞突盗，惕悍憍暴，以偷生反侧于乱世之间，是奸人之所以取危辱死刑也。其虑之不深，其择之不谨，其定取舍楛僈[12]，是其所以危也。

注释

①恈（móu）恈然：贪婪的样子。

②桡（náo）：屈从，屈服。

③鯈（tiáo）、鉥（qiáo）：均为鱼名。一说“鉥”为“鉟（pī）”之异文，亦为鱼名。

④胠（qū）：通“阹”，遮拦，搁浅。

⑤逮：赶得上，来得及。

⑥志：知识。

⑦常体：通常的规律。

⑧易：平易，平和。

⑨原：通“愿”，诚实。

⑩軥（qú）录：劳碌的意思。軥：通“劬”。疾力：努力。

⑪敦：治。比：治理。

⑫楛（kǔ）僈：轻率怠慢。

译文

有猪狗的勇敢，有商人盗贼的勇敢，有小人的勇敢，有士君子的勇敢。争夺饮食，没有廉耻之心，分不清是非，不会躲避伤亡，不畏惧众人的强大，贪婪的眼中只有饮食，这是猪狗的勇敢。做事贪图利益，争夺财物，没有辞让之心，行为果断大胆，勇猛贪婪而凶残，贪婪的眼中只有利益，这是商人盗贼的勇敢。轻视死亡而残暴，这是小人的勇敢。凡是道义所在的地方，不为权势所动摇，不顾自己的利益，就算把全国给他也不会改变主意，重视生命坚持道义而不屈服，这是士君子的勇敢。

鯈鉢是喜欢浮在水面上晒太阳的鱼，等到搁浅在沙滩上才想到水，那时已经来不及了。遇到了灾祸才想到谨慎，已经没什么用处了。有自知之明的人不会抱怨他人，通晓天命的人不会抱怨上天。抱怨他人的人会陷入困窘，抱怨上天的人没有见识。过失在自己，却反过来抱怨别人，这不是离事实太远了吗？

荣和辱之间的根本区别，安危、利害的通常规律是：以义为先、以利为后是光荣的，以利为先、以义为后是耻辱的；光荣的人常常通达，耻辱的人经常受困；通达者常统治别人，受困者常受别人统治，这是荣和辱的根本区别。本性诚恳的人通常很安全并能获利，本性动摇凶悍的人经常遇到危难；安全并获利的人常常快乐平和，遭受危难的人常常忧郁危险；快乐平和的人一般寿命很长，忧郁危险的人常会夭折。这是安危利害的通常规律。

上天生育众民，各有其获取生存地位的原因。思想感情极其美好，德行极度敦厚，智慧极度高明，这是天子能够取得天下的原因。政令合乎法度，举措适宜，断狱公正，上可以顺从天子的命令，下可以保护百姓，这是诸侯能够取得国家的原因。志向和行为美好，为官善于治理，上可以顺从上级，下能够保住职位，这是士大夫能够取得田邑的原因。遵循规律、测量标准、刑法、书籍，虽然不明白其中的义理，但谨慎地遵守其规定，小心地不敢有所变化，父子代代相传，用来侍奉王公大臣，因此夏、商、周三代虽然灭亡，其治理国家的法度还存在，这是各级官吏能够取得俸禄的原因。孝敬长辈、诚实质朴、勤劳努力、笃实地治理其事业，不敢懈怠骄傲，这是普通百姓能够取得暖衣饱食、健康长命，免于遭受刑罚的原因。宣传不正当的理论，粉饰奸邪的言辞，做荒诞不经的事，撒谎、欺诈、抢掠、骄横、残暴，在乱世之中为非作歹、苟且偷生，这是奸邪之人所遭受危难、侮辱和刑罚的原因。他们考虑得不深刻，选择不谨慎，确定取舍时轻浮怠慢，这是他们遭受危难的原因。

原　文

材性知能，君子小人一也；好荣恶辱，好利恶害，是君子小人之所同也；若其所以求之之道则异矣。小人也者，疾[①]为诞而欲人之信己也，疾为诈而欲人之亲己也，禽兽之行而欲人之善己也；虑之难知也，行之难安也，持之难立也，成[②]则必不得其所好，必

遇其所恶焉。故君子者，信矣，而亦欲人之信己也；忠矣，而亦欲人之亲己也；修正治辨矣[③]，而亦欲人之善己也；虑之易知也，行之易安也，持之易立也，成则必得其所好，必不遇其所恶焉。是故穷则不隐，通则大明，身死而名弥白。小人莫不延颈举踵而愿曰："知虑材性，固有以贤人矣！"夫不知其与己无以异也。则君子注错[④]之当，而小人注错之过也。故孰察小人之知能，足以知其有余，可以为君子之所为也。譬之越人安越，楚人安楚，君子安雅。是非知能材性然也，是注错习俗之节异也。仁义德行，常安之术也，然而未必不危也；污僈、突盗，常危之术也，然而未必不安也。故君子道其常，而小人道其怪。

凡人有所一同：饥而欲食，寒而欲暖，劳而欲息，好利而恶害，是人之所生而有也，是无待而然者也，是禹、桀之所同也。目辨白黑美恶，耳辨音声清浊，口辨酸咸甘苦，鼻辨芬芳腥臊，骨体肤理辨寒暑疾养，是又人之所常生而有也，是无待而然者也，是禹、桀之所同也。可以为尧、禹，可以为桀、跖，可以为工匠，可以为农贾，在势[⑤]注错习俗之所积耳。是又人之所生而有也，是无待而然者也，是禹、桀之所同也[⑥]。为尧、禹则常安荣，为桀、跖则常危辱；为尧、禹则常愉佚，为工匠、农贾则常烦劳。然而人力为此，而寡为彼，何也？曰：陋也。尧、禹者，非生而具者也，夫起于变故，成乎修修之为，待尽而后备者也。

人之生固小人，无师无法则唯利之见耳。人之生固小人，又以遇乱世，得乱俗，是以小重小也，以乱得乱也。君子非得势以临之，则无由得开内[⑦]焉。今是人之口腹，安知礼义？安知辞让？安知廉耻隅积[⑧]？亦呥呥而噍[⑨]，乡乡[⑩]而饱已矣。人无师无法，则其心正其口腹也。今使人生而未尝睹刍豢稻粱也，惟菽藿糟糠之为睹，则以至足为在此也，俄而粲然有秉刍豢稻粱而至者，则瞲然[⑪]视之曰："此何怪也？"彼臭之而无嗛[⑫]于鼻，尝之而甘于口，食之而安于体，则莫不弃此而取彼矣。今以夫先王之道，仁义之统，以相群居，以相持养，以相藩饰，以相安固邪。以夫桀、跖之道，是其为相县[⑬]也，几直夫刍豢稻粱之县糟糠尔哉！然而人力为此，而寡为彼，何也？曰：陋也。陋也者，天下之公患也，人之大殃大害也。故曰：仁者好告示人。告之示之，靡之儇[14]之，鈆[15]之重之，则夫塞者俄且通也，陋者俄且僩[16]也，愚者俄且知也。是若不行，则汤武在上曷益？桀纣在上曷损？汤武存，则天下从而治，桀纣存，则天下从而乱。如是者，岂非人之情，固可与如此，可与如彼也哉！

注释

①疾：引申为“极力”。

②成：结果。

③修正：美好正直。治辨：治理有方。

④注错：安排，举措。

⑤势：疑为衍字。

⑥是又人……禹、桀之所同也：疑为衍文。

⑦内：通“纳”，容纳，接纳。

⑧隅积：部分和整体，这里指伦理道德和礼法的部分和整体。

⑨呥（rán）呥：咀嚼的样子。噍（jiào）：咀嚼。

⑩乡乡：吃得很香的样子。

⑪瞲（xuè）然：吃惊的样子。

⑫嗛（qiè）：满足，快意。

⑬县（xuán）：通“悬”，差别。

⑭儇（xuān）：积累。

⑮鈆（yán）：通“沿”，依循。

⑯僩（xiàn）：宽大，博大。

译文

就资质、智力和才能而言，君子与小人都是一样的。喜好光荣而讨厌侮辱，喜好利益而讨厌危害，君子和小人都是一样的，但是他们求得这些东西的方法却不同。小人极力做荒诞的事却要人们相信他，极力做奸诈的事却要人们亲近他，做禽兽之事却要人们夸赞他。思考问题却不明事理，做事却不够稳妥，坚持的主张却不成立，结果一定不会得到他想要的，且一定会遭受他所厌恶的。至于君子，对人守信用，也希望别人相信自己；对人忠诚，也希望别人亲近自己；美好正直、治理有方，也希望别人夸赞自己。思考问题很容易明达事理，做事很容易稳妥，坚持的主张很容易成立，结果一定会得到他所想要的，也一定不会遭受他所厌恶的。因此君子不得志时也不会被埋没，显达时则会名声显赫，死后名声会更加光大。小人对此都会伸长脖子，踮起脚跟，羡慕地说：“他们的智慧、思虑和资质，本来就是可以做圣贤的啊。”而不知其实君子与自己没有什么不同，只不过是君子举措得当，而小人举措失当而已。因此，详细地审察小人的智力与才能，足见他们也有充分的智力，可以做到君子能够做到的事。譬如越国人习惯越国的风俗，楚国人习惯楚国的风俗，君子习惯于安居华夏，这不是智力、才能、资质本来如此，而是他们的举措和习俗不同而已。仁义德行，是常守安全的方法，但并不是没有危险的时候；污秽、怠慢、欺凌、劫掠，是常常遭受危险的方法，但是未必没有安全的时候。因此君子遵循恒常之道，而小人遵循险怪之道。

凡是人都有相同的地方：饿了就要吃饭，冷了就要温暖，累了就要休息，喜好利益，而讨厌灾害，这都是人生来就有的本性，是不需要依靠什么而如此的，是禹和桀的相同之处。眼睛能分辨白、黑、美、丑，耳朵能分辨声音的清浊，嘴巴能分辨酸、咸、甜、苦，鼻子能分辨香气和腥臊，身体皮肤能分辨冷暖、生病和健康，这也是人生来就有的，是不需要依靠什么就如此的，也是禹和桀所相同的。人可以成为尧和禹，可以成为桀和盗跖，可以成为工匠，也可以成为农民、商人，这是人们的举止和习俗积累而成的。成为尧和禹就会常处于光荣的地位，成为桀和盗跖就会常处在危险耻辱的境地；成为尧和禹就会常常快乐安逸，成为工匠、农人和商人就会常常烦恼费心。但是人们都极力做烦恼费心的事而很少有人做快乐安逸的事，这是为什么呢？这是由于他们无知鄙陋。尧和禹不是生来就具备特殊的才质，是因为他们从不断改变原有的本性开始，经过长期的修身养性，以及美好的修行，等到将原有的恶劣本性去掉之后才具备的。

人生来便是小人，没有老师教导，不知礼法，就只能唯利是图。人生来便是小人，又遇到了乱世，学到了混乱的风俗，这是小上加小、乱上加乱啊。如果君子不得势位来教导他们，他们是不会开窍，更不会接纳的。今天人们只知道口腹之欲，又怎么会知道礼义？怎么会知道辞让？怎么会知道廉耻和礼义的部分和整体？不过是张嘴咀嚼，香甜地吃饱而已。人如果没有老师、不知礼法，那么他们的心只能以口腹之欲为正当。今天假使人们生来没见过牛羊猪狗肉和稻米、谷粱，而只见过豆子、豆叶和糟糠，那么人们就会以后者为可口的食物了。突然把牛羊猪狗肉和稻米、谷粱等食物放到人们面前，大家都会吃惊地看着说：“这是什么奇怪的东西啊？”这些东西闻起来很香，吃起来很甜，吃了之后身体舒服，人们无不丢掉豆叶、糟糠而选取这些东西。今天是用先王之道、仁义的纲纪，来帮助人们群居生活，帮助人们相互持养，帮助人们相互装饰，以实现安全稳定呢。这和桀、盗跖之道相比，差别真是太大了，这就好比是牛羊猪狗肉、稻粱与豆子、豆叶、糟糠之间的差别啊。然而人们都极力去走桀、盗跖的道路，而很少有人选择实行先王之道，这是为什么呢？这是由于他们鄙陋无知。鄙陋是天下人共同的祸患，是人的大灾大难。因此说：仁人喜欢用道理劝告他人。用道理劝告并展示给他们看，使他们养成习惯，不断遵循并重申这些道理；那么闭塞的人突然就会通达，鄙陋的人突然就会知识广博，愚笨的人突然就会聪明起来。如果不这样做的话，那么商汤、武王在上位又有什么益处？夏桀、商纣在上位又有什么损害呢？商汤、武王活着，天下就跟着得到治理；夏桀、商纣活着，天下就跟着混乱。这样说来，岂不是人的本性是本可以这样，也可以那样的吗？

原 文

人之情，食欲有刍豢，衣欲有文绣，行欲有舆马，又欲夫余财蓄积之富也；然而穷年累世不知不足，是人之情也。今人之生也，方知畜鸡狗猪彘，又蓄牛羊，然而食不敢有酒肉；余刀布，有囷窌[①]，然而衣不敢有丝帛；约者有筐箧之藏，然而行不敢有舆马。是何也？非不欲也，几不长虑顾后，而恐无以继之故也。于是又节用御欲，收敛蓄藏以继之也。是于己长虑顾后，几不甚善矣哉！今夫偷生浅知之属，曾此而不知也，粮食大侈，不顾其后，俄则屈安穷矣。是其所以不免于冻饿，操瓢囊为沟壑中瘠者也。况夫先王之道，仁义之统，《诗》《书》《礼》《乐》之分乎！彼固为天下之大虑也，将为天下生民之属，长虑顾后而保万世也。其流长矣，其温[②]厚矣，其功盛姚远[③]矣，非孰[④]修为之君子，莫之能知也。故曰：短绠[⑤]不可以汲深井之泉，知不几者不可与及圣人之言。夫《诗》《书》《礼》《乐》之分，固非庸人之所知也。故曰：一之而可再也，有之而可久也，广之而可通也，虑之而可安也，反鈆察之而俞可好也[⑥]。以治情则利，以为名则荣，以群则和，以独则足乐，意者其是邪！

夫贵为天子，富有天下，是人情之所同欲也；然则从人之欲，则势不能容，物不能赡也。故先王案[⑦]为之制礼义以分之，使有贵贱之等，长幼之差，知愚能不能之分，皆使人载其事，而各得其宜。然后使谷禄多少厚薄之称，是夫群居和一之道也。故仁人在上，则农以力尽田，贾以察尽财，百工以巧尽械器，士大夫以上至于公侯，莫不以仁厚知能尽官职。夫是之谓至平。故或禄天下，而不自以为多，或监门御旅[⑧]，抱关击柝[⑨]，而不自以为寡。故曰："斩[10]而齐，枉而顺，不同而一。"夫是之谓人伦。《诗》曰："受小共大共，为下国骏蒙。[11]"此之谓也。

注　释

①囷（qūn）：圆形谷仓。窌（jiào）：地窖。

②温（yùn）：通"蕴"，积累。

③姚远：通"遥远"。

④孰：通"熟"，精通。

⑤绠（gěng）：绳索。

⑥鈆：通"沿"，依循。俞：通"愈"，更加。

⑦案：通"按"，据。

⑧监门：看守城门的官吏。御（yà）旅：旅馆，这里指管理旅店的人。御：通"迓"，迎接。

⑨柝（tuò）：打更用的木棒。

⑩斩（chán）：通"儳"，不整齐的样子。

⑪受小共大共，为下国骏蒙：引自《诗经·商颂·长发》，意思是：天子接受上天的大法小法，从而庇护各诸侯国。共：通"拱"，法度。骏蒙（máng）：庇护。蒙：通"庬"。

译　文

人之常情是，吃饭想要有猪牛羊肉，穿衣想要有漂亮的纹饰，行走想要有车马，又想要有剩余的财货和积蓄，然而一年年、一代代也不知满足，这是人之常情。现在人们在生活中，知道蓄养鸡狗猪，又知道养牛和羊，但是饮食上不敢享用酒肉；家中有剩余的钱，有粮仓和地窖，但是穿衣不敢穿丝帛，勤俭的人储存了大筐小筐的东西，但出门不敢驾车骑马。这是为什么呢？不是不想，是大家无不考虑长远，恐怕以后无法为继的缘故。于是又节俭用度、约束欲望，收敛、储藏以备后用。这样的考虑长远，岂不是很好吗？今天那些苟且偷生见识浅陋的人，竟然连这个都不知道。奢侈地挥霍粮食，而不管将来，不久粮食财物就用尽了。这就是他们不能免于挨冻受饿，拿着瓢、背着袋子去要饭，成为沟壑中被饿死的人的原因啊。先王之道，仁义的纲纪，《诗》《书》《礼》《乐》之根本，都是对天下的最深刻的思考啊，是为天下百姓做长远的考虑，以保其万世长存的。它们源远流长，底蕴深厚，功绩盛大而久远；除了精通它们的君子，是不能了解的。因此说，短绳子不能用来打深井中的水，智慧不深刻的人不能理解圣人的言辞。《诗》《书》《礼》《乐》之根本，本来就不是平常人所能了解的。因此说：知其一才能知其二，掌握了它才能长久拥有，知识广博才能通达，思虑精深才能安稳，反复遵循、观察它就会更喜欢它。用这种方法来陶冶情操就能得到好处，用它来获取名声就会得到光荣，用它来处理群体关系就会达到和睦的效果，用它来独善其身也足够快乐，想来大概就是如此啊！

尊贵为天子，拥有天下，这是人情所都想要的。但如果顺从人的欲望，那么形势是不允许的，财物也是不能满足的。因此圣王根据人情制定礼义给人分类，让人们有贵贱的等级、长幼的差别，区分聪明和愚蠢、有才能和没才能的人。让人们各尽其职然后得其所应得的，使人们的俸禄多少与其职能相符合，这是使人们群居而达到和谐的方法。因此，只要仁人在上位，农民就会竭力耕田，商人就会精心地料理财务，百工就会精巧地制造机械，从士大夫直到公侯无不用他们的仁德和才能尽其职，这就叫作大治。所以，有的人将天下给他，他自己也不会觉得多；让他去看守城门、经营旅店、守夜打更，他也不会觉得少。所以说：有不齐才能有齐，有枉曲才有归顺，有不同才能统一。这就是人伦。《诗经》中说："天子接受上天的大法与小法，从而庇护各诸侯国。"讲的就是这个道理。

非相篇第五

原　文

相人[1]，古之人无有也，学者不道也。古者有姑布子卿[2]，今之世，梁有唐举[3]，相人之形状颜色，而知其吉凶妖祥，世俗称之。古之人无有也，学者不道也。故相形不如论心，论心不如择术。形不胜心，心不胜术。术正而心顺之，则形相虽恶而心术善，无害为君子也；形相虽善而心术恶，无害为小人也。君子之谓吉，小人之谓凶。故长短小大，善恶形相，非吉凶也。古之人无有也，学者不道也。

盖帝尧长，帝舜短；文王长，周公短；仲尼长，子弓[4]短。昔者卫灵公有臣曰公孙吕，身长七尺，面长三尺，焉[5]广三寸，鼻目耳具[6]，而名动天下。楚之孙叔敖，期思[7]之鄙人也，突秃长左，轩较[8]之下，而以楚霸。叶公子高[9]，微小短瘠，行若将不胜其衣。然白公之乱也，令尹子西、司马子期，皆死焉，叶公子高入据楚，诛白公，定楚国，如反手尔，仁义功名善于后世。故事[10]不揣长，不挈[11]大，不权轻重，亦将志乎尔。长短大小，美恶形相，岂论也哉！且徐偃王[12]之状，目可瞻焉。仲尼之状，面如蒙倛[13]。周公之状，身如断菑[14]。皋陶之状，色如削瓜。闳夭之状，面无见肤。傅说之状，身如植鳍。伊尹之状，面无须麋[15]。禹跳、汤偏[16]，尧舜参牟子[17]。从者将论志意，比类文学邪？直将差长短，辨美恶，而相欺傲邪？

古者桀、纣长巨姣美，天下之杰也。筋力越劲，百人之敌也。然而身死国亡，为天下大僇[18]，后世言恶，则必稽[19]焉。是非容貌之患也，闻见之不众，论议之卑尔。今世俗之乱君[20]，乡曲之儇[21]子，莫不美丽姚冶，奇衣妇饰，血气态度拟于女子。妇人莫不愿得以为夫，处女莫不愿得以为士，弃其亲家而欲奔之者，比肩并起。然而中[22]君羞以为臣，中父羞以为子，中兄羞以为弟，中人羞以为友。俄则束乎有司而戮乎大市，莫不呼天啼哭，苦伤其今而后悔其始。是非容貌之患也，闻见之不众，论议之卑尔！然则从者将孰可也！

注释

①相人：根据人的相貌来判断吉凶祸福。

②姑布子卿：春秋时期郑国人，曾给孔子和赵襄子看过相。

③唐举：战国时期魏国人，善于看相。

④子弓：孔子弟子，姓冉，名雍，字仲弓。

⑤焉：通“颜”，额。

⑥具：全。

⑦期思：楚国地名。在今河南淮滨。

⑧轩较：古代士大夫以上乘坐的车。轩：车前的直木。较：车前的横木。

⑨叶（shè）公子高：春秋时期楚国大夫，姓沈，名诸梁，字子高。因封地在叶（今河南叶县），古称“叶公”。

⑩事：通“士”。

⑪挈（xié）：度量，比较。杨倞注：“挈与‘絜’同，约也，谓能约计其大小也。”

⑫徐偃王：西周时期徐国的国君。相传他只能仰视，故称偃王。

⑬倛（qī）：通“魌”，古代祛除疫鬼时用的面具。

⑭菑（zì）：直立未倒的枯木。

⑮麋（méi）：通“眉”，眉毛。

⑯禹跳：大禹跛着脚走路。汤偏：商汤半身瘫痪。

⑰尧舜参牟子：尧舜各有两个瞳仁。牟：通“眸”。

⑱僇（lù）：通“戮”，耻辱。

⑲稽：引证，考证。

⑳乱君：疑为“乱民”。

㉑儇（xuān）：轻佻、轻薄。

㉒中：一般的，普通的。

译文

观看别人的相貌以推断他的吉凶祸福这是古代没有的事情，有学问的人会不去谈论它。古时候有个姑布子卿，现在梁国有个唐举，根据别人的身体形状和面色就可以知道其吉凶祸福，世俗之人都称道他。这在古代是没有的事情，有学问的人不会去谈论它。所以，看一个人的形貌，不如考察他的思想，考察他的思想不如辨别他立身处世的方法。外貌不如思想重要，思想不如立身处世的方法重要，如果立身处世的方法正确并且内心遵从它，那么虽然外貌丑陋但内心善良，也不妨害他做一个君子。外貌虽然美丽但心地邪恶，不妨害他做一个小人。做君子就是吉祥的，做小人就是凶险的。因此高矮、大小、美丑等外貌形象，不能代表吉凶。总之，看相是古代没有的事情，有学问的人不会去谈论它。

帝尧的个子高，帝舜的个子矮；文王的个子高，周公的个子矮；孔子的个子高，子弓的个子矮。古时候，卫灵公有个大臣叫公孙吕，身高七尺，脸长三尺，额广三寸，鼻子、眼睛、耳朵俱全，他的名声震动天下。楚国的孙叔敖，是期思这个地方的粗鄙之人，头顶光秃，左腿长，个子没有车前的直木和横木高，却能使楚国称霸天下。叶公子高，身材瘦小，走起路来好像都撑不起他的衣服。但在白公之乱中，令尹子西、司马子期都被杀了，而叶公子高却带兵占领楚国，杀死白公，他安定楚国就好像把手掌反过来那样容易，他的仁义和功劳被后世赞颂。所以，对于士人，不要测量他的高矮，不要揣度他的大小，不要权衡他的轻重，而要看他的志向。高矮、大小、外貌美丑，哪里值得一提！况且徐偃王的外貌，眼睛只能仰视远处的马。孔子的外貌，脸上好像戴了一个丑陋的面具。周公的外貌，身体好像干枯的树桩。皋陶的外貌，脸色好像削了皮的瓜。闳夭的外貌，脸上全是胡须以至于看不见皮肤。傅说的外貌，身体就好像是立着的鱼鳍。伊尹的外貌，脸上没有胡须和眉毛。大禹跛着脚走路，商汤半个身体瘫痪，尧、舜一只眼有两个眸子。相信相术的人们是应该讨论他们的志向，比较他们的文采和学问，还是要比较他们的高矮，分辨他们的美丑，然后相互欺骗，相互傲视呢？

古时候的桀、纣长得高大俊美，是天下形貌出众的人，他们强壮有力，行为敏捷，能敌得上一百个人。却丢掉性命、失去国家，为天下人所耻笑。后世之人提到恶人，一定会引证他们。这不是容貌招来的祸患，是他们见识不广、认识卑下的缘故。现在那些世俗的乱民，乡间轻薄的男子，无不打扮得美丽妖娆，穿奇怪的衣服，用妇女的装饰，仪态神情无不模仿女子。妇人没有不想以他们为丈夫，姑娘没有不想以他们为未婚夫的。想抛弃亲人和他们私奔的女子，比比皆是。但是一般的君主羞于让他们做臣子，一般的父亲羞于以他们为儿子，一般的兄长羞于以他们为弟弟，一般的人羞于和他们做朋友。不久官府就会抓住他们并将他们在闹市中处死，他们无不号啕哭泣，感伤现在的命运，从而后悔当初的行为。这不是容貌产生的祸患，是他们见识不广、认识卑下的缘故。即然这样，那么相信相术的人认为哪种观点对呢？

原　文

人有三不祥：幼而不肯事长，贱而不肯事贵，不肖而不肯事贤，是人之三不祥也。人有三必穷[①]：为上则不能爱下，为下则好非其上，是人之一必穷也；乡[②]则不若，偝则谩之[③]，是人之二必穷也；知行浅薄，曲直有以相县矣，然而仁人不能推，知士不能明，是人之三必穷也。人有此三数行者，以为上则必危，为下则必灭。《诗》曰："雨雪瀌瀌，宴然聿消，莫肯下隧，式居屡骄[④]。"此之谓也。

人之所以为人者何已也？曰：以其有辨[⑤]也。饥而欲食，寒而欲暖，劳而欲息，好利而恶害，是人之所生而有也，是无待而然者也，是禹、桀之所同也。然则人之所以为人者，非特以二足而无毛也，以其有辨也。今夫狌狌形笑亦二足而无毛也[⑥]，然而君子啜其羹，食其胾[⑦]。故人之所以为人者，非特以其二足而无毛也，以其有辨也。夫禽兽有父子，而无父子之亲，有牝牡而无男女之别。故人道莫不有辨。

辨莫大于分，分莫大于礼，礼莫大于圣王。圣王有百，吾孰法焉？故曰：文久而息，节族[⑧]久而绝，守法数之有司，极礼而褫[⑨]。故曰：欲观圣王之迹，则于其粲然者矣，后王是也。彼后王者，天下之君也，舍后王而道上古，譬之是犹舍己之君，而事人之君也。故曰：欲观千岁，则数今日；欲知亿万，则审一二；欲知上世，则审周道；欲知周道，则审其人所贵君子。故曰：以近知远，以一知万，以微知明。此之谓也。

注释

①穷：困窘，不得志。

②乡：通“向”，面对。

③偝：通“背”，私下，背地里。谩（màn）：诽谤。

④雨雪瀌瀌……式居屡骄：引自《诗经·小雅·角弓》，意思是：大雪纷纷下，太阳出来就融化。有人不肯退位，据守高位，而又日益骄纵。瀌（biāo）瀌：雨或雪很大的样子。宴然：天晴日出貌。式：语气助词。

⑤辨：区别，分别。

⑥狌（xīng）狌：猩猩。笑：通“肖”，相貌。

⑦胾（zì）：切成大块的肉。

⑧节族（zòu）：音乐的节奏。族：通“奏”。

⑨褫（chǐ）：松弛、废弛。

译文

人有三种不祥：年幼而不肯侍奉长辈，地位卑贱而不肯侍奉尊贵者，不贤能而不肯侍奉贤能之人，这是人的三种不祥。人有三种必然的困窘状态：在上位却不能爱护在下位者，在下位而好诽谤在上位者，这是人的第一种必然的困窘状态；当面不顺从别人，在背后污蔑别人，这是人的第二种必然的困窘状态；见识浅薄，是非判断的能力和别人差距很大，但是对仁人不推崇，对聪明人不尊重，这是人的第三种必然的困窘状态。人有这三种行为，在上位一定会很危险，在下位一定会灭亡。《诗经》中说：“大雪纷纷下，太阳出来就融化。有人不肯退位，据守高位，而又日益骄纵。”讲的就是这个道理。

人之所以为人，凭的是什么呢？答案是：人有区别事物的能力。饿了就要吃饭，冷了就想温暖，累了就要休息，喜欢利益而讨厌祸患，这是人生来就有的本能，是不依靠什么就如此的，是大禹和夏桀所相同的地方。然而人之所以为人，并不是因为人只有两条腿和身上没有毛，是因为人有区别事物的能力。猩猩的形貌，同样是两条腿和脸上没有毛，但是君子却喝它们的汤，吃它们的肉。因此人之所以为人，并不是因为人只有两条腿和身上没有毛，而是因为人有区别事物的能力。禽兽有父子但没有父子间的亲情，有公母但没有男女之别，所以为人之道在于对事物有所区别。

对事物的分别没有比等级名分更重要的了，名分的区别没有比遵循礼更重要的了，遵循礼没有比效法圣王更重要的了。圣王有上百个，我应该效法谁呢？所以说：人文礼法的年代久了就会毁灭，音乐的节奏时间久了就会失传，掌管礼法的官员因与制定法的年代相久远而会有所废弛。所以说：想要考察圣王的遗迹，应该观察那些最精华的，也就是后代圣王。后代圣王，是天下的君主，舍弃后王而谈论上古帝王，就好像舍弃自己的国君而事奉别人的国君。因此说：想要考察千年之前的事迹，就看今天；想要知道亿万之数，就审查一、二；想要知道上古的时代，就考察周王朝的治国之道；想要知道周王朝的治国之道，就要考察周代人所尊重的君子。所以说：通过近了解远，通过一了解万，通过幽暗了解光明。讲的就是这个道理。

原文

夫妄人曰："古今异情，其所以治乱者异道。"而众人惑焉。彼众人者，愚而无说[①]，陋而无度者也。其所见焉，犹可欺也，而况于千世之传也？妄人者，门庭之间，犹可诬欺也，而况于千世之上乎？圣人何以不可欺？曰：圣人者，以己度者也。故以人度人，以情度情，以类度类，以说度功，以道观尽，古今一度也。类不悖，虽久同理，故乡乎邪曲而不迷，观乎杂物而不惑。以此度之，五帝之外无传人，非无贤人也，久故也。五帝之中无传政，非无善政也，久故也。禹、汤有传政而不若周之察也，非无善政也，久故也。传者久则论略，近则论详，略则举大，详则举小。愚者闻其略而不知其详，闻其详而不知其大也。是以文久而灭，节族久而绝。

凡言不合先王，不顺礼义，谓之奸言，虽辩，君子不听。法先王，顺礼义，党[②]学者，然而不好言，不乐言，则必非诚士也。故君子之于言也，志好之，行安之，乐言之，故君子必辩。凡人莫不好言其所善，而君子为甚。故赠人以言，重于金石珠玉；观人以言，美于黼黻[③]文章；听人以言，乐于钟鼓琴瑟。故君子之于言无厌。鄙夫反是：好其实不恤[④]其文，是以终身不免埤污佣俗[⑤]。故《易》曰："括囊，无咎无誉。[⑥]"腐儒之谓也。

注释

①说：辨说。

②党：亲近。

③黼黻（fǔ fú）：古代礼服上绣的美丽花纹。

④恤：顾。

⑤埤（bēi）：通"卑"。佣：通"庸"，平庸，庸俗。

⑥括囊，无咎无誉：引自《周易·坤卦》。括囊：扎紧的口袋。

译文

狂妄无知的人说："古今的情况不一样，因此治乱的方法也应该不一样。"众人对此很迷惑。那些众人，愚笨而不能辩说，鄙陋而不能判断。他们亲眼所见的东西都可以将他们欺骗，更何况千年以前的传闻呢。那些狂妄的人，眼前的事情都可以拿来欺骗人，更何况千年之前的事情呢。圣人为什么不会被欺骗？答案是：圣人会自己思考。因此用今人来思考古人，用现今之实情来思考古代之实情，用现今同类的事物思考古代同类事物，用流传至今的言说来推断古人的功绩，用普遍的规律来穷尽万事万物：古今所有的事都可以这样被思量。同类而不相违背的事物，即使时间久了，道理也是相同的，因此面对邪说曲解而不会迷失，观察杂乱的事物而不会迷惑。用这种方法来思考，五帝之前没有流传的贤人，并不是之前没有贤人，是因为时间太久了。五帝之时的政事没有流传下来，并不是那时没有好的政绩，是因为时间太久了。大禹、商汤有善政流传，但不如周代那么具体，并不是没有那么多善政，而是因为时间太久了。流传太久，言说事情就会简略，时间近的就会言说得很详细；简略的只能举其大端，详细的则能说到细末之处。愚蠢的人听说了简略的事情却不知道其中的详情，听说了其中的详情而又不能知其大端。因此文明礼仪长久了就会灭亡，音乐节奏长久了就会失传。

大凡言说，与先王道义不合，与礼仪不合的，就叫作奸邪的言说，即使言之有理，君子也不会听从。效法先王之道，顺从礼义，亲近博学的人，然而不喜欢言说，不乐于言说，则一定不是诚朴之士。因此君子对于正确的言说，心中喜欢它，行动上遵循它，并乐于谈论它，因此君子一定很善辩。大凡人没有不喜欢谈论他擅长的事情的，君子更是如此。因此把好言善语赠人，比金石珠玉还贵重；用善言来勉励人，比衣服上的纹饰、花纹还美妙；听他人的善言善语，比听钟鼓琴瑟还要悦耳。因此君子对于言说是从来都不会满足的。鄙陋之人与此相反：只喜欢言语中的实情而不顾其中的文采，因此一生也不免于卑下、污浊、庸俗。因此《易经》中说："扎紧口袋，没有坏处也没有好处。"讲的就是这种腐儒。

原文

凡说之难，以至高遇至卑，以至治接至乱。未可直至也，远举则病缪①，近世则病佣②。善者于是间也，亦必远举而不缪，近世而不佣，与时迁徙，与世偃仰，缓急嬴绌③，府然若渠匽檃栝之于己也④，曲得所谓焉，然而不折伤。故君子之度己则以绳，接人则用抴⑤。度己以绳，故足以为天下法则矣；接人用抴，故能宽容，因求众以成天下之大事矣。故君子贤而能容罢[⑥]，知而能容愚，博而能容浅，粹而能容杂，夫是之谓兼术。《诗》曰：“徐方既同，天子之功。[⑦]”此之谓也。

谈说之术：矜庄以莅之，端诚以处之，坚强以持之，譬称以喻之，分别以明之，欣欢芬芗[⑧]以送之，宝之、珍之、贵之、神之，如是则说常无不受。虽不说[⑨]人，人莫不贵。夫是之谓为能贵其所贵。传曰：“唯君子为能贵其所贵。”此之谓也。

君子必辩。凡人莫不好言其所善，而君子为甚焉。是以小人辩言险，而君子辩言仁也。言而非仁之中也，则其言不若其默也，其辩不若其呐[⑩]也。言而仁之中也，则好言者上矣，不好言者下也。故仁言大矣：起于上所以道于下，政令是也；起于下所以忠于上，谋救是也。故君子之行仁也无厌，志好之，行安之，乐言之。故言君子必辩。小辩不如见端[⑪]，见端不如见本分。小辩而察，见端而明，本分而理，圣人士君子之分具矣。

有小人之辩者，有士君子之辩者，有圣人之辩者：不先虑，不早谋，发之而当，成文而类，居错迁徙，应变不穷，是圣人之辩者也。先虑之，早谋之，斯须[⑫]之言而足听，文而致实，博而党[⑬]正，是士君子之辩者也。听其言则辞辩而无统，用其身则多诈而无功，上不足以顺明王，下不足以和齐百姓，然而口舌之均[⑭]，噡唯则节[⑮]，足以为奇伟偃却之属[⑯]，夫是之谓奸人之雄。圣王起，所以先诛也，然后盗贼次之。盗贼得变，此不得变也。

注　释

①缪：通“谬”，荒谬。

②佣：通“庸”，庸俗。

③嬴绌：盈余和不足。嬴：通“赢”，盈余。

④府：通“俯”，靠近，引申为贴切。匽（yǎn）：通“堰”，堤坝。檃栝（yǐn kuò）：矫正弯木的工具。

⑤拽（yì）：通“枻”，短桨。这里指接引，引导。

⑥罢（pí）：通“疲”，指才能低劣的人。

⑦徐方既同，天子立功：引自《诗经·大雅·常武》，意思是：徐国的百姓已经归顺，这是天子的功劳。

⑧芬芗（xiāng）：香气，这里指和气。芗：通“香”。

⑨说：通“悦”，快乐。

⑩呐（nè）：通“讷”，说话迟钝。

⑪端：头绪。

⑫斯须：片刻，简短。

⑬党：通“谠”，直言。

⑭均：调和。

⑮噡（zhān）：通“詹”，多言。唯：少言。

⑯奇伟：夸大。偃却：通“偃蹇”，骄傲。

译　文

大凡游说的困难是，把至高的道理讲给最卑劣的人，用至治之道来治理至乱之国，这是不能直接达到目的的。因为举远古的例子就会显得荒谬，举近世的例子又会显得太普通。善于劝说的人在这二者之间，一定因为举远古的例子而不荒谬，举近世的例子而不普通，根据时代变化，世道沉浮来言说，其言说的缓急、盈缺，贴切得就像用堤坝控制水流、檃栝矫正曲木一样来约束自己，委曲婉转地达到自己劝说的目的，但又不损伤别人。因此君子对待自己就像用绳墨取直一样严格，对待别人就像用船橹接人那样宽容。用绳墨规正自己，就足以做天下人的榜样；用船橹接应别人，因此能够宽容，这样才能依靠他人做成天下大事。因此君子贤明而能容纳低劣，聪明而能容纳愚蠢，渊博而能容纳肤浅，纯粹而能容纳驳杂，这就是兼容并蓄之术。《诗经》中说：“徐国的百姓已经归顺，这是天子的功劳。”讲的就是这个道理。

言说的方法是：一定要庄重地去接近他人，诚朴地去对待他人，坚定地去扶持他人，比喻称引地去启发他人，条丝缕析地去开导他人，欢快平和地去引导他人，使自己的言说显得宝贝、珍奇、贵重、神明，这样的话，言说没有不被接受的。虽然不去取悦别人，但是别人没有不重视的，这就叫能使自己重视的东西受到重视。古书上说：“只有君子能使自己重视的东西受到重视。”讲的就是这个道理。

君子一定很善辩。大凡人没有不喜欢谈论他擅长的事情的，君子更是如此。因此小人喜欢言说危险的事，而君子喜欢言说仁义。如果言说不符合仁义之道，那么他的言说还不如沉默不言，他的论辩还不如木讷迟顿。言说合乎仁义之道，那么喜欢谈论的就是贤人，不喜欢谈论的就是道德卑下之人。仁义之言的作用非常大：由上位者说出来可以引导下位者，政令就是如此；由下位者来言说可以效忠于上位者，这是补救校正上级之过失。因此君子喜欢行仁义而永不满足，内心喜欢它，行为实践它，乐于言说它，所以说君子一定很善辩。细微的辩论不如把握头绪，把握头绪不如掌握根本。小事的辩论很详细，把握头绪则明了，掌握根本则有条理。圣人、士君子的作用也就具备了。

有小人的辩论，有士君子的辩论，有圣人的辩论。不需要事先考虑，不用提前计划，说出来就很恰当，有条理而又符合各类事物的规律，来回变换，应变无穷，这是圣人的辩论。事先考虑，提前计划，片刻之间就能让人听从，有条理而又合乎实际，征引广博而又正直，这是士君子的辩论。听他说话，言辞诡辩而没有中心，用于实践则多狡诈而无功劳，上不足以事奉圣明的帝王，下不足以使百姓和睦。然而讲话动听，言谈适当，足以夸大其词，自以为傲，这类人就是奸雄。圣王出现一定会先诛杀这类人，然后再诛杀盗贼。因为盗贼还能够改过自新，而这类人不能改变。

非十二子篇第六

原　文

假[①]今之世，饰邪说，文[②]奸言，以枭乱天下，矞宇嵬琐[③]，使天下混然不知是非治乱之所存者，有人矣。

纵情性，安恣睢，禽兽行，不足以合文通治；然而其持之有故，其言之成理，足以欺惑愚众。是它嚣、魏牟也[④]。

忍情性，綦溪利跂[⑤]，苟以分异人为高，不足以合大众，明大分；然而其持之有故，其言之成理，足以欺惑愚众。是陈仲、史鳝也[⑥]。

不知壹天下、建国家之权称，上功用，大俭约，而僈[⑦]差等，曾不足以容辨异，县[⑧]君臣；然而其持之有故，其言之成理，足以欺惑愚众。是墨翟、宋钘也[⑨]。

尚法而无法，下修而好作，上则取听于上，下则取从于俗，终日言成文典，反紃察[⑩]之，则倜然[⑪]无所归宿，不可以经国定分；然而其持之有故，其言之成理，足以欺惑愚众。是慎到、田骈也[⑫]。

不法先王，不是礼义，而好治怪说，玩琦辞，甚察而不惠，辩而无用，多事而寡功，不可以为治纲纪；然而其持之有故，其言之成理，足以欺惑愚众。是惠施、邓析也[⑬]。

略法先王而不知其统，犹然而材剧志大，闻见杂博；案往旧造说，谓之五行，甚僻违而无类，幽隐而无说，闭约而无解。案饰其辞，而祗敬之，曰："此真先君子之言也。"子思⑭唱之，孟轲⑮和之，世俗之沟犹瞀儒⑯，嚾嚾然不知其所非也，遂受而传之，以为仲尼、子弓为兹厚于后世⑰。是则子思、孟轲之罪也。

若夫总方略，齐言行，壹统类，而群天下之英杰，而告之以大古，教之以至顺；奥窔之间⑱，簟席⑲之上，敛然圣王之文章具焉，佛然⑳平世之俗起焉；六说者不能入也，十二子者不能亲也。无置锥之地，而王公不能与之争名，在一大夫之位，则一君不能独畜，一国不能独容，成名况乎诸侯，莫不愿以为臣，是圣人之不得势者也，仲尼、子弓是也。

一天下，财㉑万物，长养人民，兼利天下，通达之属莫不从服，六说者立息，十二子者迁化，则圣人之得势者，舜、禹是也。今夫仁人也，将何务哉？上则法舜、禹之制，下则法仲尼、子弓之义，以务息十二子之说。如是则天下之害除，仁人之事毕，圣王之迹著矣。

注释

①假：凭借，乘。

②文：粉饰。

③矞宇（jué xū）：诡谲，诡诈。矞：通"谲"，诡谲。宇：通"讦"，虚夸。嵬（wéi）琐：狂妄，险诈。

④它嚣：人名，生平不可考。魏牟：战国时期魏国公子，《汉书·艺文志》将其归入道家。

⑤綦溪（qí xī）：走小路，歧路。綦：履迹，脚印。利跂（qǐ）：遗世独立。利：通"离"。跂：踮起脚跟。

⑥陈仲：又称陈仲子，战国时期齐国人。史鳍：春秋时期卫国人。两人皆能言善辩，以正直著称，但受到了荀子的批评。

⑦僈：通"慢"，轻慢。

⑧县：通"悬"，悬殊，分别。

⑨墨翟：春秋时期鲁国人，墨家学派的创立者，主张"兼爱""非攻"。宋钘（jiān）：战国时期宋国人，其思想与墨子相近。

⑩紃（xún）察：循省审察。紃：通"循"。

⑪偶（tì）然：脱离实际的迂阔样子。

⑫慎到：战国时期赵国人，法家的先驱，主张重“势”。田骈：战国时期齐国人，学说接近道家，但也涉及名、法两家。

⑬惠施：战国时期名家代表人物之一，主张“合同异”。邓析：春秋末期郑国人，崇尚刑名之学，法家的先驱，曾著有《竹刑》一书。

⑭子思：孔子之孙，相传是《中庸》的作者。

⑮孟轲：即孟子，先秦儒家代表人物之一。

⑯沟（kòu）：通“怐”，愚蠢。犹：语气助词。瞀（mào）：愚昧无知。

⑰子弓：孔子弟子，姓冉，名雍，字仲弓。厚：推崇。

⑱奥：室中西南隅。窔（yào）：室中东南隅。

⑲簟（diàn）席：竹席。

⑳佛（bó）然：勃然兴起的样子。佛：通“勃”。

㉑财：通“裁”，节制，裁决。

译文

趁着当今的世道，粉饰邪说，美化奸言，以扰乱天下，利用诡诈、虚夸、怪诞、委琐的手段，使天下人浑然不知道是非治乱的根本的人，大有人在。

放纵性情，恣意乱为，行禽兽之道，不合礼义与法治；但是说话却有根有据，言之有理，足以欺骗、迷惑愚昧的百姓。它嚣、魏牟就是这样的人。

约束自己的性情，走歧路，遗世独立，以与众不同为高明，不能够使大众和睦，使大家明白等级名分；但是说话却有根有据，言之有理，足以欺骗、迷惑愚昧的百姓。陈仲、史鳍就是这样的人。

不知道统一天下，建立国家的礼法准则，崇尚功利和节俭，却轻视等级名分，不能够区分人与人之间的等级差异，区别君臣之分；但是说话却有理有据，言之有理，足以欺骗、迷惑愚昧的百姓。墨翟、宋钘就是这样的人。

推崇法治却没有准则，轻视贤能而喜欢另搞一套，对上听从君主，对下顺从流俗，终日讨论刑法条例，等到由此去考察，则不切实际并且落不到实处，不可以用来治国、确定名分；但是说话却有理有据，言之有理，足以欺骗、迷惑愚昧的百姓。慎到、田骈就是这样的人。

不效法先王，不遵从礼义，喜欢研究怪诞的理论，玩弄奇怪的言辞，讨论明晰却不合时宜，善于辩论却没有用处，做事多而功劳少，不可以作为治国的纲纪；但是说话却有理有据，言之有理，足以欺骗、迷惑愚昧的百姓。惠施、邓析就是这样的人。

粗略地效法先王却不知其根本，才高志大、见识广博而驳杂；根据旧理论创造新学说，叫作“五行”，极其奇怪而又没有条理，幽深昏暗而说不明白，晦涩而不好解说。却还美化他们的言辞，并恭恭敬敬地说：“这真的是早先的君子说过的话啊！”子思首先倡导，而孟轲随之附和，世俗中的那些愚昧无知的儒生吵吵嚷嚷的，不知其中的错误，于是接受并大肆宣传，以为这就是被后世推崇的孔子和子弓的言说。这是子思和孟轲的罪过啊。

综合治国的方略，统一人们的言行，协调各类事物，把天下的英杰都聚集在一起，告诉他们古代的道理，教导他们恭顺之道；在房间里，席子上，圣人的文章典籍全都具备了，于是安定世界的风俗就兴起了；这时以上六种学说就不能侵入了，上述十二个人全都不能靠近了。虽然没有放置锥子的地方，但是王公贵族不能和他争名声；在一个大夫的职位上，一国君主不能独自拥有他，一个国家单独不能容纳他，名声比诸侯还大，没有人不希望让他来做自己的臣子，这是不得势的圣人啊。仲尼、子弓就是这样的人。

统一天下，管理万物，保养人民，使全天下都获利，通达的人没有不服从的，上述六种学说立刻消失，上述十二个人立刻被改变，这是得势的圣人啊。舜、禹就是这样的人。今天的仁人们，将要做什么呢？上要效法舜、禹的制度，下要效法仲尼、子弓的道义，用来消灭上述十二子的学说。这样一来，天下的危害也就清除了，仁人的事业也就完成了，圣人的事迹也就显著了。

原 文

信信，信也；疑疑，亦信也。贵贤，仁也；贱不肖，亦仁也。言而当，知[①]也；默而当，亦知也，故知默犹知言也。故多言而类，圣人也；少言而法，君子也；多言无法，而流湎[②]然，虽辩，小人也。故劳力而不当民务，谓之奸事，劳知而不律[③]先王，谓之奸心；辩说譬谕，齐给[④]便利，而不顺礼义，谓之奸说。此三奸者，圣王之所禁也。知而险，贼而神，为诈而巧，言无用而辩，辩不惠而察，治之大殃也。行辟而坚，饰非而好，玩奸而泽[⑤]，言辩而逆，古之大禁也。知而无法，勇而无惮，察辩而操僻，淫太而用之，好奸而与众，利足而迷，负石而坠，是天下之所弃也。

兼服天下之心：高上尊贵，不以骄人；聪明圣知，不以穷人；齐给速通，不争先人；刚毅勇敢，不以伤人；不知则问，不能则学，虽能必让，然后为德。遇君则修臣下之义，遇乡则修长幼之义，遇长则修子弟之义，遇友则修礼节辞让之义，遇贱而少者则修告导宽容之义。无不爱也，无不敬也，无与人争也，恢然如天地之苞万物[⑥]。如是，则贤者贵之，不肖者亲之；如是，而不服者，则可谓妖怪狡猾之人矣，虽则子弟之中，刑及之而宜。《诗》

云："匪上帝不时，殷不用旧；虽无老成人，尚有典刑；曾是莫听，大命以倾。[⑦]"此之谓也。

古之所谓仕士者，厚敦者也，合群者也，乐富贵者也，乐分施者也，远罪过者也，务事理者也，羞独富者也。今之所谓仕士者，污漫者也，贼乱者也，恣睢者也，贪利者也，触抵[⑧]者也，无礼义而唯权势之嗜者也。

古之所谓处士[⑨]者，德盛者也，能静者也，修正者也，知命者也，著[⑩]是者也。今之所谓处士者，无能而云能者也，无知而云知者也，利心无足而佯无欲者也，行伪险秽而强高言谨悫者也，以不俗为俗，离纵而跂訾者也[⑪]。

注释

①知：通"智"。

②流湎：沉迷，放纵。

③律：效法。

④齐给：敏捷。

⑤泽：圆滑。

⑥恢然：广大的样子。苞：通"包"。

⑦匪上帝不时……大命以倾：引自《诗经·大雅·荡》，意思是：不是上帝的错，是殷王不用先王之道；虽然当时没有贤人，但是还有礼法制度；连这些都不用，才使国家遭到倾覆。

⑧触抵：触犯法律。

⑨处士：隐士。

⑩著：明，这里引申为宣扬。

⑪离纵：离开正道。纵：踪迹。跂訾：违俗自高之貌。

译文

相信可信的，是诚信；怀疑可疑的，也是诚信。尊重贤人，是仁义；轻视不贤的人，也是仁义。说话得当，是聪明；沉默得当，也是聪明，因此懂得沉默就好像懂得言说一样。因此，说得多但合乎事物的规律，是圣人；说得少但合乎法度，是君子；无论说得多少都无标准而且还沉湎于其中，即使很善辩，也是小人。因此花了很多力气去做事，却与百姓的要求无关，这就是奸邪之事；费了很多脑力却不效法先王，这是奸邪之心；争辩、打比方，敏捷迅速，却不合礼义，这是奸邪的言说。这三种奸邪之事，是圣王所禁止的。聪明而险诈，手段狠毒而高明，欺诈而巧妙，言辞没用处却很雄辩，论辩不切实际但很有条理，这是治国的大灾啊。行为怪僻而执着，美化错误而巧妙，玩弄诡计而圆滑，言辞雄辩而不正当，这是古代特别禁止的。聪明而没有法度，勇敢而无所忌惮，辩论明晰而行为怪僻，骄奢淫逸而刚愎自用，喜好奸邪而党羽众多，贪图捷径而误入歧途，身有重任却坠入深渊，这是天下人所厌弃的。

使天下人全都顺服的方法是：处在高高在上的尊贵位置而不傲视他人，聪明智慧而不使他人困窘，行为敏捷而不争先，刚毅勇敢而不伤害他人。不知道就去问，不会做的就去学习，即使有才能也要谦让，这样才叫有德行。面对君主就要修养臣下的德行，面对乡亲就修养长幼之节，面对长辈就修养为人子弟的品质，面对朋友就修养礼仪辞让的品行，面对身份低下而年少的人就要修养教导宽容的原则。面对无所不爱，无所不敬，不与别人争论，心胸广大，就好像天地能包容万物一样。这样的话，贤能的人会尊重他，不贤的人会来亲近他；如果这样还有人不顺从，那就一定是奸邪狡猾的人。这样的人就算是自己的儿子、兄弟，让他遭受刑罚也是正当的。《诗经》中说："不是上帝的错，是殷王不用先王之道；虽然当时没有贤人，但是还有礼法制度；连这些都不用，才使国家遭到倾覆。"讲的就是这个道理。

古代所说的做官的人，是品行敦厚的人，是和睦群体的人，是安于富贵的人，是乐于布施的人，是远离罪过的人，是做事有条理的人，是羞于独自富贵的人。现在所谓的当官的人，是污秽轻薄的人，是害人捣乱的人，是恣意妄为的人，是贪图利益的人，是触犯法令的人，是不好礼义而只好权势的人。古代所说的隐士，是盛德之人，是娴静的人，是美好正直的人，是知道天命的人，是宣扬正道的人。现在所说的隐士，是没能力而自称有能力的人，是无知而自称有见识的人，是贪心不足而假装无欲的人，是行为虚伪污秽而自称谨慎质朴的人，是以不同于众为习俗、偏离正道而违俗自高的人。

原 文

士君子之所能不能为：君子能为可贵，不能使人必贵己；能为可信，不能使人必信己；能为可用，不能使人必用己。故君子耻不修，不耻见污；耻不信，不耻不见信；耻不能，不耻不见用。是以不诱于誉，不恐于诽，率道而行，端然正己，不为物倾侧。夫是之谓诚君子。《诗》云："温温恭人，维德之基。[1]"此之谓也。

士君子之容：其冠进[2]，其衣逢[3]，其容良；俨然，壮然，祺然[4]，蕼然[5]，恢恢然[6]，广广然，昭昭然，荡荡然。是父兄之容也。其冠进，其衣逢，其容悫；俭然，恀然[7]，辅然，端然，訾然[8]，洞然，缀缀然[9]，瞀瞀然[10]，是子弟之容也。

吾语汝学者之嵬[11]容：其冠绕[12]，其缨禁缓[13]，其容简连[14]；填填然，狄狄然[15]，莫莫然，瞡瞡然[16]，瞿瞿然，尽尽然，盱盱然。酒食声色之中，则瞒瞒然，瞑瞑然[17]；礼节之中，则疾疾然[18]，訾訾然[19]；劳苦事业之中，则儢儢然[20]，离离然；偷儒而罔[21]，无廉耻而忍谟询[22]。是学者之嵬也。

弟佗[23]其冠，神禫[24]其辞，禹行而舜趋，是子张氏之贱儒也。正其衣冠，齐其颜色，嗛[25]然而终日不言，是子夏氏之贱儒也。偷儒惮事，无廉耻而耆[26]饮食，必曰："君子固不用力"，是子游氏之贱儒也。彼君子则不然，佚而不惰，劳而不僈，宗原应变，曲[27]得其宜，如是然后圣人也。

注 释

①温温恭人，维德之基：引自《诗经·大雅·抑》，意思是：温和而恭敬他人，这是道德的根基。

②进：通"峻"，高耸。

③逢：宽松。

④祺然：安详的样子。

⑤蕼（sì）然：宽舒的样子。

⑥恢恢然：心胸广阔的样子。

⑦恀（shì）然：恭敬的样子。唐杨倞注："恀然，恃尊长之貌。"

⑧訾（zī）然：勤勉的样子。

⑨缀缀然：服从的样子。

⑩瞀瞀然：拘谨的样子。

⑪嵬：怪异。

⑫绕（miǎn）：当为"俛"，即俯，低垂的样子。

⑬缨：帽带。禁：通"约"，腰带。

⑭简连：傲慢的样子。

⑮狄狄然：跳跃的样子。

⑯瞡（guī）瞡然：见识浅薄的样子。

⑰瞒瞒然、瞑瞑然：都是沉醉、迷乱的样子。

⑱疾疾然：憎恶的样子。

⑲訾訾然：骂骂咧咧的样子。

⑳儢（lǚ）儢然：懈怠的样子。

㉑偷儒而罔：偷懒懦弱而不怕别人议论。

㉒謑（xì）诟：辱骂。诟：通“诟”，耻。

㉓弟佗：颓唐的样子。

㉔神禫（chōng dàn）：即“冲淡”，形容言语平淡乏味。

㉕嗛（xián）：用嘴含物。

㉖耆：通“嗜”。

㉗曲：全。

译 文

士君子所能做和不能做的是：君子能做到让人尊重，但不能使人们一定尊重自己；能够使自己做到让人信任，但不能使人们一定信任自己；能够使自己被任用，但不能使别人一定任用自己。因此君子以无修养为耻，而不以被别人污蔑为耻；以不守信为耻，而不以不被别人信任为耻；以无能为耻，而不以别人不任用自己为耻。因此君子能够不被名誉引诱，不被诽谤恐吓，循道而行，端正地校正自己，不被外物动摇，这就叫作诚朴的君子。《诗经》上说：“温和而恭敬他人，这是道德的根基。”讲的就是这个道理。

士君子的容貌：帽子很高大，衣服很宽松，容貌很温和；严肃、刚强、安详、宽舒、心胸广大、光明、坦荡。这是做父兄的仪态。帽子很高大，衣服很宽松，脸色很诚恳、自我约束、恭敬、平易近人、端庄、勤快、尊重长辈、服从、拘谨。这是做兄弟子女的仪态。

我跟你们讲有些读书人的丑态：帽子低低的，帽带松弛，脸色傲慢。自我满足、欢呼跳跃、志气消沉、见识浅薄、惊恐不安、垂头丧气、瞠目结舌。在吃喝玩乐之时，则沉醉迷乱；在行礼仪之时，则憎恶叫骂；从事艰苦的劳动，则偷懒懈怠，苟且偷安而不怕被议论，毫无羞耻而能忍受辱骂。这就是一些读书人的丑态。

帽子戴得很颓废，言语平淡乏味，像禹一样跛着脚走路，像舜一样低着头前行，这是子张那样的贱儒。衣冠端正，容貌恭敬，像嘴里含着东西一样整天不说话，这是子夏那样的贱儒。偷懒、懦弱、怕事，无廉耻之心而好饮食，口里还说：“君子是不需要努力去做的。”这是子游那样的贱儒。君子则不是这样的，安逸时不懒惰，劳苦时不怠慢，遵守原则而应变无穷，做什么都合宜，必如此，然后才能成为圣人。

仲尼篇第七

原文

仲尼之门，五尺之竖子言羞称乎五伯[①]。是何也？曰：然！彼诚可羞称也。齐桓，五伯之盛者也，前事则杀兄而争国；内行则姑姊妹之不嫁者七人，闺门之内，般乐奢汰[②]，以齐之分奉之而不足；外事则诈邾袭莒，并国三十五。其事行也若是其险污淫汰也，彼固曷足称乎大君子之门哉！

若是而不亡，乃霸，何也？曰：於乎[③]！夫齐桓公有天下之大节[④]焉，夫孰能亡之？倓然[⑤]见管仲之能足以托国也，是天下之大知也。安忘其怒，出忘其仇，遂立以为仲父，是天下之大决也。立以为仲父，而贵戚莫之敢妒也；与之高国之位，而本朝之臣莫之敢恶也；与之书社[⑥]三百，而富人莫之敢距[⑦]也；贵贱长少，秩秩焉，莫不从桓公而贵敬之，是天下之大节也。诸侯有一节如是，则莫之能亡也；桓公兼此数节者而尽有之，夫又何可亡也！其霸也，宜哉！非幸也，数也。

然而仲尼之门，五尺之竖子，言羞称五伯，是何也？曰：然！彼非本政教也，非致隆高也，非綦文理也[⑧]，非服人之心也。乡[⑨]方略，审劳佚，畜积修斗，而能颠倒其敌者也，诈心以胜矣。彼以让饰争，依乎仁而蹈利者也，小人之杰也，彼固曷足称乎大君子之门哉！

注释

①竖子：这里指少年学生，即童子。五伯：指春秋五霸，分别是齐桓公、晋文公、楚庄王、吴王阖闾、越王勾践。

②般（pán）乐：过分享乐。奢汰：奢侈。

③於乎：通“呜呼”，感叹词。

④节：关键点。

⑤倓（tián）然：安然不疑。

⑥书社：一社登记人口和土地的名册。古代一社为二十五户。

⑦距：通“拒”。

⑧綦（qí）：极。文理：指礼仪制度。

⑨乡：通“向”，趋向。

译 文

仲尼的门徒中，即使是五尺高的少年学生，都羞于称道五伯。这是为什么？答案是：确实，五伯确实不值得称道。齐桓公是五伯中名声最好的，在称霸之前为了争夺政权而杀掉了兄长，在宫闱之内，他的姑姑姐妹等有七人没有出嫁，在宫廷之中纵情享乐，用齐国一半的赋税来侍奉他都不够；对外则欺诈邾国、袭击莒国，吞并了三十五个国家。他做的事是这样的险诈、污秽、奸邪，又怎么可能会被孔子的门下所称道呢？

尽管这样，齐国没有灭亡，反而称霸，这是怎么回事呢？回答是：呜呼！齐桓公把握了几个治理天下的关键，谁又能让他灭亡呢？信任管仲，相信他的才能足以托付国家大事，这是天下的大智慧。在内忘掉自己的气愤，在外忘掉自己的仇恨，立管仲为仲父，这是天下间最英明的决策啊！立管仲为仲父，而贵族亲戚不敢嫉妒；给他国家中至高的权位，而本朝的大臣没有人敢厌恶；给他三百社的人口，而富人没有人敢反对。无论贵贱长幼，都服服帖帖，没有人不顺从桓公并尊敬他。这就是称霸天下的关键。诸侯能做到其中的一点，就没有人能灭亡他的国家。齐桓公把这些关节点全都掌握了，又怎么可能会灭亡呢？他称霸天下，也是应该的啊！这不是幸运，而是天数。

但是仲尼的门徒，五尺高的少年学生，说话都羞于谈论五伯，这是为什么呢？回答是：确实，他们不知道政教的根本，不极力推崇礼义，不大力建设礼仪制度，不能让人心服。他们实行各种策略，注重劳逸分配，积蓄力量，加强战备而能够打败敌人。是因为他们用奸诈之心来取胜。他们用谦让来掩饰争夺，用表面的仁义来掩饰夺利，他们是小人中的杰出者。这样的人又怎么值得被称道于孔子的门下呢？

原 文

彼王者则不然：致贤而能以救不肖，致强而能以宽弱，战必能殆之而羞与之斗，委然[①]成文以示之天下，而暴国安自化矣。有灾缪[②]者然后诛之，故圣王之诛也綦省[③]矣。文王诛四，武王诛二，周公卒业，至于成王则安以无诛矣。故道岂不行矣哉！文王载[④]百里地而天下一；桀、纣舍之，厚于有天下之势，而不得以匹夫老。故善用之，则百里之国足以独立矣；不善用之，则楚六千里而为仇人役。故人主不务得道，而广有其势，是其所以危也。

持宠处位，终身不厌之术：主尊贵之，则恭敬而僔[⑤]；主信爱之，则谨慎而嗛[⑥]；主专任之，则拘守而详；主安近之，则慎比而不邪；主疏远之，则全一而不倍；主损绌[⑦]之，则恐惧而不怨。贵而不为夸，信而不处谦[⑧]，任重而不敢专。财利至则善而不及也，必将尽辞让之义，然后受。福事至则和而理，祸事至则静而理。富则施广，贫则用节。可贵可贱也，可富可贫也，可杀而不可使为奸也。是持宠处位终身不厌之术也。虽在贫穷徒处之势，亦取象于是矣。夫是之谓吉人。《诗》云："媚兹一人，应侯顺德，永言孝思，昭哉嗣服。[⑨]"此之谓也。

注　释

①委然：有文采的样子。

②缪：通"谬"，欺诈。

③綦省：极少。

④载：行，指文王能够践行道。

⑤僔（zǔn）：谦让。

⑥嗛：通"谦"，谦逊。

⑦绌：通"黜"，罢免。

⑧谦：通"嫌"，嫌疑。

⑨媚兹一人……昭哉嗣服：引自《诗经·大雅·下武》，意思是：可爱的武王，能够继承祖上的美德，永远孝敬祖先，光大祖先的事业。媚：爱。侯：语气助词。嗣：继承。

译　文

王者却不是这样，自己非常贤良而且能够教化不肖之人，非常强大但能宽容弱小的人，打仗一定能打败对手却羞于与之战斗，文采斐然并以之昭示天下，暴虐之国自然就得到改变了。对那些有危害、欺诈行为的，圣王才会诛灭他，因此圣王诛杀的人是很少的。文王诛杀了四个人，武王诛杀了两个人，周公继承大业，直到成王一直都很太平而没有杀人。因此，王道怎么可能会不能实行呢？文王实行王道，依靠百里之地而统一天下；桀、纣不实行王道，虽然坐拥天下，有这么雄厚的势力却不能像一个普通人那样老死。因此，如果善于运用王道，就算方圆百里的国家也能够自保；不善于运用王道，就会像楚国那样虽然有六千里土地却还是被仇人奴役。因此，为人君者不求王道而求扩大其势力，这是他们危险的原因。

保持宠信，处于高位，终身不被厌弃的方法是：君主尊重你，就要恭敬而谦卑；君主信任爱护你，就要谨慎而谦逊；君主让你担当大任，就要约束自己而详明法度；君主亲近你，就要顺从而不奸邪；君主疏远你，就要忠心而不背叛；君主罢免你，就要惊恐而不怨恨。富贵了不要骄傲，被信任了不忘谦虚；责任重大而不自专；财物利益在面前，要认为自己功劳不够，尽力辞让之后再接受；好事到来要平和地处理；坏事到来要平静地处理。富裕了就要广泛地布施，贫穷了就要有节制，贵贱不强求，贫富不动心，宁可被杀害也不能做奸邪之事。这是保持宠信，处于高位，终身不被厌弃的方法。即使在贫穷不得志的时候，也要这样做，这就可以叫作吉祥的人。《诗经》中说："可爱的武王，能够继承祖上的美德，永远孝敬祖先，光大祖先的事业。"讲的就是这个道理。

原　文

求善处大重[①]，理任大事，擅宠于万乘之国，必无后患之术：莫若好同之，援贤博施，除怨而无妨害人。能耐任之，则慎行此道也；能而不耐任，且恐失宠，则莫若早同之，推贤让能，而安随其后。如是，有宠则必荣，失宠则必无罪。是事君者之宝，而必无后患之术也。故知者之举事也，满则虑嗛[②]，平则虑险，安则虑危，曲重其豫，犹恐及其祸，是以百举而不陷也。孔子曰："巧而好度，必节；勇而好同，必胜；知而好谦，必贤。"此之谓也。愚者反是：处重擅权，则好专事而妒贤能，抑有功而挤有罪，志骄盈而轻旧怨，以吝啬而不行施，道乎上为重，招权于下以妨害人。虽欲无危，得乎哉！是以位尊则必危，任重则必废，擅宠则必辱，可立而待也，可炊[③]而竟也。是何也？则堕之者众，而持之者寡矣。

天下之行术：以事君则必通，以为仁则必圣，立隆[④]而勿贰也。然后恭敬以先之，忠信以统之，慎谨以行之，端悫以守之，顿穷[⑤]则从之，疾力以申重之[⑥]。君虽不知，无怨疾之心；功虽甚大，无伐德之色；省求多功，爱敬不倦；如是则常无不顺矣。以事君则必通，以为仁则必圣，夫是之谓天下之行术。

少事长，贱事贵，不肖事贤，是天下之通义也。有人也，势不在人上，而羞为人下，是奸人之心也。志不免乎奸心，行不免

乎奸道，而求有君子圣人之名，辟之是犹伏而咶天[⑦]，救经[⑧]而引其足也。说必不行矣，俞[⑨]务而俞远。故君子时诎[⑩]则诎，时伸则伸也。

注释

①重：重位，高位。

②嗛：通“歉”，不足。

③炊：做饭。这里指一顿饭的工夫。

④隆：敦厚。

⑤顿穷：处于困境。

⑥疾力：赶紧努力。申重：反复强调。

⑦辟：通“譬”，比喻。咶（shì）：舔。

⑧经：上吊。

⑨俞：通“愈”，越，更加。

⑩诎：屈从。

译文

谋求善于处在高位，处理大事，被万乘之国的国君宠爱，且没有后患的方法是：没有比与君主同心同德，举荐贤人，博施济众，除去怨恨而不伤害别人更好的了。能力足以担当重任，就一定要谨慎地实行此道；有能力但不想担当重任，又担心失宠，就不如做到与君主同心同德，推举贤人，把重任交给能人，然后安心地跟在他们后面。这样一来，有恩宠就一定会光荣，失宠了也不会有罪过，这是事奉君主的法宝和没有后患的方法。因此聪明人做事，满了就考虑不足，顺利时就考虑危险，安全时就考虑危害，周全地预防，还要担心遭到灾祸，因此能够多次行事而不遭受灾祸。孔子说：“灵巧而喜好法度，就一定有节制；勇敢而与人同心协力，就一定会胜利；聪明而好谦虚，就一定贤明。”讲的就是这个道理。愚蠢的人与此相反：处于重位、独揽大权时，就喜欢独断专行，且妒忌贤能之人，压制有功之臣，排挤有过错的人，志气骄横并轻视旧怨，在上位十分吝啬而不喜欢布施，在下位就尽力抓住权力而妨害他人。即使不想遭受灾祸，可能吗？因此这种人地位尊贵就会危险，担当大任就一定会坏事，专权恃宠一定会受到侮辱，这种结果是可以站着等待，一顿饭工夫就能完成的。这是为什么呢？因为希望他下台的人多而支持他的人少。

天下间通行的道术，用来事君就一定会通达，用来修仁就一定能成圣人。确立崇高的礼义而忠诚一心，然后恭敬地引导它，用忠信来统率它，谨慎地践行它，端正诚朴地坚守它，穷困就坦然顺从它，并努力反复强调它。君子即使不知道你的为人，也不要去嫉恨；功劳虽大，但不要有骄傲之色；贪求少而功劳多，爱敬之心不懈怠；这样就没有不顺的时候。以此事君一定会通达，用来修仁一定能成圣人，这就是天下通行的道术。

年少的人侍奉年长的人，卑贱的人侍奉高贵的人，不贤的人侍奉贤能的人，这是天下通行的道理。有的人，权势不比别人高，却羞居人下，这是奸人的心态。志向中不免有奸邪之心，做事避免用奸邪之道，还要得到君子、圣人的名声，这就好比是趴在地上舔天，救上吊之人却拉他的腿。他的言论肯定不能实行，越努力离正道越远。因此君子当屈则屈，当伸则伸。

儒效篇第八

原　文

大儒之效：武王崩，成王幼，周公屏成王而及武王以属天下[①]，恶天下之倍[②]周也。履天子之籍[③]，听天下之断[④]，偃然[⑤]如固有之，而天下不称贪焉。杀管叔，虚殷国，而天下不称戾焉。兼制天下，立七十一国，姬姓独居五十三人，而天下不称偏焉。教诲开导成王，使谕[⑥]于道，而能掩迹[⑦]于文、武。周公归周，反籍于成王，而天下不辍事周；然而周公北面而朝之。天子也者，不可以少当也，不可以假摄[⑧]为也；能则天下归之，不能则天下去之，是以周公屏成王而及武王，以属天下，恶天下之离周也。成王冠，成人，周公归周，反籍焉，明不灭主之义也。周公无天下矣；乡有天下，今无天下，非擅也。成王乡无天下，今有天下，非夺也，变势次序节然也。故以枝[⑨]代主而非越也；以弟诛兄而非暴也；君臣易位而非不顺也。因天下之和，遂文武之业，明主枝之义，抑亦变化矣，天下厌然犹一也，非圣人莫之能为。夫是之谓大儒之效。

秦昭王问孙卿子[⑩]曰："儒无益于人之国？"孙卿子曰："儒者法先王，隆礼义，谨乎臣子而致贵其上者也。人主用之，则势在本朝而宜；不用，则退编百姓而悫；必为顺下矣。虽穷困冻馁[⑪]，必不以邪道为贪。无置锥之地，而明于持社稷之大义。嘄[⑫]呼而莫之能应，然而通乎财[⑬]万物、养百姓之经纪。势在人上，则王公之材也；在人下，则社稷之臣，国君之宝也；虽隐于穷阎漏屋[14]，人莫不贵，贵道诚存也。仲尼将为司寇，沈犹氏不敢朝饮其羊，公慎氏出其妻，慎溃氏逾[15]境而徙，鲁之粥牛马者不豫贾[16]，必蚤[17]正以待之也。居于阙党，阙党之子弟罔不分[18]，有亲者取多，孝弟以化之也。儒者在本朝则美政，在下位则美俗。儒之为人下如是矣。"

王曰："然则其为人上何如？"孙卿曰："其为人上也，广大矣！志意定乎内，礼节修乎朝，法则度量正乎官，忠信爱利形[19]乎下。行一不义，杀一无罪，而得天下，不为也。此君义信乎人矣，通于四海，则天下应之如讙[20]。是何也？则贵名白而天下治也。故近者歌讴而乐之，远者竭蹶[21]而趋之，四海之内若一家，通达之属莫不从服，夫是之谓人师。《诗》曰：'自西自东，自南自北，无思不服。[22]'此之谓也。夫其为人下也如彼，其为人上也如此，何谓其无益于人之国也？"昭王曰："善！"

注 释

①屏：保护。属：统治。

②倍：通"背"，背叛。

③籍：位。

④断：决断。

⑤偃然：安然。

⑥谕：明白。

⑦掩迹：继承祖先事业。

⑧假摄：代政。

⑨枝：旁枝，指嫡长子之外的公子。

⑩孙卿子：孙卿子即荀子，汉代时为避汉宣帝刘询讳，将"荀"改为"孙"。

⑪餧（něi）：通"馁"，饥饿。

⑫嗥（jiāo）：通"叫"，叫唤。

⑬财：通"裁"，管理。

⑭穷阎漏屋：穷巷陋屋。阎：里巷。漏：通"陋"。

⑮逾：越过。

⑯豫贾：虚高价格。唐杨倞注："豫贾，定为高价也。"豫：欺骗。

⑰蚤：通"早"。

⑱阙党：即阙里，孔子的故乡。罔不（fú）：捕鱼和兽的工具。罔：通“网”。不：通“罘”。

⑲形：变现。

⑳讙（huān）：喧哗。这里指齐声响应。

㉑竭蹶：匆忙赶路的样子。

㉒自西自东，自南自北，无思不服：引自《诗经·大雅·文王有声》，意思是：从西到东，从南到北，没有不服从的。

译　文

大儒的作用：武王去世的时候，成王还很年幼，周公保护成王，继承武王而统治天下，因为他担心天下人背叛周朝。周公登上天子的位置，处理天下的事务，心安于此，就好像位置本来就是他的，而天下没人说他贪婪；杀管叔，使殷国国都成为废墟，而天下没人说他暴虐；统治天下，立了七十一个诸侯国，而姬姓诸侯王就有五十三个，而天下没有人说他偏心；教诲开导成王，让他明白治国之道，从而能继承文王、武王的事业。周公回到鲁国，将天子之位返还给成王，天下没有因此不朝拜周王朝，而周公也面向北朝拜成王。天子之位，不能由年少者来担当，也不可以由别人来代替。有能力，天下就归顺你，没能力，天下就背弃你。因此周公保护成王、继承武王而统治天下，是因为他担心天下人背叛周朝。成王行冠礼，成年后，周公回到鲁国将王位还给成王，表明臣不灭亡主上的道义。周公已经不拥有天下了，曾经拥有，现在不拥有，并不是禅让。成王曾经不拥有天下，现在拥有天下，这并不是夺来的，地位的变化是合乎礼义的。因此用旁枝代替嫡长子不是僭越，弟弟诛杀兄长不是残暴，君臣位置变换不是不顺从。随顺天下的和睦，完成文王、武王的事业，明了庶子和嫡长子之间的道义，位置上下之变化，天下顺从和过去一样，不是圣人就不能做到这一切。这就是大儒的作用。

秦昭王问荀子说：“儒者对国家是没有什么益处的吧？”荀子回答：“儒者效法先王，推崇礼义，谨慎于为臣之道而极度尊重君主。君主任用他，他的势力在本朝是合适的；不任用他，退而被编入普通百姓的名册也会很诚恳，一定是个顺从的百姓。即使贫穷困窘、挨冻受饿，也不会用奸邪之道去贪财；即使没有立锥之地，也能明白维持社稷的大义。他的呼唤虽然没人响应，他却通达治理万物、保养百姓的纲纪。他的权势在高处，一定是王公之才；在下位，也是社稷之能臣、国君的珍宝。即使隐姓埋名于陋巷破屋，人们无不尊重他，因为道术存在他心中。仲尼将做鲁国的司寇，沈犹氏不敢在早上让他的羊去公共的井里饮水；公慎氏休了他不贤的妻子，慎溃氏越境而逃，鲁国卖牛马的人不敢虚抬价格，都早早地端正自己等待孔子命令。孔子住在阙里，阙里的子弟所捕的鱼和兽一定会分给大家，有父母的人可以多拿，这是孔子的孝悌感化了他们啊。

儒者在朝堂之上会美化政治，在民间会美化风俗。儒者在下位就是这样的。”

秦昭王说：“那么儒者在上位会如何呢？”荀子说：“儒者在上位，作用就大了。内心志向坚定，用礼节整顿朝纲，用法律制度纠正百官，忠、信、仁爱、利人的美德体现在百姓中。做一件不义之事，杀一个无罪之人，而能得到天下，他都不去做。这是君子用义来取信于人，仁义达于四海之内，天下人齐声响应他。这是为什么呢？这是人们知道他高贵的名声，从而使天下得到治理。因此附近的人歌颂他、与他同乐，远处的人们急急忙忙地赶来归附他。四海之内和气得像一家人，凡是能到达的地方没有不服从的，这就叫作人师。《诗经》中说：‘从西到东，从南到北，没有不服从的。’讲的就是这个道理。儒者在下位是那样，在上位是这样，怎么能说他们对国家是无用的呢？”秦昭王说：“说得好。”

原　文

先王之道，仁之隆也，比中[①]而行之。曷谓中？曰：礼义是也。道者，非天之道，非地之道，人之所以道也，君子之所道也。君子之所谓贤者，非能遍能人之所能之谓也；君子之所谓知者，非能遍知人之所知之谓也；君子之所谓辩者，非能遍辩人之所辩之谓也；君子之所谓察者，非能遍察人之所察之谓也；有所止矣。相高下，视硗[②]肥，序五种[③]，君子不如农人；通财货，相美恶，辩贵贱，君子不如贾人；设规矩，陈绳墨，便备用，君子不如工人；不恤是非然不然之情，以相荐撙[④]，以相耻怍[⑤]，君子不若惠施、邓析。若夫谲[⑥]德而定次，量能而授官，使贤不肖皆得其位，能不能皆得其官，万物得其宜，事变得其应，慎、墨不得进其谈，惠施、邓析不敢窜[⑦]其察，言必当理，事必当务，是，然后君子之所长也。

凡事行，有益于理者，立之；无益于理者，废之，夫是之谓中事。凡知说，有益于理者，为之；无益于理者，舍之，夫是之谓中说。事行失中，谓之奸事；知说失中，谓之奸道。奸事、奸道，治世之所弃，而乱世之所从服也。若夫充虚之相施[⑧]易也，“坚白”“同异”之分隔也，是聪耳之所不能听也，明目之所不能见也，辩士之所不能言也，虽有圣人之知，未能偻[⑨]指也。不知无害为君子，知之无损为小人。工匠不知，无害为巧；君子不知，无害为治。王公好之则乱法，百姓好之则乱事。而狂惑戆陋[⑩]之人，乃始率其群徒，辩其谈说，明其辟⑪称，老身长子，不知恶也。夫是之谓上愚，曾不如相鸡狗之可以为名也。《诗》曰："为鬼为蜮，则不可得。有靦面目，视人罔极。作此好歌，以极反侧。⑫"此之谓也。

我欲贱而贵，愚而智，贫而富，可乎？曰：其唯学乎。彼学者，行之，曰士也；敦慕⑬焉，君子也；知之，圣人也。上为圣人，下为士君子，孰禁我哉！乡也，混然涂之人也，俄而并乎尧、禹，岂不贱而贵矣哉！乡⑭也，效门室之辨⑮，混然曾不能决也，俄而原仁义，分是非，图回天下于掌上，而辨黑白，岂不愚而知矣哉！乡也，胥靡⑯之人，俄而治天下之大器举在此，岂不贫而富矣哉！今有人于此，屑然藏千溢之宝，虽行贷⑰而食，人谓之富矣。彼宝也者，衣之不可衣也，食之不可食也，卖之不可偻售也，然而人谓之富，何也？岂不大富之器诚在此也？是杅杅⑱亦富人已，岂不贫而富矣哉！故君子无爵而贵，无禄而富，不言而信，不怒而威，穷处而荣，独居而乐！岂不至尊、至富、至重、至严之情举积此哉！

注释

①中：恰当，适当。

②硗（qiāo）：土地贫瘠。

③序五种：五谷播种的次序。

④荐：通"践"，践踏。撙（zǔn）：抑制。

⑤怍（zuò）：羞惭。

⑥谲（jué）：通"决"，决断、判别。

⑦窜：混杂，混入。

⑧施：通"移"，移易。

⑨偻（lǚ）：迅速，疾。

⑩戆（gàng）陋：愚蠢。

⑪辟：通"譬"，比喻。

⑫为鬼为蜮……以极反侧：引自《诗经·小雅·何人斯》，意思是：你是鬼是怪，我看不清。你虽有人的面目，却不符合做人的标准。我作这首歌，来揭穿你的反复无常。蜮（yù）：短狐，一种害人的动物。靦（tiǎn）：羞愧。

⑬敦慕：勤勉努力地学习。

⑭乡：从前，原先。

⑮门室之辨：门和房间的区别。

⑯胥靡：空无，指没有学问、才能。

⑰贷（tè）：乞讨。

⑱杅（yú）杅：广大、富足的样子。

译 文

先王之道，是仁的最崇高的表现，就是要按照中正的标准而行。什么是中正？回答是：合乎礼义。道，不是天的道，不是地的道，而是人的道，是君子所倡导的道。君子所说的贤能，不是说能够做所有别人能做的事；君子所说的聪明，不是说能够知道所有别人知道的东西；君子所说的雄辩，不是说能辩论所有别人能辩论的东西；君子所说的明察，不是说能明察所有别人能明察的东西。君子是有所不为的。察看土地地势的高低，观察土地的贫瘠和肥沃，安排五谷播种的次序，君子不如农民；财币货物流通，观察货物的好坏，分辨货物的贵贱，君子不如商人；设置规矩，陈设绳墨，制作方便的器械，君子不如工匠；不顾是非对错的情况，相互践踏压抑，相互羞辱，君子不如惠施和邓析。如果根据德行划分等级，根据才能授予官职，使贤能和不肖之人得到相应的地位，有才能与没才能的人都得到应得的官阶，万物得其所宜，事物的变化十分恰当，使慎到、墨翟不能将其言论渗入，惠施、邓析不敢混杂他们的观察，言论一定合乎道理，事情一定合乎要求，这是君子所擅长的。

大凡做事，有利于治理的，就去做；无益于治理的，就废止。这就叫合乎中道地做事。大凡知识学说，有益于治理的，就去学习；无益于治理的，就舍弃。这就是合乎中道地对待言说。做事不中正叫作奸邪之事，言说不中正叫作奸邪的理论。奸邪的事和奸邪的理论，是治世所要舍弃而乱世所依从的。对于虚实的相互变化，"坚白""同异"的区别，是耳朵敏锐的人不能听懂，眼睛明亮的人不能看见，善辩之士不能谈论的。即使有圣人的智慧，也不能迅速指出。不知道，并不妨害做君子；知道，也不妨害做小人。工匠不知道，不妨害他的精巧；君子不知道，不妨害治理国家。王公喜好这些就会扰乱法治，百姓喜好这些就会扰乱事务。而那些无知、迷惑、浅薄、鄙陋之人，更是带领他们的门徒，辩论他们的言说，证明他们的比喻，直到身体变老、儿子长大，也不厌恶。这就是最大的愚蠢，还不如通过分辨鸡和狗的好坏来出名呢！《诗经》中说："你是鬼是怪，我看不清。你虽有人的面目，却不符合做人的标准。我作这首歌，来揭穿你的反复无常。"讲的就是这个道理。

我想要从卑贱变高贵，从愚蠢变聪明，从贫穷变富有，可以吗？回答是：只有通过学习。学习的人，将学到的知识付诸实践，就是士；勤奋努力，就是君子；彻底把握，就是圣人。上可以做圣人，下可以做士君子，谁能阻止我呢？从前，只是一个普通的路人，突然之间就与尧、禹并齐，这不是从卑贱变为高贵吗？从前，门和房间之间的区别都不能分清楚，突然之间可以推究礼义，分清是非，将天下运作于掌上而黑白分明，这不是从愚蠢变为聪明吗？从前，是个空疏无知之人，突然之间，治理天下的大权全都具有了，这不是从贫穷变为富有吗？现在有人藏起价值千金的宝物，即使乞讨而食，人们也说他很富有。那些宝贝，穿也不能穿，吃也不能吃，卖掉它也不能立刻卖完。但是人们说他富有，这是为什么呢？还不是因为他有极度有价值的宝贝吗？这就是富有的人啊。这不是从贫穷变富有了吗？因此君子没有爵位但受到尊重，没有俸禄但很富有，不说话但受信任，不发怒但有威严，生活贫困但有荣耀，孑然一身但很快乐，岂不是极度的尊贵、极度的富有、极度的庄重、极度的威严都在此了吗？

原　文

故曰：贵名不可以比周争也，不可以夸诞有也，不可以势重胁也，必将诚此然后就也。争之则失，让之则至；遵道则积，夸诞则虚。故君子务修其内，而让之于外；务积德于身，而处之以遵道。如是，则贵名起如日月，天下应之如雷霆。故曰：君子隐而显，微而明，辞让而胜。《诗》曰："鹤鸣于九皋，声闻于天。[①]"此之谓也。鄙夫反是：比周而誉俞少，鄙争而名俞辱，烦劳以求安利，其身俞危。《诗》曰："民之无良，相怨一方；受爵不让，至于己斯亡。[②]"此之谓也。

故能小而事大，辟之是犹力之少而任重也，舍粹折无适也[③]。身不肖而诬贤，是犹伛身[④]而好升高也，指其顶者愈众。故明主谲德而序位，所以为不乱也；忠臣诚能然后敢受职，所以为不穷也。分不乱于上，能不穷于下，治辩[⑤]之极也。《诗》曰："平平左右，亦是率从。[⑥]"是言上下之交不相乱也。

以从俗为善，以货财为宝，以养生为己至道，是民德也。行法志坚，不以私欲乱所闻：如是，则可谓劲士矣。行法至坚，好修正其所闻，以桥[⑦]饰其情性；其言多当矣，而未谕也；其行多当矣，而未安也；其知虑多当矣，而未周密也；上则能大其所隆，下则能开道不己若者：如是，则可谓笃厚君子矣。修百王之法，若辨白黑；应当时之变，若数一二；行礼要节而安之，若生四枝；要时立功之巧，若诏四时；平正和民之善，亿万之众而抟[⑧]若一人：如是，则可谓圣人矣。

井井兮其有理也，严严兮其能敬已也，分分[9]兮其有终始也，猒猒[10]兮其能长久也，乐乐兮其执道不殆也，照照兮其用知之明也，修修兮其用统类之行也，绥绥[11]兮其有文章也，熙熙兮其乐人之臧也[12]，隐隐[13]兮其恐人之不当也：如是，则可谓圣人矣。此其道出乎一。曷谓一？曰：执神而固。曷谓神？曰：尽善挟[14]治之谓神，万物莫足以倾之之谓固。神固之谓圣人。

圣人也者，道之管[15]也：天下之道管是矣，百王之道一是矣。故《诗》《书》《礼》《乐》之归是矣。《诗》言是其志也，《书》言是其事也，《礼》言是其行也，《乐》言是其和也，《春秋》言是其微也。故《风》之所以为不逐[16]者，取是以节之也；《小雅》之所以为《小雅》者，取是而文之也；《大雅》之所以为大雅者，取是而光之也；《颂》之所以为至者，取是而通之也。天下之道毕是矣，乡[17]是者臧，倍[18]是者亡。乡是如不臧，倍是如不亡者，自古及今，未尝有也。

注　释

①鹤鸣于九皋，声闻于天：引自《诗经·小雅·鹤鸣》，意思是：鹤在遥远的沼泽鸣叫，声音却传到云霄。

②民之无良……至于已斯亡：引自《诗经·小雅·角弓》，意思是：那些人不善良，相互抱怨在一旁；接受爵位不谦让，自己肯定会灭亡。

③粹：通“碎”。无适：无路可走。

④伛（yǔ）身：驼背。

⑤治辨：治理。

⑥平平左右，亦是率从：引自《诗经·小雅·采菽》，意思是：左右都很能干，同时也都很顺从。

⑦桥：通“矫”。

⑧抟：聚集。

⑨分分：疑为“介介”，坚定如一的意思。

⑩猒（yān）猒：安静的样子。

⑪绥绥：从容的样子。

⑫熙熙：温和快乐的样子。臧（zāng）：善。

⑬隐隐：担忧的样子。

⑭挟（jiā）：通“浃”，通达，和洽，周洽。

⑮管：总汇。

⑯逐：流荡。

⑰乡：通“向”。

⑱倍：通“背”，违背。

译 文

因此说：尊贵的名声不可以通过结党营私获得，不可以通过虚夸拥有，不可以通过权势威胁得来，一定要认真学习才能获得。争夺就会失去，谦让就会得到，谦虚就会慢慢积累，虚夸就会落空。因此君子努力加强内在的修养而谦让表现于外，努力积累自己的德行遵道而处。这样的话，尊贵的名声就会像日月一样升起，天下会像雷霆一样响应。因此说：君子幽隐而又显著，卑微而又明达，言语谦让而能获胜。《诗经》中说：“鹤在遥远的沼泽鸣叫，声音却传到云霄。”讲的就是这个道理。鄙陋的人则与此相反：结党营私而称誉愈少，卑鄙地争夺而名声越受侮辱，殚精竭虑地追求安逸、利益而自身越危险。《诗经》中说：“那些人不善良，相互抱怨在一旁；接受爵位不谦让，自己肯定会灭亡。”讲的就是这个道理。

因此能力小而承担大事，就好像是力量小而扛重的东西，除了骨折就没有别的可能了。本身德性恶劣而假称贤能，这就好像是驼背的人却喜欢升高，这样指着他脑袋笑话他的人就更多。因此贤明的君主根据德行来安排位次，这样才不会混乱。忠臣真的有能力，然后才给他职位，这样才不会受困。上不会混乱名分，下不会遭受困窘，这是治理的极致啊。《诗经》中说：“左右都很能干，同时也都很顺从。”说的就是上下的关系不错乱啊。

以顺从流俗为善，以钱财货物为宝贝，以保养生命为自己的最高追求，这是庶民的品质。行为合乎法度，意志坚定，不以自己的私欲扰乱所学的东西，像这样，可以说是刚毅之士了。行为合乎法度，意志坚定，喜欢修正他所学的东西，从而矫正他的性情。他的话大多很恰当，但是还未完全明白；他的行为大多很恰当，但是还不太踏实稳妥；他的思考大多很恰当，但是还不太周密。对上则能够颂扬他所推崇的人，对下则能教化不如自己的人：像这样，可以算是笃厚的君子了。学习百代帝王的法度，就像分别黑白那样清楚；处理时局的变化，就像数一二那样容易；遵循礼节，符合分寸并且踏实稳妥，就好像是身上生出四肢一样；抓住时机建立功劳的技巧，就像通晓四时变更一样；擅长治理、和睦百姓，使亿万之众好像聚集成一个人：像这样，可以说是贤人了。

井井有条且很有秩序，威严庄重而能尊重自己，坚定如一而有始有终，安安静静而能长久不息，愉快高兴而执道不懈怠，明白显著而使用智慧十分恰当，端正而严格地依礼义行事，从容镇定而有文采，开心和乐而喜好别人的美德，忧心忡忡而担心别人行为不当：这样，就可以说是圣人了。他的道都是一贯的。什么是一贯？回答是：神妙而又稳固。什么是神妙？回答是：以完备周全的方法治理国家就是神妙，什么事情都不能动摇他就是稳固。能做到神妙而又稳固的人，就是圣人。

圣人是道的总汇，百代帝王之道都是一贯的。因此《诗》《书》《礼》《乐》都汇归于此。《诗》是说人的思想志向的，《书》是记载历史政治事迹的，《礼》是讲行为规范的，《乐》是追求和谐的，《春秋》是讲微言大义的。因此《风》之所以不淫荡，是用道来节制的缘故；《小雅》之所以为《小雅》，是因道而使之有文采；《大雅》之所以为《大雅》，是用道来光大的缘故；《颂》之所以达到极致，是用道来通达的缘故，天下之道尽在此矣。顺从道的会得到好处，违背道的会走向灭亡。顺从道而不能得到好处，违背道而不会灭亡，从古到今，还没发生过。

原　文

客有道曰："孔子曰：'周公其盛乎！身贵而愈恭，家富而愈俭，胜敌而愈戒。'"应之曰："是殆[①]非周公之行，非孔子之言也。武王崩，成王幼，周公屏成王而及武王，履天子之籍，负扆[②]而立，诸侯趋走堂下。当是时也，夫又谁为恭矣哉！兼制天下，立七十一国，姬姓独居五十三人焉；周之子孙，苟不狂惑者，莫不为天下之显诸侯，孰谓周公俭哉！武王之诛纣也，行之日以兵忌，东面而迎太岁，至汜而泛，至怀而坏，至共头而山隧[③]。霍叔惧曰：'出三日而五灾至，无乃不可乎？'周公曰：'刳比干而囚箕子，飞廉、恶来知政，夫又恶有不可焉！'遂选马而进，朝食于戚，暮宿于百泉，旦厌[④]于牧之野。鼓之而纣卒易乡，遂乘殷人而诛纣。盖杀者非周人，因殷人也。故无首虏之获，无蹈难之赏。反而定三革[⑤]，偃五兵，合天下，立声乐，于是《武》《象》起而《韶》《护》废矣。四海之内，莫不变心易虑以化顺之。故外阖不闭，跨天下而无蕲[⑥]。当是时也，夫又谁为戒矣哉！"

造父者，天下之善御者也，无舆马则无所见其能。羿者，天下之善射者也，无弓矢则无所见其巧。大儒者，善调一天下者也，无百里之地，则无所见其功。舆固马选矣，而不能以至远，一日而千里，则非造父也。弓调矢直矣，而不能射远，中微，则非羿也。用百里之地，而不能以调一天下，制强暴，则非大儒也。

彼大儒者，虽隐于穷阎漏屋，无置锥之地，而王公不能与之争名；在一大夫之位，则一君不能独畜，一国不能独容，成名况乎诸侯[7]，莫不愿得以为臣。用百里之地，而千里之国莫能与之争胜；笞棰暴国，齐一天下，而莫能倾也。是大儒之征也。其言有类，其行有礼，其举事无悔，其持险应变曲[8]当；与时迁徙，与世偃仰，千举万变，其道一也。是大儒之稽[9]也。其穷也，俗儒笑之；其通也，英杰化之，嵬琐[10]逃之，邪说畏之，众人愧之。通则一天下，穷则独立贵名，天不能死，地不能埋，桀、跖之世不能污，非大儒莫之能立，仲尼、子弓是也。

故有俗人者，有俗儒者，有雅儒者，有大儒者。不学问，无正义，以富利为隆：是俗人者也。逢衣浅带[11]，解果其冠[12]，略法先王而足乱世，术缪学杂举，不知法后王而一制度，不知隆礼义而杀[13]《诗》《书》；其衣冠行伪[14]已同于世俗矣，然而不知恶者；其言议谈说已无以异于墨子矣，然而明不能别；呼先王以欺愚者而求衣食焉，得委积足以掩其口，则扬扬如也；随其长子，事其便辟[15]，举其上客，亿然若终身之虏而不敢有他志：是俗儒者也。法后王，一制度，隆礼义而杀《诗》《书》；其言行已有大法矣，然而明不能齐法教之所不及，闻见之所未至，则知不能类也；知之曰知之，不知曰不知，内不自以诬，外不自以欺，以是尊贤畏法而不敢怠傲：是雅儒者也。法先王，统礼义，一制度，以浅持博，以古持今，以一持万；苟仁义之类也，虽在鸟兽之中，若别白黑；倚物怪变，所未尝闻也，所未尝见也，卒然起一方，则举统类而应之，无所儗㤞[16]；张法而度之，则晻[17]然若合符节：是大儒者也。

故人主用俗人，则万乘之国亡；用俗儒，则万乘之国存；用雅儒，则千乘之国安；用大儒，则百里之地，久而后三年，天下为一，诸侯为臣；用万乘之国，则举错而定，一朝而伯[18]。

注 释

①殆：恐怕。

②扆（yǐ）：指宫殿中门窗之间的屏风。
③隧：通“坠”。
④厌：迫近。
⑤三革：犀牛、兕、牛三种动物的皮。这里指盔甲。
⑥蕲（qí）：通“圻”，边际，界限。
⑦成名：盛名。况：更加。
⑧曲：全。
⑨稽：考核，查考。
⑩嵬琐：险诈奸邪。
⑪逢衣浅带：宽大的衣服，宽松的腰带。
⑫解果（xiè guǒ）其冠：形容中间高两旁低的帽子。
⑬杀：轻视。
⑭伪：通“为”。
⑮便辟（pián bì）：通“便嬖”，君主身边的宠信之人。
⑯儗（yí）：通“疑”，怀疑。怍：通“怍”，惭愧。
⑰晻（yǎn）：通“奄”，重叠，覆盖。
⑱伯：通“白”，显著，显赫。

译　文

有客人说：“孔子说：‘周公品德盛大啊！身份高贵却更加谦恭，家庭富有却更加节俭，战胜敌人却更加警惕。’”荀子回答说：“这恐怕不是周公的行为，不是孔子说的话吧。武王去世，成王年幼，周公保护成王继承武王的事业，登上天子之位，背靠屏风而站立，诸侯们在堂下小步跑来朝见，在当时，他又会对谁恭敬呢？统治天下，分封七十一个诸侯国，姬姓诸侯就占了五十三人，周家的子孙只要不是疯癫愚昧的，无不是天下著名的诸侯。谁又能说周公节俭呢？武王诛杀商纣，出发那天正是用兵的禁忌，向东正迎太岁星，到汜水而洪水泛滥，到怀城而城墙坍塌，到共头山而石崩。霍叔害怕地说：‘出兵三天就遇到了五次灾兆，恐怕不可以用兵啊！’周公说：‘纣王剜比干之心并且囚禁箕子，让飞廉、恶来这样的坏人执政，这有什么不可以用兵的呢？’于是排列阵型而进军，早上在戚地吃饭，晚上驻军于百泉，第二天早上就迫近牧野。一打鼓，纣王的士兵就倒戈相向，于是就借助殷人去诛杀纣王。可见杀纣王的不是周人，而是殷人。因此并没有斩获的头颅和俘虏，没有封赏冲锋陷阵的士兵，却停止了盔甲的制作，停息了五兵的运用，统一天下，创制音乐。于是《武》《象》之乐兴起而《韶》《护》之乐废止。四海之内没有人不改变内心、变化思虑而顺从。因此晚上不需要关闭外门，横行天下也没有边界。在当时，又有谁会让他警惕呢？”

造父，是天下间善于驾车的人，没有车马，就不能显示他的能力。后羿，是天下间善于射箭的人，没有弓矢，就无法显示他高超的技艺。大儒，是善于治理统一天下的人，没有百里之地，就不能显示他的功劳。车和马都选好了，却不能走很远，不能日行千里，这就不是造父。弓调整好箭也很直，却不能射中远处微小的目标，这就不是后羿。拥有百里之地，却不能治理、统一天下，制服强暴之人，就不是大儒。

大儒，即使隐居在穷巷陋屋，没有立锥之地，但王公大臣也不及他的名声显赫。居于大夫的位置，一国之君不能独自拥有他，一国不能容纳他，名声高过诸侯，没有人不愿意用他做臣子。拥有百里的土地，而千里的国家不能战胜他；惩罚暴虐的国家，统一天下，没有人能够颠覆他。这是大儒的特征啊。他说话合乎事物的规律，他的行为合乎礼义，他做事不会后悔，他处理危险和变化全部恰当。根据时局变化，根据世道浮沉，千变万化，他的道都是一贯的，这就是考查大儒的标准。他困顿之时，俗儒会嘲笑他；他显达之时，英雄豪杰都顺从他，险诈之人都逃离他，主张邪说的人都畏惧他，众人在他面前都会感到惭愧。通达了，就统一天下；不得志，就树立高贵的名声。天不能让他死，地不能掩埋他，生于夏桀、盗跖的时代也不会被污染。不是大儒就不能树立这样的榜样，仲尼、子弓就是这样的人。

因此有俗人，有俗儒，有雅儒，有大儒。不学习，不端正礼义，崇尚富贵利益，这是俗人。松衣宽带，帽子中间高两边低，粗略地效法先王而足以扰乱社会，以驳杂的学问为道术，不知道效法后王，统一制度，不知道推崇礼义而轻视《诗》《书》；他的衣冠、行为已经与世俗没有区别了，但是还不知道厌恶；他的言说议论，已经与墨子没有分别了，但是他的智慧却不能辨别；言称先王之道来欺骗愚昧的人，从而谋取衣食，得到的钱财货物足以糊口，就很张扬；跟随诸侯的公子，侍奉君主左右的宠臣，推举君王的上客，安然得好像是他们的终身奴仆，而不敢有别的志向。这就是俗儒。效法后王，统一制度，推崇礼义而轻视《诗》《书》；他的言行已经合乎法度，然而聪明程度还不足以达到法规礼教没有触及的地方，他自己没有听到见到的地方。知道就是知道，不知道就是不知道，在内不欺骗自己，在外不欺骗别人，以此尊重贤人敬畏法度，而不敢有所懈怠。这是雅儒。效法先王、总持礼义、统一制度，从浅显把握广博，从古代之事把握今日之事，从单一事物推广至万事万物。对符合仁义的，即使在鸟兽之中的道理，也像分别黑白那样清楚。奇怪的事情，古怪的变化，从未听过，从未见过，突然从某个地方开始，根据事物的类别和规律来应对，没有疑惑不安，运用礼法来衡量，就像符节那样吻合。这就是大儒。

因此，君主任用俗人，那么万乘之国就会灭亡；任用俗儒，则万乘之国仅能保存；用雅儒，千乘之国就会安定；用大儒，那么百里之地也能长久，三年之后，天下统一，诸侯称臣；万乘之国任用大儒，那么他就会采取措施安定国家，很快就名声显赫。

原　文

不闻不若闻之，闻之不若见之，见之不若知之，知之不若行之。学至于行之而止矣。行之，明也；明之为圣人。圣人也者，本仁义，当是非，齐言行，不失豪厘，无他道焉，已乎行之矣。故闻之而不见，虽博必谬；见之而不知，虽识必妄；知之而不行，虽敦必困。不闻不见，则虽当，非仁也。其道百举而百陷也。

故人无师无法而知，则必为盗，勇则必为贼，云能则必为乱，察则必为怪，辩则必为诞；人有师有法而知则速通，勇则速成，云能则速成，察则速尽，辩则速论。故有师法者，人之大宝也；无师法者，人之大殃也。人无师法，则隆性矣；有师法，则隆积矣。而师法者，所得乎情，非所受乎性，不足以独立而治。性也者，吾所不能为也，然而可化也；情也者，非吾所有也，然而可为也。注错习俗，所以化性也；并一而不二[①]，所以成积也。习俗移志，安久移质。并一而不二，则通于神明，参于天地矣。

故积土而为山，积水而为海，旦暮积谓之岁，至高谓之天，至下谓之地，宇中六指谓之极。涂之人，百姓积善而全尽，谓之圣人。彼求之而后得，为之而后成，积之而后高，尽之而后圣。故圣人也者，人之所积也。人积耨耕而为农夫，积斫[②]削而为工匠，积反货而为商贾，积礼义而为君子。工匠之子，莫不继事，而都国之民安习其服，居楚而楚，居越而越，居夏而夏，是非天性也，积靡[③]使然也。故人知谨注错，慎习俗，大积靡，则为君子矣；纵性情而不足问学，则为小人矣。为君子则常安荣矣，为小人则常危辱矣。凡人莫不欲安荣而恶危辱，故唯君子为能得其所好，小人则日徼[④]其所恶。《诗》曰："维此良人，弗求弗迪；唯彼忍心，是顾是复。民之贪乱，宁为荼毒？[⑤]"此之谓也。

人论：志不免于曲私[⑥]，而冀人之以己为公也；行不免于污漫，而冀人之以己为修也；甚愚陋沟瞀[⑦]，而冀人之以己为知也；是众人也。志忍私，然后能公；行忍情性，然后能修；知而好问，然后能才；公修而才，可谓小儒矣。志安公，行安修，知通统类：

如是则可谓大儒矣。大儒者，天子三公也；小儒者，诸侯、大夫、士也；众人者，工农商贾也。礼者、人主之所以为群臣寸、尺、寻、丈检式[⑧]也。人伦尽矣。

君子言有坛宇[⑨]，行有防表[⑩]，道有一隆。言政治之求，不下于安存；言志意之求，不下于士；言道德之求，不二后王。道过三代谓之荡，法二后王谓之不雅[⑪]。高之下之，小之巨之，不外是矣。是君子之所以骋志意于坛宇宫廷也。故诸侯问政，不及安存，则不告也。匹夫问学，不及为士，则不教也。百家之说，不及后王，则不听也。夫是之谓君子言有坛宇，行有防表也。

注　释

①并一而不二：专心致志，不三心二意。

②斫（zhuó）：砍、削。

③靡：通“磨”，磨练。

④儌：通“邀”，招致。

⑤维此良人……宁为荼毒：引自《诗经·大雅·桑柔》，意思是：对于善良的人，不寻求也不任用；对于残忍的人，却照顾庇护。百姓一定会反抗，谁愿意遭受蹂躏？

⑥曲私：偏私。

⑦沟瞀（mào）：愚蠢，无知。

⑧检式：标准，法度。

⑨坛宇：祭祀或誓师用的高坛。这里是指界限。

⑩防表：准则，范围。

⑪雅：正。

译　文

没听说的不如听说的，听说的不如眼见的，眼见的不如学习的，学习的不如实行的，学习到了实行才算结束。实行了，就会明达事理，明达事理了就是圣人。圣人以仁义为本，是非得当，言行一致，没有毫厘之差错，这没有别的方法，只有通过实行达到。因此听说了但未眼见，即使知识渊博也一定会出错；眼见而不心知，即使看到了也会虚妄；知道了却不实行，即使笃厚也会受困。不听不见，即使做得恰当，也不能叫作仁，这种方法一定会百次实行，百次失败。

因此，人如果没有老师教导，不懂得法度而聪明，就一定会成为大盗，如果行为勇敢就一定会成为贼，如果有能力就一定会作乱，如果明察一定会产生怪论，如果善辩一定很荒诞。人如果有老师教导，懂得法度而聪明，就会很快地通晓事理，行为勇敢，就会很快树立威信，如果有能力就一定会成功，如果明察就一定会迅速地了解事物，如果善辩就一定可以快速地作出决断。因此有老师教导，懂得法度，这是人的宝贝，没有老师、不懂法度，这是人的灾祸。人没有老师、不懂法度，就会推崇个人性情；有老师、懂得法度，就会推崇学习积累。而老师、法度，得益于学习积累，不得益于个人性情，本性不可以单独用来修养身心。本性，是不能人为而成的，却可以改变；积累，不是人生来就有的，却可以人为达到。举措、习俗是用来转变本性的；专心致志、不三心二意，是用来达成积累的。习俗转化人的心志，习惯并长久了就可以改变本质，专心致志、不三心二意就可以通达神明，与天地并立。

积土可以成山，积水可以成海，一天天积累起来叫作年，最高的是天，最低的叫地，上下四方六个方向叫作极。大路上的百姓，积累善行而达到尽善尽美，就是圣人。这些都是追求而后得到，实行而后成功，积累而后提高，尽善尽美而后成为圣人的。因此，圣人是普通人通过积累而成的。人积累耕耘的经验就是农夫，积累砍削的经验就是工匠，积累贩货的经验就是商人，积累礼义之道就是君子。工匠的孩子没有不继承父亲的事业的，而每个国家的百姓都习惯穿自己国家的衣服。居住在楚国就习惯楚国的风俗，居住在越国就习惯越国的风俗，居住在夏朝就习惯夏朝的风俗，这不是人的天性，这是积累磨砺导致如此的。因此人能够举止谨慎，小心对待自己的习俗，多多积累磨砺，就会成为君子。放纵性情而不学习，就会成为小人。做君子常常得到安宁和光荣，做小人常常遭受危险和羞辱。大凡人没有不想得到安宁和光荣而讨厌危险和羞辱。因此，只有君子能够获得他所喜欢的，小人则每天都招来他所厌恶的。《诗经》中说："对于善良的人，不寻求也不任用；对于残忍的人，却照顾庇护。百姓一定会反抗，谁愿意遭受蹂躏？"讲的就是这个道理。

人们常说：心里不免有偏私，却希望别人认为自己很公正；行为不免有污秽，却希望别人认为自己很美好；愚蠢无知，却希望别人认为自己聪明；这是普通人。心志能够克制偏私然后能公正，行为能够克制欲望然后能美好，聪明好问然后能有才华；公正、美好、有才华，这称得上是小儒了。心志安于公正，行为安于美好，智慧能够通晓纲纪法度，这样就可以称得上是大儒了。大儒可以做天子的三公，小儒可以做诸侯、大夫、士；一般民众可以做工匠、农民、商人。礼，是君主用来分别群臣才能大小的标准。人伦的道理尽在此了。

君子说话有分寸，行为有规范，求道有专一的热爱。政治的追求，不下于国家安危存亡；志向的追求，不下于士；道德的追求，不违背后王。为政之道超过三代叫作放荡，制度违背后王叫作不正。高的、低的、小的、大的方面，都不外如此，这是君子的思想驰骋于这些界限内的原因。因此诸侯询问政治不涉及安危存亡的，不必告诉他；普通人请教学问不涉及做士的问题，不必教导他；各家学说，不遵从后代帝王，不必听从。这就是所说的君子说话有分寸，行为有规范。

王制篇第九

原　文

请问为政。曰：贤能不待次而举，罢不能不待须而废，元恶不待教而诛，中庸不待政而化。分未定也，则有昭缪[①]。虽王公士大夫之子孙也，不能属于礼义，则归之庶人。虽庶人之子孙也，积文学，正身行，能属于礼义，则归之卿相士大夫。故奸言、奸说、奸事、奸能、遁逃反侧[②]之民，职而教之，须而待之，勉之以庆赏，惩之以刑罚。安职则畜，不安职则弃。五疾，上收而养之，材而事之，官施而衣食之，兼覆无遗。才行反时者死无赦。夫是之谓天德，是王者之政也。

听政之大分[③]：以善至者待之以礼，以不善至者待之以刑。两者分别，则贤不肖不杂，是非不乱。贤不肖不杂，则英杰至；是非不乱，则国家治。若是，名声日闻，天下愿[④]，令行禁止，王者之事毕矣。

凡听：威严猛厉，而不好假道[⑤]人，则下畏恐而不亲，周闭而不竭[⑥]。若是，则大事殆乎弛，小事殆乎遂[⑦]。和解调通，好假道人，而无所凝止之，则奸言并至，尝试之说锋起。若是，则听大事烦，是又伤之也。故法而不议，则法之所不至者必废。职而不通，则职之所不及者必队[⑧]。故法而议，职而通，无隐谋，无遗善，而百事无过，非君子莫能。故公平者，听之衡也；中和者，听之绳也。其有法者以法行，无法者以类举，听之尽也。偏党而无经，听之辟[⑨]也。故有良法而乱者，有之矣；有君子而乱者，自古及今，未尝闻也。传曰："治生乎君子，乱生乎小人。"此之谓也。

分均则不偏，势齐则不壹，众齐则不使。有天有地，而上下有差；明王始立，而处国有制。夫两贵之不能相事，两贱之不能相使，是天数也。势位齐，而欲恶同，物不能澹[⑩]则必争；争则必乱，乱则穷矣。先王恶其乱也，故制礼义以分之，使有贫富贵贱之等，足以相兼临者，是养天下之本也。《书》曰："维齐非齐。[⑪]"此之谓也。

注 释

①昭缪（mù）：即"昭穆"，古代宗庙或墓地的辈分排列次序。

②反侧：反复无常。

③听：决断。大分：关键。

④愿：向往。

⑤假道：宽容引导。

⑥周闭：完全封闭。竭：通"揭"，揭发，举报。

⑦遂：通"坠"。

⑧队：通"坠"。

⑨辟：通"僻"，偏私，不公正。

⑩澹：通"赡"，满足。

⑪维齐非齐：引自《尚书·吕刑》，意思是：要整齐，就要通过不整齐达到。

译 文

请问为政之道。回答是：贤能之人不必按等级顺序来提拔，无能之人不必等片刻就罢黜，大恶之人不必等教化就可以诛杀，普通人不需要赏罚就可以教化。名分未定，也应该有辈分大小的次序。即使是王公贵族、士大夫的子孙，不能遵守礼义，也将其归为普通人。即使是普通人的子孙，积累文化修养，端正自身和行为，能够遵守礼义，也可以让他们做卿、相、士大夫。因此散布奸邪的言论、鼓吹奸邪的学说、做奸邪的事情、有奸邪的才能、归隐逃跑和反复无常的人，要强制性地给他们职事，从而教化他们，等待一段时间，再通过奖赏勉励他们，通过刑罚惩治他们，如果他们安于职守就收留，不安于职守就舍弃。对于五种残疾人，君主要收养他们，量才而给予职事，官府给他们提供衣食，全面照顾而没有遗漏。才能、行为与时世违背的人，立即处死，不要赦免。这就是最高的德行，是王者的政治措施。

决断政事的关键是：对怀着善意而来的就以礼待之，对不怀善意到来的就要用刑罚处置他。善与不善相分别，那么贤人和不肖之人就不会掺杂在一起，是非就不会混乱。贤人和不肖之人不掺杂在一起，英雄豪杰就会到来；是非不混乱，国家就得到了治理。这样一来，名声就会日益显著，天下人都会仰慕，命令必会得到执行，禁令一下立刻就停止，王者的政事就完备了。

大凡决断政事，威严刚猛而不喜欢宽容引导别人，那么下面的人就会害怕而不敢亲近他，各种事情都会隐瞒不敢全盘托出。这样的话，大事恐怕会废弛，小事恐怕会失败。平易近人，喜欢宽容别人但是没有限度，那么奸邪的言论就会到来，各种不成熟的言说就会蜂拥而起。这样的话，听到的事情太多了，政事也会烦琐，这对事情又是一种损伤。因此，制定了法令而不评议，法令所涉不到的地方一定会废止；规定了职权而不互相沟通，那么职权所达不到的地方一定会出现漏洞。所以制定了法令而能评议，在其位而能上下沟通，没有隐瞒的想法，没有遗漏的善言，从而做很多事也不会有过错，除了君子是不能做到的。因此，公平是处理政事的尺度，中道平和是决断政事的准绳。有法律条文的就依法而行，无法律条文的就依类推理，决断之事也就完备了。偏私而没有标准，决断就会不公平。因此国家有好的法制而混乱，这种情况是有的；国家有君子而混乱的，从古到今，没有听说过。古书中说："国家安定产生于君子，国家混乱产生于小人。"讲的就是这个道理。

名分相等就没有差别，势力相等就不能统一，众人平等就不能役使。有天地就有上下的差别，明达的圣王一开始执政就会建立等级制度。双方都尊贵就不能相互侍奉，双方都卑贱就不能相互役使，这是自然的道理。势力地位相等，人们的好恶就会相同，财物不能满足就会引起争夺，争夺就会导致混乱，混乱会使国家陷入困境。先王厌恶国家混乱，因此制定礼义来区分等级，使人们有贫富贵贱的差别，足以相互监督，全面统治，这是保养全天下人的根本。《尚书》说："要整齐，就要通过不整齐达到。"讲的就是这个道理。

原　文

马骇[①]舆，则君子不安舆；庶人骇政，则君子不安位。马骇舆，则莫若静之；庶人骇政，则莫若惠之。选贤良，举笃敬，兴孝弟，收孤寡，补贫穷。如是，则庶人安政矣。庶人安政，然后君子安位。传曰："君者，舟也；庶人者，水也；水则载舟，水则覆舟。"此之谓也。故君人者欲安，则莫若平政爱民矣；欲荣，则莫若隆礼敬士矣；欲立功名，则莫若尚贤使能矣。是君人者之大节也，三节者当，则其余莫不当矣；三节者不当，则其余虽曲[②]当，犹将无益也。孔子曰："大节是也，小节是也，上君也；大节是也，小节一出焉，一入焉，中君也；大节非也，小节虽是也，吾无观其余矣。"

成侯、嗣公[③]，聚敛计数之君也，未及取民也。子产，取民者也，未及为政也。管仲，为政者也，未及修礼也。故修礼者王，为政者强，取民者安，聚敛者亡。故王者富民，霸者富士，仅存之国富大夫，亡国富筐箧，实府库。筐箧已富，府库已实，而百姓贫，夫是之谓上溢而下漏。入不可以守，出不可以战，则倾覆灭亡可立而待也。故我聚之以亡，敌得之以强。聚敛者，召寇、肥敌、亡国、危身之道也，故明君不蹈也。

王夺之人，霸夺之与④，强夺之地。夺之人者臣诸侯，夺之与者友诸侯，夺之地者敌诸侯。臣诸侯者王，友诸侯者霸，敌诸侯者危。

用强者：人之城守，人之出战，而我以力胜之也，则伤人之民必甚矣；伤人之民甚，则人之民恶我必甚矣；人之民恶我甚，则日欲与我斗。人之城守，人之出战，而我以力胜之，则伤吾民必甚矣；伤吾民甚，则吾民之恶我必甚矣；吾民之恶我甚，则日不欲为我斗。人之民日欲与我斗，吾民日不欲为我斗，是强者之所以反弱也。地来而民去，累多而功少，虽守者益，所以守者损，是以大者之所以反削也。诸侯莫不怀交接怨，而不忘其敌，伺强大之间，承⑤强大之敝，此强大之殆时也。知强大者不务强也，虑以王命，全其力，凝其德。力全则诸侯不能弱也，德凝则诸侯不能削也，天下无王霸主，则常胜矣。是知强道者也。

注释

①骇：惊。

②曲：全。

③成侯、嗣公：二人都是战国时卫国的国君。

④与：指友邻之国。

⑤承：通“乘”，乘着……时候。

译文

马拉车受惊，君子坐车就不会安稳；百姓受到政治的惊吓，君子在上位也不会安稳。马拉车受惊，没有比让马安静更好的方法了；百姓受到政治的惊吓，没有比给他们恩惠更好的办法了。选举贤良之人，提拔笃诚恭敬之人，提倡孝悌之道，收养孤寡之人，救济贫穷之人，这样的话，百姓就会安心于政治。百姓安心于政治，君子才能安于职位。古书上说：“君主，就像船；百姓，就像水。

水能浮起船，水也能倾覆船。”说的就是这个道理。所以君主想要安稳，不如去公平执政、爱护百姓；想要光荣，不如去推崇礼义、尊重士人；想要立下功名，不如去崇尚贤人、任用能人。这是为人君主的关键。这三个关节把握好了，其余没有不得当的了；这三个关节不得当，其余的事情即使全部得当，也没有什么好处。孔子说：“大的关节对，小的关节对，这是上等的君主；大的关节对，小的关节有出入，这是中等的君主；大的关节不对，小的关节即使对，我也不用看其他的了。”

卫成侯、卫嗣公，是聚敛钱财、精心算计的国君，他们没有得到人心。子产得到了民心，但没有处理好国家的政治。管仲处理好了国家的政治，但没有制定礼仪制度。因此制定礼仪制度的国家能够称王，处理好政治的国家会强大，取得民心的国家会安稳，聚敛财货的国家会灭亡。因此王者使百姓富裕，霸者使士富裕，勉强生存的国家使大夫富裕，亡国者使私囊、府库充实。私囊充盈、府库充实，而百姓贫苦，这就是上面外溢下面泄漏。这样的国家对内不可以守城，对外不可以出战，那么国家被颠覆、灭亡的时刻是可以站着等候的。我聚敛这些财货会灭亡，敌人得到这些财货会强大。聚敛，是招来敌寇、使敌人富裕、灭国、危害自身的道路。因此明智的君主是不会走这条路的。

王者争夺人心，霸者争夺友邻，强者争夺土地。争夺人心的以诸侯为臣，争夺友邻的与诸侯为友，争夺土地的与诸侯为敌。以诸侯为臣的能称王，与诸侯为友的能称霸，与诸侯为敌的就危险了。

使用武力争夺土地的，别国的城池守护得很好，别国的军队出战迎敌，我用强力战胜它，那么一定会严重地伤害别国的百姓。严重地伤害别国的百姓，别国的百姓就会十分怨恨我；别国的百姓特别怨恨我，就会天天想要和我方战斗。别国的城池守护得很坚固，别国的军队出城迎敌，而我方用强力战胜它，那么我方百姓一定会受到很大的伤害。我方的百姓受到很大的伤害，那么我方的百姓就会特别怨恨我；我方的百姓特别怨恨我，那么就会天天不想为我战斗。别国的百姓天天想要和我战斗，我方的百姓每天都不想为我战斗，这就是强者转弱的原因。土地争来了而民心都失去了，积累的土地多，但是功劳少，虽然所守的土地增加了，但守土地的百姓却相对减少了，这就是大国被削弱的原因。诸侯们一定会表面相互友好而不忘掉他们之间的仇恨，等候着强大国家的间隙，趁强大国家衰弱的时候攻打它，这是强大国家危险的时候。要知道强大的国家不应该用心于强大，应该考虑用王者的使命来保全力量，凝聚德行。力量保全了诸侯就不能削弱它，德行凝聚了诸侯就不能削弱它。如果天下间没有想称王称霸的君主，他就会永远保持不败，这才是知道强大之道的人。

原　文

彼霸者不然：辟田野，实仓廪，便备用，案谨募选阅材伎之士[①]，然后渐庆赏以先之[②]，严刑罚以纠之。存亡继绝，卫弱禁暴，而无兼并之心，则诸侯亲之矣。修友敌之道，以敬接诸侯，则诸侯说之矣。所以亲之者，以不并也；并之见，则诸侯疏矣。所以说之者，以友敌也；臣之见，则诸侯离矣。故明其不并之行，信其友敌之道，天下无王霸主，则常胜矣。是知霸道者也。闵王毁于五国，桓公劫于鲁庄，无它故焉，非其道而虑之以王也。

彼王者不然：仁眇[③]天下，义眇天下，威眇天下。仁眇天下，故天下莫不亲也；义眇天下，故天下莫不贵也；威眇天下，故天下莫敢敌也。以不敌之威，辅服人之道，故不战而胜，不攻而得，甲兵不劳而天下服，是知王道者也。

知此三具者，欲王而王，欲霸而霸，欲强而强矣。

王者之人：饰动以礼义，听断以类，明振毫末，举措应变而不穷，夫是之谓有原。是王者之人也。

王者之制：道不过三代，法不二后王；道过三代谓之荡，法二后王谓之不雅。衣服有制，宫室有度，人徒有数，丧祭械用皆有等宜。声则凡非雅声者举废，色则凡非旧文者举息，械用则凡非旧器者举毁。夫是之谓复古，是王者之制也。

王者之论[④]：无德不贵，无能不官，无功不赏，无罪不罚。朝无幸位，民无幸生。尚贤使能，而等位不遗；析愿禁悍[⑤]，而刑罚不过。百姓晓然皆知夫为善于家，而取赏于朝也；为不善于幽，而蒙刑于显也。夫是之谓定论，是王者之论也。

王者之法：等赋，政事，财万物，所以养万民也。田野什一，关市几而不征，山林泽梁，以时禁发而不税，相地而衰[⑥]政，理道之远近而致贡，通流财物粟米，无有滞留，使相归移也，四海之内若一家。故近者不隐其能，远者不疾其劳，无幽闲隐僻之国，莫不趋使而安乐之。夫是之谓人师，是王者之法也。

北海则有走马、吠犬焉，然而中国得而畜使之。南海则有羽翮、齿革、曾青、丹干焉[⑦]，然而中国得而财之。东海则有紫紶[⑧]、鱼、盐焉，然而中国得而衣食之。西海则有皮革、文旄[⑨]焉，然而中国得而用之。故泽人足乎木，山人足乎鱼，农夫不斫削、不陶冶而足械用，工贾不耕田而足菽粟。故虎豹为猛矣，然君子剥而用之。故天之所覆，地之所载，莫不尽其美，致其用，上以饰贤良，下以养百姓而安乐之。夫是之谓大神。《诗》曰：“天作高山，大王荒之；彼作矣，文王康之。⑩”此之谓也。

注　释

①阅：容纳。伎：通“技”，技能，才能。

②渐：厚，重。先：引导。

③眇（miǎo）：高。

④论：通“伦”，人伦等级的安排。这里指用人之道。

⑤析：制裁。愿：通“傆”，狡诈。

⑥衰（cuī）：等差，次第。

⑦羽翮（hé）、齿革、曾青、丹干：即羽毛、象牙和犀牛皮、铜精、朱砂。

⑧紫紶（qū）：麻布。

⑨文旄（máo）：染色的牦牛尾。

⑩天作高山……文王康之：引自《诗经·周颂·天作》，意思是：天生这座高山，太王开垦了它；太王开垦之后，文王让人们安居乐业。

译　文

那些行霸道的人则不是如此：开辟土地，充实粮仓，改进器械，谨慎地招募、选拔有才能之人，然后用重赏来引导他们，用严刑来规范他们。他使将要灭亡的国家保存，使断绝的后代继承下去，保卫弱小、禁止强暴，但没有兼并他国之心，那么诸侯就会亲近他。修正与敌国的友好关系并恭敬地接待诸侯，那么诸侯就会喜欢他。诸侯之所以亲近他，是因为他不想兼并别国；如果有了兼并之心，诸侯就会疏远他。诸侯之所以喜欢他，是因为他化敌为友；如果有了使对方臣服之心那么诸侯就会远离他。因此表明他没有兼并别国的行为，加强他化敌为友的方法，天下之间就会没有想称王称霸的君主，就会常常胜利。这是知道称霸之道的人。齐闵王被五国打败，齐桓公被鲁庄公劫持，没有别的原因，就是因为他们不行王道却想称王。

王者则不如此：仁爱高于天下，道义高于天下，威严高于天下。仁爱高于天下，因此天下没有人不亲近他；道义高于天下，因此天下没有人不尊重他；威严高于天下，因此天下没有人敢与他为敌。用不敢与他为敌的威势，辅以仁爱的道义，因此不用战斗就能胜利，不用进攻就能达到目的，士兵不劳累而天下顺服。这是知道王道的人。

知道这三种治国之道的，想要称王就称王，想要称霸就称霸，想要强大就强大。

行王道的君主：用礼义来装饰行动，处理事务合乎法令，明察毫末，采取措施应变不穷。这就叫作有根本，这是行王道的君主。

王者的制度：治国之道不超过三代，效法不背离后代帝王。治国之道超过三代叫作放荡，效法背离后王叫作不正。衣服有制度，宫室有标准，佣人有定数，丧祭等器用皆有等级。声音凡是不符合正声雅乐的都废除，颜色不符合旧色彩的都禁止；器械凡是不符合原来制度的都销毁。这就叫作复古，这是王者的制度。

王者的用人之道：没德行的不使他尊贵，没才能的不给他官职，没功劳的不赏赐，无罪的不惩罚。朝廷上没有侥幸得到的官位，百姓没有不务正业能侥幸生存的。推崇贤人，任用能人，等级位次无所遗漏；制裁奸诈，禁止暴虐，而刑罚适中。百姓都明明白白地知道在家中为善会在朝中得到奖赏，在没人的地方做坏事会在光天化日之下受惩罚。这就是确定人伦等级，这是王者的用人之道。

王者的法度：按等级征收赋税，处理好政事，管理万物，这是用来保养万民的。田地赋税十分之一，关卡、市场审察而不征税，山林沼泽按时关闭、开放而不征税。根据土地的好坏来定税，根据道路的远近来规定朝贡的物品，流通财物米谷，使它们不要滞留，使之相互交换，四海之内就好像一家一样。因此附近的人不隐瞒他们的能力，遥远的人不害怕劳苦，没有遥远不通的国家，没有人不服从统治并享受安乐的。这就是为人师表，这就是王者的法度。

北海有善于奔跑的马和善于叫唤的狗，中国能够得到并驯养使用他们；南海有羽毛、象牙和犀牛皮、铜精、朱砂，中国能够得到并利用它们；东海有麻布、鱼、盐，中国能得到并用它们来做衣服和食用；西海有皮革和染色的牦牛尾，中国能够得到并使用他们。因此住在沼泽地带的人也有足够的木材，住在山区的人也有足够的鱼，农夫不砍削、不做陶冶炼也有足够的器械，工匠、商人不耕地也有足够的粮食。因此虎豹虽然凶猛，但是君子可以剥它们的皮来使用。因此天所覆盖的、地所负载的，无不能竭尽它们的美丽和用途。上可以装饰贤能之人，下可以供养百姓并使之安居乐业。这就叫作大治。《诗经》中说：“天生这座高山，太王开垦了它；太王开垦之后，文王让人们安居乐业。”讲的就是这个道理。

原　文

以类行杂，以一行万。始则终，终则始，若环之无端也，舍是而天下以衰矣。天地者，生之始也；礼义者，治之始也；君子者，礼义之始也；为之，贯之，积重之，致好之者，君子之始也。故天地生君子，君子理天地；君子者，天地之参[①]也，万物之总也，民之父母也。无君子，则天地不理，礼义无统，上无君师，下无父子，夫是之谓至乱。君臣、父子、兄弟、夫妇，始则终，终则始，与天地同理，与万世同久，夫是之谓大本。故丧祭、朝聘、师旅一也；贵贱、杀生、与夺一也；君君、臣臣、父父、子子、兄兄、弟弟一也；农农、士士、工工、商商一也。

水火有气[2]而无生，草木有生而无知，禽兽有知而无义，人有气、有生、有知，亦且有义，故最为天下贵也。力不若牛，走不若马，而牛马为用，何也？曰：人能群，彼不能群也。人何以能群？曰：分。分何以能行？曰：义。故义以分则和，和则一，一则多力，多力则强，强则胜物。故宫室可得而居也。故序四时，裁万物，兼利天下，无它故焉，得之分义也。

故人生不能无群，群而无分则争，争则乱，乱则离，离则弱，弱则不能胜物，故宫室不可得而居也。不可少顷舍礼义之谓也。能以事亲谓之孝，能以事兄谓之弟，能以事上谓之顺，能以使下谓之君。君者，善群也。群道当，则万物皆得其宜，六畜皆得其长，群生皆得其命。故养长时，则六畜育；杀生时，则草木殖；政令时，则百姓一、贤良服。

圣王之制也：草木荣华滋硕之时，则斧斤不入山林，不夭其生，不绝其长也。鼋鼍鱼鳖鳅鳣孕别之时[3]，罔罟毒药不入泽，不夭其生，不绝其长也。春耕、夏耘、秋收、冬藏，四者不失时，故五谷不绝，而百姓有余食也。污[4]池渊沼川泽，谨其时禁，故鱼鳖优[5]多，而百姓有余用也。斩伐养长不失其时，故山林不童[6]，而百姓有余材也。圣王之用也：上察于天，下错于地，塞备天地之间，加施万物之上，微而明，短而长，狭而广，神明博大以至约。故曰：一与一[7]是为人者，谓之圣人。

注　释

①参：参与，配合。

②气：古人认为气是构成万物的最基本物质。

③鼋（yuán）：大鳖。鼍（tuó）：扬子鳄。别：生育，这里指产卵。

④污：不流动的水。

⑤优：丰饶。

⑥童：秃。

⑦一与一：指用道义统领一切。

译文

用事物的总规律来处理驳杂的事务，用一贯的原则来处理万事。开始就是终点，终点就是开始，就好像圆环没有开端，舍弃这一点，天下就会衰败。天地是生命的本源；礼义是治理的本源；君子是礼义的本源。实践礼义，贯通礼义，积累加强礼义，极其喜好礼义，这是君子的开始。因此天地生君子，君子治理天地。君子是天地的辅助者，万物的总管，百姓的父母。没有君子，天地就会没法治理，礼义也没有根本，上没有君主师长，下没有父子之别，这就是极度的混乱。君臣、父子、兄弟、夫妇之道，开始就是结束，结束也是开始，与天地运行的道理一样，与时代变化一样久远，这就叫作大本。因此丧祭之礼、诸侯朝拜天子和相互出使、带兵打仗的道理是一样的；贵和贱、死和生、给与和抢夺的道理是一样的；君做君、臣做臣、父做父、子做子、兄做兄、弟做弟的道理是一样的；农民做农民、士人做士人、工人做工人、商人做商人的道理是一样的。

水和火由气构成但没有生命，草木有生命但没有知觉，禽兽有知觉但没有礼义。人有气、有生命、有知觉也有礼义，因此是天下最为尊贵的。人力气不如牛，奔跑不如马，而牛、马都被人使用，这是为什么呢？回答是：人能合群，牛、马不能合群。人为什么能够合群呢？回答是：人与人之间有等级名分。等级名分为什么能实行？回答是：通过礼义。因此用礼义来划分等级名分就会和睦，和睦就会统一，统一就力量大，力量大就强大，强大就能战胜外物。因此人们可以建造宫室来居住，因此人们可以根据四时的顺，管理万物，使全天下都获益，没有别的原因，在于人有等级分别。

因此人要生存就不能没有群体，有了群体却没有名分就会争夺，争夺就会混乱，混乱就会离散，离散就会弱小，弱小就不能战胜事物，因此也就不能建造宫室去居住了。这说的是任何时候都不能没有礼义啊。能够用礼义来侍奉长辈叫作孝，能够用礼义侍奉兄长叫作悌，能够用礼义侍奉上级叫作顺从，能够用礼义役使下级叫作君主。君主，就是善于使人们合群的人。合群的方式恰当，那么万物都能得其所宜，各种牲畜都能按时成长，各种生命都能保其性命。因此长养得时则六畜繁衍兴旺，砍伐得时则草木繁茂，政令得时则百姓齐一，贤良之人顺从。

圣王的制度：草木开花结果的时候，斧、刀不入山林砍伐，不夭折其生命，不阻绝其生长。鼋、鼍、鱼、鳖、鳅、鳣产卵的时候，渔网、毒药不入沼泽，不夭折其生命，不阻绝其生长。春天播种、夏天除草、秋天收获、冬天储藏，这四样不失其时，因此五谷不会断绝，而百姓也有余粮。池塘、深渊、沼泽地带，按照时令禁止捕捞，鱼鳖就会丰饶多产，百姓就会有多余的食物。砍伐、养护不失其时，因此山林就不会光秃，百姓就会有多余的木材。圣王的功用：上观察天，下安置于地，充满天地之间，而实施在万物之上，幽隐而又光明，短暂而又深长，狭窄而又宽广，神妙、渊博、广大而又极为简约。所以说，用道义统领一切的人，就叫作圣人。

原　文

序[①]官：宰爵[②]知宾客、祭祀、飨食、牺牲之牢数。司徒知百宗、城郭、立器之数[③]。司马知师旅、甲兵、乘白之数[④]。修宪命，审诗商，禁淫声，以时顺修，使夷俗邪音不敢乱雅，大师之事也。修堤梁，通沟浍，行水潦，安水藏，以时决塞，岁虽凶败水旱，使民有所耘艾[⑤]，司空[⑥]之事也。相高下，视肥墝，序五种，省农功，谨蓄藏，以时顺修，使农夫朴力[⑦]而寡能，治田之事也。修火宪，养山林薮泽草木、鱼鳖、百索[⑧]，以时禁发，使国家足用，而财物不屈，虞师[⑨]之事也。顺州里，定廛宅[⑩]，养六畜，闲树艺，劝教化，趋孝弟，以时顺修，使百姓顺命，安乐处乡，乡师之事也。论百工，审时事，辨功苦[⑪]，尚完利，便备用，使雕琢文采不敢专造于家，工师之事也。相阴阳，占祲[⑫]兆，钻龟陈卦，主攘择五卜，知其吉凶妖祥，伛巫跛击之事也[⑬]。修采清[⑭]，易道路，谨盗贼，平室律[⑮]，以时顺修，使宾旅安而货财通，治市之事也。抃急[⑯]禁悍，防淫除邪，戮之以五刑，使暴悍以变，奸邪不作，司寇[⑰]之事也。本政教，正法则，兼听而时稽之，度其功劳，论其庆赏，以时顺修，使百吏免尽[⑱]，而众庶不偷，冢宰[⑲]之事也。论礼乐，正身行，广教化，美风俗，兼覆而调一之，辟公[⑳]之事也。全道德，致隆高，綦[㉑]文理，一天下，振毫末，使天下莫不顺比从服，天王之事也。故政事乱，则冢宰之罪也；国家失俗，则辟公之过也；天下不一，诸侯俗反，则天王非其人也。

具具[㉒]而王，具具而霸，具具而存，具具而亡。用万乘之国者，威强之所以立也，名声之所以美也，敌人之所以屈也，国之所以安危臧否也，制与在此[㉓]，亡乎人。王、霸、安存、危殆、灭亡，制与在我，亡乎人。夫威强未足以殆邻敌也，名声未足以县天下也，则是国未能独立也，岂渠得免夫累乎[24]？天下胁于暴国，而党[25]为吾所不欲于是者，日与桀同事同行，无害为尧。是非功名之所就也，非存亡安危之所堕[26]也。功名之所就，存亡安危之所堕，必将于愉殷[27]赤心之所。诚以其国为王者之所，亦王；以其国为危殆灭亡之所，亦危殆灭亡。

殷[28]之日，案[29]以中立，无有所偏，而为纵横之事，偃然案兵无动，以观夫暴国之相卒[30]也。案平政教，审节奏，砥砺百姓，为是之日，而兵刭天下劲矣[31]。案然修仁义，伉[32]隆高，正法则，选贤良，养百姓，为是之日，而名声刭天下之美矣。权者重之，兵者劲之，名声者美之。夫尧舜者，一天下也，不能加毫末于是矣。

注释

①序：通“叙”，叙述。

②宰爵：官名，掌管接待宾客、祭祀等物品供应的职务。

③司徒：主管民政的长官。百宗：百族。

④司马：主管军队的最高长官。乘：四匹马拉一车为一乘。白：通“伯”，古代军队编制；百人为“伯”。

⑤艾（yì）：收获。

⑥司空：主管土木工程的最高官员。

⑦朴力：一心一意。

⑧索：疑为“素”，蔬菜。

⑨虞师：管理山林水泽的官员。

⑩廛（chán）宅：民居。

⑪功苦：产品的优劣。

⑫祲（jìn）：古人认为它是阴阳二气相侵形成的云气，能预示吉凶。

⑬伛巫：驼背的女巫。跛击：跛脚的男巫。

⑭采：通“埰”，坟墓。清：厕所。

⑮平室律：平衡物价。

⑯抃急：根据上下文应为“折愿”，即惩治奸诈。

⑰司寇：掌管司法的最高官员。

⑱免尽：勉励尽职。免：通“勉”。

⑲冢宰：为六卿之首，亦称太宰。

⑳辟公：诸侯。

㉑綦（qí）：极，很。

㉔具具：具备应具备的条件。前一个“具”为动词，具备；后一个“具”为名词，即各种情况下应具备的条件。

㉓制：关键。与：通“举”，全，都。

㉔岂渠：怎么。累：忧虑。

㉕党：通“倘”，倘若，假如。

㉖堕：归宿，根由。

㉗殷：通“慇”，忧伤貌。

㉘殷：强盛。

㉙案：语助气词。

㉚卒（zuó）：通“捽”，争斗。

㉛钊（zhuān）：通“专”，指独一无二。劲：强大。

㉜伉：通“亢”，极。

译 文

叙述官员的职责：宰爵掌管迎送宾客、祭祀、宴会中的牺牲等祭品的数量。司徒掌管各家族人口、城郭、器物的数量。司马掌管军队、铠甲兵器、车马士卒的数量。制定法令，审查歌词音律，禁止奸邪的音乐，根据时间修改法令，使少数民族的音乐不扰乱正声雅乐，这是太师的事务。维修堤坝桥梁，疏通沟渠，排除水涝，设置水库，根据时令开关水闸，即使遇到水涝或干旱，也使农民能够耕种丰收，这是司空的职务。查看地势的高低，分辨土地的肥沃和贫瘠，安排五谷的播种次序，检查农民的生产情况，谨慎地储藏，根据时令修订任务，使农民一心种地不务他事，这是田官的职务。制定有关防火的法令，保养山林、水泽、草木、鱼鳖、百蔬，根据时令禁止和开放，让国家使用充足而财物有余，这是虞师的职务。使州里百姓顺从，安定民居，饲养六畜，学习栽种的技艺，教化百姓，让人们懂得孝悌，根据时节制定法令，让百姓听从命令，安居乐业，这是乡师的职务。讨论各种手艺，审察时事所需，分辨器物的优劣，崇尚完美便利的器物，改进器用，使人们不敢在家私自雕琢器具、裁制有花纹的礼服，这是工师的职务。观察阴阳的变化，占卜云气的征兆，钻龟甲占卜，用蓍草算卦，根据五种卜象除凶择吉，知道每种征兆的吉凶灾祥，这是驼背的女巫和跛脚的男巫的职务。修理坟墓、厕所，平整道路，谨防盗贼，平衡物价，根据时节调整法令，使旅客安心而财货流通，这是治市的职务。惩治奸诈，禁止凶悍，防止、消除奸邪之事，用五种刑罚来惩治罪犯，使残暴凶悍之人改变，使奸邪之事不再发生，这是司寇的职务。以政教为本，矫正法令制度，虚怀纳谏并随时考察，衡量功劳，评定赏赐，根据时令谨慎地修订法令，使百官勤勉尽职，而百姓不偷懒，这是冢宰的职务。讲求礼乐，端正自身的行为，推广教化，美化风俗，普遍地照顾百姓并使其齐一，这是诸侯的职务。道德完美，极度推崇礼义，完善礼仪制度，统一天下，明察秋毫，使全天下没有不亲近顺从的，这是天子的职务。因此政事混乱，是冢宰的罪过；国家风俗败坏，是诸侯的罪过；天下不统一，诸侯企图叛变，说明天子不合格。

具备了王者的条件就可以称王，具备霸者的条件就可以称霸，具备了生存的条件就可以生存，具备了灭亡的条件就可以灭亡。治理万乘之国，威势之所以能树立，名声之所以能美好，敌人之所以会屈服，国家之所以安定、繁荣，关键在本国而不在他国。称王还是称霸，安全生存还是危险灭亡，关键在自己而不在别国。威势不足以震慑邻国、敌国，名声不足以远扬天下，那么国家就不能够完全立足，怎么会不忧愁呢？天下被残暴的国家胁迫，倘若这是我所不欲做的，那么即使每天与夏桀一起做事，也不会妨害我成为尧那样的明君。这不是成就功名的根本，也不是国家安危存亡的根源。成就功名的根本，存亡安危的根源，一定取决于国家盛强时国君的诚心在什么地方。如果真的将自己的国家作为奉行王道的地方，一定会称王；如果真的将自己国家视为危险灭亡的地方，肯定会危险灭亡。

强盛的时候，中立不偏，不做合纵连横之事，静静地按兵不动，来旁观暴虐之国相互争斗。整治国内政教，审察礼仪制度，训练百姓，这样做的时候，军队就会成为天下最强劲的。修习仁义，推崇礼义，修正法律规范，提拔贤能之人，保养百姓，这么做的时候，声名就会成为天下最美好的。权势隆重、军队强劲、名声美好。即使尧舜那样统一天下的明君，也丝毫不能超过这三点。

原　文

权谋倾覆[①]之人退，则贤良知圣之士案自进矣。刑政平，百姓和，国俗节，则兵劲城固，敌国案自诎矣。务本事，积财物，而勿忘栖迟薛越也[②]，是使群臣百姓皆以制度行，则财物积，国家案自富矣。三者体此而天下服，暴国之君案自不能用其兵矣。何则？彼无与至也。彼其所与至者，必其民也。其民之亲我，欢若父母，好我芳若芝兰，反顾其上则若灼黥[③]，若仇雠；彼人之情性也虽桀、跖，岂有肯为其所恶，贼其所好者哉！彼以夺矣。故古之人，有以一国取天下者，非往行之也，修政其所，莫不愿，如是而可以诛暴禁悍矣。故周公南征而北国怨，曰："何独不来也！"东征而西国怨，曰："何独后我也！"孰能有与是斗者与？安以其国为是者王。

殷之日，安以静兵息民，慈爱百姓，辟田野，实仓廪，便备用，安谨募选阅材伎之士；然后渐赏庆以先之，严刑罚以防之，择士之知事者，使相率贯也，是以厌然畜积修饰，而物用之足也。兵革器械者，彼将日日暴露毁折之中原；我今将修饰之，拊循④之，掩盖之于府库。货财粟米者，彼将日日栖迟薛越之中野，我今将畜积并聚之于仓廪。材技股肱健勇爪牙之士，彼将日日挫顿竭之于仇敌，我今将来致之，并阅之，砥砺之于朝廷。如是，则彼日积敝，我日积完；彼日积贫，我日积富；彼日积劳，我日积佚。君臣上下之间者，彼将厉厉焉日日相离疾也⑤，我今将顿顿焉⑥日日相亲爱也，以是待其敝。安以其国为是者霸。

立身则从佣⑦俗，事行则遵佣故⑧，进退贵贱则举佣士，之所以接下之人百姓者则庸宽惠，如是者则安存。立身则轻楛⑨，事行则蠲疑⑩，进退贵贱则举佞侻，之所以接下之人百姓者则好取侵夺，如是者危殆。立身则憍⑪暴，事行则倾覆，进退贵贱则举幽险诈故，之所以接下之人百姓者，则好用其死力矣而慢其功劳，好用其籍敛矣而忘其本务⑫，如是者灭亡。

此五等者，不可不善择也，王、霸、安存、危殆、灭亡之具也。善择者制人，不善择者人制之；善择之者王，不善择之者亡。夫王者之与亡者，制人之与人制之也，是其为相县也亦远矣。

注　释

①倾覆：倾轧。

②忘：通“妄”。栖迟：停留，停滞，这里指遗弃。薛越：即屑越，碎落、散乱的意思。

③灼黥：火烧之刑和黥刑。黥：在脸上刻字。

④拊循：安抚，抚慰。

⑤厉厉焉：仇视的样子。离疾：疏远。

⑥顿顿焉：敦厚的样子。

⑦佣：通“庸”，平常，一般。

⑧故：惯例。

⑨轻楛（kǔ）：轻率，恶劣。

⑩蠲（juān）疑：明察而好狐疑。

⑪憍（jiāo）：通“骄”，骄横。

⑫籍：税。敛：收，征收。

译文

屏退喜好权谋、相互倾轧的人，贤能、明达的人才会进来。刑罚、施政公平，百姓和睦，国家的风俗节俭，就会兵强城固，敌国自然就会屈服。用心农事，积累财物，不要随便地遗弃浪费。这样才能使群臣、百姓都按照制度行事，那么财物就会积累起来，国家自然就会富裕。按照这三个方面来做，天下就会服从，残暴之国的国君自然就不能用兵了。这是为什么呢？因为没人和他一起打仗。和他一起打仗的人，一定是他国内的百姓，他的百姓亲近我就好像亲近父母一样，喜欢我就好像喜欢芝兰的香气一样；回头看他们的君主，则好像被施了火刑、黥刑的囚犯、仇人一样。他国百姓的性情，即使和夏桀、盗跖一样，又岂会听从他们所讨厌的而伤害他们所喜好的呢！他国的人心已经被我们夺走了。因此，古代的人，有凭借一国而取得天下的，并不是用武力前去夺取，而是完善其政治，那么就没有人不仰慕他，这样就可以诛杀暴虐、惩治凶悍了。因此周公向南讨伐而北方的百姓抱怨，说："为什么单单不来我这里？"向东征讨而西方的百姓抱怨，说："为什么偏偏要后来解救我呢？"谁又能与这样的国家战斗呢？因此能安心地这样做的国君一定会称王于天下。

富强的时候，安心地停止用兵，使百姓休养生息，爱护百姓，开辟田野，充实府库，改进器械，用心地招募、选拔、容纳有才技的人，然后通过厚赏来引导他们，通过刑罚来防范他们，选择其中有才智明事理的人来统率他们，因此可以安心地蓄积粮食，修缮器械，而财用也会充足。兵革器械，别国天天暴露、毁折在中原大地上，而我国却修整、保养、深藏于府库之中；财货谷米，别国天天遗弃浪费于野地里，而我国却积累、储存在仓廪之中；有才技、勇猛、健康的武士，别国每天伤损、竭尽于仇敌之手，我国却不断招募、容纳、训练于朝堂之上。这样的话，别国将日益凋敝，我国却日益强大；别国将日益贫穷，我国却日益富裕；别国将日益疲劳，我国却日益安闲。君臣上下之间的关系，别国将相互仇视而日益疏远，我国却敦厚友善而相亲相爱，以此等待别国凋敝。能耐心地这样做的国家一定会称霸。

立身则顺从日常习俗，做事则遵守惯例，升降的安排、贵贱的评定则任用普通的士人，用来接近下面的平民百姓的方法是宽容恩惠，这样的君主可以安定保存。立身则轻浮恶劣，做事则好明察而多狐疑，升降的安排、贵贱的评定则任用能说会道的小人，用来接近下面的平民百姓的方法是巧取豪夺，这样的君主很危险。立身则骄横暴躁，做事则倾轧，升降的安排、贵贱的评定则任用奸险狡诈之人，用来接近下面的平民百姓的方法是竭尽他们的力气而轻视他们的功劳，征收税赋而不顾百姓的本业，这样的君主会灭亡。

这五种情况，不可以不好好地选择。称王、称霸、安定生存、危险、灭亡的条件就是这些。善于选择的就会统治别人，不善于选择的人就会被别人统治；

善于选择的会称王，不善于选择的会灭亡。称王者与灭亡者，统治别人与被别人统治，它们之间的差别实在是太大了。

富国篇第十

原　文

万物同宇[①]而异体，无宜而有用为人[②]，数[③]也。人伦并处，同求而异道，同欲而异知，生[④]也。皆有可也，知愚同；所可异也，知愚分。势同而知异，行私而无祸，纵欲而不穷，则民心奋而不可说也[⑤]。如是，则知者未得治也；知者未得治，则功名未成也；功名未成，则群众未县也；群众未县，则君臣未立也。无君以制臣，无上以制下，天下害生纵欲。欲恶同物，欲多而物寡，寡则必争矣。故百技所成，所以养一人也。而能不能兼技，人不能兼官。离居不相待则穷，群而无分则争。穷者患也，争者祸也，救患除祸，则莫若明分使群矣。强胁弱也，知惧愚也，民下违上，少陵[⑥]长，不以德为政，如是，则老弱有失养之忧，而壮者有分争之祸矣。事业所恶也，功利所好也，职业无分，如是，则人有树事[⑦]之患，而有争功之祸矣。男女之合，夫妇之分，婚姻娉内，送逆[⑧]无礼，如是，则人有失合之忧，而有争色之祸矣。故知者为之分也。

足国之道：节用裕民，而善臧[⑨]其余。节用以礼，裕民以政。彼裕民，故多余。裕民则民富，民富则田肥以易[⑩]，田肥以易则出实百倍。上以法取焉，而下以礼节用之，余若丘山，不时焚烧，无所臧之。夫君子奚患乎无余？故知节用裕民，则必有仁义圣良之名，而且有富厚丘山之积矣。此无它故焉，生于节用裕民也。不知节用裕民则民贫，民贫则田瘠以秽[⑪]，田瘠以秽则出实不半；上虽好取侵夺，犹将寡获也。而或以无礼节用之，则必有贪利纠譑[⑫]之名，而且有空虚穷乏之实矣。此无它故焉，不知节用裕民也。《康诰》曰：“弘覆乎天，若德裕乃身。”此之谓也。

礼者，贵贱有等，长幼有差，贫富轻重皆有称者也。故天子袾裷[13]衣冕，诸侯玄裷[14]衣冕，大夫裨冕[15]，士皮弁[16]服。德必称位，位必称禄，禄必称用，由士以上则必以礼乐节之，众庶百姓则必以法数制之。量地而立国，计利而畜民，度人力而授事，使民必胜事，事必出利，利足以生民，皆使衣食百用出入相掩，必时藏余，谓之称数。故自天子通于庶人，事无大小多少，由是推之。故曰："朝无幸位，民无幸生。"此之谓也。轻田野之税，平关市之征，省商贾之数，罕兴力役，无夺农时，如是则国富矣。夫是之谓以政裕民。

注释

①宇：上下四方，指生存在同一个世界中。

②宜：适合，固定的用途。为：于。

③数：自然的规律。

④生（xìng）：通"性"，本性。

⑤奋：奋起争夺。说：说服，教化。

⑥陵：通"凌"，凌驾。

⑦树事：建立事业。

⑧逆：迎。

⑨臧（cáng）：通"藏"，储藏。

⑩易：治理。

⑪秽：荒芜。

⑫纠䛐（jiǎo）：大肆搜刮。䛐：收取。

⑬袾裷（zhū gǔn）：赤色的衮衣。杨倞注："袾，古'朱'字。裷，与'衮'同。画龙于衣谓之衮，朱衮以朱为质也。"

⑭玄裷：黑色的衮衣。

⑮裨（pí）冕：古代诸侯、卿大夫朝觐或祭祀时所穿的礼服和帽子的通称。

⑯皮弁（biàn）：白鹿皮制成的帽子。

译文

万物生在一个世界但各不相同，没有特定的用途却对人有用，这是自然的规律。人类聚在一起生活，有共同的需求但追求的方式不同，欲望相同但实现欲望的智慧不同，这是人的本性。人们对事物都有各自的看法，这一点上聪明的人和愚蠢的人一样；但认可的东西不一样，这是聪明人和愚蠢的人的区别。地位相同而智慧不同，行为自私却没有灾祸，放纵欲望而无约束，那么百姓就会奋起争夺而无法被说服了。这样的情况，是聪明人无法进行治理。聪明人无法进行治理，那么功名就不能建立；功名不能建立，群众就还没有等级名分的差别；群众没有等级名分的差别，那么君臣之分就不能确立。没有君主限制臣下，没有上级制约下级，天下人就会破坏本性而纵欲。人们的好恶都一样，就会欲望多而财物少，财物少就会引起争夺。因此，各种产品合起来，才能供养一个人。但一个人不可能兼会多种技能，不可能同时处理多种事务。独居不相依靠就会贫穷，群居而没有等级名分就会争夺。贫穷是忧患，争夺是灾祸，挽救忧患、排除灾祸，没有比明确等级名分而群居更好的办法了。强者胁迫弱者，聪明人害怕愚蠢的人，下面的百姓背叛君主，下级凌驾于上级之上，不用仁德来执政，这样的话，老人和小孩就会有失去抚养的担忧，壮年人也有争夺的祸患。讨厌做事情，喜欢得功劳，职业没有分工，这样的话，人们就会有难以建立事业的忧患和争夺功劳的灾祸。男女的结合，夫妇的名分，婚姻的聘娶送迎不合礼义，这样的话，人就会有找不到配偶的忧患，有争夺美色的灾祸。因此，聪明人要为人们制定名分等级。

国家富足的方法：节俭使用，富裕百姓，而善于储存多余的财务。节俭使用要依据礼义，富民要通过制定政策。使百姓富裕了，就会有多余的财物。实行富裕百姓的政策，百姓就会富足；百姓富裕，田地就会治理得很肥沃，土地肥沃那么产的粮食就会多出百倍。君主取财有道，百姓用礼义节约使用，那么多余的粮食就会堆积如山，即使不断地焚烧，还是多得无处可藏。那么，君子哪里还用担心没有余粮呢？因此知道节俭使用、富裕百姓，就一定会获得仁义圣明的名声，而且还会有堆积如山的财富。这没有别的原因，就是由于君主节俭使用、富裕百姓。不懂得节俭使用、富裕百姓，那么百姓就会贫穷。百姓贫穷，田地就会贫瘠荒芜，田地贫瘠荒芜，产的粮食就会减少一半；君主即使巧取豪夺，也只有很少的收获。有的人如果再不按照礼义节俭使用，那么一定会获得贪图利益、大肆搜刮的名声，而且还有国家空虚贫穷的结果。这没有别的原因，是因为君主不知道节俭使用、富裕百姓。《康诰》中说：“像天那样广泛地覆盖万物，用这样的德行来修养自身。”讲的就是这个道理。

礼，就是贵贱有等级，长幼有分别，贫富尊卑各得其宜。因此天子穿朱色的衮衣、戴礼帽，诸侯穿黑色的衮衣、戴礼帽，大夫穿差一等的礼服、戴礼帽，士穿皮衣、戴皮帽。德行与地位相称，地位与俸禄相称，俸禄与才能相称。士以上的人一定要用礼乐来约束，普通百姓一定要用刑法来约束。根据土地多少来建国，根据财富多少来保养百姓，根据人力多少来役使百姓。使百姓一定能够胜任事务，事务一定能够产生利益，利益足以保养百姓。要使衣食等使用和收入相同，按时储藏多余的财物，这叫作符合法度。因此从天子到百姓，事情无论大小多少，都要依此类推。所以说：“朝廷没有侥幸得到的官位，百姓没有不务正业而侥幸生存的。”讲的就是这个道理。减轻田地的赋税，合理地征收关卡、集市的税收，减少经商的人数，少兴劳役，不要耽误农时，这样的话国家就会富强。这就叫用政策来使民富裕。

原 文

人之生不能无群，群而无分则争，争则乱，乱则穷矣。故无分者，人之大害也；有分者，天下之本利也；而人君者，所以管分之枢要也。故美之者，是美天下之本也；安之者，是安天下之本也；贵之者，是贵天下之本也。古者先王分割而等异之也，故使或美，或恶，或厚，或薄，或佚或乐，或劬或劳[①]，非特以为淫泰夸丽之声，将以明仁之文，通仁之顺也。故为之雕琢、刻镂、黼黻、文章，使足以辨贵贱而已，不求其观；为之钟鼓、管磬、琴瑟、竽笙，使足以辨吉凶、合欢、定和而已，不求其余；为之宫室、台榭，使足以避燥湿、养德、辨轻重而已，不求其外。《诗》曰："雕琢其章，金玉其相，亹亹我王，纲纪四方。[②]"此之谓也。

若夫重色而衣之，重味而食之，重财物而制之，合天下而君之，非特以为淫泰也。固以为王天下，治万变，材万物，养万民，兼制天下者，为莫若仁人之善也夫。故其知虑足以治之，其仁厚足以安之，其德音足以化之，得之则治，失之则乱。百姓诚赖其知也，故相率而为之劳苦以务佚之，以养其知也；诚美其厚也，故为之出死断亡以覆救[③]之，以养其厚也；诚美其德也，故为之雕琢、刻镂、黼黻、文章以藩饰之，以养其德也。故仁人在上，百姓贵之如帝，亲之如父母，为之出死断亡而愉者，无它故焉，其所是焉诚美，其所得焉诚大，其所利焉诚多。《诗》曰："我任我辇，我车我牛，我行既集，盖云归哉！[④]"此之谓也。

故曰：君子以德，小人以力；力者，德之役也。百姓之力，待之而后功；百姓之群，待之而后和；百姓之财，待之而后聚；百姓之势，待之而后安；百姓之寿，待之而后长；父子不得不亲，兄弟不得不顺，男女不得不欢。少者以长，老者以养。故曰："天地生之，圣人成之。"此之谓也。

今之世而不然：厚刀布[⑤]之敛，以夺之财；重田野之税，以夺之食；苛关市之征，以难其事。不然而已矣：有掎絜伺诈[⑥]，权谋倾覆，以相颠倒，以靡敝[⑦]之。百姓晓然皆知其污漫暴乱，而将大危亡也。是以臣或弑其君，下或杀其上，粥[⑧]其城，倍[⑨]其节，而不死其事者，无它故焉，人主自取之。《诗》曰：“无言不雠，无德不报。[⑩]”此之谓也。

注　释

①或佚或乐，或劬或劳：应为“或佚乐，或劬劳”。劬劳：劳苦。

②雕琢其章……纲纪四方：引自《诗经·大雅·棫朴》，意思是：雕琢花纹，金玉是它的质地；勤劳的君王啊，你是四方的纲纪。相：质地。亹（wěi）亹：勤勉的样子。

③覆救：掩护，捍卫。

④我任我辇……盖云归哉：引自《诗经·小雅·黍苗》，意思是：我们扛，我们抬，我们拉车，我们赶牛；我们的事务完成了，大家都可以回家了。任：担负。集：完成。

⑤刀布：古代钱币。

⑥有：通“又”。掎絜（jǐ qiè）：指责。

⑦靡敝：败坏。

⑧粥：通“鬻（yù）”，卖。

⑨倍：通“背”，背叛。

⑩无言不雠，无德不报：引自《诗经·大雅·抑》，意思是：没有说话不回应的，没有德行不获报答的。雠（chóu）：应答。

译　文

人们活着，不能不群居，群居而没有等级名分就会争夺，争夺就会混乱，混乱就会贫穷。因此，没有等级名分，这是人类的大灾害；有等级名分，这是人类的根本利益；而君主，就是管理等级名分的关键。因此赞美他，是赞美天下之大本；维护他，是维护天下之大本；尊重他，是尊重天下之大本。古时候，先王分等级而使人们有差异，使他们有的美有的丑，有的尊贵有的卑贱，有的安逸，有的劳苦，这不是为了骄奢淫逸和华丽的名声，而是为了使人们明白仁义的礼仪，通晓仁义的制度。因此雕琢、镂刻各种器物，在衣服上绣饰花纹，使它们足以用来分别贵贱，而不追求其美观。制作钟鼓、管磬、琴瑟、竽笙等乐器，使它们足以用来分辨吉凶，促进和睦欢乐，而不求别的。制作宫室、台榭，使它们足以用来躲避燥热潮湿、修养德行、分辨贵贱，而不追求其外表的华美。《诗经》中说：“雕琢花纹，金玉是它的质地；勤劳的君王啊，治理着四面八方。”讲的就是这个道理。

至于穿颜色华丽的衣服，吃各种美味，积聚和控制各种财物，统治天下，这不是为了骄奢淫逸。只是认为称王于天下，处理各种事变，管理万物，长养万民，使天下人都得到恩惠，没有人能比仁人更好了。他们的智慧、思虑足以治理天下，他们的仁德足以安定天下，他们美好的名声足以教化天下。得到仁人，天下就会安定；没有仁人，天下就会混乱。百姓真的依赖他们的智慧，所以争着为他们劳苦而使他们安闲，以此来保养他们的智慧；百姓真的爱慕他们的仁厚，所以为他们出生入死以捍卫他们的安全，以此保养他们的仁厚；百姓真的赞美他们的德行，所以雕刻各种器物，往衣服上绣各种花纹来装饰，以保养他们的德行。因此仁人在上位，百姓尊重他们有如上帝，亲近他们有如父母，为他们出生入死也快乐。这没有别的原因，因为仁人所认同的政令真的美好，仁人所取得的功业真的伟大，仁人给予人民的利益真的很多。《诗经》中说："我们扛，我们抬，我们拉车，我们赶牛；我们的事务完成了，大家都可以回家了。"讲的就是这个道理。

因此说：君子依靠德行，小人依靠力气。力气，是被德行所役使的。百姓的力气，依靠君子的德行才能有功效；百姓的群居，依靠君子的德行才能和睦；百姓的财物，依靠君子的德行才能积聚；百姓的地位，依靠君子的德行才能安定；百姓的寿命，依靠君子的德行才能延长。父子得不到君子的德行就不会亲近，兄弟得不到君子的德行就不会恭顺，男女得不到君子的德行就不会欢爱。年幼的人依靠君子的德行成长，老人依靠君子的德行得到赡养。因此说："天地生万物，圣人成就之。"讲的就是这个道理。

现在的世道则不是这样：大肆聚敛钱币来抢夺百姓的财货，加重土地的赋税来抢夺百姓的食物，增加关卡、集市的征税使百姓经商困难。不仅如此，又挑剔、欺诈百姓，玩弄权术阴谋而反复无常，颠倒是非，败坏世道，百姓明白也知道他的污秽、轻慢、残暴、昏乱并且马上就要灭亡。因此臣子可能杀其君主，下级可能杀其上级，出卖城池，背叛名节，而不以死效力，这没有别的原因，这是君主咎由自取的结果。《诗经》中说："没有说话不回应的，没有德行不获报答的。"讲的就是这个道理。

原　文

兼足天下之道在明分：掩地表亩[①]，刺草殖谷，多粪肥田，是农夫众庶之事也。守时力民，进事长功，和齐百姓，使人不偷，是将率[②]之事也。高者不旱，下者不水，寒暑和节，而五谷以时孰，是天下之事也。若夫兼而覆之，兼而爱之，兼而制之，岁虽凶败水旱，使百姓无冻馁之患，则是圣君贤相之事也。

墨子之言昭昭然为天下忧不足。夫不足，非天下之公患也，特墨子之私忧过计也。今是土之生五谷也，人善治之，则亩数盆[3]，一岁而再获之。然后瓜桃枣李一本数以盆鼓[4]；然后荤菜百疏以泽量[5]；然后六畜禽兽一而剸[6]车；鼋、鼍、鱼、鳖、鳅、鳣以时别，一而成群；然后飞鸟、凫雁若烟海；然后昆虫万物生其间，可以相食养者，不可胜数也。夫天地之生万物也，固有余，足以食人矣；麻葛、茧丝、鸟兽之羽毛齿革也，固有余，足以衣人矣。夫有余不足，非天下之公患也，特墨子之私忧过计也。

天下之公患，乱伤之也。胡不尝试相与求乱之者谁也？我以墨子之"非乐"也，则使天下乱；墨子之"节用"也，则使天下贫，非将堕之也，说不免焉。墨子大有天下，小有一国，将蹙然[7]衣粗食恶，忧戚而非乐。若是则瘠，瘠则不足欲，不足欲则赏不行。墨子大有天下，小有一国，将少人徒，省官职，上功劳苦，与百姓均事业，齐功劳。若是则不威，不威则罚不行。赏不行，则贤者不可得而进也；罚不行，则不肖者不可得而退也。贤者不可得而进也，不肖者不可得而退也，则能不能不可得而官也。若是，则万物失宜，事变失应，上失天时，下失地利，中失人和，天下敖[8]然，若烧若焦，墨子虽为之衣褐带索[9]，嚽[10]菽饮水，恶能足之乎？既以伐其本，竭其原，而焦天下矣。

故先王圣人为之不然：知夫为人主上者，不美不饰之不足以一民也，不富不厚之不足以管下也，不威不强之不足以禁暴胜悍也，故必将撞大钟，击鸣鼓，吹笙竽，弹琴瑟，以塞其耳；必将錭[11]琢刻镂，黼黻文章，以塞其目；必将刍豢稻粱，五味芬芳，以塞其口。然后众人徒，备官职，渐[12]庆赏，严刑罚，以戒其心。使天下生民之属，皆知己之所愿欲之举在是于也，故其赏行；皆知己之所畏恐之举在是于也，故其罚威。赏行罚威，则贤者可得而进也，不肖者可得而退也，能不能可得而官也。若是则万物得宜，事变得应，上得天时，下得地利，中得人和，则财货浑浑如泉源，汸汸[13]如河海，暴暴如丘山，不时焚烧，无所臧之。夫天下何患乎不足也？故儒术诚行，则天下大而富，使而功，撞钟击鼓而和。《诗》曰："钟鼓喤喤，管磬玱玱，降福穰穰，降福简简，威仪反反。既醉既饱，福禄来反。[14]”此之谓也。故墨术诚行，则天下尚俭而弥贫，非斗而日争，劳苦顿萃[15]，而愈无功，愀然忧戚非乐，而日不和。诗曰：“天方荐瘥，丧乱弘多；民言无嘉，憯莫惩嗟。[16]”此之谓也。

注释

①掩：开垦。表：标记。

②率：通“帅”。

③盆：古代量器。一盆相当于十二斗八升。

④鼓：量。

⑤疏：通“蔬”。以泽量：用池泽来测量。

⑥剸：通“专”。

⑦蹙（cù）然：忧愁的样子。

⑧敖：通“熬”，煎熬。

⑨衣褐带索：穿粗布衣服，系粗劣的腰带。

⑩啜（chuò）：通“啜”。

⑪锢：通“雕”。

⑫渐：厚。

⑬汸（pāng）汸：水流很大的样子。

⑭钟鼓喤喤……福禄来反：引自《诗经·周颂·执竞》，意思是：钟鼓声音响亮，管磬声音锵锵，上天降福多，上天降福广，威严仪态端庄。喝醉又吃饱，福禄万年长。喤（huáng）喤：形容钟鼓声音洪亮。玱（qiāng）玱：玉相击的声音。穰（ráng）穰：众多。简简：广泛。反反：慎重的样子。反：通“返”。

⑮顿萃：困顿憔悴。

⑯天方荐瘥……憯莫惩嗟：引自《诗经·小雅·节南山》，意思是：上天降下疾病，丧乱之事特别多；百姓说话不好听，竟然还不警惕。荐瘥（cuó）：降下疾病。憯（cǎn）：竟然。

译文

使天下富足的办法在于明确等级名分：开垦田地，标明田界，除草播种稻谷，多施肥料使田地肥沃，这是农夫百姓的事情。遵守农时，鼓励百姓，促进生产，增加受益，使百姓和睦齐一，使人们不懒惰，这是将帅的事情。高处的田地不旱，低处的田地不涝，寒暑得时，五谷按时成熟，这是上天的事情。普遍地保护百姓，普遍地爱护百姓，普遍地管理百姓，即使遇到凶灾、水旱之年，也能使百姓没有挨冻受饿的灾祸，这是圣君贤相的事情。

墨子的言说中总是担心天下财物不够用。然而财物不够用，这不是天下人的共同忧患，又不过是墨子自己过分担忧罢了。现在的土地生长五谷，只要人善于治理，那么一亩地能产数盆粮食，一年能够收获两次。而且瓜、桃、枣、李等一棵树的收获也可以用盆来计量，各种蔬菜可以用池泽来计量，六畜、禽兽每一样都可以装满一车，鼋、鼍、鱼、鳖、鳅、鳣按时生育，每一样都能繁殖一群，飞鸟、大雁多得浩如烟海，昆虫万物生长在天地之间，可以供人食用的东西难以计数。天地生长的万物本来就是有余的，足以供人食用；麻葛、茧丝、鸟兽之羽毛、牙齿、皮革本来就有余，足以供人做衣服穿。有余、不足，不是天下人们应忧患的，只是墨子自己过分担忧了。

天下的公患，是混乱造成的。为什么不尝试着寻求是谁使天下混乱的呢？我认为墨子“非乐”的主张，使得天下混乱；墨子“节用”的主张，使得天下贫穷。不是我要诋毁他，是他的学说不免于使天下混乱。如果墨子大到拥有天下，小到拥有一国，必将忧心忡忡地穿粗布衣服吃差粮食，整天悲戚而反对音乐。这样生活就会贫瘠，贫瘠就不能满足欲望，不能满足欲望就不能厚赏。如果墨子大到拥有天下，拥有一国，一定会少用仆役，减少官职，崇尚功劳辛苦，和百姓平均劳作，平分功劳。这样就会没有威严，没有威严惩罚就不能施行。赏赐不能施行，那么贤能之人就不能被重用；惩罚不能施行，不肖之人就不能被屏退。贤能之人没办法进来，不肖之人不能被屏退，那么能人与无能之人就不能得到相应的官职。这样一来就会万物失宜，应变失当。上失去天时，下失去地利，中失去人和，天下人就会像被煎熬一样，好像被烧焦了一样。墨子即使穿粗布衣服、系粗绳，喝菜汤、饮水而生存，能够满足百姓吗？既然已经砍掉了根本，使源头干涸，那么天下就焦枯。

因此先王、圣人不这么做：他们知道作为君主的人不美化、不装饰就不足以统治百姓，不富有、不宽裕就不足以管理下人，没威严、不刚强就不足以禁止残暴、惩罚凶悍。因此一定要撞击大钟、打击响鼓、吹奏笙竽、弹奏琴瑟来充满他的耳朵，一定要在器物上雕琢刻镂，在衣服上绣织花纹，以充塞他的眼睛；一定要吃猪、羊、稻、粱和芬芳的五味，以充塞他的嘴，然后增加仆役、详备官职，厚赏赐、重刑罚，来戒备人心。让天下的百姓都知道自己想要的东西都在这里，因此赏赐就可以施行；知道自己所恐惧的东西都在这里，因此刑罚就有了威严。赏赐施行、惩罚威严，那么贤能之人就会得到进用了，不肖之人就会被屏退了，能人与不能之人都会得到应得的官职了。这样的话，万物都会得其所宜，事变会得当。上得天时，下得地利，中得人和。那么财物就会像滚滚的流水，澎湃的河海，高大的山丘，即使不断被焚烧，也还是没地方储藏。那么天下怎么还会担忧不足呢？因此儒家的学说真的能够实行，那么天下就会强大而富有，役使百姓就会有功效，撞钟击鼓而天下和睦。《诗经》中说：“钟鼓声音响亮，管磬声音锵锵，上天降福多，上天降福广，威严仪态端庄。喝醉又吃饱，福禄万年长。”讲的就是这个道理。如果墨翟的学说真的被实行，那么天下就会崇尚节俭而更加贫乏，反对争斗却天天斗争，劳苦憔悴却更加没有功劳，怆然悲伤地反对音乐而日渐不和睦。《诗经》中说：“上天降下疾病，丧乱之事特别多；百姓说话不好听，竟然还不警惕。”讲的就是这个道理。

原　文

垂事养民，拊循[①]之，唲呕[②]之，冬日则为之饘粥[③]，夏日则为之瓜麮[④]，以偷取少顷之誉焉，是偷[⑤]道也。可以少顷得奸民之誉，然而非长久之道也。事必不就，功必不立，是奸治者也。傮然[⑥]要时务民，进事长功，轻非誉而恬[⑦]失民，事进矣，而百姓疾之，是又不可偷偏[⑧]者也。徙坏堕落，必反无功。故垂事养誉，不可；以遂功而忘民，亦不可。皆奸道也。

故古人为之不然：使民夏不宛暍[⑨]，冬不冻寒，急不伤力，缓不后时，事成功立，上下俱富。而百姓皆爱其上，人归之如流水，亲之欢如父母，为之出死断亡而愉者，无它故焉，忠信、调和、均辨之至也。故君国长民者，欲趋时遂功，则和调累解[⑩]，速乎急疾；忠信均辨，说乎赏庆矣；必先修正其在我者，然后徐责其在人者，威乎刑罚。三德者诚乎上，则下应之如景向[⑪]，虽欲无明达，得乎哉！《书》曰：“乃大明服，惟民其力懋，和而有疾。[⑫]”此之谓也。

故不教而诛，则刑繁而邪不胜；教而不诛，则奸民不惩；诛而不赏，则勤励之民不劝；诛赏而不类，则下疑俗险而百姓不一。故先王明礼义以一之，致忠信以爱之，尚贤使能以次之，爵服庆赏以申重之，时其事，轻其任，以调齐之，潢然[⑬]兼覆之，养长之，如保赤子。若是，故奸邪不作，盗贼不起，而化善者劝勉矣。是何邪？则其道易，其塞固，其政令一，其防表明。故曰：上一则下一矣，上二则下二矣。辟之若草木，枝叶必类本。此之谓也。

不利而利之，不如利而后利之之利也。不爱而用之，不如爱而后用之之功也。利而后利之，不如利而不利者之利也。爱而后用之，不如爱而不用者之功也。利而不利也，爱而不用也者，取天下者也。利而后利之，爱而后用之者，保社稷者也。不利而利之，不爱而用之者，危国家也。

注释

①拊循：安抚。拊：通“抚”。循：通“揗”，抚摸。

②呕（wā）呕：小儿语声，这里指爱护。

③饘（zhān）粥：稠粥。

④麮（qù）：大麦粥。

⑤偷：苟且。

⑥僧然：忙乱的样子。僧：通“嘈”。

⑦恬：内心安静、平和，这里指不在乎。

⑧偷偏：苟且，偏激。

⑨宛：通“蕴”，暑气，闷热。暍（yē）：中暑。

⑩累解：缓解。

⑪景向：通“影响”，影子和回声。

⑫乃大明服，惟民其力懋，和而有疾：引自《尚书·康诰》，意思是：君主十分英明而服众，百姓一定勤勉用力，干活和睦又迅速。大明服：非常英明而服众。懋（mào）：勤勉，努力。疾：迅速。

⑬潢（huàng）然：水流很大的样子。

译文

放弃该做的事情来爱护百姓，安抚他们，呵护他们，冬天给他们粥喝，夏天给他们瓜吃和大麦粥喝，以此得到一时的荣誉，这是苟且之道。可以一时得到奸民的夸赞，但这不是长久之道。事情一定不会成功，功业一定不会建立，这是奸邪的治国方法。急急忙忙地要百姓加紧劳作，促进生产增加功劳，轻视不好的名誉，不在乎流失的百姓，事业有了进步但是百姓都很厌恶他，这又是不可以走的苟且偏激之路。这样只会败坏、堕落，一定不会有功效的。因此，放弃正事来求名誉，这是不可以的；只顾事业成功而遗忘百姓，这也是不可以的。这些都是奸邪之道。

因此古人不这样做：让百姓夏天不中暑，冬天不挨冻，急忙干活而不伤劳力，缓慢干活不耽误时令，事业成功，建功立业，上下都富裕，并且百姓都爱戴君上，人们像流水一样归顺他，像亲近父母那样亲近他，为他出生入死都很快乐，这没有别的原因，就是因为他极度的忠信、平和、公正。因此拥有国家、统治百姓的人，想要争取时间建功，那么协调上下、宽缓平和，比做事迅速，急于求成的效果更好；忠诚守信，公平分配，比奖赏更让人高兴。一定要先修正自己的德行，然后再要求他人，这比惩罚更有威严。这三个方面处于上位的人真的能够做到，下面的人就会像影子和回声一样响应他。即使不想要明智通达的名声，可能吗？《尚书》中说："君主十分英明，百姓一定勤勉用力，干活和睦又迅速。"讲的就是这个道理。

因此不教化而诛杀，那么就会刑法繁多而奸邪不得克制；教化而不诛杀，那么奸邪之民就得不到惩罚；诛杀而不赏赐，那么勤劳的百姓就得不到勉励；诛杀、赏赐而不得当，那么下民怀疑、风俗险恶，而百姓得不到统一。因此先王制定礼义来使百姓齐一，倡导忠信来爱护他们，崇尚贤良任用能人来安排他们的次序，通过爵禄、赏赐加以申明，根据时节安排劳动、减轻劳役来调节他们，广泛地爱护他们，养育他们，就像爱护孩子一样。这样的话，奸邪之人就不会出现，盗贼也不会兴起，向善的人都得到了勉励。这是为什么呢？因为他的方法简便易行，他阻塞邪恶的方法牢固有力，政令统一，禁令分明。因此说："上面一致下面就会一致，上面有二心下面也会有二心。就好像草木一样，它们的枝叶是由它们的根决定的。"讲的就是这个道理。

不利百姓而取利于民，不如先利益百姓再从中取利；不爱护百姓而役使他们，不如先爱护百姓然后再役使他们更容易取得功劳。利益百姓然后取利，不如利益百姓而不从他们那里取利更好；爱护百姓而后役使，不如爱护百姓而不役使他们更容易取得功劳。利益百姓而不从他们那里取利，爱护百姓而不役使他们，就会取得天下。利益百姓然后取利，爱护百姓而后役使，能够保全社稷。不利百姓而取利于民，不爱护百姓而役使他们，国家就会危险。

原　文

观国之治乱臧否[①]，至于疆易[②]而端已见矣。其候缴支缭[③]，其竟关之政尽察[④]，是乱国已。入其境，其田畴秽[⑤]，都邑露[⑥]，是贪主已。观其朝廷，则其贵者不贤；观其官职，则其治者不能；观其便嬖，则其信者不悫；是暗主已。凡主相臣下百吏之属，其于货财取与计数也，顺孰尽察[⑦]；其礼义节奏也，芒轫僈楛[⑧]，是辱国已。其耕者乐田，其战士安难，其百吏好法，其朝廷隆礼，其卿相调议，是治国已。观其朝廷，则其贵者贤；观其官职，则其治者能；观其便嬖，则其信者悫；是明主已。凡主相臣下百吏之属，其于货财取与计数也，宽饶简易；其于礼义节奏也，陵[⑨]谨尽察；是荣国已。贤齐则其亲者先贵，能齐则其故者先官，其臣下百吏，污者皆化而修，悍者皆化而愿，躁者皆化而悫，是明主之功已。

观国之强弱贫富有征：上不隆礼则兵弱，上不爱民则兵弱，已诺不信则兵弱，庆赏不渐则兵弱，将率不能则兵弱。上好功则国贫，上好利则国贫，士大夫众则国贫，工商众则国贫，无制数度量则国贫。下贫则上贫，下富则上富。故田野县鄙者，财之本也；垣窌仓廪者[10]，财之末也。百姓时和，事业得叙者，货之源也；等赋府库者，货之流也。故明主必谨养其和，节其流，开其源，而时斟酌焉。潢然使天下必有余，而上不忧不足。如是，则上下俱富，交无所藏之。是知国计之极也。故禹十年水，汤七年旱，而天下无菜色者，十年之后，年谷复孰，而陈积有余。是无它故焉，知本末源流之谓也。故田野荒而仓廪实，百姓虚而府库满，夫是之谓国蹶[11]。伐其本，竭其源，而并之其末，然而主相不知恶也，则其倾覆灭亡可立而待也。以国持之，而不足以容其身，夫是之谓至贫，是愚主之极也。将以求富而丧其国，将以求利而危其身，古有万国，今有十数焉，是无它故焉，其所以失之一也。君人者亦可以觉矣。百里之国，足以独立矣。

注释

①臧否：善恶。

②疆易：边界。易：通“埸”，边界。

③候：哨兵。缴（jiào）：巡逻。缭：回环旋转。

④竟：通“境”。尽察：详尽的考察。

⑤秽：荒芜。

⑥露：破败。

⑦顺：通“慎”，谨慎。孰：通“熟”，仔细。

⑧芒轫僈楛：昏暗怠惰，轻慢马虎。

⑨陵：严明。

⑩垣（yuán）：矮墙，这里指仓库。窌（jiào）：地窖。

⑪蹶（jué）：跌倒。

译文

观察国家的治乱好坏，到了边境就能看出端倪了。哨兵巡逻往返不断，边境、关卡审查得十分详细，这是乱国。进入境内，田地荒芜，城池破败，这是贪婪的君主。观察其朝廷，富贵的人不贤良；察看其官职，治国之人无能；观看君主亲近的人，君主信任的人都是不诚恳的人，这是昏乱的君主。凡是君主、宰相、百官之人，他们对于财物的取用、赏赐的计算，十分详细；而他们的礼乐制度却十分马虎、怠慢，这是屈辱之国。耕地的人喜欢种地，战士安于危难，百官喜好法度，朝廷推崇礼义，卿相和谐地议论大事，这是治理得好的国家。观察其朝廷，尊贵的人都很贤明；观察其官职，治国之人都是能臣；观看君主亲近的人，君主信任的人都是诚恳的人，这个国君是个明主。凡是君主、宰相、百官之人，他们对于财物的取用、赏赐的计算，宽松简便；他们对礼乐制度却严谨、详查，这是有荣耀的国家。道德相等就让他的亲戚先富贵，能力相等就让他的故人先做官；他的百官之臣，污秽的人都变得很美好，凶悍的人都变得很敦厚，狡猾的人都变得很诚恳，这是明主的功劳。

观察国家的强弱、贫富是有征兆的：君主不推崇礼义则兵弱，君主不爱护百姓则兵弱，已经答应别人却不守诚信则兵弱，赏赐不厚则兵弱，将帅无能则兵弱。君主好大喜功则国家贫困，君主喜欢利益则国家贫困，士大夫太多则国家贫困，工匠、商人众多则国家贫困，没有一定的规章制度则国家贫困。百姓贫困君主就会贫困，百姓富裕君主就会富裕。因此田野、郊县是财货的根本，仓库、地窖是财货的末端。百姓按时劳作、生产按部就班，这是财货的源头；将赋税储存在府库中，这是财货的末流。因此，明主一定要谨慎地养护百姓，不让他们错过农时，节制末流，开发源头，并因时损益，广泛地让天下都有多余的财物，而君主无须担忧不够用。这样的话，上下都会富有，而没有地方储藏，这是最好的治国方针啊。因此大禹时有十年的水灾，商汤时有七年的旱灾，而天下没有人脸有菜色。十年之后，每年的谷物又会丰收，而多余的粮食又都被积攒了下来。这没有别的原因，他们知道治国的本末源流。因此田野荒芜而府库充实，百姓空虚而粮仓丰满，这都是国家倾覆的征兆。砍断了根本，遏制了源头，而聚集末流，君主宰相却不知道其中的弊端，那么国家的倾覆灭亡是可以站着等待的了。用一国来奉养他都不能满足，这就是极度的贪婪，这是最愚蠢的君主。将要追求富裕却使国家灭亡，将要追求利益而使自身危险。古代有上万个国家，现在只有十几个了。这没有别的原因，它们灭亡的道理都是一样的。为人君主的，也可以觉悟了吧。这样的话即使是百里的小国，也是可以独立生存的。

原　文

凡攻人者，非以为名，则案以为利也；不然则忿之也。仁人之用国，将修志意，正身行，伉隆高，致忠信，期[①]文理。布衣紃屦[②]之士诚是，则虽在穷阎漏屋[③]，而王公不能与之争名；以国载[④]之，则天下莫之能隐匿也。若是则为名者不攻也。将辟田野，实仓廪，便备用，上下一心，三军同力，与之远举极战则不可[⑤]；境内之聚也保固；视可，午[⑥]其军，取其将，若拨麷[⑦]。彼得之，不足以药伤补败。彼爱其爪牙，畏其仇敌，若是则为利者不攻也。将修大小强弱之义，以持慎之，礼节将甚文，圭璧将甚硕，货赂将甚厚，所以说之者，必将雅文辩慧之君子也。彼苟有人意焉，夫谁能忿之？若是，则忿之者不攻也。为名者否，为利者否，为忿者否，则国安于盘石，寿于旗翼⑧。人皆乱，我独治；人皆危，我独安；人皆失丧之，我按起而治之⑨。故仁人之用国，非特将持其有而已也，又将兼人。《诗》曰："淑人君子，其仪不忒；其仪不忒，正是四国。⑩"此之谓也。

持国之难易：事强暴之国难，使强暴之国事我易。事之以货宝，则货宝单而交不结；约信盟誓，则约定而畔无日；割国之锱铢以赂之，则割定而欲无厌。事之弥烦，其侵人愈甚，必至于资单国举然后已。虽左尧而右舜，未有能以此道得免焉者也。辟之是犹使处女婴⑪宝珠，佩宝玉，负戴黄金，而遇中山之盗也，虽为之逢蒙视⑫，诎要桡腘⑬，君卢屋妾⑭，由将不足以免也。故非有一人之道也，直将巧繁拜请而畏事之，则不足以持国安身。故明君不道也。必将修礼以齐朝，正法以齐官，平政以齐民；然后节奏齐于朝，百事齐于官，众庶齐于下。如是，则近者竞亲，远方致愿，上下一心，三军同力，名声足以暴炙之，威强足以捶笞之，拱揖指挥，而强暴之国莫不趋使，譬之是犹乌获与焦侥搏也⑮。故曰："事强暴之国难，使强暴之国事我易。"此之谓也。

注释

①期：应为"綦"，极。

②紃屦（xún jù）：用粗麻绳编的鞋。

③阎：通"闾"，巷。漏：通"陋"。

④载：委托，委任。

⑤远举：远征。极战：艰苦作战。

⑥午：通"迕"，迎击。

⑦葑（fēng）：蒲草。

⑧旗、翼：二十八星宿中的箕宿和翼宿。旗：通"箕"。

⑨按：然后，于是。治：疑为"制"，制裁，征服。

⑩淑人君子……正是四国：引自《诗经·曹风·尸鸠》，意思是：善人君子们，他们的行为没有差错；行为没有差错，可以做他国的表率。

⑪婴：绕，围绕。

⑫逢蒙视：不敢正视。

⑬诎、桡（náo）：都是弯曲的意思。要：通“腰”。胭（guó）：膝盖的腿弯处。

⑭君卢屋妾：好像穷人家的女子。君：疑为“若”。卢：通“庐”。

⑮乌获：传说中的秦国大力士。焦侥（yáo）：传说中的身高三尺的矮子。

译文

凡是攻打别人的，不是为了名声，就是为了利益，不然就是因为愤怒。仁人治理国家，就会修养心志，端正自身行为，崇尚礼义，恪守忠信，推崇礼仪制度。身穿粗布衣服、脚穿麻鞋的人若能如此，那么即使在穷巷陋屋之中，王公贵族也不会比他有名，将国家托付给他，天下没有谁能埋没他。这样的话，追求名声的人就不会来进攻了。开辟田地，充实仓廪，改进器用，上下一心，三军团结，但和他们一起远征苦战，肯定不行；国内的兵力都聚集起来，防守巩固了，再看准时机，迎击敌人，俘虏其将领，就好像拔蒲草一样容易。但打败敌人的收获不足以医治伤员、弥补损失。国君爱惜手下的士兵，畏惧自己的仇敌，这样的话，为了利益的国家就不会来进攻了。这样的国君必将谨慎地遵守大国与小国、强国与弱国之间的道义，礼节非常完备，赠送圭璧等礼物非常丰硕，用来进贡的财物非常丰厚，去游说对方的使者也是优雅博学、善于辩论的聪明君子。对方只要还有良心，又怎么会生气呢？这样的话，为发泄愤怒来进攻的人就没有了。为名声的人不来进攻，为利益的人不来进攻，为泄愤的人不来进攻，国家就会像磐石那样稳固，像箕星、翼星那样长久。别国都混乱了，唯独我国治理得好；别国都危险了，唯独我国安稳；别国都要灭亡了，我国便奋起而统治它们。因此仁人治理国家，并不是只维持自己的国家，也会征服他人。《诗经》中说：“善人君子们，他们的行为没有差错；行为没有差错，可以做他国的表率。”讲的就是这个道理。

保住国家的难易：侍奉强暴的国家困难，让强暴的国家侍奉我容易。用财货宝物来侍奉强暴的国家，财货宝物用尽了两国也不会结交；约定盟誓、结成同盟，刚约定好就会背叛；割让国家的土地来贿赂，割完之后对方还是不会满足。你侍奉得越勤快，对方侵略你越严重，必定直到你财物用尽，国土割完，然后才停止。即使左右有尧舜这样的贤人辅佐，也没有能以这种办法免于灭亡的。这就好比是让一个女子脖子上戴着珠宝，身上佩带宝玉，背负着黄金，而中途遭遇山中的强盗。即使她不敢正视强盗，弯腰屈膝，好像穷人家的女子一样态度谦卑，也不能免于被抢劫。因此没有使百姓团结一致的办法，而只是谄媚、频繁地拜求、畏惧地侍奉他人，这是不能够保国安身的。因此明智的君主不会这样做。他一定会制定礼义以整顿朝廷，端正法制以整顿百官，公平施政以整顿百姓。然后礼仪制度统一于朝廷，各种事务统一于百官，百姓统一于民间。这样的话，附近的人就会争相来亲近，远方的人也愿意服从，上下一心，三军团结，名声足以震慑他国，威力足以征服他国，只要拱手指挥，强暴的国家没有不受驱使的，就好像是让大力的乌获与矮小的焦侥搏斗一样。因此说："侍奉强暴的国家困难，让强暴的国家侍奉我容易。"讲的就是这个道理。

王霸篇第十一

原　文

国者，天下之利用[①]也；人主者，天下之利势[②]也。得道以持之，则大安也，大荣也，积美之源也；不得道以持之，则大危也，大累也，有之不如无之；及其綦[③]也，索为匹夫不可得也，齐闵、宋献是也。故人主天下之利势也，然而不能自安也，安之者必将道也。

故用国者，义立而王，信立而霸，权谋立而亡。三者，明主之所谨择也，仁人之所务白也。

挈国以呼礼义，而无以害之，行一不义，杀一无罪，而得天下，仁者不为也。擽然[④]扶持心国，且若是其固也。之所与为之者，之人则举义士也；之所以为布陈于国家刑法者，则举义法也；主之所极然帅群臣而首乡[⑤]之者，则举义志也。如是则下仰上以义矣，是綦定也；綦[⑥]定而国定，国定而天下定。仲尼无置锥之地，诚义乎志意，加义乎身行，著之言语，济[⑦]之日，不隐乎天下，名垂乎后世。今亦以天下之显诸侯，诚义乎志意，加义乎法则度量，著之以政事，案申重之以贵贱杀生，使袭然终始犹一也。如是，则夫名声之部[⑧]发于天地之间也，岂不如日月雷霆然矣哉！故曰：以国齐义，一日而白[⑨]，汤、武是也。汤以亳，武王以鄗，皆百里之地也，天下为一，诸侯为臣，通达之属，莫不从服，无它故焉，以济义矣。是所谓义立而王也。

德虽未至也，义虽未济也，然而天下之理略奏[⑩]矣，刑赏已诺信乎天下矣，臣下晓然皆知其可要[⑪]也。政令已陈，虽睹利败，不欺其民；约结已定，虽睹利败，不欺其与。如是，则兵劲城固，敌国畏之；国一綦明，与国信之；虽在僻陋之国，威动天下，五伯是也。非本政教也，非致隆高也，非綦文理也，非服人之心也，乡方略，审劳佚，谨畜积，修战备，齺然⑫上下相信，而天下莫之敢当。故齐桓、晋文、楚庄、吴阖闾、越勾践，是皆僻陋之国也，威动天下，强殆中国，无它故焉，略信也。是所谓信立而霸也。

挈国以呼功利，不务张其义，齐其信，唯利之求，内则不惮诈其民，而求小利焉；外则不惮诈其与，而求大利焉，内不修正其所以有，然常欲人之有。如是，则臣下百姓莫不以诈心待其上矣。上诈其下，下诈其上，则是上下析⑬也。如是，则敌国轻之，与国疑之，权谋日行，而国不免危削，綦之而亡，齐闵、薛公是也⑭。故用强齐，非以修礼义也，非以本政教也，非以一天下也，绵绵常以结引驰外为务。故强，南足以破楚，西足以诎秦，北足以败燕，中足以举宋。及以燕、赵起而攻之，若振槁然⑮，而身死国亡，为天下大戮，后世言恶，则必稽焉。是无它故焉，唯其不由礼义而由权谋也。

三者，明主之所以谨择也，而仁人之所以务白也。善择者制人，不善择者人制之。

注　释

①利用：有效的工具。

②利势：最重的权势。

③綦（qí）：极。

④拆（luò）然：像石头一样坚固。

⑤乡：通“向”。

⑥綦：当为“基”，基础。

⑦济：成功，实现。

⑧部：通“勃”。

⑨白：光明，显赫。

⑩略奏：略微具备。

⑪要：约，这里引申为信任。

⑫齺（zōu）然：牙齿上下相交的样子。

⑬析：分离。

⑭齐闵：齐闵王。薛公：齐闵王之相，名叫田文，号孟尝君，封于薛地，故称薛公。

⑮振：摇动。槁：干枯的树。

译文

国家，是天下最有效用的工具；君主，是天下最重的权势。用治国之道把持它们，就会非常安定，非常荣耀，是聚集一切美好的源泉。不用治国之道把持它们，就会十分危险，面临大的灾难，拥有还不如没有。等到了极限，想要做一个匹夫都不能够，齐闵王、宋献王就是如此。因此，君主拥有天下最重的权势，但他不能自行安定天下，只有用治国之道来把持它才能安全。

因此治理国家的人，道义施行了就会称王，信用建立了就会称霸，运用权谋就会灭亡。这三者是明智的君主要谨慎选择的，是仁义之人必须明白的。治理国家要提倡礼义而不要妨害它，做一件不义的事，杀一个无罪的人，而取得天下，仁人是不会这么做的。他坚定地用礼义来维护自己的思想和国家，就像石头一样坚固。和他一起治国的人，一定是仁义之士；用来治理国家的刑法制度，一定是仁义之法；君主带领群臣一起迫切追求的，一定是仁义的理想。这样的话，下面的人都会用仁义的方式仰望君主，这样基础也就稳定了。基础稳定了，国家就会安定；国家安定了，天下就会安定。仲尼没有立锥之地，而心意真诚地奉行仁义，并以仁义行事，表现于言语之中，等到成功的时候，天下不能埋没他，名声流传后世。现在天下那些有名的诸侯，要是也能心志真诚地奉行仁义，将仁义运用于法令、法规等制度，表现在政事上，并在评判贵贱、赏罚的时候反复申明，使其始终如一。这样的话，他们的名声就会勃然兴起于天地之间，就好像日月、雷霆之声那样显赫。因此说：使国家遵循礼义，一天就会声名显赫，商汤、周武王就是这样。商汤以亳称王，武王以鄗称王，这都是只有方圆百里的地方，但天下统一，诸侯臣服，人迹所到之处无不服从。这没有别的原因，因为他们遵循了仁义。这就是所说的实行道义而称王。

德行虽然没有到达极致，礼义虽然没有完备，但是天下的秩序大体具备了，刑罚赏赐已经得到了天下的信任，臣下都知道他是可以信任的。政令已经颁布，即使看到弊端，也不欺骗百姓；誓约已经确定，即使看到弊端，也不欺骗盟友。这样的话，那么军队就会强大，城池就会坚固，敌国也会畏惧他；国家统一、约定明确，盟友都信任他。即使是偏远落后的国家，也能威慑天下，五霸就是这样的。注重战略，明察劳逸，谨慎积累，加强战备，上下团结一致像牙齿交错那样，天下没有人敢抵挡。所以齐桓公、晋文公、楚庄王、吴王阖闾、越王勾践，都是处在偏僻落后的国家，却能威震天下，武力强大得足以威慑中原各国。这没有别的原因，就是因为他们取信于天下。这就是诚信建立而称霸。

治理国家倡导功利，而不致力于伸张仁义，不恪守诚信，唯利是图，对内不怕欺诈百姓而贪求小利，对外不怕欺诈他的盟友而求取大的利益，对内不管好自己国家有的东西，而只想要别人拥有的东西。这样的话，臣下、百姓无不用欺诈之心来对待其君主。上面欺诈下面，下面欺诈上面，那么上下之间也就疏远了。这样的话，敌国就会轻视他，盟国就会怀疑他，权术阴谋每天都在进行，国家也难免危险和被削弱，甚至还会灭亡，齐闵王、孟尝君就是这样的。他们治理强大的齐国，不修明礼义，不以政教为本，不用统一天下之道，总是做结交邦国、驰聘国外的事情。因此齐国强大时，向南可以攻打楚国，向西可以屈服秦国，向北可以打败燕国，中间可以攻占宋国。等到燕、赵等国前来攻打时，却好像摇动枯树一样，而身死国灭，成为天下最大的耻辱，后代说到恶果，一定会征引齐国。这没有别的原因，就是因为不遵循礼义而推崇阴谋权术。

这三种情况，明主一定要谨慎地抉择，而仁人是一定要明白的。善于选择的可以统治别人，不善于选择的就会被别人统治。

原　文

国者，天下之大器也，重任也，不可不善为择所而后错之，错险则危；不可不善为择道然后道之，涂薉[①]则塞，危塞则亡。彼国错者，非封[②]焉之谓也，何法之道，谁子之与也。故道王者之法，与王者之人为之，则亦王；道霸者之法，与霸者之人为之，则亦霸；道亡国之法，与亡国之人为之，则亦亡。三者，明主之所以谨择也，而仁人之所以务白也。

故国者，重任也，不以积持之则不立。故国者，世所以新者也，是惮[③]。惮，非变也，改玉改行[④]也。故一朝之日也，一日之人也，然而厌焉[⑤]有千岁之国，何也？曰：援夫千岁之信法以持之也，安与夫千岁之信士为之也。人无百岁之寿，而有千岁之信士，何也？曰：以夫千岁之法自持者，是乃千岁之信士矣。故与积礼义之君子为之则王，与端诚信全之士为之则霸，与权谋倾覆之人为之则亡。三者，明主之所以谨择也，而仁人之所以务白也。善择之者制人，不善择之者人制之。

彼持国者，必不可以独也，然则强固荣辱在于取相矣。身能相能，如是者王；身不能，知恐惧而求能者，如是者强；身不能，不知恐惧而求能者，安唯便僻左右亲比己者之用，如是者危削；綦之而亡。国者，巨用之则大，小用之则小；綦大而王，綦小而亡，小巨分流[⑥]者存。巨用之者，先义而后利，安不恤亲疏，不

恤贵贱，唯诚能之求，夫是之谓巨用之。小用之者，先利而后义，安不恤是非，不治曲直，唯便僻亲比己者之用，夫是之谓小用之。巨用之者若彼，小用之者若此，小巨分流者，亦一若彼，一若此也。故曰："粹⑦而王，驳⑧而霸，无一焉而亡。"此之谓也。

注　释

①涂萝：通"途秽"，道路污秽，比喻政治恶劣。

②封：分封土地。

③惮：通"禅（shàn）"，把帝位让给别人。

④改玉改行：改变佩玉和步伐，这里指改变礼仪制度。

⑤厌焉：安然。

⑥小巨分流：介于大小之间。

⑦粹：精粹，完全，这里指完全从大处着手。

⑧驳：杂，这里指大小并用。

译　文

国家，是天下最重要的工具，最重要的责任，不能不妥善地选择处所并好好地安置，安置得不好就会有危险；不可以不妥善地选择好的道路并引导它，道路污秽就会堵塞，危险而堵塞就会灭亡。安置国家，不是简单地划分疆界就行了，而是要选择用什么样的治国之道来引导，用什么样的人去治理。因此实行王者之道，任用王者之人，就会称王；用霸者之道，任用霸者之人，就会称霸；用亡国之道，任用亡国之人，就会灭亡。这三者，是明主要谨慎选择的，也是仁人一定要明白的。

国家，是最重要的责任，不依靠长久的积累来保持就不会安定。因此，国家是在不断更新的，也就是君主的更迭。君主的更迭没有改变根本制度，而是要调整礼仪制度。因此一天短暂得好像一个早晨，人的一生短暂得好像一天，却有安然存在的千年不灭的国家，这是为什么呢？回答是：因为用了可以延续千年的法制来治国，任用了可以影响千年的诚信之人来治国。人的寿命大多不超过一百岁，却有影响一千年而值得信任的人，这是为什么呢？回答是：用可以延续千年的法度来自我约束的人，就是影响千年而值得信任的人。因此任用积习礼义的君子就会称王，任用端正诚信的人治国就会称霸，任用滥用权术、反复无常之人治国就会灭亡。这三者，明主一定要谨慎地抉择，而仁人是一定要明白的。善于选择的可以统治别人，不善于选择的就会被别人统治。

掌握政权的人，一定不能独自一人去治理国家，国家的强大、巩固、荣辱在于选择辅佐之人。自己有能力，辅佐之人也有能力，这样的人就能称王；自身没有能力，但知道害怕而去寻找有能力的人，这样的国家会强大；自身没有能力，但不知道害怕而且不去寻找有能力的人，安然地只任用自己身边亲近的阿谀奉承的小人，这样的国家就会危险、削弱，甚至灭亡。国家，从大处着手治理国家就会强大，从小处着手治理国家就会弱小。强大到极点就会称王，弱小到极点就会灭亡，介于两者之间的能够存活。从大处着手治理国家，就是要先讲礼义而后讲利益，不分亲疏、贵贱，只求有能力的人，这就叫作从大处着手治理国家。从小处着手治理国家，就是先讲利益后讲礼义，不顾是非、曲直，只任用自己身边亲近的阿谀奉承的小人，这就叫作从小处着手治理国家。从大处着手治理国家的是那样，从小处着手治理国家的是这样；介于两者之间的，既可能像前者，也可能像后者。因此说：“纯粹地从大处着手治理国家的会称王，驳杂地治理国家的会称霸，两者均无的会灭亡。”讲的就是这个道理。

原　文

国无礼则不正。礼之所以正国也，譬之犹衡之于轻重也，犹绳墨之于曲直也，犹规矩之于方圆也，既错之而人莫之能诬也。《诗》云：“如霜雪之将将，如日月之光明，为之则存，不为则亡。[①]”此之谓也。

国危则无乐君，国安则无忧民。乱则国危，治则国安。今君人者，急逐乐而缓治国，岂不过甚矣哉！譬之是由好声色，而恬[②]无耳目也，岂不哀哉！夫人之情，目欲綦色，耳欲綦声，口欲綦味，鼻欲綦臭，心欲綦佚。此五綦者，人情之所必不免也。养五綦者有具[③]，无其具，则五綦者不可得而致也。万乘之国，可谓广大富厚矣，加有治辨强固之道焉，若是则恬愉无患难矣，然后养五綦之具具也。故百乐者，生于治国者也；忧患者，生于乱国者也。急逐乐而缓治国者，非知乐者也。故明君者，必将先治其国，然后百乐得其中；暗君者，必将急逐乐而缓治国，故忧患不可胜校[④]也，必至于身死国亡然后止也，岂不哀哉！将以为乐，乃得忧焉；将以为安，乃得危焉；将以为福，乃得死亡焉，岂不哀哉！於乎[⑤]！君人者，亦可以察若言矣。故治国有道，人主有职。若夫贯日而治详[⑥]，一日而曲列[⑦]之，是所使夫百吏官人为也，不足以是伤游玩安燕之乐。若夫论一相以兼率之，使臣下百吏莫不宿道乡方[⑧]而务，是夫人主之职也。若是则一天下，名配尧、禹。之主者，守至约而详，事至佚而功，垂衣裳，不下簟席之上，而海内之人莫不愿得以为帝王。夫是之谓至约，乐莫大焉。

人主者，以官人为能者也；匹夫者，以自能为能者也。人主得使人为之，匹夫则无所移之。百亩一守⑨，事业穷，无所移之也。今以一人兼听天下，日有余而治不足者，使人为之也。大有天下，小有一国，必自为之然后可，则劳苦秏顇莫甚焉⑩。如是，则虽臧获不肯与天子易势业⑪。以是县天下，一四海，何故必自为之？为之者，役夫之道也，墨子之说也。论德使能而官施之者，圣王之道也，儒之所谨守也。传曰："农分田而耕，贾分货而贩，百工分事而劝，士大夫分职而听，建国诸侯之君分土而守，三公总方而议，则天子共⑫己而已。"出若入若，天下莫不平均，莫不治辨，是百王之所同也，而礼法之大分也。

注　释

①如霜雪之将将……不为则亡：不见于今本《诗经》，当为佚诗。将（qiāng）将：肃杀貌。

②恬：安然。

③具：条件。

④校：计数。

⑤於（wū）乎：通"呜呼"。

⑥贯日：积日，累日。治详：治理得非常细致。

⑦曲列：全部处理完毕。

⑧宿道乡方：归于正道，朝着正确的方向。乡：通"向"。

⑨一守：一个人管理。

⑩秏（hào）：通"耗"。顇（cuì）：憔悴。

⑪臧获：奴婢。势业：地位，势力。

⑫共：通"拱"，拱手。

译　文

国家无礼就会有偏失。礼是用来矫正国家的，就好比秤是用来称量轻重的，绳墨是用来测量曲直的，规矩是用来画方圆的一样，只要正确地测量，别人是不能欺骗你的。《诗经》中说："好像霜雪的肃杀，好像日月的光明，施行礼义就能保存，不施行礼义就会灭亡。"讲的就是这个道理。

国家危殆就不会有快乐的君主，国家安定就不会有忧愁的百姓。国家混乱就会危殆，国家治理得好就会安定。现在的君主，急于追求快乐而怠慢治理国家，岂不是错得太离谱了么！这就好像是喜好声色之美却不在意没有耳朵和眼睛一样，岂不是很悲哀么！人之常情是，眼睛喜欢最美的颜色，耳朵喜欢最美妙的声音，鼻子喜欢最好的气味，内心想要最大的安逸。这五种极度的追求，是人都不可避免的。满足这五种嗜好是需要条件的，没有条件，这五种嗜好是不能满足的。拥有上万乘战车的国家可以算是富厚的了，加上拥有治理事务、统治国家的正道，这样就安然快乐、没有忧患了，然后满足五种嗜好的条件也就具备了。因此各种快乐都产生于治理得好的国家。因此明智的君主一定要先治理好自己的国家，然后各种快乐都在其中了；昏庸的君主，一定会急于追求快乐而怠慢治理国家，这样的话，忧患就不可计数了，一定会到身死国亡的地步才会停止，岂不可悲吗！想要追求快乐，反而得到忧伤；想要追求安定，反而得到危险；想要追求幸福，反而得到死亡，岂不是很可悲吗！统治者也可以好好想想上面的话。因此治国有其方法，君主有其职责，累日地详细治理，一天处理各种事务，这是百官的事情，不能用这些事情来妨碍游玩休息的快乐；至于设置一个国相来统率百官，使臣下、百官无不归于正道、沿着正确的方向办事，这是君主的职责。这样，就可以统一天下，名声与尧、禹并齐。这样的君主，职守简约而又周详，做事安逸而有功劳，垂下衣服而不下竹席，但海内之人没有不愿意让他做帝王的。这就是简约之道，其中的快乐太大了。

君主是以善于用人为能力的，普通人是以自己有才能为能力的。君主能让别人做事，而普通人却不能将事务推给他人。百亩之田，一个人管理，土地经营得不好，是因为不能把事情转交给别人；现在让一个人治理天下，白天有空闲但事情少得不够做，是因为让别人去做了。从大处说，拥有天下，从小处说，拥有一国，一定要亲自处理才行，那么一定非常劳累辛苦。这样的话，即使是奴婢也不想和天子交换地位。由此看来，治理天下，统一四海，为什么要亲自来做呢？亲自做的，是劳役之人的方法，是墨子的学说所主张的。根据德行和才能给以官职，这是圣王的方法，是儒家所谨守的。古书上说：农民分得田地去耕种，商人分得田地去贩卖，工匠分得事务而努力，士大夫分得职务去决断，建国的诸侯分得土地去治理，三公总理各方而议事，那么天子只要拱手就可以了。以这样的方法处理内外事务，天下就没有不公平的，就没有不得到普遍治理的，这是百代帝王共同的方法，是礼法的关键。

原　文

百里之地，可以取天下，是不虚；其难者在人主之知之也。取天下者，非负其土地而从之之谓也，道足以一人而已矣。彼其人苟一，则其土地且奚去我而适它？故百里之地，其等位爵服，足以容天下之贤士矣；其官职事业，足以容天下之能士矣；循其旧法，择其善者而明用之，足以顺服好利之人矣。贤士一焉，能士官焉，好利之人服焉，三者具而天下尽，无有是其外矣。故百里之地，足以竭势[①]矣。致忠信，著仁义，足以竭人矣。两者合而天下取，诸侯后同[②]者先危。《诗》曰："自西自东，自南自北，无思不服。[③]"一人之谓也。

羿、蜂门[④]者，善服[⑤]射者也；王良、造父者[⑥]，善服驭者也。聪明君子者，善服人者也。人服而势从之，人不服而势去之，故王者已于服人矣。故人主欲得善射，射远中微，则莫若羿、蜂门矣；欲得善驭，及速致远，则莫若王良、造父矣；欲得调一天下，制秦、楚，则莫若聪明君子矣。其用知甚简，其为事不劳，而功名致大，甚易处而綦可乐也。故明君以为宝，而愚者以为难[⑦]。

夫贵为天子，富有天下，名为圣王，兼制人，人莫得而制也，是人情之所同欲也，而王者兼而有是者也。重色而衣之，重味而食之，重财物而制之，合天下而君之，饮食甚厚，声乐甚大，台谢甚高，园囿甚广，臣使诸侯，一天下，是又人情之所同欲也，而天子之礼制如是者也。制度以陈，政令以挟[⑧]，官人失要则死，公侯失礼则幽，四方之国，有侈离[⑨]之德则必灭，名声若日月，功绩如天地，天下之人应之如景向[⑩]，是又人情之所同欲也，而王者兼而有是者也。故人之情，口好味，而臭味莫美焉；耳好声，而声乐莫大焉；目好色，而文章致繁妇女莫众焉；形体好佚，而安重闲静莫愉焉；心好利，而谷禄莫厚焉。合天下之所同愿兼而有之，睪牢[⑪]天下而制之若制子孙，人苟不狂惑戆陋者，其谁能睹是而不乐也哉？欲是之主，并肩而存；能建是之士，不世绝；千岁而不合，何也？曰：人主不公，人臣不忠也。人主则外贤而偏举，人臣则争职而妒贤，是其所以不合之故也。人主胡不广焉，无恤亲疏，无偏贵贱，唯诚能之求？若是，则人臣轻职业让贤，而安随其后。如是，则舜禹还至，王业还起；功一天下，名配舜、禹，物由有可乐，如是其美焉者乎？呜呼！君人者，亦可以察若言矣。杨朱哭衢涂[⑫]，曰："此夫过举跬[⑬]步，而觉跌千里者夫！"哀哭之。此亦荣辱、安危、存亡之衢已，此其为可哀，甚于衢涂。呜呼！哀哉！君人者，千岁而不觉也。

无国而不有治法，无国而不有乱法；无国而不有贤士，无国而不有罢[14]士；无国而不有愿民，无国而不有悍民；无国而不有美俗，无国而不有恶俗。两者并行而国在，上偏而国安，在下偏而国危；上一而王，下一而亡。故其法治，其佐贤，其民愿，其俗美，而四者齐，夫是之谓上一。如是则不战而胜，不攻而得，甲兵不劳而天下服。故汤以亳，文王以鄗，皆百里之地也，天下为一，诸侯为臣，通达之属，莫不从服，无它故焉，四者齐也。桀、纣即厚有天下之势，索为匹夫而不可得也，是无它故焉，四者并亡也。故百王之法不同，若是，所归者一也。

注释

①竭势：达到势力的顶点。

②同：会盟。

③自西自东，自南自北，无思不服：引自《诗经·大雅·文王有声》，意思是：从东到西，从南到北，没有不服从的。

④蜂门：即逢蒙，后羿的徒弟。

⑤服：从事。

⑥王良：春秋时期晋国人，赵简子的车夫。造父：相传为周穆王的车夫。

⑦难：惧怕。

⑧挟（jiā）：通“浃”，完备。

⑨侈离：恣肆乖离。

⑩景向：通“影响”，影子和回声。

⑪罣牢：疑为“皋牢”，即牢笼。

⑫衢涂：歧路，指分岔路口。

⑬跬：半步。

⑭罢：通“疲”，病，这里指品行不好。

译文

依靠百里之地就可以取得天下，这不是虚假的，它的难处在于君主要知道如何去做。取得天下，不是让人们背着土地去跟随他，是其治理国家的方法足以让天下人一心。如果天下人能够与我一心，那么他们的土地又怎么会离开我而去别处呢！因此，方圆百里的国家，它的等级、爵禄、服饰，足以容纳天下的贤能之人；它的官职事务，足以容纳天下有能力的人；遵循原先的法令制度，选择那些好的来提倡，足以使好利之人顺从。贤能之人得到了统一，有才能的人得到了官职，好利之人都服从了，这三个条件具备了，天下就会尽归于我，没有在我之外的了。因此，百里之地足够达到势位的顶点了；推崇忠信，推明仁义，足以使全部的人服从了。这两者结合起来就能取得天下，后来结盟的诸侯一定会先遇到危险。《诗经》中说："从西到东，从南到北，没有不服从的。"讲的就是天下与我一心。

后羿、逢蒙，是善于射箭的人。王良、造父，是善于驾车的人。聪明的君子，是善于使人顺服的人。别人顺服而权势随之而来，别人不服而权势随之而去，因此称王的人能够使他人顺服。因此，君主想要寻找善于射箭的人，能够射得远而且射中小的目标，没有比后羿、逢蒙更合适的了；想要寻找善于驾车的人，快速地到达远方，没有比王良、造父更合适的了；想要统一天下，制伏秦国、楚国，没有比聪明君子更合适的了。他们用的智慧十分简约，他们做事不辛劳，然而功名却很大，他们容易相处而且特别容易高兴。因此明智的君主将他们看作宝贝，而愚蠢的人将他们视为灾难。

贵为天子，拥有天下，有圣王的名声，统治他人，没有人能制约他，这是人人都想要得到的，而王者这些全都有了。穿美丽的颜色，管理众多的财物，合并天下而做君主；饮食丰厚，音乐盛大，亭台楼榭高大，田园广阔，以诸侯为臣，统一天下；这也是人人都想要的，而天子的礼制就是这样的。制度都设定好了，政令都完备了；官员不行政令就处死，诸侯不遵礼义就囚禁，四方的国家有放肆背离之德行的就剿灭；名声像日月，功绩像天地，天下之人像影子和回声那样追随、响应他；这也是人们所想要的，而王者全都拥有了。因此，人之常情是，嘴巴喜好美味而气味没有比王者的食物更美好的了，耳朵喜好声音而音乐没有比王者的更盛大的了，眼睛喜好美色而纹饰、美女没有比王者的更繁复、更多的了，身体喜好安逸而安心闲适没有比王者所享受的更愉快的了，内心喜欢利益而谷物、俸禄没有比王者拥有的更丰厚的了。总揽天下人所共同想要的而君主全都拥有，制约天下人就好像制约自己的子孙，人只要不是疯狂、迷惑、愚蠢、鄙陋的，谁能看到这些而不快乐呢？想要得到这些的君主比比皆是，能建立这样功业的士人世代都有，但是千年之久他们也没能遇合在一起，这是为什么呢？回答是：君主不公正，臣子不忠心。君主远离贤人而偏心地提拔小人，臣子争夺职位、妒忌贤人，这是他们千年也没有遇合的原因。君主为什么不能心怀宽广一点？不顾亲疏，不偏私贵贱，只求有能力的人。这样的话，臣子会轻视职业而推让贤人，安然地跟在贤人后面。这样的话，仿佛舜、禹又会重新到来，王业又会崛起，功劳天下第一，名声和舜、禹并齐，还有什么东西能像这样让人快乐呢？呜呼！君主们也可以好好地想想上面的话呀。杨朱在岔路口哭泣说："在这走错半步，觉悟后就相差千里了。"他为此痛哭。上面所讲也是荣辱安危的岔路口啊，相比在岔路口哀哭，更应该在这里哀哭啊。哎呀，悲哀呀！君主们，千年来都没有觉悟啊！

没有哪一个国家没有使社会安定的法制，没有哪一个国家没有使社会混乱的法制；没有哪一个国家没有贤能之人，没有哪一个国家没有品行恶劣之人；没有哪一个国家没有诚朴的百姓，没有哪一个国家没有凶悍的百姓；没有哪一个国家没有美好的风俗，没有哪一个国家没有不善的风俗。这两者一起存在而国家也能保存，偏向前者国家就会安定，偏向后者国家就会危险；纯粹和前者一致就会称王，纯粹和后者一致就会灭亡。因此治国的法令好，有贤能辅佐，百姓诚朴，风俗纯美，这四样具备了，就叫和前者一致。这样的话，就会不战而胜，不进攻而得到土地，军队不出动而天下服从。因此商汤依靠亳，文王依靠鄗，这些都是百里大的地方，而能天下统一，诸侯称臣，通达之人无不服从，这没有别的原因，就是因为前四个方面具备了。桀、纣依靠拥有天下的雄厚势力，想要做一个普通百姓都不能够，这没有别的原因，就是因为前四个方面都不具备。因此百代帝王的制度不同，但都和前四者一样，道理都是一致的。

原 文

上莫不致[①]爱其下，而制之以礼。上之于下，如保赤子，政令制度，所以接下之人百姓，有不理者[②]如豪末，则虽孤独鳏寡必不加[③]焉。故下之亲上，欢如父母，可杀而不可使不顺。君臣上下，贵贱长幼，至于庶人，莫不以是为隆正[④]；然后皆内自省，以谨于分。是百王之所同也，而礼法之枢要也。然后农分田而耕，贾分货而贩，百工分事而劝，士大夫分职而听，建国诸侯之君分土而守，三公总方而议，则天子共己而止矣。出若入若，天下莫不平均，莫不治辨。是百王之所同，而礼法之大分也。

若夫贯日而治平，权物而称用，使衣服有制，宫室有度，人徒有数，丧祭械用皆有等宜，以是用挟于万物，尺寸寻丈，莫得不循乎制度数量然后行，则是官人使吏之事也，不足数于大君子之前。故君人者，立隆政[⑤]本朝而当，所使要百事者诚仁人也，则身佚而国治，功大而名美，上可以王，下可以霸。立隆正本朝而不当，所使要百事者非仁人也，则身劳而国乱，功废而名辱，社稷必危，是人君者之枢机也。故能当[⑥]一人而天下取，失当一人而社稷危。不能当一人，而能当千百人者，说无之有也。既能当一人，则身有何劳而为？垂衣裳而天下定。故汤用伊尹，文王用吕尚，武王用召公，成王用周公旦。卑者五伯，齐桓公闺门之内，县乐、奢泰、游抏⑦之修，于天下不见谓修，然九合诸侯，一匡天下，为五伯长，是亦无它故焉，知一政于管仲也，是君人者之要守也。知者易为之兴力，而功名綦大。舍是而孰足为也？故古之人，有大功名者，必道是者也；丧其国，危其身者，必反是者也。故孔子曰："知者之知，固以多矣，有以守少，能无察乎？愚者之知，固以少矣，有以守多，能无狂乎？"此之谓也。

治国者分已定，则主相、臣下、百吏各谨其所闻，不务听其所不闻；各谨其所见，不务视其所不见。所闻所见诚以齐矣。则虽幽闲隐辟，百姓莫敢不敬分安制以化其上，是治国之征也。

主道治近不治远，治明不治幽，治一不治二。主能治近则远者理，主能治明则幽者化，主能当一则百事正。夫兼听天下，日有余而治不足者，如此也，是治之极也。既能治近，又务治远；既能治明，又务见幽；既能当一，又务正百，是过者也。过，犹不及也，辟之是犹立直木而求其影之枉也。不能治近，又务治远；不能察明，又务见幽；不能当一，又务正百，是悖者也。辟之是犹立枉木而求其影之直也。故明主好要⑧，而暗主好详；主好要则百事详，主好详则百事荒。君者，论一相，陈一法，明一指，以兼覆之，兼照之，以观其盛者也。相者，论列百官之长，要百事之听，以饰朝廷臣下百吏之分，度其功劳，论其庆赏，岁终奉其成功以效于君。当则可，不当则废。故君人劳于索之，而休于使之。

注 释

①致：通"至"，极。

②不理者：不合理之处。

③加：实施到……身上。

④隆正：最高标准。

⑤政：通"正"。

⑥当：恰当。这里指恰当地任用。

⑦抏（wán）：通"玩"。

⑧要：约，简约。

译 文

君主没有不十分爱护他的百姓的，因此就用礼来约束他们。君主对于百姓，就好像保护孩子一样。政令制度，是用来教化在下面的百姓的，如果有毫末那样的不合理之处，即使是鳏、寡、孤、独之人，也不能加在他们身上。因此下面的人亲爱君主就像亲近父母一样，宁可被杀也能不让他们不服从君主。君臣上下、贵贱、长幼，以至于普通百姓，无不以此为标准。然后都内心反省自己而谨慎于自己的名分，这是百代帝王所相同的，而且是礼法的关键。然后农民分田地来耕种，商人分货物去贩卖，百工分事务去努力，百官分职事去决断，建国的诸侯分土地去守护，三公总揽各方状况来讨论，天子只需要拱手就行了。这样处理内外事务，天下没有不公平的，没有不普遍得到治理的，这是百代帝王都一样的地方，而且是礼法的关键。

对于累日处理详尽的事务，认真衡量再使用，使衣服有等级，宫室有分别，役夫多少有定数，丧祭器用各有差等，以此来管理万物，尺、寸、寻、丈无不合乎制度然后再通用，这是官员、百吏的事情，没必要一一列举于君主面前。因此，君主在本朝确立的标准恰当，所任用的管理各种事务的官员都是仁义之人，那么就会自身安逸而国家安定，功劳大而名声美，上可以称王，下可以称霸；在本朝建立的标准不恰当，所任用的管理各种事务的官员不是仁义之人，就会自身劳苦而国家昏乱，功绩败坏而名声受辱，社稷一定危险，这是作为君主的机要啊。因此能恰当地任用一个人就能取得天下，错误地任用一个人就会使国家危险；不能恰当地任用一个人，却能恰当地任用千人、百人，这是没听说过的。既然能够恰当地任用一个人，自身又有什么可辛苦去做的呢？垂下衣裳就可以安定天下。因此商汤任用伊尹，文王任用吕尚，成王任用周公旦。对于次一等的五霸，齐桓公在内宫之中，追求声乐、骄奢游玩，对天下没怎么关心，却能使诸侯会盟，匡救天下，成为五霸的头领，这没有别的原因，是因为他知道让管仲来统领政事。这是君主重要的品质。聪明的君主很容易在这方面下力气而成就极大的功名，不这样做的话能做出什么成绩呢？因此古代的人，凡是有大的功名的，一定遵循了这条道路；丧失国家、使自身危险的人，一定与此相反。因此孔子说：“聪明人的智慧，本来就很多，他所操持的事务少，怎么会不明察呢？愚蠢之人的智慧，本来就很少，又操持那么多的事情，怎么能不发狂呢？”讲的就是这个道理。

治理国家的各种名分已经确定，那么君主、宰相、百官都会谨慎地对待自己所听说的，不去追求听他们不应该听到的；各个都会谨慎地对待自己所看见的，不求看他们不应该看到的。所听所见的都很一致，那么即使处在偏远、隐蔽地区，百姓也不敢不安于本分、遵从礼法而服从君主，这是治理得好的国家的征兆。

君主之道在于治理近处不治理远处，治理光明之处不治理黑暗之处，治理一件大事不治理很多小事。君主能够治理近处那么远处也会有秩序，君主能治理光明之处那么黑暗之处也能得到改变，君主能治理一件大事那么各种小事都会很正当。因此决断天下事务，白天有空闲而事情少得不够处理，这是治理的极致。既能治理近处，又要治理远处；既能治理光明处，又要治理黑暗处；既能正确处理一件大事，又要使其他小事都正当，这就太过了，和做不到是一样的，就好像是立一根直的木头却要求它有弯曲的影子。不能治理近处，又要治理远处；不能治理明处，又要治理暗处；不能正确处理一件大事，又要正确处理上百件小事，这是荒谬的，就好像是立一根弯的木头却想要直的影子。因此明智的君主喜好简约，而昏暗的君主喜好周详。君主喜欢简约那么百事都会周详，君主喜欢周详那么百事都会荒废。君主要选择一个国相，设置一种法令，明确一个原则，反复申明、提倡，然后观察盛大的功绩。国相，百官之首，总揽百事的决断，负责朝廷百官的职分，考察他们的功劳，确定对他们的奖赏，年终将他的功绩呈给君主，合适就认可，不合适就罢黜。因此君主操劳于寻求国相，使用国相后就安逸了。

原 文

用国者，得百姓之力者富，得百姓之死者强，得百姓之誉者荣。三得者具而天下归之，三得者亡而天下去之；天下归之之谓王，天下去之之谓亡。汤、武者，修其道，行其义，兴天下同利，除天下同害，天下归之。故厚德音以先之，明礼义以道之，致忠信以爱之，赏贤使能以次之，爵服赏庆以申重之，时其事、轻其任以调齐之，潢然[①]兼覆之，养长之，如保赤子。生民则致[②]宽，使民则綦理，辩[③]政令制度，所以接天下之人百姓，有非理者如豪末，则虽孤独鳏寡，必不加焉。是故百姓贵之如帝，亲之如父母，为之出死断亡而不[④]愉者，无它故焉，道德诚明，利泽诚厚也。乱世不然，污漫突盗[⑤]以先之，权谋倾覆以示之，俳优[⑥]、侏儒、妇女之请谒以悖之[⑦]，使愚诏[⑧]知，使不肖临贤，生民则致贫隘，使民则綦劳苦。是故，百姓贱之如尪[⑨]，恶之如鬼，日欲司间而相与投藉之[⑩]，去逐之。卒有寇难之事，又望百姓之为己死，不可得也，说无以取之焉。孔子曰："审吾所以适人[⑪]，适人之所以来我[⑫]也。"此之谓也。

伤国者，何也？曰：以小人尚[⑬]民而威，以非所取于民而巧，是伤国之大灾也。大国之主也，而好见小利，是伤国。其于声色、台榭、园囿也，愈厌[14]而好新，是伤国。不好循正其所以有，啖啖[15]常欲人之有，是伤国。三邪者在匈[16]中，而又好以权谋倾覆之人断事其外，若是，则权轻名辱，社稷必危，是伤国者也。大国之主也，不隆本行，不敬旧法，而好诈故，若是，则夫朝廷群臣，亦从而成俗于不隆礼义而好倾覆也。朝廷群臣之俗若是，则夫众庶百姓亦从而成俗于不隆礼义而好贪利矣。君臣上下之俗，莫不若是，则地虽广，权必轻；人虽众，兵必弱；刑罚虽繁，令不下通。夫是之谓危国，是伤国者也。

儒者为之不然，必将曲辨[17]：朝廷必将隆礼义而审贵贱，若是，则士大夫莫不敬节死制者矣。百官则将齐其制度，重其官秩，若是，则百吏莫不畏法而遵绳矣。关市几而不征，质律禁止而不偏，如是，则商贾莫不敦悫而无诈矣。百工将时斩伐[18]，佻[19]其期日，而利其巧任，如是，则百工莫不忠信而不楛[20]矣。县鄙则将轻田野之税，省刀布之敛，罕举力役，无夺农时，如是，则农夫莫不朴力[21]而寡能矣。士大夫务节死制，然而兵劲。百吏畏法循绳，然后国常不乱。商贾敦悫无诈，则商旅安，货通财，而国求给矣。百工忠信而不楛，则器用巧便而财不匮矣。农夫朴力而寡能，则上不失天时，下不失地利，中得人和，而百事不废。是之谓政令行，风俗美，以守则固，以征则强，居则有名，动则有功。此儒之所谓曲辨也。

注 释

①潢然：水流很大的样子。

②致：通“至”，极。

③辨：治理。

④不：当为衍文。

⑤污漫突盗：污秽轻慢、欺凌盗窃。

⑥俳（pái）优：即倡优，古代演滑稽戏的艺人。

⑦请谒：拜见。悖：迷惑。

⑧诏：教导。

⑨尪（wāng）：残疾人。

⑩司：通“伺”。投藉：抛弃，践踏。

⑪适人：对待别人。

⑫来我：对待我。

⑬尚：通“上”。

⑭厌：满足。

⑮啖（dàn）啖：贪婪的样子。

⑯匈：通“胸”。

⑰曲辨：详尽治理。

⑱斩伐：砍伐。

⑲佻（yáo）：宽缓，延缓。

⑳楛：粗劣。

㉑朴力：尽力。

译 文

治理国家的人，得到百姓尽力效劳的就会富裕，得到百姓拼死效力的就会强大，得到百姓赞美的就会光荣。这三个方面都具备了天下就会归顺他，这三个方面都做不到天下就会背离他。天下归顺他就叫称王，天下背离他就叫灭亡。商汤、武王遵循此道，施行仁义，兴起天下共同的利益，除去天下共同的危害，天下就归顺他们。因此用淳朴的雅乐来引导百姓，申明礼义来教化百姓，用忠信来爱护百姓，赏赐贤人，任用能人，使他们有职位，用爵禄、赏赐来反复申明礼义，让其按时做事、减轻劳役来调和统一他们，全面地爱护他们，抚养他们，像爱护孩子一样。养民要十分宽大，用民要十分合理，制定的法令制度是用来教化天下的百姓的，有毫毛尖那么大的不合理之处，那么即使是孤、独、鳏、寡之人也不会加到他们身上。因此百姓尊重君主就像尊重天帝，亲近君主就像亲近父母，为了他出生入死都高兴，没有别的原因，是因为君主道德显赫，而受他的恩惠润泽的人多。乱世则不如此，用污秽轻慢、欺凌盗窃来引导百姓，用玩弄权谋、反复无常来诱导百姓，使倡优、侏儒、妇女这样的人来私下求情、扰乱朝政，使愚蠢的人教育聪明人，使无能之人居于贤人之上，生养百姓则十分贫困，役使百姓则极度劳苦，因此百姓像轻视残疾人那样轻视君主，像讨厌鬼那样讨厌他，每天都等待时机抛弃他，践踏他，驱逐他。等到有了外寇和灾难，又希望百姓能为自己卖命，这是不可能的，这种观点是不可取的。孔子说：“看看我如何对待别人，别人也会如何来对待我。”讲的就是这个道理。

危害国家的是什么？回答是：使小人居于百姓之上而有权威，不正当地搜刮百姓而巧言掩饰，这是危害国家的大灾难。大国的君主，却喜欢小的利益，这会危害国家；对于声色、台榭、园囿，越满足就越喜好新奇，这会危害国家；不喜欢治理自己已经拥有的东西，却贪婪地想要别人所有的东西，这会危害国家。这三种奸邪的观念在心中，喜欢让使用权谋、反复无常的人处理政务，这样的话，就会权势轻微，名声受损，社稷危险，这一定会伤害国家。大国的君主，不推崇根本的措施，不尊重旧有的法制，而喜欢欺诈，这样一来，朝廷中的大臣也跟着不守礼义而成为习惯，并喜欢相互倾轧。朝廷群臣的习惯是这样的，那么普通人也会跟着不守礼义而成为习惯，并贪图利益。君臣、上下的习惯无不如此，即使土地广大，权势也会轻微；百姓虽多，军队也会虚弱；刑罚虽多，政令也不会通达于下。这就是危险的国家，这是会伤害国家的。

儒者是不会这样做的，一定会周详地治理好国家：朝廷上一定要推崇礼义而审查贵贱等级，这样的话，士大夫无不尊重礼节、死守职责；百官一定要遵守制度，重视官位，这样百官无不畏惧法令、遵守准则；关卡、集市察而不征税，法令的禁止没有偏颇，这样商人无不诚实而不欺诈；工匠按时砍伐，宽限其日期，任其使用技巧，这样百工无不忠信而器械不粗劣；县郊减轻田地的赋税，减少钱财的聚敛，少兴劳役，不要耽搁农时，这样农夫无不尽力而不学其他的才能。士大夫尊重礼节、死守职责，然后军队就会强大。百官惧怕法令、遵守制度，然后国家就会安定不乱。商人诚恳无欺，那么商品、旅客就会安全，财物就能流通，国家的需求就能得到供给了。百工忠信而器械不粗糙，那么器械就会灵巧、方便而财物不匮乏。农民尽力种田而不务他事，那么上不耽误天时，下不失去地利，中间得到人和，各种事务都不会荒废。这就叫政令通行，风俗纯美。用这样的形势来守城会坚固，用它来征讨就会强大，安居就会有美名，行动就会有功劳。这是儒者所说的周详地治理。

君道篇第十二

原　文

有乱君，无乱国；有治人，无治法。羿之法非亡也，而羿不世中；禹之法犹存，而夏不世王。故法不能独立，类[①]不能自行；得其人则存，失其人则亡。法者，治之端也；君子者，法之原也。故有君子，则法虽省，足以遍矣；无君子，则法虽具，失先后之施，不能应事之变，足以乱矣。不知法之义，而正法之数者，虽博，临事必乱。故明主急得其人，而暗主急得其势。急得其人，则身佚而国治，功大而名美，上可以王，下可以霸；不急得其人，而急得其势，则身劳而国乱，功废而名辱，社稷必危。故君人者，劳于索之，而休于使之。《书》曰：“惟文王敬忌，一人以择。[②]”此之谓也。

合符节[③]，别契券[④]者，所以为信也；上好权谋，则臣下百吏诞诈之人乘是而后欺。探筹、投钩者[⑤]，所以为公也；上好曲私，则臣下百吏乘是而后偏。衡石、称县者[⑥]，所以为平也；上好覆倾，则臣下百吏乘是而后险。斗、斛、敦、概者[⑦]，所以为啧[⑧]也；上好贪利，则臣下百吏乘是而后丰取刻与，以无度取于民。故械数者，治之流也，非治之原也；君子者，治之原也。官人守数，君子养原；原清则流清，原浊则流浊。故上好礼义，尚贤使能，无贪利之心，则下亦将綦辞让，致忠信，而谨于臣子矣。如是则虽在小民，不待合符节、别契券而信，不待探筹、投钩而公，不待衡石、称县而平，不待斗、斛、敦、概而啧。故赏不用而民劝，罚不用而民服，有司不劳而事治，政令不烦而俗美。百姓莫敢不顺上之法，象[⑨]上之志，而劝上之事，而安乐之矣。故藉敛[⑩]忘费，事业忘劳，寇难忘死，城郭不待饰而固，兵刃不待陵[⑪]而劲，敌国不待服而诎，四海之民不待令而一，夫是之谓至平。《诗》曰：“王犹允塞，徐方既来。[⑫]”此之谓也。

注释

①类：指法律条文。

②惟文王敬忌，一人以择：引自《尚书·康诰》，意思是：只有文王谨慎，去认真地选择一个人。

③符节：古代的一种凭信之物，一分为二，以相合为准。

④契券：契约文书。

⑤探筹：抽签。投钩：抓阄。

⑥衡石：古代称重量的器物。称县：秤和秤砣。县：通“悬”，秤砣。

⑦斗、斛（hú）、敦（duì）：均为古代量器。概：用来刮平量器上平面的用具。

⑧啧（zé）：通“赜”，精微，深奥。

⑨象：通“像”，仿效。

⑩藉敛：征收赋税。

⑪陵：磨砺。

⑫王犹允塞，徐方既来：引自《诗经·大雅·常武》，意思是：王道充满天下，远方的徐族都来归顺。允：的确。塞：充满。徐方：以徐为名的部落。

译文

有使国家混乱的国君，没有本来就混乱的国家；有治理天下的人才，没有使国家自然安定的法制。后羿的箭术并没有失传，但后羿不能使世世代代的人都百发百中；大禹的法制还存在着，但夏朝不能世世代代称王。因此，法制不能独自确立，具体条文不能独自施行；得到适合的人法制就能存在，没有适合的人法制就会消亡。法制，是治理的末端；君子，是法制的源头。因此，有了君子，法制即使简单，也能够治理好；没有君子，法制即使完备，失去先后的次序，不能应对事情的变化，也足以导致混乱。不知道法理而只增加法律条文的数目，即使很详备，遇到事情也一定会混乱。因此，明智的君主着急获得人才，而昏聩的君主着急获得权势。着急获得人才，就会自身安逸而国家安定，功劳大而名声美，上可以称王，下可以称霸；不着急获得人才，而着急获得权势，就会自身辛劳而国家混乱，功绩废弛而名声受辱，社稷一定会危险。因此，君主寻求人才时劳累，使用人才后就安逸了。《尚书》上说："只有文王谨慎，去认真地选择一个人。"讲的就是这个道理。

验合符书、辨别契券，是为了信用；君主好权谋，那么下面的百官都会是奸邪、狡诈的人，并反过来欺诈主上。抽签、抓阄，是为了公正；君主喜欢偏私，那么下面的百官也会因此而偏心。衡石、秤，是为了平均；君主喜欢倾轧，下面的百官也会因此变得险恶。斗、斛、敦、概，是为了测量实际情况；君主喜欢贪图利益，那么下面的百官也会因此而变得卑鄙，多取少给，搜刮百姓没有限度。因此，规定具体器械的规格，这是治理的末流，不是治理的源头；君子，才是治理的源头。官员们谨守具体制度，君子培养源头；源头清，水流也会清，源头浑浊，水流也会浑浊。因此，君主喜好礼义，崇尚贤人举用能人，没有贪财好利之心，那么下面的人也会十分辞让，尽力于忠信，而谨慎于臣子之道。这样，即使是普通百姓，也不需要使用符节、契约就能诚信，不需要抽签、抓阄就能公正，不需要使用衡石、秤就能平均，不等使用斗、斛、敦、概就会测量得与实际相符。因此不用赏赐百姓就会勤勉，不用刑罚百姓就会服从，官员不用辛苦而事务就能得到处理，政令不繁多而风俗纯美。百姓不敢不遵从君主的法令，效法君主的道德，而勤勉地为君主做事，使君主安乐。因此征收赋税而忘记了费用的负担，做事忘记了劳苦，遇到敌寇、灾难而忘死，城墙不用修饰而巩固，兵器不用磨砺而锋利，敌国不用征讨而屈服，四海之内的百姓不用政令下达而统一，这就叫作极度安定。《诗经》上说："王道充满天下，远方的徐族都来归顺。"讲的就是这个道理。

原文

请问为人君？曰：以礼分施，均遍而不偏。请问为人臣？曰：

以礼侍君，忠顺而不懈。请问为人父？曰：宽惠而有礼。请问为人子？曰：敬爱而致文[①]。请问为人兄？曰：慈爱而见友。请问为人弟？曰：敬诎而不苟。请问为人夫？曰：致功[②]而不流，致临而有辨[③]。请问为人妻？曰：夫有礼则柔从听侍，夫无礼则恐惧而自竦[④]也。此道也，偏立而乱，俱立而治，其足以稽[⑤]矣。请问兼能之奈何？曰：审之礼也。古者先王审礼以方皇周浃于天下[⑥]，动无不当也。故君子恭而不难[⑦]，敬而不巩[⑧]，贫穷而不约，富贵而不骄，并遇变态而不穷[⑨]，审之礼也。故君子之于礼，敬而安之；其于事也，径而不失；其于人也，寡怨宽裕而无阿；其为身也，谨修饰而不危；其应变故也，齐给[⑩]便捷而不惑；其于天地万物也，不务说其所以然，而致善用其材；其于百官之事技艺之人也，不与之争能，而致善用其功；其待上也，忠顺而不懈；其使下也，均遍而不偏；其交游也，缘类而有义；其居乡里也，容而不乱。是故穷则必有名，达则必有功，仁厚兼覆天下而不闵[⑪]，明达用天地，理万变而不疑，血气和平，志意广大，行义塞于天地之间，仁知之极也。夫是之谓圣人，审之礼也。

请问为国？曰：闻修身，未尝闻为国也。君者，仪也，民者，景也，仪正而景正[⑫]。君者，盘也，民者，水也，盘圆而水圆。君者，盂[⑬]也，盂方而水方。君射，则臣决[⑭]。楚庄王好细腰，故朝有饿人。故曰：闻修身，未尝闻为国也。

注 释

①文：根据《韩诗外传》的引文，疑为“恭”。

②功：疑为“和”。

③临：近，这里指亲近。辨：分别，指夫妇有别。

④竦：警惕。

⑤稽：考察，考证。

⑥方（páng）皇：广大。周浃（jiā）：普遍。

⑦难：惧怕，畏惧。

⑧巩：通“恐”，恐惧。

⑨变态：事变。穷：困窘。

⑩齐给：敏捷。

⑪闵：通“穷”，穷尽。

⑫仪：日晷（guǐ），古代观测日影的仪器。景：通“影”。

⑬盂（yú）：古代盛汤或饭的器皿。

⑭决：这里指射箭。

译文

请问如何做君主？回答是：用礼来治理，平均、普遍而无偏私。请问如何做臣子？回答是：用礼来侍奉君主，忠诚、顺从而不懈怠。请问如何做父亲？回答是：宽厚、恩惠而有礼。请问如何做儿子？回答是：尊敬、爱护而恭敬。请问如何做兄长？回答是：慈祥、关爱而有友爱之情。请问如何做弟弟？回答是：尊敬、谦卑而一丝不苟。请问如何做丈夫？回答是：努力做事而不放荡，极为亲近妻子而又夫妇有别。请问如何做妻子？回答是：丈夫有礼就温柔地听从、服侍，丈夫无礼就诚惶诚恐而保持肃敬。这些道理，只注重某些方面国家就会混乱，各方面都注重国家就会安定，这是可以考察的。请问如何才能全面做到？回答是：通晓礼义。古时候，先王通晓礼义，将其广泛、普遍地施于天下，行为没有不恰当的。因此，君子恭敬而不畏惧，敬重而不害怕，贫穷困窘而不卑躬屈膝，富贵而不骄纵，遇到事变而不手足无措，这是因为他们通晓礼义。因此，君子对于礼，恭敬而遵守它；对于事务，直接而无过失；对于他人，少怨、宽容而不阿谀；对于自身，谨慎地修正而不奸邪；他们应对事变，敏捷迅速而不会迷惑；他们对于天地万物，不追求解释其原因，而努力于好好应用它们；他们对于百官的事务和有技能的人，不和他们争才能，而善于使用他们的功劳；他们对待君主，忠诚、顺从而不懈怠；他们役使百姓，一视同仁而无偏私；他们与人交往，寻找志趣相投的人而讲究礼义；他们居处在乡里，宽容而不昏乱。因此，困窘就会有美名，通达就会有功劳，仁厚普施天下而无穷无尽，明智通达周遍天地，处理万变而不迷惑，心平气和，胸怀广阔，德行道义充满天地之间，仁义智慧都达到了极点。这就叫作圣人，这就是通晓礼义。

请问如何治理国家？回答是：听说过如何修身，却没听说过如何去治理国家。君主，就像日晷，百姓如同影子，日晷正，影子就会正；君主就像盘子，百姓就像盘中之水，盘子圆，盘中的水就会圆；君主像盂，盂是方形的，其中的水也是方形的。君主会射箭，臣子们也会学习射箭。楚庄王喜欢细腰，因此宫中有饥饿节食的人。所以说：听说过如何修身，却没听说过如何去治理国家。

原文

君者，民之原也；原清则流清，原浊则流浊。故有社稷者而不能爱民、不能利民，而求民之亲爱己，不可得也。民不亲不爱，而求其为己用、为己死，不可得也。民不为己用、不为己死，而求兵之劲、城之固，不可得也。兵不劲、城不固，而求敌之不至，不可得也。敌至而求无危削，不灭亡，不可得也。危削、灭亡之情，举积此矣，而求安乐，是狂生[①]者也。狂生者，不胥[②]时而落。故人主欲强固安乐，则莫若反之民；欲附下一民，则莫若反之政；欲修政美俗，则莫若求其人。彼或蓄积而得之者不世绝，彼其人者，生乎今之世而志乎古之道。以天下之王公莫好之也，然而是子独好之；以天下之民莫为之也，然而是子独为之。好之者贫，为之者穷，然而是子犹将为之也，不为少顷辍焉。晓然独明于先王之所以得之，所以失之，知国之安危臧否若别白黑。是其人也，大用之，则天下为一，诸侯为臣；小用之，则威行邻敌；纵不能用，使无去其疆域，则国终身无故[③]。故君人者，爱民而安，好士而荣，两者无一焉而亡。《诗》曰："介人维藩，大师维垣。[④]"此之谓也。

道者，何也？曰：君之所道也。君者，何也？曰：能群也。能群也者，何也？曰：善生养人者也，善班治[⑤]人者也，善显设[⑥]人者也，善藩饰[⑦]人者也。善生养人者，人亲之；善班治人者，人安之；善显设人者，人乐之；善藩饰人者，人荣之。四统者俱而天下归之，夫是之谓能群。不能生养人者，人不亲也；不能班治人者，人不安也；不能显设人者，人不乐也；不能藩饰人者，人不荣也。四统者亡而天下去之，夫是之谓匹夫。故曰：道存则国存，道亡则国亡。省工贾，众农夫，禁盗贼，除奸邪，是所以生养之也。天子三公，诸侯一相，大夫擅官[⑧]，士保职，莫不法度而公，是所以班治之也。论德而定次，量能而授官，皆使其人载其事而各得其所宜。上贤使之为三公，次贤使之为诸侯，下贤使之为士大夫，是所以显设之也。修冠弁衣裳，黼黻文章，琱琢刻镂，皆有等差，是所以藩饰之也。故由天子至于庶人也，莫不骋其能，得其志，安乐其事，是所同也；衣暖而食充，居安而游乐，事时制明而用足，是又所同也。若夫重色而成文章，重味而成珍备，是所衍[⑨]也。圣王财衍以明辨异，上以饰贤良而明贵贱，下以饰长幼而明亲疏。上在王公之朝，下在百姓之家，天下晓然皆知其所非以为异也，将以明分达治而保万世也。故天子诸侯无靡费之用，士大夫无流淫之行，百吏官人无怠慢之事，众庶百姓无奸怪之俗，无盗贼之罪，其能以称义遍矣。故曰：治则衍及百姓，乱则不足及王公。此之谓也。

注释

①狂生：狂妄无知的人。

②胥：待，等待。

③故：事故，灾难。

④介人维蕃，大师维垣：引自《诗经·大雅·板》，意思是：贤人是国家的藩篱，百姓是国家的围墙。介人：善人，贤人。大师：大众。

⑤班治：治理。

⑥显设：任用。

⑦藩饰：修饰，装饰。

⑧擅官：担任官职。

⑨衍：繁荣，富足。

译文

君主，是百姓的源泉，源泉清澈，那么水流就清澈；源泉浑浊，那么水流就浑浊。因此拥有国家的人而不能爱民，不能利民，却希望百姓亲爱自己，这是不可能的。百姓不亲近、不敬爱，而要百姓能为己所用，为己身死，这是不可能的。百姓不能为己所用，不能为己身死，而求军队强大、城墙坚固，这是不可能的。军队不强大，城墙不坚固，而求敌人不来，这是不可能的。敌人来了，而求国家不危险、不削弱、不灭亡，这是不可能的。危险、削弱、灭亡的情况都聚集在此，而求安逸、快乐，这是疯狂无知的人。疯狂无知的人，要不了多久就会没落。因此，君主想要强大、坚固、安逸、快乐，则不如回到百姓身上来；想要亲附百姓、统一百姓，则不如回到政治上来；想要美化政治和国家，则不如求贤人。那些善于治国的人或许有所积储，因此得到他们的君主世世代代都有。这种贤人，生在当今之世，却向往古代的治国之道。天下的王公们都不喜欢古代的治国之道，而贤人却独自喜好；天下的百姓都不想实行古代的治国之道，贤人却独自去实行。喜好古代的治国之道的人会贫穷，实行古代的治国之道的人会困窘，然而贤人却独自继续去做，没有片刻停止。唯独他明白先王之所以得天下的道理，失天下的道理，了解国家的安危好坏就像分辨黑白那样清楚。这样的人，重用他，可以统一天下，诸侯称臣；一般地任用他，可以威慑邻国、敌人；即使不能任用，只要他不要离开国家，国家就不会有灾难。因此，君主爱护百姓就会安乐，喜好贤士就会光荣，两者都没有就会灭亡。《诗经》中说："贤人是国家的藩篱，百姓是国家的围墙。"讲的就是这个道理。

道，是什么呢？回答是：君主应遵循的法则。君，是什么呢？回答是：能使百姓组成社会群体的人。能使百姓组成社会群体，是什么呢？回答是：善于保养人，善于治理人，善于任用人，善于用不同的衣物修饰人。善于保养人的人，人们会亲近他；善于治理人的人，人们会顺从他；善于任用人的人，人们会喜欢他；善于用不同的衣物修饰人的人，人们会赞颂他。这四者都具备了，天下就会归顺他，这就叫作能使百姓组成社会群体。不善于保养人的人，人们不会亲近他；不善于治理人的人，人们不会顺从他；不善于任用人的人，人们不会喜欢他；不善于用不同的衣物修饰人的人，人们不去赞颂他。四个方面都不具备的人，天下人就会离开他，这就是孤身一人的独夫。所以说：大道保存着国家就能保存，大道灭亡了国家也会灭亡。减少工匠和商人，增加农夫，防止盗贼，清除奸邪，这是用来保养百姓的。天子设置三公，诸侯设置辅相，大夫担任官职，士谨守职务，无不遵循法度而公正无私，这是用来治理百姓的。根据德行而确定等级，根据能力而授予官职，使人们各安其事，各得其宜，上等的贤人让他们做三公，次等的贤人让他们做诸侯，下等的贤人让他们做大夫，这是用来任用百姓的办法。制作帽子、衣裳，礼服上的花纹，雕琢、镂刻的图案，都有等级差别，这是用不同的衣物来修饰百姓的办法。因此，从天子到庶人，没人不发挥他的才能，实现自己的志向，对从事的事务感到快乐，这是大家都一样的；衣服温暖而粮食充足，居处安闲而快乐，处理事务及时，制度明确而财用充足，这也是大家都相同的。至于多种颜色做成的纹饰，多种美味做成的佳肴，这是很丰饶的表现。圣王管理丰厚的财物而分别等级，上用来修饰贤良之人以示名分贵贱，下用来区分长幼而明亲疏之别。上到王公的朝堂，下到百姓的家中，天下人都知道这不是制造差别，而是为了确定名分，达到治理，从而保证千秋万代。因此，天子、诸侯没有奢靡的用度，士大夫没有放荡、邪淫的行为，百官臣僚没有怠慢的职事，百姓众人没有奸邪、奇怪的风俗，没有盗窃的罪过，这就称得上仁义普遍了。所以说："治理得好富足遍及百姓，国家混乱富足难以延及王公。"讲的就是这个道理。

原　文

至道大形[①]：隆礼至法则国有常，尚贤使能则民知方，纂[②]论公察则民不疑，赏克罚偷则民不怠[③]，兼听齐明则天下归之。然后明分职，序事业，材技官能，莫不治理，则公道达而私门塞矣，公义明而私事息矣。如是，则德厚者进而佞说者止，贪利者退而廉节者起。《书》曰："先时者杀无赦，不逮时者杀无赦。[④]"人习

其事而固，人之百事，如耳目鼻口之不可以相借官[⑤]也。故职分而民不慢，次定而序不乱，兼听齐明而百事不留。如是，则臣下百吏至于庶人，莫不修己而后敢安正，诚能而后敢受职。百姓易俗，小人变心，奸怪之属莫不反悫。夫是之谓政教之极。故天子不视而见，不听而聪，不虑而知，不动而功，块然[⑥]独坐而天下从之如一体，如四胑[⑦]之从心。夫是之谓大形。《诗》曰："温温恭人，维德之基。[⑧]"此之谓也。

为人主者，莫不欲强而恶弱，欲安而恶危，欲荣而恶辱，是禹、桀之所同也。要此三欲，辟此三恶，果何道而便？曰：在慎取相，道莫径是矣。故知而不仁，不可；仁而不知，不可；既知且仁，是人主之宝也，而王霸之佐也。不急得，不知；得而不用，不仁。无其人而幸有其功，愚莫大焉。今人主有大患，使贤者为之，则与不肖者规之；使知者虑之，则与愚者论之；使修士行之，则与污邪之人疑之；虽欲成功，得乎哉！譬之是犹立直木而恐其影之枉也，惑莫大焉！语曰："好女之色，恶者之孽也[⑨]；公正之士，众人之痤也；循道之人，污邪之贼也。"今使污邪之人，论其怨贼，而求其无偏，得乎哉！譬之是犹立枉木而求其影之直也，乱莫大焉。

注释

①形：表现。

②纂（zuǎn）：汇集。

③克：当为"免"，通"勉"，勤勉。偷：偷懒，懒惰。

④先时者杀无赦，不逮时者杀无赦：引自《尚书·胤征》，意思是：提前做的杀无赦，不及时做的杀无赦。逮：及，赶得上。

⑤借官：功能相互替代。

⑥块然：安然。

⑦胑：通"肢"。

⑧温温恭人，维德之基：引自《诗经·大雅·抑》，意思是：温和恭敬的人啊，道德是你的根基。

⑨恶：丑。孽：灾祸。

译文

治国大道最好的表现是：推崇礼义，申明法制，那么国家就会有秩序；推举贤人，任用能人，那么百姓就会有规矩；汇集各方言论，公正明察，那么百姓就不会疑惑；奖赏勤勉的人，惩罚偷懒的人，那么百姓就不会懈怠；听取各方意见，明察一切事务，那么天下就会归顺。然后明确等级职分，区分事务的轻重缓急，招揽有才能的人，使有能力的人做官，没有什么得不到治理的，那么公正之道就会通达而偏私之门也就堵塞了，公理正义显明了而徇私之事也就停止了。这样的话，德行深厚的人就会被任用，而奸佞的言说就会消失；贪图利益的人被屏退，清廉有节气的人就会被起用。《尚书》中说："提前做的杀无赦，不及时做的杀无赦。"人习惯了的事情会固守不变，人的各种事务，就好像耳、目、鼻、口一样不能相互替代。因此职务分明而百姓不怠慢，等级确定而百姓的顺序不混乱，听取多方意见，各种事情都很明智而百姓的事务不滞留。这样的话，那么大臣百官以及普通百姓，无不修正自己的行为然后才敢安居乐业，确实有才能然后才敢授予官职。百姓的风俗改变，小人的内心变化，奸邪、怪癖之人无不回归诚朴。这就叫作政治教化的极致。因此，天子不亲自观察却看得分明，不亲自聆听却听得清楚，不思虑却很明智，不劳作却有功绩，安然地一个人坐在那里而天下人都跟从他，好像他们与天子是一个身体，犹如四肢顺从内心。这就叫作最高的表现。《诗经》中说："温和恭敬的人啊，道德是你的根基。"讲的就是这个道理。

为人君主的，无不喜欢强大而讨厌弱小，无不喜欢安定而讨厌危险，无不喜欢荣誉而讨厌侮辱，这是大禹和夏桀都一样的地方。想要实现这三种欲求，避免这三种厌恶，到底用什么方法比较方便呢？回答是：慎重地选择国相，没有比这更为便捷的了。因此，聪明而不仁义，不可；仁义而不聪明，不可；既仁义又聪明，这是君主的宝贝，是称王称霸的辅佐之人。不急于得到这样的人，不明智；得到了而不任用，不仁义；没有这样的人，而希望有称王称霸的功绩，真是太愚蠢了。现在的君主有大灾祸：让贤人去做事，却用不肖之人约束他；让聪明人思考办法，却和愚蠢的人讨论；让德行美好的人执行，却与污秽奸邪之人一起怀疑他。即使想要成功，可能吗？这就好比是立一根直的木头却唯恐它的影子是弯的，迷惑太大了。俗话说："漂亮女子的美色，是长得丑的人的灾祸；公平正直的人，是众人眼中的疮疖；依道而行的人，是污秽奸邪之人眼中的盗贼。"现在让污秽、奸邪之人谈论他们所怨恨的"盗贼"，而希望他们没有偏颇，可能吗？这就好比竖立一根弯木头而求影子笔直，这是莫大的昏乱啊。

原文

故古之人为之不然：其取人有道，其用人有法。取人之道，参之以礼；用人之法，禁之以等。行义动静，度之以礼；知虑取舍，稽之以成；日月积久，校之以功，故卑不得以临尊，轻不得以县重，愚不得以谋知，是以万举不过也。故校之以礼，而观其能安敬也；与之举措迁移，而观其能应变也；与之安燕，而观其能无流慆[①]也；接之以声色、权利、忿怒、患险，而观其能无离守也。彼诚有之者与诚无之者，若白黑然，可诎邪哉[②]！故伯乐不可欺以马，而君子不可欺以人，此明王之道也。

人主欲得善射，射远中微者，县贵爵重赏以招致之。内不可以阿子弟，外不可以隐远人，能中是者取之，是岂不必得之之道也哉！虽圣人不能易也。欲得善驭及速致远者，一日而千里，县贵爵重赏以招致之。内不可以阿子弟，外不可以隐远人，能致是者取之，是岂不必得之之道也哉！虽圣人不能易也。欲治国驭民，调壹上下，将内以固城，外以拒难，治则制人，人不能制也；乱则危辱灭亡可立而待也。然而求卿相辅佐，则独不若是其公也，案唯便嬖亲比己者之用也，岂不过甚矣哉！故有社稷者莫不欲强，俄则弱矣；莫不欲安，俄则危矣；莫不欲存，俄则亡矣。古有万国，今有十数焉，是无它故，莫不失之是也。故明主有私人以金石珠玉，无私人以官职事业，是何也？曰：本不利于所私也。彼不能而主使之，则是主暗也；臣不能而诬能，则是臣诈也。主暗于上，臣诈于下，灭亡无日，俱害之道也。夫文王非无贵戚也，非无子弟也，非无便嬖也，倜然[③]乃举太公于州人而用之，岂私之也哉！以为亲邪？则周姬姓也，而彼姜姓也；以为故邪？则未尝相识也；以为好丽邪？则夫人行年七十有二，齳然[④]而齿堕矣。然而用之者，夫文王欲立贵道，欲白贵名，以惠天下，而不可以独也。非于是子莫足以举之，故举是子而用之。于是乎贵道果立，贵名果白，兼制天下，立七十一国，姬姓独居五十三人。周之子孙，苟不狂惑者，莫不为天下之显诸侯，如是者能爱人也。故举天下之大道，立天下之大功，然后隐其所怜所爱，其下犹足以为天下之显诸侯。故曰：唯明主为能爱其所爱，暗主则必危其所爱。此之谓也。

注释

①流慆（tāo）：放荡贪婪。

②诎：歪曲。邪：语气助词。

③倜（tì）然：超然或突出的样子。

④齳（yǔn）然：无齿貌。

译文

因此，古代的人则不如此：他们选择人有原则，任用人有方法。选择人的原则是参照礼义；任用人的方法是用等级来规范。行为举动，用礼来衡量；思虑取舍，用成果来考察；积累的工作，用功效来考核。因此卑贱之人不能居于尊贵之人的上面，地位轻微的人不能居于权势重大的人上面；愚蠢的人不能代替聪明人思考，这样行动上万次也不会有过错。因此，用礼义来检验，观察他是否能安静恭敬；让他在不同的位置上做事，看他能否随机应变；让他安逸燕乐，看他能否不流荡贪婪。用声色、权力、利益、愤怒、患难来考验他，看他能否不擅离职守。那些能做到的人和不能做到的人，像黑白那样分明，这是可以歪曲的吗？因此，伯乐不可以用马来欺骗他，君子不能用人来欺骗他。这就是明智的君王之道。

君主想要得到善于射箭，射得远而且能射中微小的目标的人，就得用高官厚禄来征召，对内不偏爱家中子弟，对外不埋没远方之人，谁能射中就用谁，这岂不是一定会得到这样人的方法吗？即使圣人也不能改变。想要得到善于驾车，既迅速又能赶远路的人，要求一天就能走一千里路，就得用高官厚禄来征召，对内不偏爱家中子弟，对外不埋没远方之人，能到达这个标准的就用他，这岂不是一定会得到这样的人的方法吗？即使圣人也不能改变。想要治理国家统治百姓，和谐上下，对内可以巩固城池，对外可以抵抗灾难。治理得好就能统治别人，别人却不能统治他，治理得混乱就会危险受辱，甚至灭亡，这是可以站着等待的。然而寻求卿相来辅佐，却唯独不能像这样公正，只任用那些阿谀谄媚、亲近自己的人，这不是大错特错了么！因此，拥有社稷的人无不想要强大，却一瞬间变弱了；无不想要安定，却一瞬间危险了；无不想要维持生存，却一瞬间灭亡了。古代有上万个国家，现在只有十几个，这没有别的原因，就是因为在用人公正上失误的。因此，明智的君主可以用金石珠玉来偏私别人，但不用官职和事业来偏爱别人。这是为什么呢？回答是：后者从根本上来说不利于君主偏私的人。既然不能，但君主却这样做，是君主昏庸啊；臣子无能，却欺骗君主说自己有才能，是臣子欺诈啊。上面的君主昏庸，下面的臣子欺诈，国家不日就会灭亡，这都是有害的做法。文王不是没有高贵的亲戚，不是没有兄弟儿子，不是没有亲近的人，突然之间提拔太公于众人之上而任用他，是因为偏私他吗？认为他是亲戚吗？周国姓姬，而太公姓姜。认为他是故人吗？他们却不曾相识。因为太公长得漂亮吗？太公当时已经七十二岁了，牙齿都掉光了。然而文王还是任用他，是因为他想要树立宝贵的治国之道，想要光大尊贵的名声，并以此来爱护天下人，而这是不能自私的。不用太公就没别人可用了，因此文王就推举他并任用他。于是宝贵的治国之道果然建立，尊贵的名声果然光大，天下果然统一，建立了七十一个诸侯国，而姬姓的诸侯王就占五十三人，周代的子孙只要不是疯狂愚蠢的，无不成为天下有名的诸侯。像这样，才是真正地爱护人啊。因此，施行天下最重要的法则，建立天下最大的功绩，然后再偏爱他所怜爱的人，使他们中最差的也可以成为天下有名的诸侯。所以说：只有明智的君主才能爱护他所喜爱的，昏庸的君主一定会使他喜爱的人危险。讲的就是这个道理。

原　文

墙之外，目不见也；里之前①，耳不闻也；而人主之守司，远者天下，近者境内，不可不略知也。天下之变，境内之事，有弛易齵差者矣②，而人主无由知之，则是拘胁③蔽塞之端也。耳目之明，如是其狭也；人主之守司，如是其广也；其中不可以不知也，如是其危也。然则人主将何以知之？曰：便嬖左右者，人主之所以窥远收众之门户牖向也，不可不早具也。故人主必将有便嬖左右足信者，然后可。其知惠足使规物，其端诚足使定物，然后可；夫是之谓国具④。人主不能不有游观安燕之时，则不得不有疾病物故之变焉。如是，国者，事物之至也如泉原，一物不应，乱之端也。故曰：人主不可以独也。卿相辅佐，人主之基杖也，不可不早具也。故人主必将有卿相辅佐足任者，然后可。其德音足以填抚百姓，其知虑足以应待万变，然后可；夫是之谓国具。四邻诸侯之相与，不可以不相接也，然而不必相亲也，故人主必将有足使喻志决疑于远方者，然后可。其辩说足以解烦，其知虑足以决疑，其齐断⑤足以距难，不还秩，不反君，然而应薄扞患⑥，足以持社稷，然后可，夫是之谓国具。故人主无便嬖左右足信者，谓之暗；无卿相辅佐足任使者，谓之独；所使于四邻诸侯者非其人，谓之孤；孤独而晻⑦，谓之危。国虽若存，古之人曰亡矣。《诗》曰：“济济多士，文王以宁。⑧”此之谓也。

材人：愿悫拘录[9]，计数纤啬[10]而无敢遗丧，是官人使吏之材也。修饬端正，尊法敬分，而无倾侧之心，守职修业，不敢损益，可传世也，而不可使侵夺，是士大夫官师之材也。知隆礼义之为尊君也，知好士之为美名也，知爱民之为安国也，知有常法之为一俗也，知尚贤使能之为长功也，知务本禁末之为多材也，知无与下争小利之为便于事也，知明制度、权物称用之为不泥也，是卿相辅佐之材也，未及君道也。能论官此三材者而无失其次，是谓人主之道也。若是则身佚而国治，功大而名美，上可以王，下可以霸，是人主之要守也。人主不能论此三材者，不知道此道，安值将卑势出劳[11]，并耳目之乐，而亲自贯日而治详，一日而曲辨之，虑与臣下争小察而綦偏能，自古及今，未有如此而不乱者也。是所谓："视乎不可见，听乎不可闻，为乎不可成。"此之谓也。

注　释

①里之前：里门之前。里：居民区，周代以二十五家为一里，里有门。

②弛易：懈怠。齵（óu）差：参差不齐。

③拘胁：局限，胁迫。

④国具：国家的工具，这里指治理国家的人才。

⑤齐断：果断。

⑥应薄扞患：应对胁迫，抵抗忧患。薄：通"迫"。扞：通"捍"。

⑦晻（àn）：通"暗"，昏庸，糊涂。

⑧济济多士，文王以宁：引自《诗经·大雅·文王》，意思是：人才济济，文王得以安宁。

⑨材人：根据才能而任用人。拘录：通"劬碌"，勤劳。

⑩纤啬：精细。

⑪值：通"直"。卑势：降低自己的势力、地位。出劳：操劳。

译　文

高墙之外的地方，眼睛是看不到的；里门之前的声音，耳朵是听不到的；但是君主所管辖的区域，远到天下，近在境内，不可不详细地了解。天下的变化，国内的事务，有懈怠、杂乱的地方，而君主却没办法知道，这是被约束和蒙蔽的开始。君主的所见所闻很狭小，而君主管辖的区域却很广大；其中一些情况君主不能不知道，如果不知道就会很危险。那么，君主怎么才能知道呢？回答是：君主身边所亲近的左右和侍从，是君主窥探远方、监督众人的耳目，不能不早点拥有这样的人。因此君主一定要有十分可信的亲信和侍从，然后才可以；这些人的智慧足以谋划事物，其端正、诚朴足以判断事物，然后才可以。这就是国家的人才。君主不能没有游玩、安闲的时候，因此也难免有疾病和死亡的变故，这样的话，国家需要处理的事务像源泉一样到来，一件事处理不好，混乱就开始了。因此说：君主不可以独自治理国家，卿相辅佐之臣是君主的依靠和拐杖，不可以不早点拥有。因此君主一定要拥有足以担当重任的卿相来辅佐，然后才可以；他们的德行和名声足以安抚百姓，他们的智慧足以应对各种事变，然后才可以。这就叫作国家的人才。四方相邻的诸侯国相互接壤，不可以不相互往来，但是不一定要相互亲近。因此君主一定要有能够明确地表达意旨并解决各种疑难于远方的人才，然后才可以；他们的辩说足以解决麻烦，他们的智慧足以解决疑难，他们的果断足以抗拒灾祸，不营私利，不违背君主，然而能应对胁迫、抵抗忧患，足以维护社稷，然后才可以。这就叫国家的人才。因此，君主没有足以信任的亲近之人，叫作昏庸；没有足以担当大任的卿相来辅佐，叫作独；派遣出使诸侯各国的人不恰当，叫作孤。孤、独且昏庸，叫作危险。这样的国家即使还存在着，古代的人也认为是灭亡了。《诗经》中说："人才济济，文王才得以安宁。"讲的就是这个道理。

量才任用的方法：诚朴、敦厚而勤勉，计算得很精细，不敢有任何的遗漏，这是一般官吏与差役的才能。品行美好端庄，尊重法令、敬重名分，没有倾轧之心，谨守职务、维护事业，不敢有所改变，可以使法令制度传世而不受损害，这是士大夫、百官之才。知道推崇礼义是为了尊重君主，知道喜欢士人是为了名声美好，知道爱护百姓是为了国家安定，知道有恒常的法律是为了风俗统一，知道赏贤任能是为了增加功业，知道致力于农业、限制工商业是为了使国家富有，知道不和下级争夺小利是为了方便行事，知道明确制度、根据事物的特点而运用是为了变通，这是卿相辅佐之才，但还没有达到为人君之道。能够给这三种人才定官职，不混乱他们的次序，这就是君主之道，这样的话，就会自身安逸而国家安定，功业巨大而名声美好，上可以称王，下可以称霸，这是君主的关键。君主不能选择任用这三种人才，不知道遵循这一方法，而只是降低身份去操劳，屏除耳目的娱乐，而亲自累日地详细处理事务，一天之内考察各种事情，总是在思虑和臣下争小聪明而想极力发展某一方面的才能，从古到今，没有这样做而不混乱的国家。这就是所说的："看不可能看见的东西，听不可能听见的东西，做不可能成功的事情。"讲的就是这个道理。

臣道篇第十三

原　文

人臣之论：有态臣[1]者，有篡臣[2]者，有功臣者，有圣臣者。内不足使一民，外不足使距[3]难，百姓不亲，诸侯不信；然而巧敏佞说，善取宠乎上，是态臣者也。上不忠乎君，下善取誉乎民，不恤公道通义，朋党比周，以环主[4]图私为务，是篡臣者也。内足使以一民，外足使以距难，民亲之，士信之，上忠乎君，下爱百姓而不倦，是功臣者也。上则能尊君，下则能爱民，政令教化，刑下如影，应卒遇变，齐给如响；推类接誉[5]，以待无方，曲成制象，是圣臣者也。故用圣臣者王，用功臣者强，用篡臣者危，用态臣者亡。态臣用则必死，篡臣用则必危，功臣用则必荣，圣臣用则必尊。故齐之苏秦，楚之州侯，秦之张仪，可谓态臣者也。韩之张去疾，赵之奉阳，齐之孟尝，可谓篡臣也。齐之管仲，晋之咎犯[6]，楚之孙叔敖，可谓功臣矣。殷之伊尹，周之太公，可谓圣臣矣。是人臣之论也，吉凶贤不肖之极也。必谨志[7]之，而慎自为择取焉，足以稽[8]矣。

从命而利君谓之顺，从命而不利君谓之谄；逆命而利君谓之忠，逆命而不利君谓之篡；不恤君之荣辱，不恤国之臧否，偷合苟容以持禄养交而已耳，谓之国贼。君有过谋过事，将危国家、殒社稷之惧[9]也；大臣父兄，有能进言于君，用则可，不用则去，谓之谏；有能进言于君，用则可，不用则死，谓之争[10]；有能比知同力，率群臣百吏而相与强君挢[11]君，君虽不安，不能不听，遂以解国之大患，除国之大害，成于尊君安国，谓之辅；有能抗君之命，窃君之重，反君之事，以安国之危，除君之辱，功伐足以成国之大利，谓之拂[12]。故谏、争、辅、拂之人，社稷之臣也，国君之宝也，明君之所尊厚也，而暗主惑君以为己贼也。故明君之所赏，暗君之所罚也；暗君之所赏，明君之所杀也。伊尹、箕子可谓谏矣，比干、子胥可谓争矣，平原君之于赵可谓辅矣，信陵君之于魏可谓拂矣。传曰：“从道不从君。”此之谓也。故正义之臣设，则朝廷不颇；谏、争、辅、拂之人信，则君过不远；爪牙之士施，则仇雠不作；边境之臣处，则疆垂不丧。故明主好同，而暗主好独；明主尚贤使能而飨⑬其盛，暗主妒贤畏能而灭其功。罚其忠，赏其贼，夫是之谓至暗，桀、纣所以灭也。

注　释

①态臣：谄媚之臣。

②篡臣：篡权之臣。

③距：通“拒”。

④环主：蒙蔽君主。

⑤誉：通“与”，同类。

⑥咎犯：春秋时期晋文公的舅父，名狐偃，字犯。

⑦志：记。

⑧稽：考察，考证。

⑨惧：恐惧，这里引申为危险。

⑩争：通“诤”，直言规劝。

⑪挢（jiǎo）：通“矫”，矫正。

⑫拂（bì）：通“弼”，辅佐。

⑬飨（xiǎng）：宴飨，引申为奖励。

译　文

臣子的种类：有谄媚之臣，有篡权之臣，有有功之臣，有至圣之臣。对内不能用来统一百姓，对外不能用来抵抗灾难，百姓不亲爱他，诸侯不信任他，但是乖巧、敏捷、善于言说，善于得到君主的恩宠，这是谄媚之臣。对上不忠诚于君主，对下善于获得百姓的赞誉，不顾公道仁义，结党营私，以蒙蔽君主、获得私利为务，这是篡权之臣。对内足以用来统一百姓，对外足以用来抵抗灾难，百姓亲爱他，士人信任他，上对君主忠诚，下爱护百姓而不厌倦，这是有功之臣。对上能够尊重君主，对下能够爱护百姓，推行政令和教化，约束百姓，百姓追随他如影随形；应对突发事件和变化，敏捷得像回声一样；按照事物的类别进行推论，从而对比同类事物，以应对可能的变化，能够制定各方面的制度，这是至圣之臣。因此，任用至圣之臣的会称王，任用有功之臣的会强大，任用篡权之臣的会危险，任用谄媚之臣的会灭亡。任用谄媚之臣，则国家一定会灭亡；任用篡权之臣，则国家一定会危险；任用有功之臣，则国家一定会光荣；

任用至圣之臣，则国家一定会尊贵。因此，齐国的苏秦、楚国的州侯、秦国的张仪，可以称为谄媚之臣。韩国的张去疾、赵国的奉阳、齐国的孟尝君，可以称为篡权之臣。齐国的管仲、晋国的舅犯、楚国的孙叔敖，可以称为有功之臣。商代的伊尹、周代的姜太公，可以称为至圣之臣。这就是人臣的类别，是吉凶、贤能和不肖的极端分别。一定要谨慎地牢记，并认真地选择，这是可以作为君主的参考的。

听从命令而对君主有利的叫作顺从，听从命令而对君主不利的叫作谄媚；违背命令而对君主有利的叫作忠心，违背命令而对君主不利的叫作篡权。不顾君主的荣辱，不顾国家的好坏，苟且迎合而被接纳，只是为了获取俸禄、培植党羽，这就是国贼。君主有错误的谋划和做错的事情，将有危害国家、灭亡社稷的危险，大臣和君主的父兄，能够向君主进言，建议被采纳则留，不被采纳就离开，这就叫作谏；能够向君主进言，建议被采纳则留，不被采纳就去死，这叫作诤；能够联合有智慧的人和有能力的人，带领群臣百官，而相互强迫君主、矫正君主，君主虽然不心安，但是不能不听从，于是解除国家的灾祸，除去国家的祸害，最终使君主获得尊重，国家获得安定，这就叫作辅；能够反抗君主的命令，取得君主的权力，反对君主做的事，使国家转危为安，洗刷君主的耻辱，功劳足以成就国家的最大利益，这就叫作弼。因此谏、诤、辅、弼之人，是社稷的功臣，国家的珍宝，是明智的君主所尊重和厚待的人，而昏庸、迷惑的君主却将他们看作国贼。因此，明智的君主赏赐的人，是昏庸的君主惩罚的人；昏庸的君主赏赐的人，是明智的君主要诛杀的人。伊尹、箕子，可以称得上是谏臣；比干、伍子胥，可以称得上是诤臣；平原君对于赵国，可以称得上是辅臣；信陵君对于魏国，可以称得上是弼臣。古书上说："顺从大道而不顺从君主。"讲的就是这个道理。因此正义之臣被任用，朝廷就不会有偏颇；谏、诤、辅、弼之臣被信任，君主就没有大过错；勇猛的人被任用，就不会有仇人；边境之臣坚守职位，边疆的领土就不会丧失。因此，明智的君主喜欢同他人分享权力，而昏庸的君主喜欢独揽大权；明智的君主崇尚贤人、任用能人并赏赐他们的功劳，昏庸的君主嫉妒贤人、畏惧能人而毁灭他们的功绩。惩罚忠臣，赏赐奸臣，这就叫作极度昏暗，这就是桀、纣灭亡的原因。

原　文

事圣君者，有听从，无谏争；事中君者，有谏争，无谄谀；事暴君者，有补削①，无挢拂②。迫胁于乱时，穷居于暴国，而无所避之，则崇其美，扬其善，违其恶，隐其败，言其所长，不称其所短，以为成俗。《诗》曰："国有大命，不可以告人，妨其躬身。③"此之谓也。

恭敬而逊，听从而敏，不敢有以私决择也，不敢有以私取与也，以顺上为志，是事圣君之义也。忠信而不谀，谏争而不谄，挢然刚折，端志而无倾侧之心，是案④曰是，非案曰非，是事中君之义也。调而不流，柔而不屈，宽容而不乱，晓然以至道而无不调和也，而能化易，时关内之⑤，是事暴君之义也。若驭朴马，若养赤子，若食馁⑥人。故因其惧也而改其过，因其忧也而辨其故，因其喜也而入其道，因其怒也而除其怨，曲得所谓焉。《书》曰："从命而不拂，微谏而不倦，为上则明，为下则逊。⑦"此之谓也。

事人而不顺者，不疾⑧者也；疾而不顺者，不敬者也；敬而不顺者，不忠者也；忠而不顺者，无功者也；有功而不顺者，无德者也。故无德之为道也，伤疾、堕功、灭苦⑨，故君子不为也。

有大忠者，有次忠者，有下忠者，有国贼者。以德覆君而化之，大忠也；以德调君而辅之，次忠也；以是谏非而怒之，下忠也；不恤君之荣辱，不恤国之臧否，偷合苟容以持禄养交而已耳，国贼也。若周公之于成王也，可谓大忠矣；若管仲之于桓公，可谓次忠矣；若子胥之于夫差，可谓下忠矣；若曹触龙之于纣者，可谓国贼矣。

注释

①补削：补救缺陷。

②挢拂：矫正，辅弼。

③国有大命，不可以告人，妨其躬身：应为佚诗，已失传，意思是：国家有大的变故，不要将它告诉别人，否则会妨害自己。

④案：语气助词。

⑤关：入。内：通"纳"，接纳。

⑥馁：通"馁"，饥饿。

⑦从命而不拂……为下则逊：原文已佚失，引文的意思是：顺从命令而不违背，轻微劝谏而不厌倦，在上位就圣明，在下位就谦逊。

⑧疾：勤勉。

⑨灭苦：埋没劳苦。

译文

侍奉圣明的君主，只需听从而无须诤谏；侍奉中等的君主，有诤谏但没有谄媚；侍奉残暴的君主，只有补救缺点但没有矫正和辅弼。受胁迫于混乱的世道，受困于残暴的国家，而无处躲避，那就宣扬它的美好，弘扬它的善端，回避它的丑恶，隐没它的败坏，说它的长处，不说它的短处，并以此为既成的风俗习惯。《诗经》上说："国家有大的变故，不要将它告诉别人，否则会妨害自己。"讲的就是这个道理。

恭敬而又谦逊，听从而敏捷，不敢有私自抉择的地方，不敢用私情来获取和给予，以顺从君主为自己的志向，这是侍奉圣君的原则。忠信而不阿谀，谏诤而不谄媚，意志刚强、思想端正而没有倾轧之心，是就说是，不是就说不是，这是侍奉中等君主的原则。调和而不从众，柔顺而不屈从，宽容而不昏乱，使君主通晓治国之道而行事没有不协调和顺的，能使之感化向善，时常开导他，使他接纳好的建议，这是侍奉暴君的原则。就好像驾驭未经驯化的马，就好像抚养初生的婴儿，就好像给饥饿的人喂食，所以要趁他害怕的时候改正他的过错，趁他忧虑的时候改变他过去的行为，趁他高兴的时候引诱他归顺正道，趁他发怒的时候去除他的怨气，曲折地使他遵从君主之道。《尚书》上说："顺从命令而不违背，轻微劝谏而不厌倦，在上位就圣明，在下位就谦逊。"讲的就是这个道理。

侍奉君主而不顺从他，这是不勤勉的人；勤勉而不顺从的，是不恭敬的人；恭敬而不顺从的，是不忠心的人；忠心而不顺从的，是没有功劳的人；有功劳而不顺从的，是没有德行的人。因此，将无德行作为原则，就会伤害勤勉、消减功劳、埋没辛苦，因此君子不这样做。

有大忠的臣子，有次忠的臣子，有下忠的臣子，有国贼。用德行来辅佐君主而感化他的，是大忠的臣子；用德行调和君主而补救其过的，是次忠的臣子；用正确来劝谏君主的不正确而使他发怒的，是下忠的臣子；不顾国君的荣辱，不顾国家的好坏，苟且迎合并获得容纳，用来获得俸禄并结交私党的，是国贼。像周公对成王那样，可以称为大忠；像管仲对桓公那样，可以称为次忠；像伍子胥对夫差那样，可以称为下忠；像曹触龙对商纣那样，可以称为国贼。

原　文

仁者必敬人。凡人非贤，则案不肖也。人贤而不敬，则是禽兽也；人不肖而不敬，则是狎虎[①]也。禽兽则乱，狎虎则危，灾及其身矣。《诗》曰："不敢暴虎，不敢冯河。人知其一，莫知其它。战战兢兢，如临深渊，如履薄冰。[②]"此之谓也。故仁者必敬人。敬人有道，贤者则贵而敬之，不肖者则畏而敬之；贤者则亲而敬之，不肖者则疏而敬之。其敬一也，其情二也。若夫忠信端悫，而不害伤，则无接而不然，是仁人之质也。忠信以为质，端悫以为统，礼义以为文，伦类以为理，喘③而言，臑④而动，而一可以为法则。《诗》曰："不僭不贼，鲜不为则。⑤"此之谓也。

恭敬，礼也；调和，乐也；谨慎，利也；斗怒、害也。故君子安礼乐利，谨慎而无斗怒，是以百举而不过也。小人反是。

通⑥忠之顺，权⑦险之平，祸乱之从声⑧，三者非明主莫之能知也。争然后善，戾⑨然后功，出死无私，致忠而公，夫是之谓通忠之顺，信陵君似之矣。夺然后义，杀然后仁，上下易位然后贞，功参天地，泽被生民，夫是之谓权险之平，汤、武是也。过而通情，和而无经，不恤是非，不论曲宜，偷合苟容，迷乱狂生，夫是之谓祸乱之从声，飞廉、恶来是也。传曰："斩而齐，枉而顺，不同而一。"《诗》曰："受小球大球，为下国缀旒。⑩"此之谓也。

注　释

①狎（xiá）虎：戏弄老虎。

②不敢暴虎……如履薄冰：引自《诗经·小雅·小旻》，意思是：不敢空手打虎，不敢徒步过河。人只知道这一种风险，不知道其他的风险。要战战兢兢，好像面对深渊，好像踩在薄冰之上。

③喘：小声说话。

④臑：通"蠕"，缓慢。

⑤不僭不贼，鲜不为则：引自《诗经·大雅·抑》，意思是：不诋毁、不伤害别人的，很少不成为他人的榜样的。僭：通"谮"，诋毁。

⑥通：推行。

⑦权：改变。

⑧从声：随声附和。

⑨戾：违背。

⑩受小球大球，为下国缀旒：引自《诗经·商颂·长发》，意思是：接受小圭大圭，成为天下的表率。球：圭、玉。旒：旗帜上的飘带。

译　文

仁者一定尊敬他人。大凡人，如果不是贤人，就是不肖之人。对贤人不尊敬，那就是禽兽；对于不肖之人不尊敬，那就如同戏弄老虎。是禽兽就会作乱，戏弄老虎就会危险，灾难就会殃及自身。《诗经》中说："不敢空手打虎，不敢徒步过河。人只知道这一种风险，不知道其他的风险。要战战兢兢，好像面对深渊，好像踩在薄冰之上。"讲的就是这个道理。因此仁者一定会尊敬他人。尊敬他人是有方法的：对贤能之人就要珍重地尊敬他，对不肖之人就要畏惧地尊敬他；对贤能之人就亲近地尊敬他，不肖之人就疏远地尊敬他。尊敬都是一样的，但实情却不同。忠心、诚信、端正、诚朴而不伤害他人，对任何人都是这样，这是仁人的品质。以忠信为本质，以端正、诚朴为准则，用礼义来规范，用伦理法度为原则，轻声说话，动作舒缓，一切行为都可以作为法则。《诗经》中说："不诋毁、不伤害别人的，很少不成为他人的榜样。"讲的就是这个道理。

恭敬，是礼；和谐，是乐；谨慎，就会有利；争斗、愤恨，就会有害。因此君子安于礼义并乐于利益，谨小慎微而不争斗、愤怒，因此行动上百次也不会有过错。小人与此相反。

推行忠诚达到顺从，改变危险达到平安，祸乱出现而随声附和，这三者不是明智的君主就不能知道。向君主诤谏然后才能向善，违背命令然后才能建功，出生入死而不为私利，极度忠心而尽力公正，这就叫作推行忠诚达到顺从，信陵君就是这样的人。夺权然后才能合乎道义，杀死君主然后才能合乎仁爱，上下权位互换然后才能合乎正道，功劳与天地并齐，恩泽普济百姓，这就叫作改变危险达到平安，商汤、武王就是这样的人。君主有过错而给予同情，附和君主而没有准则，不顾是非，不论曲直，苟且迎合以保存自身，迷乱疯狂，这就是祸乱出现而随声附和，飞廉、恶来就是这样的人。古书上说："有了不齐才有齐，有了不直才有直，有了不同才有相同。"《诗经》中说："接受小圭大圭，成为天下的表率。"讲的就是这个道理。

致士篇第十四

原　文

衡听[①]、显幽、重明、退奸、进良之术：朋党比周之誉，君子不听；残贼加累之谮[②]，君子不用；隐忌雍蔽之人，君子不近；货财禽犊[③]之请，君子不许。凡流言、流说、流事、流谋、流誉、流愬[④]，不官而衡至者[⑤]，君子慎之。闻听而明誉[⑥]之，定其当而当[⑦]，然后士[⑧]其刑赏而还与之。如是则奸言、奸说、奸事、奸谋、奸誉、奸愬，莫之试也；忠言、忠说、忠事、忠谋、忠誉、忠愬，莫不明通，方起以尚尽矣[⑨]。夫是之谓衡听、显幽、重明、退奸、进良之术。

川渊深而鱼鳖归之，山林茂而禽兽归之，刑政平而百姓归之，礼义备而君子归之。故礼及身而行修，义及国而政明，能以礼挟[10]而贵名白，天下愿，令行禁止，王者之事毕矣。《诗》曰："惠此中国，以绥四方。[11]"此之谓也。川渊者，鱼龙之居也；山林者，鸟兽之居也；国家者，士民之居也。川渊枯，则鱼龙去之；山林险，则鸟兽去之；国家失政，则士民去之。无土则人不安居，无人则土不守，无道法则人不至，无君子则道不举。故土之与人也，道之与法也者，国家之本作也。君子也者，道法之总要也，不可少顷旷[12]也。得之则治，失之则乱；得之则安，失之则危；得之则存，失之则亡，故有良法而乱者有之矣，有君子而乱者，自古及今，未尝闻也，传曰："治生乎君子，乱生于小人。"此之谓也。

注 释

①衡听：广泛地听取。

②加累：连累别人。谮（zèn）：诋毁，诬陷。

③禽犊：家禽和小牛，这里泛指礼物。

④愬（sù）：通"诉"，诉说。

⑤不官：不通过正当渠道。衡：通"横"，指歪门邪道。

⑥誉：疑为"辨"。

⑦当而当：应为"当不当"。

⑧士：疑为"出"。

⑨方起：并起。尚尽：即"上进"。

⑩挟（jiā）：通"浃"，周遍，通达。

⑪惠此中国，以绥四方：引自《诗经·大雅·民劳》，意思是：恩惠中原的人，就可以安定四方。

⑫旷：缺少。

译 文

广泛地听取意见、发现隐居的贤士、重视贤明之人、罢黜奸人、任用贤人的方法：对结党营私之人的赞颂，君子不去听；对残害他人、连累他人的诬陷之词，君子不采用；对妒忌他人、堵塞贤人的人，君子不亲近；对用财物、礼物为他人请托的贿赂，君子不答应。凡是没有根据的话，没有根据的说辞，没有根据的事情，没有根据的谋划，没有根据的赞誉，没有根据的倾诉，不通过正当渠道而从歪门邪道来的，君子都要谨慎对待。对听说的事情要明确地分辨，确定是不是得当，然后再决定对他们的赏罚。这样的话，那些奸邪的话、奸邪的说辞，奸邪的事情，奸邪的谋划，奸邪的赞誉，奸邪的倾诉，就没人敢去尝试了；那些忠诚的话，忠诚的说辞，忠诚的事情，忠诚的谋划，忠诚的赞誉，忠诚的倾诉，没有不通达的，一定会并起而传到君主那里。这就是广泛地听取意见、发现隐居的贤士、重视贤明之人、罢黜奸人、任用贤人的方法。

河流湖泊的水深，鱼鳖就会到来；山林茂盛，禽兽就会到来；法制政令公平，百姓就会到来；礼义详备，君子就会到来。因此用礼义修养自身，行为就会美好；道义普及全国，政治就会清明；能够用礼义来周遍百姓，尊贵的名声就会彰显，天下人就会向往，命令就能得到执行，禁令到了就能停止，王者的事业就完成了。《诗经》中说："恩惠中原的人，就可以安定四方。"讲的就是这个道理。江河湖泊，是龙、鱼的居所；山林，是鸟、兽的居所；国家，是士人、百姓的居所。江河湖泊枯竭，龙、鱼就会离开；山林光秃，鸟、兽就会离开；国家政令不当，士人、百姓就会离开。没有土地，人就不能安居乐业；没有人，土地就无法守护；没有原则和法令，百姓就不会到来；没有君子，治国之道就不能实行。因此，土地和百姓，原则和法令，是国家的根本；君子，是原则和法令的总揽者和关键，是片刻不能缺少的。得到了他国家就能得到治理，失去了他国家就会混乱；得到了他国家就会安定，失去了他国家就会危险；得到了他国家就会保存，失去了他国家就会灭亡。因此有好的法令制度而国家混乱的情况是有的，有君子而国家混乱的，从古到今，没听说过。古书上说："治理生于君子，混乱生于小人。"讲的就是这个道理。

原 文

得众动天，美意延年。诚信如神，夸诞逐魂。

人主之患，不在乎不言用贤，而在乎不诚必用贤。夫言用贤者，口也；却贤者，行也；口行相反，而欲贤者之至，不肖者之退也，不亦难乎！夫耀蝉[①]者务在明其火、振其树而已，火不明，虽振其树，无益也。今人主有能明其德者，则天下归之，若蝉之归明火也。

临事接民，而以义变应，宽裕而多容，恭敬以先之，政之始也；然后中和察断以辅之，政之隆也；然后进退诛赏之，政之终也。故一年与之始，三年与之终。用其终为始，则政令不行，而上下怨疾，乱所以自作也。《书》曰："义刑义杀；勿庸以即，女惟曰：'未有顺事'。[②]"言先教也。

程[③]者，物之准也；礼者，节之准也。程以立数，礼以定伦；德以叙位，能以授官。凡节奏欲陵[④]，而生民欲宽；节奏陵而文[⑤]，生民宽而安。上文下安，功名之极也，不可以加矣。

君者，国之隆也；父者，家之隆也。隆一而治，二而乱。自古及今，未有二隆争重而能长久者。

师术有四，而博习不与焉：尊严而惮，可以为师；耆艾⑥而信，可以为师；诵说而不陵不犯⑦，可以为师；知微而论，可以为师。故师术有四，而博习不与焉。水深而回，树落则粪本⑧，弟子通利则思师。《诗》曰："无言不雠，无德不报。⑨"此之谓也。

赏不欲僭⑩，刑不欲滥。赏僭则利及小人，刑滥则害及君子。若不幸而过，宁僭勿滥；与其害善，不若利淫。

注 释

①耀蝉：一种捕蝉的方法，夜晚用火照耀，蝉就会向火飞来。

②义刑义杀……女惟曰："未有顺事"：引自《尚书·康诰》，意思是：正当的处罚，正当的诛杀，不要立刻执行。你只能说："我没把事情做好"。即：立刻。

③程：度量之器的总称。

④陵：严厉。

⑤文：有条理。

⑥耆（qí）艾：年老。

⑦陵：乱。犯：违背。

⑧粪本：树根的肥料。

⑨无言不雠，无德不报：引自《诗经·大雅·抑》，意思是：没有说话得不到回应的，没有德行得不到报答的。雠：回应。

⑩僭（jiàn）：超过，过分。

译 文

得到百姓就能感动上天，精神愉悦就能长寿；真诚守信就能应事如神，虚夸荒诞就会有如游魂。

君主的祸患，不在于不说任用贤人，而在于不能真正地任用贤人。说任用贤人，只是张张口；拒绝贤人，是实际行动。说的与做的相反，而希望贤人能到来，不肖者能退去，不是很难吗？用火捕蝉，贵在使火明亮，然后摇动大树；火不明亮，即使摇动大树，也没有用处。现在君主如果能够彰显其德行，那么天下人归顺他，就好像蝉飞向明亮的火一样。

处理事务接近百姓，并通过道义来应变，心胸宽广而能容纳贤人，用恭敬来引导百姓，这是政事的开始。然后用中正的明察和决断来辅佐，这是政事的隆盛。然后再提拔、罢黜、诛杀、赏赐，这是政事的终点。因此，第一年是开始，第三年是结束。以结束为开始，那么政令就不能施行，上下之间就会相互怨恨，混乱自然就会产生。《尚书》说：“正当的处罚，正当的诛杀，不要立刻执行。你只能说：‘我没把事情做好。’”说的是要先进行教化。

度量工具，是事物的标准；礼，是等级制度的标准。度量工具用来确立物的度数，礼用来确定人的等级；德行用来排列次序，才能用来授予官职。大凡等级秩序要严格，而保养百姓要宽容。等级秩序严格就会有条理，保养百姓宽容就会安定。上面有条理，下面安定，这是功名的极点，不可以再增加了。

君主，是国家的至尊；父亲，是家中的至尊。有一个至尊就会安定，有两个至尊就会混乱。从古到今，没有两个处于最高地位的人争夺权势而能长久存在的国家和家庭。

当老师的条件有四个，而博学不在其中：受尊重有威严而令人敬畏，可以做老师；年老而有诚信，可以做老师；诵读解说经书不凌乱、不违礼，可以做老师；知道精深的道理并能谈论，可以做老师。因此当老师的条件有四个，而博学不在其中。水深就会有旋涡，树叶落下来就会滋养树根，学生通达顺利就会思念老师。《诗经》中说：“没有说话得不到回应的，没有德行得不到报答的。”讲的就是这个道理。

赏赐不要太过分，刑罚不要滥用。赏赐过分，利益就会普及到小人；刑罚滥用，危害就会波及君子。如果不幸而有过错，宁愿赏赐过分，不要滥用刑罚；与其伤害善良的人，不如利益奸邪的人。

议兵篇第十五

原　文

临武君与孙卿子议兵于赵孝成王前。

王曰：“请问兵要。”

临武君对曰：“上得天时，下得地利，观敌之变动，后之发，先之至，此用兵之要术也。”

孙卿子曰：“不然！臣所闻古之道，凡用兵攻战之本，在乎壹民。弓矢不调，则羿不能以中微；六马不和，则造父不能以致远；士民不亲附，则汤、武不能以必胜也。故善附民者，是乃善用兵者也。故兵要在乎善附民而已。”

临武君曰：“不然。兵之所贵者势利也，所行者变诈也。善用兵者，感忽悠暗[1]，莫知其所从出。孙吴[2]用之无敌于天下，岂必待附民哉？”

孙卿子曰：“不然。臣之所道，仁人之兵，王者之志也。君之所贵，权谋势利也；所行，攻夺变诈也；诸侯之事也。仁人之兵，不可诈也；彼可诈者，怠慢者也，路亶[3]者也，君臣上下之间，涣然有离德者也。故以桀诈桀，犹巧拙有幸焉。以桀诈尧，譬之若以卵投石，以指挠[4]沸；若赴水火，入焉焦没耳。故仁人上下，百将一心，三军同力；臣之于君也，下之于上也，若子之事父，弟之事兄，若手臂之扞[5]头目而覆胸腹也，诈而袭之，与先惊而后击之，一也。且仁人之用十里之国，则将有百里之听；用百里之国，则将有千里之听；用千里之国，则将有四海之听，必将聪明警戒和传而一。故仁人之兵，聚则成卒[6]，散则成列，延则若莫邪[7]之长刃，婴[8]之者断；兑[9]则若莫邪之利锋，当之者溃；圜[10]居而方止，则若盘石然，触之者角摧，案角鹿埵、陇种、东笼而退耳[11]。且夫暴国之君，将谁与至哉？彼其所与至者，必其民也，而其民之亲我欢若父母，其好我芬若椒兰，彼反顾其上，则若灼黥[12]，若仇雠；人之情，虽桀、跖，岂又肯为其所恶贼其所好者哉？是犹使人之子孙自贼其父母也，彼必将来告之，夫又何可诈也！故仁人用，国日明，诸侯先顺者安，后顺者危，虑敌之者削，反之者亡。《诗》曰：‘武王载发，有虔秉钺；如火烈烈，则莫我敢遏。[13]’此之谓也。”

注 释

①感忽悠暗：变化迅速，神秘莫测。

②孙吴：孙武和吴起。

③路亶（dàn）：通“露瘅（dàn）”，虚弱疲惫。

④挠：搅动。

⑤扞（hàn）：通“捍”，捍卫。

⑥卒：古代军队编制，百人为卒。

⑦莫邪（yé）：传说中的宝剑。

⑧婴：通“撄”，碰触。

⑨兑：通“锐”。

⑩圜：通“圆”。

⑪角：当为衍文。鹿埵（duǒ）、陇种、东笼：古代方言，指军队四散逃跑的样子。

⑫灼黥（qíng）：火刑和刺面之刑。

⑬武王载发……则莫我敢遏：引自《诗经·商颂·长发》，意思是：商汤高举大旗，恭敬地拿着大斧；像烈火一样凶猛，没有人敢阻止我。武王：指商汤。载发：高举旗帜。虔：恭敬。钺：斧子。遏：阻止。

译文

临武君和孙卿子在赵孝成王面前谈论用兵。

赵孝成王说：“请问用兵的关键。”

临武君回答说：“上得到天时，下得到地利，观察敌方的变化，比敌人后出发，但先于敌人到达，这是用兵的关键方法。”

孙卿子说：“不是这样的。我听说古人的方法，大凡用兵打仗的根本在于团结百姓。弓和箭不配套，那么后羿也不能射中微小的东西；六匹马不合群，那么造父也不能赶车到达远方；士兵和百姓不亲附，商汤、武王也不能必然打胜仗。因此善于亲附百姓的人，才是善于用兵的人。因此用兵的关键在于亲附百姓。”

临武君说：“不是这样的。用兵所看重的地方，在于形势和有利条件；用兵所遵行的原则，是变化和使诈。善于用兵的人，变化迅速，神秘莫测，令人不知道他从哪里出来。孙武和吴起用这种方法，无敌于天下，哪里一定要亲附百姓呢？”

孙卿子说：“不是这样的，我所说的，是仁人用兵的情况，是王者的志向。你所看重的，是权谋形势，所遵行的是攻夺和欺诈，这是诸侯的做法。仁人用兵，是不可能被欺诈的。可以被欺诈的，是那些怠慢的军队，瘦弱疲惫的军队，是那些君臣上下之间离心离德的军队。因此用桀的方法来欺诈桀那样的人，还有因精巧、笨拙的不同存在侥幸的可能；用桀的方法来欺诈尧，就好像是以卵投石，用手指搅沸水，就像走进水火之中，进去就会被烧焦和淹没。因此仁人的部队上下团结，百将一心，三军共同努力。臣对君、下级对待上级，就好像儿子侍奉父亲，弟弟侍奉兄长，好像手臂保卫脑袋和眼睛，掩护胸部和腹部。用诡诈的方法去袭击敌人，与先惊动敌人然后再去攻打他是一样的。况且仁人治理方圆十里大的国家，将会了解方圆百里之内的地方；治理方圆百里大的国家，将会了解方圆千里的事情；治理方圆千里大的国家，将会了解四海之内的事情。仁人一定会明智地警戒，上下和睦、团结一心。因此，仁人的军队，聚在一起就成队伍，分散就成行列，展开就像莫邪长长的剑刃，碰到的就会断裂；锋利得就像莫邪的剑锋，遇到就会溃败。军队驻扎则形成圆形或方形，就好像磐石那样坚固，碰触到就会头破血流，只能慌张四散而逃。况且暴虐之国的国君，谁会和他一起来打仗呢？和他一起来的，一定是他的百姓。而他的百姓亲近我方好像亲近父母那样开心，他们喜欢我方就像喜欢椒兰的香气；他们反顾自己的君主，就好像见了受了火刑、黥刑的人，好像仇人一样。人的本性，就算像夏桀、盗跖一样，又怎么会为了他们所讨厌的人来伤害自己喜欢的人呢？这就好比是让别人的子孙来伤害自己的父母，他们一定会前来告诉实情，这又怎么可能被欺诈呢？因此，任用了仁人，国家就会日渐清明，诸侯先归顺的会安全，后归顺的会危险，想要与之为敌的一定会被削弱，违背他的一定会灭亡。《诗经》中说：'商汤高举大旗，恭敬地拿着大斧；像烈火一样凶猛，没有人敢阻止我。'讲的就是这个道理。"

原 文

孝成王、临武君曰："善！请问王者之兵，设何道何行而可？"

孙卿子曰："凡在大王，将率末事也。臣请遂道王者、诸侯强弱存亡之效，安危之势：君贤者其国治，君不能者其国乱；隆礼贵义者其国治，简礼贱义者其国乱；治者强，乱者弱，是强弱之本也。上足仰则下可用也，上不仰则下不可用也；下可用则强，下不可用则弱，是强弱之常也。隆礼效功[①]，上也；重禄贵节，次也；上[②]功贱节，下也，是强弱之凡也。好士者强，不好士者弱；爱民者强，不爱民者弱；政令信者强，政令不信者弱；民齐者强，民不齐者弱；赏重者强，赏轻者弱；刑威者强，刑侮者弱；械用兵革攻完便利者强，械用兵革窳楛[③]不便利者弱；重用兵者强，轻用兵者弱；权出一者强，权出二者弱。是强弱之常也。

"齐人隆技击[④]，其技也，得一首者，则赐赎锱[⑤]金，无本赏矣。是事小敌毳[⑥]，则偷可用也；事大敌坚，则涣焉离耳。若飞鸟然，倾侧反复无日，是亡国之兵也，兵莫弱是矣。是其去赁市佣而战之几矣[⑦]。

"魏氏之武卒，以度[⑧]取之，衣三属之甲，操十二石之弩，负服矢五十个，置戈其上，冠胄带剑，赢三日之粮，日中而趋百里。中试则复其户[⑨]，利其田宅，是数年而衰，而未可夺也，改造则不易周也[10]。是故地虽大，其税必寡，是危国之兵也。

“秦人其生民狭厄[11]，其使民也酷烈，劫[12]之以势，隐[13]之以厄，忸[14]之以庆赏，鰌[15]之以刑罚，使天下之民，所以要利于上者，非斗无由也。厄而用之，得而后功之，功赏相长也，五甲首而隶五家，是最为众强长久，多地以正[16]，故四世有胜，非幸也，数也。

“故齐之技击，不可以遇魏氏之武卒；魏氏之武卒，不可以遇秦之锐士；秦之锐士，不可以当桓、文之节制；桓、文之节制，不可以敌汤、武之仁义；有遇之者，若以焦熬[17]投石焉。兼是数国者，皆干[18]赏蹈利之兵也，佣徒鬻卖之道也，未有贵上、安制、綦节之理也。诸侯有能微妙之以节，则作而兼殆之耳。故招近募选，隆势诈，尚功利，是渐[19]之也；礼义教化，是齐之也。故以诈遇诈，犹有巧拙焉；以诈遇齐，辟之犹以锥刀堕太山也，非天下之愚人莫敢试。故王者之兵不试。汤武之诛桀纣也，拱挹指麾[20]，而强暴之国莫不趋使，诛桀纣若诛独夫。故《泰誓》曰：‘独夫纣。’此之谓也。故兵大齐则制天下，小齐则治邻敌。若夫招近募选，隆势诈，尚功利之兵，则胜不胜无常，代翕代张，代存代亡，相为雌雄耳矣。夫是之谓盗兵，君子不由也。

“故齐之田单，楚之庄跻，秦之卫鞅，燕之缪虮[21]，是皆世俗之所谓善用兵者也，是其巧拙强弱则未有以相君也。若其道一也，未及和齐也；掎契司诈[22]，权谋倾覆，未免盗兵也。齐桓、晋文、楚庄、吴阖闾、越勾践是皆和齐之兵也，可谓入其域矣，然而未有本统也，故可以霸而不可以王，是强弱之效也。”

注　释

①效功：论功行赏。

②上：通“尚”。

③窳楛（yǔ kǔ）：粗劣。

④技击：战斗的技巧。

⑤锱：古代重量单位，即八两，一说六两。

⑥毳（cuì）：通“脆”，脆弱。

⑦赁：雇佣。市佣：市场上等待雇佣的人。

⑧度：规格，这里指考核。

⑨复其户：免除他们家的赋税。

⑩改造：改选。周：周济。

⑪狭厄：生活出路少。厄：困窘。

⑫劫：逼迫。

⑬隐：困穷。

⑭忸（niǔ）：习惯。

⑮鳍（qiū）：逼迫。

⑯正：征，这里指征税。

⑰焦熬：烧焦的东西。

⑱干：求。

⑲渐：欺诈。

⑳拱挹（yī）指麾：拱手、作揖那样指挥。挹：通“揖”。麾：通“挥”。

㉑缪虮（jǐ）：燕国人，事迹不详，有人认为就是乐毅。

㉒掎契司诈：伺机欺诈。

译　文

孝成王、临武君说：“好。请问王者之兵，要用什么办法、怎么做才行呢？”

荀卿说：“一切都在于大王您，将帅都是末尾的事了。我请求顺便讲讲王者诸侯强弱、存亡的效验和安危的情势。君主贤能，他的国家就会安定；君主无能，他的国家就会混乱。推崇礼重视义的，他的国家就会安定；怠慢礼轻视义的，他的国家就会混乱。安定的强大，混乱的弱小，这是强弱的根本。君主值得敬仰，那么下面的人就可以为他所用；君主不值得敬仰，那么下面的人就不可以为他所用。下面的人可以为他所用，国家就强大；下面的人不可以为他所用，国家就弱小，这是强弱的常道。推崇礼义、论功行赏，这是上策；给予厚禄、尊重气节，是次一等；崇尚功劳、轻视气节，这是下策。这是强弱的大体情况。喜好士人就强，不喜好士人就弱；爱护百姓就强，不爱护百姓就弱；政令有信用的就强，政令没有信用的就弱；人民齐心协力的就强，人民不齐心协力的就弱；奖赏慎重的就强，奖赏轻率的就弱；刑罚有威严就强，刑罚无威严就弱；器械、兵革完备便利就强，器械、兵革粗劣不便利就弱；重视用兵的就强，轻视用兵的就弱；权力出于一人的就强，权力出于两人的就弱。这是强弱的常道。

“齐国人重视搏击技巧。这种搏击技巧，得到一个敌人的头，就赐给八两黄金来赎买，而不奖赏战争的胜利。因此战役小、敌人脆弱，就可以偷懒；战役重大、敌人顽强，就会立刻涣散分离，就像飞鸟一样，军队不日就会倾覆，这是亡国之兵。没有比这更弱的兵了，这就和到市场上去雇佣人来打仗差不多。

“魏国的武卒，通过考核来选取；穿上全套的铠甲，拿着十二石重的弓，背着五十支箭，把戈放在上面，戴上头盔、配上剑，带上三天的粮食，半天就能走百里路。考核合格，就免除他家的赋税，给他好的田宅。几年后他们衰老了，也不会将这些利益夺去，重新再选武卒也不会改变对他们的周济。因此魏国虽然土地很大，但其赋税一定很少，这是使国家危险的军队。

“秦国人，使百姓生存的道路很窄，役使百姓很严酷，用权势胁迫他们，用困苦扼制他们，用奖赏使他们习惯作战，用刑罚逼迫他们作战。让天下的百姓想要从君主那里得到好处，除了战斗没有其他的方式。用困苦考验百姓然后让他们去作战，取得胜利后给予功劳，功劳和奖赏相等。获得五个敌人的头，就可以赏赐五户奴隶，因此秦国是众诸侯国中兵力最多，战斗力最强大，持续时间最长久的，有很多田地用来征收赋税。因此秦国四代都很强大，不是侥幸，这是天数。

“因此，齐国的搏击，不可以抵挡魏国的武卒；魏国的武卒，不可以抵挡秦国的锐士；秦国的锐士，不能抵挡齐桓公、晋文公纪律严明的军队；齐桓公、晋文公纪律严明的军队，不能抵挡商汤、武王的仁义之师。有敢去抵挡的，就好比用烧焦烤干的东西去打石头。这几个国家的军队，都是求赏重利的军队，用的是雇佣、买卖的方法，不符合尊重主上、遵守制度、重视礼节的道理。诸侯有能够用这些道理来约束军队的，就会起兵而将其他国家消灭。因此，招募、征选，推崇势力和欺诈，崇尚功利，这是使军队欺诈；用礼义来教化，这是使军队统一。因此用欺诈来抵抗欺诈，还有精巧、笨拙的区别；用欺诈来抵挡统一，这就好像是用锥子、小刀来削泰山，除了天下间的愚蠢之人，没人会去尝试。因此王者之兵没人敢尝试去抵挡。商汤、武王诛杀夏桀、商纣，指挥军队好像拱手作揖一样，但强大、残暴的国家没有不被驱使的，诛杀夏桀、商纣就好像诛杀一个独夫。因此《泰誓》中说：‘独夫纣。’讲的就是这种情况。因此军队高度统一就可以统治天下，稍微统一就可以制衡邻国。至于招募近处的、征选远处的、推崇势力和欺诈、崇尚功利的军队，胜与不胜不固定，有时候弱有时候强，有时候存有时候亡，互有胜败而已。这就叫作盗贼式的军队，君子是不这样做的。

“因此，齐国的田单，楚国的庄跻，秦国的商鞅，燕国的缪虮，都是世俗之人所说的善于用兵的人，他们的精巧、笨拙和强弱都各有不同。他们的方法是一样的，都没有使军队达到团结统一的程度，抓住对方弱点伺机欺诈，使用权谋相互倾轧，都不免是盗贼式的军队。齐桓公、晋文公、楚庄王、吴王阖闾、越王勾践的军队都是知道团结统一的军队，可以称得上是进入王者之兵的领域了，但是还没有把握到根本。因此他们可以称霸却不能称王，这就是强弱的效验。”

原 文

孝成王、临武君曰："善！请问为将。"

孙卿子曰："知莫大乎弃疑，行莫大乎无过，事莫大乎无悔，事至无悔而止矣，成不可必也。故制号政令欲严以威；庆赏刑罚欲必以信；处舍收臧欲周以固；徙举进退欲安以重，欲疾以速；窥敌观变欲潜以深，欲伍以参[①]；遇敌决战必道吾所明，无道吾所疑。夫是之谓六术。无欲将而恶废，无急胜而忘败，无威内而轻外，无见其利而不顾其害，凡虑事欲孰而用财欲泰。夫是之谓五权。所以不受命于主有三：可杀而不可使处不完[②]，可杀而不可使击不胜，可杀而不可使欺百姓。夫是之谓三至[③]。凡受命于主而行三军，三军既定，百官得序，群物皆正，则主不能喜，敌不能怒，夫是之谓至臣。虑必先事而申之以敬，慎终如始，终始如一，夫是之谓大吉。凡百事之成也，必在敬之；其败也，必在慢之。故敬胜怠则吉，怠胜敬则灭；计胜欲则从，欲胜计则凶。战如守，行如战，有功如幸。敬谋无圹[④]，敬事无圹，敬吏无圹，敬众无圹，敬敌无圹，夫是之谓五无圹。谨行此六术、五权、三至，而处之以恭敬无圹，夫是之谓天下之将，则通于神明矣。"

临武君曰："善！请问王者之军制？"

孙卿子曰："将死鼓，御死辔[⑤]，百吏死职，士大夫死行列。闻鼓声而进，闻金声而退，顺命为上，有功次之；令不进而进，犹令不退而退也，其罪惟均。不杀老弱，不猎禾稼，服者不禽，格者不舍，奔命者不获。凡诛，非诛其百姓也，诛其乱百姓者也；百姓有扞[⑥]其贼，则是亦贼也。以故顺刃者生，苏[⑦]刃者死，奔命者贡[⑧]。微子开封于宋，曹触龙断于军，殷之服民，所以养生之者也，无异周人。故近者歌讴而乐之，远者竭蹶[⑨]而趋之，无幽闲辟陋之国，莫不趋使而安乐之，四海之内若一家，通达之属莫不从服，夫是之谓人师。《诗》曰：'自西自东，自南自北，无思不服。[⑩]'此之谓也。王者有诛而无战，城守不攻，兵格不击，上下相喜则庆之，不屠城，不潜军，不留众，师不越时。故乱者乐其政，不安其上，欲其至也。"

临武君曰："善！"

注　释

①伍以参：三番五次地勘察。

②完：这里指坚固、安全的阵地。

③三至：三条最高的标准。

④圹（kuàng）：通"旷"，懈怠，疏忽。

⑤辔：马缰绳。

⑥扞（hàn）：通"捍"，捍卫，保护。

⑦苏：通"傃（sù）"，朝向。

⑧贡：献，这里指交给上级。

⑨竭蹙：穷乏，窘迫，这里形容不辞劳苦。

⑩自西自东，自南自北，无思不服：引自《诗经·大雅·文王有声》，意思是：从西到东，从南到北，没有不服从的。

译　文

孝成王、临武君说："好，请问做将领应该怎么样？"

荀卿说："智慧没有比抛弃疑虑更大的了，行为没有比不犯错更好的了，做事没有比不悔恨更重要的了，事情到了无悔也就做到极致了，不能乞求必然的成功。因此，制度、政令，一定要有威严；赏赐、惩罚，一定要有信用；驻扎隐藏，一定要周全、坚固；迁徙进退，一定要安稳慎重，要迅速敏捷；侦察敌人、考察变化，要潜藏隐秘，要反复勘察；碰到敌人进行决战，一定要根据自己知道的去行动，不要根据自己疑惑的去行动。这叫作六种战术。不要只想保住将领的地位而担心失去，不要急于求胜而忘记考虑失败，不要对内有威严而轻视敌人，不要见到利益就不考虑危害，凡是考虑事情一定要仔细，财物奖赏一定要大方，这就叫作五种权变。不听从君主的命令有三种情况：可以被杀，但不能驻军于不安全的地方；可以被杀，但不能让军队攻击不可能战胜的目标；可以被杀，但不能让军队欺压百姓。这就是所说的三个最高的原则。大凡得到君主的任命而统率三军，三军稳定，百官各司其职，各种事物都得其宜，而君主不能让他高兴，敌人不能让他生气，这就叫作最好的大臣。在做事之前多加考虑并谨慎地去做，慎终如始，始终如一，这就叫作最大的吉祥。大凡各种事情的成功，一定在于恭敬；失败，一定在于轻慢。因此恭敬胜过轻慢就会吉祥，轻慢胜过恭敬就会灭亡；计谋胜过欲望就会成功，欲望胜过计谋就会凶险。打仗好像守城，行军好像打仗，有了功劳好像侥幸得胜。谨慎谋划而不懈怠，谨慎地对待事物而不懈怠，谨慎地对待官吏而不懈怠，谨慎地对待百姓而不懈怠，谨慎地对待敌人而不懈怠，这就叫作五种不懈怠。谨慎地施行六种战术、五种权变、三个原则，并以谨慎不懈怠来处理，这就叫作天下无敌之将，能够与神明沟通。”

临武君说：“好，请问王者的军队制度是什么样的？”

荀卿说：“将领至死不后退，驾车的人至死不放开缰绳，百官至死不放弃职务，战士至死不离开行伍。听到鼓声就前进，听到鸣金就后退。听从命令为上，建立功劳次之。命令不让前进而前进，和命令不让后退而后退，其罪过是一样的。不杀老弱之人，不践踏百姓的庄稼，不战自退的敌人不捉拿，顽抗的敌人不饶恕，前来投降的敌人不抓作俘虏。凡是诛杀，不是诛杀百姓，而是诛杀惑乱百姓的人。百姓中有保护敌人的，也算作敌人。因此，顺从刀刃的敌人可以得到生命，迎着刀刃的敌人会被诛杀，前来投降的敌人就交给上级处理。微子被封在宋地，曹触龙在军前被斩首，商代那些投降的百姓，他们的生活待遇，和周人没有不同。因此，附近的人赞颂、喜欢周朝，远方的人不辞辛劳地赶来投奔他。即使是偏僻不通的国家，没有不前来投奔并以此为安乐的，四海之内好像一家人，通达之地没有不服从的，这就叫作为人师表。《诗经》中说：‘从西到东，从南到北，没有不服从的。’讲的就是这个道理。王者有诛杀而没有攻伐，敌人坚守城池就不进攻，敌人抵抗就不攻打，敌人上下和睦就庆贺他们。不屠杀城中百姓，不偷袭敌人军队，不让军队长期留在外面作战，用兵不超过规定的时间。因此混乱国家的百姓喜爱王者的政治，不安于他们的君主的统治，都盼望王者的到来。”

临武君说：“讲得好。”

原　文

陈嚣问孙卿子曰：“先生议兵，常以仁义为本；仁者爱人，义者循理，然则又何以兵为？凡所为有兵者，为争夺也。”

孙卿子曰：“非汝所知也！彼仁者爱人，爱人，故恶人之害之也；义者循理，循理，故恶人之乱之也。彼兵者，所以禁暴除害也，非争夺也。故仁人之兵，所存者神，所过者化，若时雨之降，莫不说[①]喜。是以尧伐驩兜[②]，舜伐有苗[③]，禹伐共工[④]，汤伐有夏，文王伐崇[⑤]，武王伐纣，此四帝两王，皆以仁义之兵行于天下也。故近者亲其善，远方慕其德，兵不血刃，远迩来服，德盛于此，施及四极。《诗》曰：‘淑人君子，其仪不忒。[⑥]’此之谓也。”

李斯问孙卿子曰：“秦四世有胜，兵强海内，威行诸侯，非以仁义为之也，以便从事而已。”

孙卿子曰：“非汝所知也！汝所谓便者，不便之便也；吾所谓仁义者，大便之便也。彼仁义者，所以修政者也；政修则民亲其上，乐其君，而轻为之死。故曰：‘凡在于军，将率末事也’。秦四世有胜，諰諰然常恐天下之一合而轧己也[⑦]，此所谓末世之兵，未有本统也。故汤之放桀也，非其逐之鸣条[⑧]之时也；武王之诛纣也，非以甲子之朝[⑨]而后胜之也，皆前行素修也，此所谓仁义之兵也。今女不求之于本而索之于末，此世之所以乱也。”

礼者，治辨之极也，强固之本也，威行之道也，功名之总也，王公由之，所以得天下也，不由，所以陨社稷也。故坚甲利兵不足以为胜，高城深池不足以为固，严令繁刑不足以为威。由其道则行，不由其道则废。

注　释

①说：通“悦”。

②驩兜：尧时的部落首领。

③有苗：又称“三苗”，舜时的部落。

④共工：禹时的部落首领，传说被禹流放到幽州。说为尧时的臣子。

⑤崇：商代的一个诸侯国。

⑥淑人君子，其仪不忒：引自《诗经·曹风·尸鸠》，意思是：善良的君子，他坚持的道义不会改变。

⑦諰（xǐ）諰然：害怕的样子。轧：倾扎，颠覆。

⑧鸣条：古地名，今山西运城安邑镇北。

⑨甲子之朝：甲子这一天的早晨，武王克纣之日。

译　文

陈嚣问荀卿说：“先生您谈论用兵，总是要以仁义为根本。仁者爱护人，义者遵循道理，那么还用兵做什么呢？大凡用兵的人，都是为了争夺。”

荀卿说：“这不是你所知道的那样。仁者爱护别人，爱护别人，所以厌恶别人伤害他们；义者遵循道理，遵循道理，所以讨厌别人扰乱他们。用兵，是为了制止残暴、消除伤害，而不是为了争夺。因此，仁人的军队，所在的地方治理得很好，经过的地方受到教化，就好像下了及时雨一样，没有不高兴的人。因此尧讨伐驩兜，舜讨伐三苗，禹讨伐共工，商汤讨伐夏桀，文王讨伐崇，武王讨伐纣，这四位帝王和两位王者，都是以仁义的军队横行天下的。因此近处的人喜欢他们的美德，远方的人向往他们的德行，兵器不沾血，而远近的人都来归服，德行盛大到这样的程度，影响就会远及四方。《诗经》中说：‘善良的君子，他坚持的道义不会改变。’讲的就是这个道理。”

李斯问荀卿说：“秦国四代都能取得胜利，军队在海内称强，威震诸侯，并不是靠仁义做到的，凡事方便行事罢了。”

荀卿说：“这不是你所知道的那样。你所说的方便，是不便中的方便；我所说的仁义，是最大的方便。仁义，是用来修正政治的。政治美好，百姓就会亲近他们的君主，喜爱他们的君主，愿意为君主去牺牲自己。因此说：根本在于君主，将帅只是末尾的事。秦国四代都能取得胜利，却害怕天下人合在一起倾覆自己，这就是所说的乱世之兵，没有掌握仁义这一根本啊。因此商汤流放夏桀，并不是在将他流放到鸣条的时候；武王诛讨商纣，并不是在甲子的早上才取得胜利；根本在于之前的行为和平时的修养，这就是所说的仁义之兵。现在你不追求根本而去追求末端，这是世道混乱的原因啊。”

礼，是治理的最高标准，是强国的根本，是威势行于天下的方法，是建立功名的纲要。王公遵行礼，就可以得到天下；不遵行礼，就会使社稷败坏。因此铠甲坚固、兵器锋利，不足以取得胜利；城墙高大，护城河深，不足以坚固地防守；命令严格，刑罚繁多，不足以展示权威。按礼义之道就行得通，不按礼义之道就会失败。

原　文

楚人鲛革犀兕以为甲[①]，鞈[②]如金石；宛钜铁釶[③]，惨如蜂虿[④]，轻利僄遬[⑤]，卒[⑥]如飘风；然而兵殆于垂沙，唐蔑死，庄跻起，楚分而为三四，是岂无坚甲利兵也哉！其所以统之者非其道故也。汝、颍[⑦]以为险，江、汉[⑧]以为池，限之以邓林[⑨]，缘之以方城[⑩]；然而秦师至而鄢郢[⑪]举，若振槁然，是岂无固塞隘阻也哉！其所以统之者非其道故也。纣刳比干，囚箕子，为炮烙刑，杀戮无时，臣下懔然[⑫]莫必其命，然而周师至，而令不行乎下，不能用其民，是岂令不严，刑不繁也哉！其所以统之者非其道故也。

古之兵，戈矛弓矢而已矣，然而敌国不待试而诎；城郭不辨[⑬]，沟池不抇[⑭]，固塞不树，机变不张；然而国晏然不畏外而固者，无它故焉，明道而分钧之，时使而诚爱之，下之和上也如影响，有不由令者，然后诛之以刑。故刑一人而天下服，罪人不邮[⑮]其上，知罪之在己也。是故刑罚省而威流，无它故焉，由其道故也。古者帝尧之治天下也，盖杀一人，刑二人，而天下治。传曰：“威厉而不试，刑错而不用。”此之谓也。

凡人之动也，为赏庆为之，则见害伤焉止矣。故赏庆、刑罚、势诈不足以尽人之力，致人之死。为人主上者也，其所以接下之百姓者，无礼义忠信，焉虑率用赏庆[16]、刑罚、势诈，除厄[17]其下，获其功用而已矣。大寇则至，使之持危城则必畔，遇敌处战则必北，劳苦烦辱则必奔，霍焉[18]离耳，下反制其上。故赏庆、刑罚、势诈之为道者，佣徒鬻卖之道也，不足以合大众，美国家，故古之人羞而不道也。故厚德音以先之，明礼义以道之，致忠信以爱之，尚贤使能以次之，爵服庆赏以申之，时其事、轻其任，以调齐之，长养之，如保赤子。政令以定，风俗以一，有离俗不顺其上，则百姓莫不敦恶[19]，莫不毒孽[20]，若被[21]不祥；然后刑于是起矣。是大刑之所加也，辱孰大焉！将以为利邪？则大刑加焉，身苟不狂惑戆陋，谁睹是而不改也哉！然后百姓晓然皆知循上之法，像上之志而安乐之。于是有能化善、修身、正行、积礼义、尊道德，百姓莫不贵敬，莫不亲誉；然后赏于是起矣。是高爵丰禄之所加也，荣孰大焉！将以为害邪？则高爵丰禄以持养之；生民之属，孰不愿也！雕雕焉县贵爵重赏于其前[22]，县明刑大辱于其后，虽欲无化，能乎哉！故民归之如流水，所存者神，所为者化。而顺……[23]暴悍勇力之属为之化而愿，旁辟曲私之属为之化而公，矜纠收缭[24]之属为之化而调，夫是之谓大化至一。《诗》曰："王犹允塞，徐方既来。[25]"此之谓也。

注　释

①鲛革：鲨鱼皮。犀、兕（sì）：犀牛。

②鞈（gé）：古代革制作的胸甲。这里引申为坚固。

③宛：地名，楚国的城邑。钜铁：非常坚硬的铁。□（shī）：即矛。

④惨：毒。蜂虿（chài）：蜂和蝎等毒虫。

⑤轻利僄遬（piào sù）：轻巧迅速。

⑥卒（cù）：通"猝"，突然，忽然。

⑦汝、颍：皆水名。

⑧江、汉：长江和汉水。

⑨邓林：楚国背部邓地的山林。

⑩方城：山名，在楚国北部。

⑪鄢（yān）、郢（yǐng）：楚国地名。

⑫懔（lǐn）然：畏惧的样子。

⑬辨：治理，修理。

⑭扫（hú）：掘。

⑮邮：通“尤”，怨恨。

⑯焉：语气助词。虑率：大概，通常。

⑰除厄：逼迫。

⑱霍焉：离散的样子。

⑲敦恶：厌恶。

⑳毒孽：痛恨。

㉑祓（fú）：去除。

㉒雕雕焉：清楚的样子。县（xuán）：通“悬”，悬挂。

㉓“而顺”句：这里文字有缺失。

㉔矜纠收缭：暴躁，乖戾，不讲道理。

㉕王犹允塞，徐方既来：引自《诗经·大雅·常武》，意思是：王道充满天下，远方的徐族都来归顺。塞：充满。徐方：以徐为名的部落。

译文

楚国人用鲨鱼皮、犀牛皮做盔甲，胸甲坚硬得像金属和石头，用宛地出产的硬铁做矛，厉害得像蜂、蝎那样，士兵行动轻快迅速，像大风一样迅猛，却兵败垂沙，唐蔑身死，庄跻起兵造反，楚国四分五裂。这是因为没有坚固的铠甲和锋利的兵器吗？是因为君主的统治不合乎礼义之道。楚国以汝水、颍水为天险，以长江、汉水为护城河，以邓林为险阻，以方城山为要塞；然而秦国的军队到来，而鄢、郢两地陷落，就像摇动干枯的树叶一样容易，是因为没有坚固的要塞和险阻吗？是因为君主的统治不合乎礼义之道。商纣剜比干之心，囚禁箕子，制造炮烙酷刑，不时杀戮，臣下畏惧他，没人敢不遵从他的命令，然而周国的军队一到来，命令就不能被下面的人执行，也不能役使他的百姓了，这难道是因为政令不威严、刑罚不繁多吗？是因为君主的统治不合乎礼义之道。

古代的兵器，不过是矛、戈和弓箭，然而还没使用敌国就屈服了；城郭不修治，沟池不深挖，不设立坚固的要塞，不实行技巧权谋，然而国家安定，不畏惧外敌而内部稳定；这没有别的原因，就是因为使百姓明白道义而用等级名分来协调，按时使用民力而真诚地爱护他们，下面对上面的回应就好像影子和回声一样。有不遵从命令的，然后用刑罚来惩治他。因此惩治一人而天下人都服从，而犯罪的人不怨恨君主，因为他知道罪过在于自己。因此刑法简单而权威普及，这没有别的原因，因为君主遵从礼义之道。古时候，帝尧治理天下，只杀了一个人，惩罚了两个人，天下就得到了治理。古书上说：“权威严明而不实行，设置刑法而不应用。”讲的就是这个道理。

大凡人的行动，是为了赏赐才去做的，那么见到对自己有损害就停止了。因此，赏赐、刑罚、权势、欺诈不能够用来竭尽百姓的力气，不足以让人效死。作为君主，他治理下面的百姓，不用仁义、忠信，而是经常用赏赐、刑罚、权势、欺诈和逼迫，只能获得一定的效用。一旦强大的敌寇到来，让百姓守护危险的城池，百姓一定会反叛；让百姓攻打敌人，就一定会失败；让他们做劳苦、繁重的活，他们一定会逃跑，突然之间就离散了，百姓反过来挟制其君主。因此赏赐、刑罚、权势、欺诈的方法，是雇佣、买卖的方法，不能够用来统一大众，治理国家，因此古人以之为羞耻而不言说。因此，加强道德声誉来引导百姓，使他们明白礼义，并以此教化他们，尽力用忠信的德行来爱护他们，崇尚贤人、任用能人来给他们分等级，用爵位、服饰和赏赐来激励他们，让百姓按时劳动，减轻他们的负担来协调统一他们，养育保护他们，就像保护孩子一样。这样政令就会稳定，风俗就会统一。有背离风俗而不顺从君主的人，百姓无不厌恶怨恨他，认为他是祸害，就好像去除不祥的事情一样驱逐他，然后刑罚随之而起。因此大刑加在身上，耻辱没有比这更大了吧？这么做有好处吗？大刑加在身上，只要不是疯狂、迷惑、无知的人，谁看见这个而不悔改呢？然后百姓都清楚地知道遵从君主的法令，效法君主的志向，并以此安心快乐。因此，有能够改恶从善、修养自身、端正行为、积习礼义、遵崇道德的人，百姓无不尊敬他，无不亲近、赞美他，于是赏赐就兴起了。高官厚禄加在身上，荣耀没有比这更大了吧？还有人去为害吗？因此用高官厚禄来保养百姓，百姓中谁会不愿意呢？清楚明白地把高官厚禄放在百姓面前，明白地把严明的刑罚和屈辱放在他们身后，即使不想接受教化，可能吗？因此百姓像流水一样归顺，君主所到的地方就得到治理，经过的地方就得到教化。凶悍、勇猛的人会变得朴实，乖戾、偏私之人会变得公正，急躁、不讲道理的人会变得和气，这就叫作教化天下至于统一的极点。《诗经》中说：“王道充满天下，远方的徐族都来归顺。”讲的就是这个道理。

原　文

凡兼人者有三术：有以德兼人者，有以力兼人者，有以富兼人者。彼贵我名声，美我德行，欲为我民，故辟门除涂[①]以迎吾入。因其民，袭其处，而百姓皆安，立法施令，莫不顺比[②]。是故得地而权弥重，兼人而兵俞[③]强，是以德兼人者也。非贵我名声也，非美我德行也，彼畏我威，劫我势，故民虽有离心，不敢有畔虑，若是则戎甲俞众，奉养必费。是故得地而权弥轻，兼人而兵俞弱，是以力兼人者也。非贵我名声也，非美我德行也，用贫

求富，用饥求饱，虚腹张口，来归我食。若是，则必发夫掌窌之粟以食之[4]，委之财货以富之，立良有司以接之，已期三年，然后民可信也。是故得地而权弥轻，兼人而国俞贫，是以富兼人者也。故曰：以德兼人者王，以力兼人者弱，以富兼人者贫，古今一也。

兼并易能也，唯坚凝之难焉。齐能并宋，而不能凝也，故魏夺之。燕能并齐，而不能凝也，故田单夺之。韩之上地[5]，方数百里，完全富足而趋赵[6]，赵不能凝也，故秦夺之。故能并之，而不能凝，则必夺；不能并之，又不能凝其有，则必亡。能凝之，则必能并之矣。得之则凝，兼并无强。古者汤以薄[7]，武王以滈[8]，皆百里之地也，天下为一，诸侯为臣，无它故焉，能凝之也。故凝士以礼，凝民以政；礼修而士服，政平而民安；士服民安，夫是之谓大凝。以守则固，以征则强，令行禁止，王者之事毕矣。

注　释

①辟门除涂：打开门，清扫道路。涂：通“途”。

②比：亲近，亲附。

③俞：通“愈”。

④掌：当为“廪”字，仓库。窌（jiào）：窖。

⑤上地：指上党。

⑥趋赵：这里指公元前262年，韩上党郡守冯亭投降赵国的事。趋：归顺。

⑦薄：通“亳（bó）”。

⑧滈（hào）：通“镐”。

译　文

大凡兼并他国有三种方法：有用德行兼并他国的，有用武力兼并他国的，有用财富兼并他国的。别的国家的百姓敬重我的名声，赞美我的德行，想要做我方的百姓，因此打开国门、扫清道路迎接我进入；我沿用当地百姓的风俗，不改变当地百姓的生活方式，而百姓都得到安定，建立法制、施行政令，没有不亲近顺从的。因此得到土地而权力加重，兼并他国而兵力更加强大，这是用德行来兼并他国。别国的百姓不敬重我的名声，不赞美我的德行，而是畏惧我的权威，害怕我的势力，因此百姓虽然有背离我的心意，但不敢有背叛我的图谋。这样的话，军队越来越多，奉养的费用越来越高。因此，得到了土地而权力更轻，兼并他国而兵力越弱，这是用武力来兼并他国。别国的百姓不敬重我的名声，不赞美我的德行，因为贫困来求财富，因为饥馑来求温饱，空着肚子张着嘴，到我这里来要粮食。这样的话，一定会用仓廪、地窖中储存的粮食来供给他们，给他们财货让他们富有，任用好的官员来管理他们，等到三年以后，百姓才可以信任。因此，得到土地而权力更轻，兼并他国而国家更贫困，这是用财富来兼并他国。所以说：用德行兼并他国的能称王，用武力兼并他国的会衰弱，用财富兼并他国的会贫穷，从古到今都是如此。

兼并他国是容易实现的，但坚守和凝聚对方是很难的。齐国能够兼并宋国，但不能凝聚它，因此魏国将其夺走了。燕国能兼并齐国，而不能凝聚它，因此被田单夺走了。韩国的上党郡，方圆数百里，城池完整、国库富裕地归顺赵国，赵国不能凝聚它，因此被秦国夺去了。因此能兼并他国而不能凝聚，一定会被夺走；不能兼并他国又不能凝聚自己拥有的，一定会灭亡；能够凝聚本国的就一定能兼并他国。得到他国的土地而能凝聚，再兼并就不会有强大的对手了。古代商汤依靠亳地，武王依靠镐地，这都是百里大的地方，但统一天下，诸侯称臣，没有别的缘故，是因为他能够凝聚得到的土地。因此用礼义来凝聚士，用政治来凝聚百姓；礼义修明那么士就会服从，政治清平那么百姓就会安定；士人服从，百姓安定，这就叫作最大凝聚。用来守城就会坚固，用来征讨就会强大，命令下了就能得到施行，禁令下了就会停止行动，王者的事业也就完备了。

强国篇第十六

原　文

刑范[①]正，金[②]锡美，工冶巧，火齐得，剖刑而莫邪已。然而不剥脱[③]，不砥厉[④]，则不可以断绳；剥脱之，砥厉之，则劙[⑤]盘盂、刎[⑥]牛马忽然耳。彼国者，亦强国之剖刑已。然而不教诲，不调一，则入不可以守，出不可以战；教诲之，调一之，则兵劲城固，敌国不敢婴[⑦]也。彼国者亦有砥厉，礼义节奏是也。故人之命在天，国之命在礼。人君者，隆礼尊贤而王，重法爱民而霸，好利多诈而危，权谋倾覆幽险而亡。

威有三：有道德之威者，有暴察之威者，有狂妄之威者。此三威者，不可不孰察也。礼义则修，分义则明，举错[⑧]则时，爱利则形；如是，百姓贵之如帝，高之如天，亲之如父母，畏之如神明；故赏不用而民劝，罚不用而威行。夫是之谓道德之威。礼乐则不修，分义则不明，举错则不时，爱利则不形；然而其禁暴也察，其诛不服也审，其刑罚重而信，其诛杀猛而必，黭[9]然而雷击之，如墙厌[10]之；如是，百姓劫则致畏，嬴则敖上[11]，执拘则冣[12]，得间则散，敌中[13]则夺，非劫之以形势，非振之以诛杀，则无以有其下。夫是之谓暴察之威。无爱人之心，无利人之事，而日为乱人之道，百姓讙敖[14]，则从而执缚之，刑灼之，不和人心；如是，下比周贲溃以离上矣[15]，倾覆灭亡，可立而待也。夫是之谓狂妄之威。此三威者，不可不孰察也。道德之威成乎安强，暴察之威成乎危弱，狂妄之威成乎灭亡也。

注释

①刑范：即“型范”，模具。刑：通“型”。

②金：这里指“铜”。

③剥脱：刮削。

④砥厉：即“砥砺”，磨砺。

⑤劙（lí）：割，劈。

⑥刎（wěn）：割。

⑦婴：通“撄”，触犯。

⑧错：通“措”。

⑨黭（yǎn）：通“奄”，突然。

⑩厌：疑为“压”。

⑪嬴：通“羸”，宽松。敖：通“傲”。

⑫冣（jù）：通“聚”。《集解》作“最”，应是“冣”的误写。

⑬中：进攻。

⑭讙（huān）敖：喧嚣。

⑮比周：联合，结伙。贲：通“奔”。

译文

模具端正，铜、锡质量好，工匠冶炼技术高，火候得时，剖开模具，莫邪宝剑就铸好了。但是不经过刮削，不去磨砺，就不能砍断绳子；刮削它，磨砺它，那么削割盘盂、宰杀牛马只在片刻之间。国家，也像刚从模具中剖出来的宝剑一样。如果不进行教化，不协调一致，那么对内不可以固守，对外不可以打仗；教化百姓，使他们协调一致，那么军队就会强大，城池就会稳固，敌国就不敢来触犯。国家也需要磨砺，礼义制度就是磨刀石。因此人的命运取决于上天，国家的命运取决于礼义。君主，推崇礼义、尊重贤人的就能称王，重视法制、爱护百姓的就会称霸，喜好利益、多行诡诈的就会危险，使用权谋、倾轧陷害、行事阴险的就会灭亡。

威势有三种：有道德的威势，有残暴精察的威势，有狂妄的威势。这三种威势不可以不详细地考察。礼乐美好，等级名分明确，行为举措合时，对百姓的爱护和利益都表现出来，这样的话，百姓就会像尊重天帝那样尊重他，像推崇苍天那样推崇他，像亲近父母那样亲近他，像敬畏神明那样敬畏他。因此不用赏赐而百姓勤勉，不用惩罚而威严遍行天下，这就是道德的威势。礼乐不美好，等级名分不明确，举措不合时，对百姓的爱护和利益得不到彰显，但是他禁止凶暴很明确，诛杀不服之人很谨慎，刑罚虽然重但是有信用，他的诛杀严厉而坚定，迅速得像雷击一样，像墙倒塌一样。这样的话，百姓受到胁迫就会畏惧他，过于宽舒就会傲慢主上，强行拘束他们就会聚在一起，一有空隙就会立刻离散，敌人进攻他们就会被夺走，不用权势来胁迫，不用诛杀来威慑，他们就不会居于人下。这就叫作残暴精察的威势。没有爱护别人的心，没有利益他人的行为，每天都在做扰乱百姓的事情，百姓怨声载道，于是就把他们抓起来，严刑拷打，不求百姓的欢心。这样的话，百姓就会联合起来逃散而背离君主，国家的颠覆和灭亡可以站着等待了。这就是狂妄的威势。这三种威势，不能不详细考察。道德的威势能成就国家的安定和强大，残暴精察的威势会导致国家的危险和弱小，狂妄的威势将导致国家的灭亡。

原　文

公孙子曰：“子发[1]将西伐蔡，克蔡，获蔡侯，归致命曰：‘蔡侯奉其社稷而归之楚，舍属二三子而治其地。’既[2]，楚发其赏，子发辞曰：‘发诫布令而敌退，是主威也；徙举相攻而敌退，是将威也；合战用力而敌退，是众威也。臣舍不宜以众威受赏。’”

讥之曰：“子发之致命也恭，其辞赏也固。夫尚贤使能，赏有功，罚有罪，非独一人为之也，彼先王之道也，一人之本也，善善恶恶之应也，治必由之，古今一也。古者明王之举大事，立大功也，大事已博[3]，大功已立，则君享其成，群臣享其功，士大夫益爵，官人益秩，庶人益禄。是以为善者劝，为不善者沮[4]，上下一心，三军同力，是以百事成，而功名大也。今子发独不然：反先王之道，乱楚国之法，堕兴功之臣，耻受赏之属，无僇[5]乎族党而抑卑其后世，案独以为私廉，岂不过甚矣哉！故曰：子发之致命也恭，其辞赏也固。”

注释

①子发：姓景，名舍，春秋时期楚国人。

②既：不久。

③博：取，得到。

④沮：通“阻”，止。

⑤僇（lù）：侮辱。

译文

公孙子说：“子发率军向西攻打蔡国，战胜蔡国，并俘获了蔡侯，回来复命说：‘蔡侯捧着蔡国的社稷来归顺楚国。我景舍已让几个人去治理蔡国了。’不久，楚国赏赐有功之人，子发推辞说：‘发出戒令、下达命令而敌人退却，这是君主的威势；进军攻打而敌人退却，这是将领的威势；一起努力作战而敌人退却，这是士兵的威势。我不能用大家的威势来领赏。’”

荀子讽刺子发说：“子发的复命很恭敬，他推辞赏赐却很固执。推举贤人、任用能人，赏赐有功之人，惩治犯罪之人，并不是某一个人要这样做的，这是古代帝王之道，是统治百姓的根本，是喜好善良、讨厌邪恶的应对办法，治国一定要这样做，古今都是一样的。古代贤明的君主做大事、立大功，大事已经完成，大功已经建立，那么君主享受结果，群臣享受功劳，士大夫加官晋爵，当官的提高官秩，士兵增加粮饷。因此做善事的人得到勉励，做不善之事的人受到阻止，上下一心，三军团结，因此各种事都能成功而功名盛大。现在子发却不如此，违反先王之道，扰乱楚国的法制，贬斥有功劳的大臣，使接受赏赐的人感到耻辱，即使不使族党受辱，也会使后代受到抑制、变得卑微，他却自以为自己廉洁，这不是错得太过分了么！因此说：子发的复命很恭敬，他推辞赏赐却很固执。”

原文

荀卿子说齐相曰：“处胜人之势，行胜人之道，天下莫忿，汤、武是也；处胜人之势，不以胜人之道，厚于有天下之势，索为匹夫不可得也，桀、纣是也。然则得胜人之势者，其不如胜人之道远矣！夫主相者，胜人以势也。是为是，非为非，能为能，不能为不能，并[①]己之私欲，必以道，夫公道通义之可以相兼容者，是胜人之道也。今相国上则得专主，下则得专国，相国之于胜人之势，亶[②]有之矣。然则胡不驱此胜人之势，赴胜人之道，求仁厚明通之君子而托王焉，与之参国政，正是非？如是，则国孰敢不为义矣！君臣上下，贵贱长少，至于庶人，莫不为义，则天下孰不欲合义矣！贤士愿相国之朝，能士愿相国之官，好利之民莫不愿以齐为归，是一天下也。相国舍是而不为，案直为是世俗之所以为，则女主乱之宫，诈臣乱之朝，贪吏乱之官，众庶百姓皆以贪利争夺为俗，曷若是而可以持国乎？

“今巨楚县[③]吾前，大燕䲡[④]吾后，劲魏钩[⑤]吾右，西壤之不绝若绳，楚人则乃有襄贲、开阳以临吾左，是一国作谋，则三国必起而乘我。如是，则齐必断而为四、三，国若假[⑥]城然耳，必为天下大笑。曷若？两者孰足为也？夫桀、纣，圣王之后子孙也，有天下者之世也，势籍之所存，天下之宗室也，土地之大，封内千里，人之众数以亿万，俄而天下倜然举去桀、纣而奔汤、武[⑦]，反然举恶桀、纣而贵汤、武。是何也？夫桀、纣何失而汤、武何得也？曰：是无它故焉，桀、纣者善为人所恶也，而汤、武者善为人所好也。人之所恶何也？曰：污漫、争夺、贪利是也。人之所好者何也？曰：礼义、辞让、忠信是也。今君人者，辟称比方则欲自并乎汤、武，若其所以统之，则无以异于桀、纣，而求有汤、武之功名，可乎？

“故凡得胜者，必与人也；凡得人者，必与道也。道也者，何也？曰：礼让、忠信是也。故自四五万而往者强胜，非众之力也，隆在信矣。自数百里而往者安固，非大之力也，隆在修政矣。今已有数万之众者也，陶诞比周以争与[⑧]；已有数百里之国者也，污漫突盗[⑨]以争地；然则是弃已之所安强，而争已之所以危弱也；损已之所不足，以重已之所有余。若是其悖缪也，而求有汤、武之功名，可乎！辟之是犹伏而咶[⑩]天，救经[⑪]而引其足也。说必不行矣，愈务而愈远。为人臣者，不恤已行之不行，苟得利而已矣，是渠冲[⑫]入穴而求利也，是仁人之所羞而不为也。故人莫贵乎生，莫乐乎安；所以养生安乐者，莫大乎礼义。人知贵生乐安而弃礼义，辟之是犹欲寿而歾[⑬]颈也，愚莫大焉。故君人者，爱民而安，好士而荣，两者亡一焉而亡。《诗》曰：‘价人维藩，大师维垣。[⑭]’此之谓也。”

注　释

①并：通“屏”，摒弃。

②亶（dǎn）：诚，确实。

③县：通“悬”。

④鳍：通“遒”，逼迫。

⑤钩：这里为牵制。

⑥假：借。

⑦倜（tì）然：远离的样子。举：全，都。

⑧陶诞：虚夸。比周：拉帮结派。与：同盟者。

⑨污漫突盗：污秽怠慢，侵凌盗窃。

⑩咶（shì）：舔。

⑪经：上吊。

⑫渠冲：古代打仗时用来冲撞城墙的大战车。

⑬殄（wěn）：通“刎”，割，杀。

⑭价人维蕃，大师维垣：引自《诗经·大雅·板》，意思是：“贤人就是国家的藩篱，百姓就是国家的围墙。”价人：善良的人，这里引申为贤人。师：众。

译　文

荀卿劝齐国的相国说：“处在战胜他人的势位，践行战胜他人的方法，天下人对此没有怨恨，商汤、武王就是如此；处在战胜他人的势位，不用战胜他人的方法，即使拥有统一天下这么雄厚的势位，想要做一个匹夫都不可能，桀、纣就是如此。可见获得战胜他人的势位，比践行战胜他人的方法差得太远了。君主和相国，用权势制服别人；是就是是，非就是非，能就是能，不能就是不能，摒除自己的私欲，一定依照用那些可以兼容并包的公正之道、通达之义，这是战胜他人的规律。现在相国您上可以控制君主，下可以控制国家，相国您对于战胜他人的势位，确实是具有了。但是何不用此战胜他人的势位，去实行战胜他人的方法，寻找仁厚明达的君子，并托付给他王者之事，和他一起参与国家政事，修正国家的是与非？这样的话，国家中谁敢不做仁义的事？君臣上下、贵贱长幼，以至于普通百姓，没有人不仁义，那么天下人谁还不愿意归顺仁义？贤士向往相国的朝堂，能人向往相国手下的官职，喜欢利益的百姓无不愿意归顺齐国，这样天下就会统一。相国舍弃这个不做，却做那些世俗之人所做的事，那么嫔妃会扰乱后宫，欺诈的大臣会扰乱朝廷，贪婪的官吏会扰乱官场，百姓会习惯于贪图利益、争夺利益，像这样要怎么来维持国家呢？

“现在巨大的楚国横在我国的前方，强大的燕国逼迫在我国的后方，强劲的魏国牵制我国的右方，西方的国土与本国虽然没有断绝，但像细绳子那样岌岌可危，楚国则有襄贲、开阳两地在我国的左方，只要有一个国家有所图谋，其他三个国家一定会趁机攻打我国。这样的话，齐国一定会四分五裂，国家就好像是借别人的城池生存一样，一定会被天下耻笑。怎么样？这两者哪个更值得做呢？桀、纣是圣王的后代子孙，是拥有天下的继承者，拥有至高的势位，是天下的宗主，土地广大，国内有千里之地，人口之多，不下亿万，突然之间天下全都背离桀、纣而归顺汤、武，反过来全都讨厌桀、纣而尊重汤、武。这是为什么呢？桀、纣有什么过失，而汤、武为什么能得到这些呢？回答是：这没有其他的原因，桀、纣喜欢做人们厌恶的事，而汤、武喜欢做人们喜好的事。人们所厌恶的是什么呢？回答是：污秽、争夺、贪图利益。人们喜好的是什么呢？回答是：礼义、辞让、忠信。现在的君主，在称号上想要和汤、武齐并，而他们的统治方式与桀、纣没有差别，还想要拥有汤、武那样的功名，可能吗？

"因此，凡是获得胜利的，一定有贤人辅佐；凡是获得贤人的，一定合乎大道。大道是什么呢？回答是：礼义、辞让、忠信。因此拥有四五万人的国家，能够强大、胜利，这不是依靠人数多，而在于推崇忠信；领土方圆数百里的国家，能够安定、巩固，不是土地广大的缘故，而在于推崇美好的政治。现在已经拥有了数万百姓的国家，却用虚夸荒诞、拉帮结派来争取同盟者；已经拥有方圆数百里的土地，还用污秽怠慢、侵凌欺诈的方法来争取土地。这就是放弃自己的安定、强大，去争夺自己的危险和弱小；损害自己不足的地方，加强自己有余的地方。像这样荒谬悖理，还想得到汤、武的功名，可能吗？这就好比是趴在地上舔天，抢救上吊之人却拉他的脚，这种说法肯定是不能施行的，越是这么做，离正道就越远。作为臣子，不顾自己的行为不好只求获得利益，这就好比是使冲撞城墙的大车进入洞穴去求利，这是仁义之人所羞耻而不为的。因此，没有比生命更让人重视的了，没有比安逸更让人快乐的了，用来养生和安乐的方法，没有比礼义更重要的了。人们知道珍惜生命、喜好安逸却放弃礼义，这就好比是想要长寿却割断脖子，没有比这更愚蠢的了。因此，君主爱护百姓就会安逸，喜好贤士就会有荣耀，两者都没有就会灭亡。《诗经》中说：'贤人就是国家的藩篱，百姓就是国家的围墙。'讲的就是这个道理。"

原 文

"力术止，义术行，曷谓也？曰：秦之谓也。威强乎汤、武，广大乎舜、禹，然而忧患不可胜校[①]也。諰諰然[②]常恐天下之一合而轧己也，此所谓力术止也。曷谓乎威强乎汤、武？汤、武也者，乃能使说己者使耳。今楚，父死焉，国举焉，负三王之庙而辟于陈、蔡之间，视可，司间，案欲剡其胫而以蹈秦之腹[③]，然而秦使左案左，使右案右，是乃使仇人役也。此所谓威强乎汤、武也。

曷谓广大乎舜、禹也？曰：古者百王之一天下、臣诸侯也，未有过封内千里者也。今秦南乃有沙羡与俱，是乃江南也。北与胡、貉为邻，西有巴、戎，东在楚者乃界于齐，在韩者逾常山乃有临虑，在魏者乃据圉津[4]，即去大梁百有二十里耳。其在赵者剡然有苓而据松柏之塞，负西海而固常山，是地遍天下也。此所谓广大乎舜、禹也。威动海内，强殆中国，然而忧患不可胜校也，諰諰然常恐天下之一合而轧己也。然则奈何？曰：节威反文，案用夫端诚信全之君子治天下焉，因与之参国政，正是非，治曲直，听咸阳，顺者错[5]之，不顺者而后诛之。若是，则兵不复出于塞外，而令行于天下矣。若是，则虽为之筑明堂于塞外而朝诸侯，殆可矣。假今之世，益地不如益信之务也。"

应侯问孙卿子曰："入秦何见？"

孙卿子曰："其固塞险，形势便，山林川谷美，天材之利多，是形胜也。入境，观其风俗，其百姓朴，其声乐不流污，其服不佻[6]，甚畏有司而顺，古之民也。及都邑官府，其百吏肃然，莫不恭俭、敦敬、忠信而不楛[7]，古之吏也。入其国，观其士大夫，出于其门，入于公门；出于公门，归于其家，无有私事也；不比周，不朋党，倜然[8]莫不明通而公也，古之士大夫也。观其朝廷，其朝闲，听决百事不留，恬然如无治者，古之朝也。故四世有胜，非幸也，数也。是所见也。故曰：佚而治，约而详，不烦而功，治之至也。秦类之矣。虽然，则有其諰矣。兼是数具者而尽有之，然而县之以王者之功名，则倜倜然其不及远矣。是何也？则其殆无儒邪？故曰：粹而王，驳而霸，无一焉而亡。此亦秦之所短也。"

注　释

①校：计算。

②諰（xǐ）諰然：担心害怕的样子。

③剡（yǎn）：削。蹈：踩，踏。

④圉（yǔ）津：当作"围津"，地名，在今河南省。

⑤错：通"措"，安置。

⑥佻（tiāo）：不庄重。

⑦楛：恶劣。

⑧偶然：高远的样子。

译 文

“强力之术受到阻止，仁义之术能够通行，说的是什么呢？回答是：这讲的是秦国。秦国的威势比商汤、武王还强盛，土地比舜、禹还广大，但是忧患也难以计数。担心害怕，常常恐惧天下各国联合起来颠覆它，这就是所说的强力之术受到阻止。为什么说威势比商汤、武王强大呢？商汤、武王，是能够使喜欢自己的人为己所用。现在的楚王，父亲怀王死了，国家被占领了，楚王背着三代祖先的牌位躲避于陈、蔡两国之间，观察时机，伺察间隙，宁愿削掉自己的大腿也要踩踏秦国的腹地。但是秦国让他往左就往左，让他往右就往右，这是使仇人为己所用。这就是所说的威势比商汤、武王强大。为什么说土地比舜、禹广大？回答是：古时候历代帝王统一天下，使诸侯臣服，其疆土没有超过方圆千里的。现在秦国南方拥有沙羡，这便是长江以南，北方与胡、貉为邻，西有巴、戎之地，东方占有楚国的土地与齐国为界，在韩国境内已经越过了常山而到达了临虑，在魏国已经占领了围津，离大梁不过一百二十里，在赵国占据了苓地并据守险要的松柏之塞，背靠西海而固守常山，这是土地遍布天下啊。这就是所说的土地比舜、禹还要广大。秦国的威势振动海内，强大威胁中国，但是忧患不可计数，担心害怕，常常恐惧天下各国联合起来颠覆自己。这该怎么办呢？回答是：节制威势回归礼义，用端正、诚朴、忠信、完美的君子来治理天下，和他一起参与国家政事，修正是非曲直的标准，听政于咸阳，顺从的人就安置他，不顺从的人就诛杀他。这样军队就可以不出塞而号令天下了，这样即使在塞外为秦王修筑明堂来供诸侯朝拜恐怕也是可以的。当今之世，增加土地不如增加信用更为急切。”

应侯请教荀卿说：“到了秦国都见到了什么？”

荀卿说：“秦国巩固的要塞很险峻，地理形势十分便利，山林川谷优美，自然的物产很多，这是形势之胜。进入国内，观察其风俗，秦国的百姓淳朴，其音乐不放荡、邪淫，其服饰不轻佻，惧怕官员而顺从，宛如古代的百姓。等到了各城镇的官府，秦国的官吏都很肃穆，无不恭敬、节俭、敦厚、可敬、忠信而不懈怠，宛如古代的官吏。进入国都内，观察士大夫，出了家门就进入公门，出了公门就进家门，没有私人的事情；不营私，不结党，无不明智通达而公正，宛如古代的士大夫。观察秦国的朝廷，退朝前，决断各种事务没有滞留，安适得好像没有事情需要治理，宛如古代的朝廷。因此秦国四世都能取得胜利，这不是侥幸，是定数。这是我所看到的。因此说：安逸却能治理好，简约却能周详，不烦劳却有功效，这是治理的极致。秦国和这很类似。虽然如此，但秦国仍有其忧虑的地方。秦国兼具这些方面，然而和王者的功名比起来，相差还是非常遥远的。这是为什么呢？大概是没有儒者吧？因此说：纯粹用儒术就能称王，驳杂百家就会称霸，一样都没有就会灭亡。这也是秦国的短处啊。”

原　文

积微：月不胜日，时[①]不胜月，岁不胜时。凡人好敖[②]慢小事，大事至然后兴之务之，如是则常不胜夫敦比[③]于小事者矣。是何也？则小事之至也数[④]，其县日也博[⑤]，其为积也大；大事之至也希，其县日也浅，其为积也小。故善日者王，善时者霸，补漏者危，大荒者亡。故王者敬日，霸者敬时，仅存之国危而后戚之。亡国至亡而后知亡，至死而后知死，亡国之祸败，不可胜悔也。霸者之善箸[⑥]焉，可以时托[⑦]也；王者之功名，不可胜日志也。财物货宝以大为重，政教功名反是，能积微者速成。《诗》曰：“德輶如毛，民鲜克举之。[⑧]”此之谓也。

凡奸人之所以起者，以上之不贵义，不敬义也。夫义者，所以限禁人之为恶与奸者也。今上不贵义，不敬义，如是，则天下之人百姓，皆有弃义之志，而有趋奸之心矣，此奸人之所以起也。且上者，下之师也，夫下之和上，譬之犹响之应声，影之像形也。故为人上者，不可不顺也。夫义者，内节于人，而外节于万物者也；上安于主，而下调于民者也。内外上下节者，义之情也。然则凡为天下之要，义为本，而信次之。古者禹、汤本义务信而天下治，桀、纣弃义倍信而天下乱。故为人上者，必将慎礼义，务忠信，然后可。此君人者之大本也。

堂上不粪[⑨]，则郊草不瞻旷芸[⑩]；白刃扞[⑪]乎胸，则目不见流矢；拔[⑫]戟加乎首，则十指不辞断。非不以此为务也，疾养缓急之有相先者也[⑬]。

注　释

①时：指一个季度。

②敖：通“傲”。

③敦比：治理。

④数（shuò）：次数多，频繁。

⑤县：通“悬”，维系。博：多。

⑥箸：通“著”，显著，明显。

⑦托：当为“记”字，记载。

⑧德輶如毛，民鲜克举之：引自《诗经·大雅·烝民》，意思是：德行就像毛那样轻，但百姓没有人能举得起。輶（yóu）：轻。鲜：少。克：能。

⑨粪：打扫。

⑩不瞻：指顾不上。旷：荒芜。芸：通“耘”，除草。

⑪扞：触犯。

⑫拔：迅速。

⑬疾：痛。养：通“痒”。

译文

微小的积累：每月积累不如每天积累，每季积累不如每月积累，每年积累不如每季积累。人们大多喜欢轻视小事，等到大事来了然后才努力去做，这样的话，就常常不如那些认真处理小事的人了。这是为什么呢？因为小事到来得频繁，维系的日子多，因此积累的也多；大事到来得稀少，维系的日子少，因此积累的也就少。因此善于每天积累的君主就能称王，善于每季积累的君主就能称霸，出了疏漏再去弥补的君主就很危险，什么都不做的君主就会灭亡。因此王者重视每一天，霸者重视每一季，仅能保存的国家危险出现之后才悲戚，灭亡的国家到了灭亡之后才知道灭亡，到了临死的时候才知道将死，亡国的灾祸，后悔莫及。霸者的善行显著，可以根据季度记载；王者的功名，多得每天都记不过来。财物、宝贝以大的为贵，而政教和功名却与此相反，能够积累小事的人才能迅速成就大的功名。《诗经》说：“德行就像毛那样轻，但人很少能举得起。”讲的就是这个道理。

大凡奸邪之人的兴起，是因为君主不尊重道义，不重视道义。道义是用来禁止人们做恶劣和奸邪之事的。现在君主不尊重道义，不重视道义，那么，百姓就会有抛弃道义的志向，而有了趋向奸邪的想法，这是奸邪之人兴起的原因。并且君主是下民的师表，下民顺从君主，就好像回声响应原声，影子跟从原形。因此，作为君主，不可以不顺从道义。道义，对内节制人心，对外节制外物；上可以使君主安乐，下可以使百姓和谐。内外上下都得到节制，这是道义的实质。这样，治理天下的关键，道义是根本，信用是其次。古时候汤、禹以道义为本，致力于诚信而天下得到治理，桀、纣抛弃道义违背诚信而天下混乱。因此，作为君主，一定要谨慎于礼义，务实于忠信，然后才行。这是作为君主的最大的根本。

堂上还没打扫，郊区荒地上的草就来不及铲除；雪白的刀片抵在胸膛，那么眼睛就看不见飞来的箭；飞快的戟砸在头上，那么就顾不上十指被砍断。并不是后者都不值得去做，而是痛痒、缓急有先后之分。

天论篇第十七

原　文

天[①]行有常，不为尧存，不为桀亡。应之以治则吉，应之以乱则凶。强本[②]而节用，则天不能贫；养备而动时，则天不能病；修道而不贰，则天不能祸。故水旱不能使之饥，寒暑不能使之疾，袄怪[③]不能使之凶。本荒而用侈，则天不能使之富；养略而动罕[④]，则天不能使之全；倍道而妄行，则天不能使之吉。故水旱未至而饥，寒暑未薄[⑤]而疾，袄怪未至而凶。受时与治世同，而殃祸与治世异，不可以怨天，其道然也。故明于天人之分，则可谓至人矣。

不为而成，不求而得，夫是之谓天职。如是者，虽深，其人不加虑焉；虽大，不加能焉；虽精，不加察焉，夫是之谓不与天争职。天有其时，地有其财，人有其治，夫是之谓能参[⑥]。舍其所以参，而愿其所参，则惑矣。

列星随旋，日月递照，四时代御，阴阳大化，风雨博施，万物各得其和以生，各得其养以成，不见其事，而见其功，夫是之谓神。皆知其所以成，莫知其无形，夫是之谓天。唯圣人为不求知天。

注　释

①天：指自然之天，相当于今天讲的自然界或大自然。

②本：指农业。

③袄（yāo）怪：奇怪的自然现象。

④动罕：运动得少。

⑤薄：通“迫”，迫近。

⑥参：参与，配合。

译　文

自然界的运行有其常道，不因为尧而存在，也不因为桀而灭亡。用安定去适应它就会吉祥，用混乱去适应它就会凶险。加强农业并节俭费用，那么天不能让人贫困；保养详备、按时劳动，那么天就不能使人生病；专心修道而没有二心，那么天不能让人遭遇灾祸。因此水、旱之灾不能使人饥饿，严寒酷暑不能使人生病，奇怪的自然现象不能使人凶险。农业荒怠而生活奢侈，那么天不能使人富裕；保养不周到并且很少运动，那么天不能使人健康；违背正道而恣意妄行，那么天不能使人吉祥。因此水、旱之灾未到人就会挨饿，严寒酷暑未来人就会生病，奇怪的自然现象未出现人就会凶险。遇到的四时变化和这一样，但灾祸和这不同，安定社会不可以抱怨上天，这是他采取的措施和方法造成的。因此，知道天和人的不同，就可以算是至人了。

没有作为却能成功，不去求取却能获得，这是天的职责。这样的话，即使深奥，至人也不去考虑；即使伟大，至人也不去干预；即使精微，至人也不去考察，这就叫作不和天争职。天有其四时运行的职责，地有其生长万物的职责，人有其治理社会的职责，这就叫作能相互配合。舍弃与天地相配合的职能，而求天、地的职能，这就会迷惑。

星星一个接一个地旋转，日月交替照耀，四时交替主宰，阴阳变化流行，风雨广泛地滋养，万物和谐地产生，各得其需要的保养而长成，看不见自然的行迹，却看得见它的功劳，这就叫作神妙。人们都知道它能生长万物，却不知道一切都在无形之中运行，这就叫作天功。只有圣人才不求了解天的职能。

原 文

天职既立，天功既成，形具而神生，好恶喜怒哀乐臧[①]焉，夫是之谓天情。耳目鼻口形能各有接而不相能也，夫是之谓天官。心居中虚，以治五官，夫是之谓天君。财非其类以养其类，夫是之谓天养。顺其类者谓之福，逆其类者谓之祸，夫是之谓天政。暗其天君，乱其天官，弃其天养，逆其天政，背其天情，以丧天功，夫是之谓大凶。圣人清其天君，正其天官，备其天养，顺其天政，养其天情，以全其天功。如是，则知其所为，知其所不为矣；则天地官而万物役矣。其行曲[②]治，其养曲适，其生不伤，夫是之谓知天。

故大巧在所不为，大智在所不虑。所志于天者，已其见象之可以期者矣；所志于地者，已其见宜之可以息[③]者矣；所志于四时者，已其见数之可以事者矣[④]；所志于阴阳者，已其见知之可以治者矣。官人守天，而自为守道也。

治乱，天邪？曰：日月、星辰、瑞历[⑤]，是禹、桀之所同也，禹以治，桀以乱；治乱非天也。时邪？曰：繁启、蕃长于春夏⑥，畜⑦积收臧于秋冬，是又禹、桀之所同也，禹以治，桀以乱；治乱非时也。地邪？曰：得地则生，失地则死，是又禹、桀之所同也，禹以治，桀以乱；治乱非地也。《诗》曰："天作高山，大王荒之；彼作矣，文王康之。⑧"此之谓也。

天不为人之恶寒也辍冬，地不为人之恶辽远也辍广，君子不为小人之匈匈⑨也辍行。天有常道矣，地有常数矣，君子有常体⑩矣。君子道其常，而小人计其功。《诗》曰："礼义之不愆，何恤人之言兮！⑪"此之谓也。

注释

①臧：通"藏"。

②曲：全。

③息：繁衍生息。

④数：度数，规律。事：从事，指利用四时的规律去做事情。

⑤瑞历：历象，指天体运行的现象。

⑥繁启：多种作物萌芽。蕃：茂盛。

⑦畜：通"蓄"。

⑧天作高山……文王康之：引自《诗经·周颂·天作》，意思是：天生这座高山，太王开垦它；太王开垦之后，文王让人们安居乐业。

⑨匈匈：通"恟恟"，扰攘不安的样子。

⑩体：体统，规矩，标准。

⑪礼义之不愆，何恤人之言兮：已佚失，意思是：在礼义上没过错，何必要顾及别人的言论？

译文

天的职能已经确立，天的功绩已经完成，人的形体具备而精神产生，好、恶、喜、怒、哀、乐藏于身体之中，这就叫作自然的情感。耳朵、眼睛、鼻子、嘴巴、身体能够各自感知外物但不能相互替代，这就叫作自然的感官。心居于中间空虚的地方，而统治五官，这就叫作自然的主宰。用不同类的事物来保养人类，这就叫作自然的养育。顺从人类生存的叫作福，违背人类生存的叫作祸，这就叫作自然的政治。使自然的主宰昏暗，使其自然的感官混乱，放弃自然的养育，违背自然的政治，违反自然的情感，从而丧失自然的功能，这就叫作大凶。圣人使其自然的主宰清明，使自然的感官端正，使自然的养育完备，顺从自然的政治，保养自然的情感，从而保全自然的功能。这样就知道什么该做，什么不该做了，那么天地就会发挥它们的作用，万物就可以被役使了。圣人的行为全部正当，他的供养全部得当，他的生命不会受到伤害，这就叫作知天。

因此最大的巧妙在于有所不为，最大的智慧在于有所不考虑。对于天的认识，可以根据它表现出的现象进行预期；对于地的认识，可以根据它表现出的合宜的条件进行繁衍生息；对于四时的认识，根据它表现出的规律可以用来做事；对于阴阳的认识，根据它表现出的和谐可以用来治理社会。让专门的人来观察天象，圣人自己则遵循自然和社会的规律。

社会的安定和混乱，是因为天吗？回答是：日月、星辰、历象，这是在禹、桀的时代都一样的，禹用它使天下得到治理，而桀用它却使天下大乱，可见社会的安定和混乱不在于天。是因为四时吗？回答是：各种作物在春夏季节破土而出、茂盛地生长，在秋冬季节收获、储藏，这是禹、桀的时代都一样的，禹用它使天下得到治理，而桀用它却使天下大乱，可见社会的安定和混乱不在于四时。是因为地理条件吗？回答是：万物得到了适宜的土地就能生存，得不到适宜的土地就会死去，这是禹、桀的时代都一样的，禹用它使天下得到治理，而桀用它却使天下大乱，可见社会的安定和混乱不在于地理条件。《诗经》中说："天生这座高山，太王开垦它；太王开垦之后，文王让人们安居乐业。"讲的就是这个道理。

天不会因为人们讨厌寒冷就去掉冬天，地不会因为人们厌恶遥远就去除宽广，君主不会因为小人的扰乱就放弃自己的操守。天有恒常的规律，地有恒常的度数，君子有恒常的体统。君子讲其常道，而小人计算眼前的利益。《诗经》中说："在礼义上没过错，何必要顾及别人的言论！"讲的就是这个道理。

原　文

楚王后车千乘，非知也；君子啜菽[①]饮水，非愚也；是节然也。若夫志意修，德行厚，知虑明，生于今而志乎古，则是其在我者也。故君子敬其在己者，而不慕其在天者；小人错[②]其在己者，而慕其在天者。君子敬其在己者，而不慕其在天者，是以日进也；小人错其在己者，而慕其在天者，是以日退也。故君子之所以日进，与小人之所以日退，一也。君子小人之所以相县[③]者，在此耳。

星队[④]、木鸣，国人皆恐。曰：是何也？曰：无何也！是天地之变，阴阳之化，物之罕至者也。怪之，可也；而畏之，非也。夫日月之有蚀，风雨之不时，怪星之党见[⑤]，是无世而不常有之。

上明而政平，则是虽并世起，无伤也；上暗而政险，则是虽无一至者，无益也。夫星之队，木之鸣，是天地之变，阴阳之化，物之罕至者也。怪之，可也；而畏之，非也。

物之已至者，人祆⑥则可畏也：楛⑦耕伤稼，楛耘伤岁，政险失民，田萝⑧稼恶，籴⑨贵民饥，道路有死人，夫是之谓人祆。政令不明，举错⑩不时，本事不理，勉力不时，则牛马相生，六畜作祆，夫是之谓人祆。礼义不修，内外无别，男女淫乱，则父子相疑，上下乖离，寇难并至，夫是之谓人祆。祆是生于乱，三者错，无安国。其说甚尔⑪，其菑⑫甚惨，可怪也，而亦可畏也。传曰："万物之怪，书不说。"无用之辩，不急之察，弃而不治。若夫君臣之义，父子之亲，夫妇之别，则日切瑳而不舍也。

雩⑬而雨，何也？曰：无何也，犹不雩而雨也。日月食而救之，天旱而雩，卜筮然后决大事，非以为得求也，以文之也。故君子以为文，而百姓以为神。以为文则吉，以为神则凶也。

注　释

①啜菽（shū）：吃豆类食物。

②错：通"措"，放弃。

③县：通"悬"，悬殊。

④队：通"坠"。

⑤党见：偶然见到。党：通"傥"，偶然，意外地。

⑥人祆：人为的怪事、灾祸。

⑦楛：粗劣。

⑧萝（huì）：杂草。

⑨籴（dí）：买进谷物。

⑩错：通"措"。

⑪尔：通"迩"，近。

⑫菑（zāi）：通"灾"，灾祸。

⑬雩（yú）：古代祈雨的仪式。

译　文

楚王后面跟随上千乘的车马，并不是因为他聪明；君子吃粗粮、饮白水，并不是因为他愚蠢；这是时势如此。至于心志美好，德行敦厚，智虑敏捷，生在当今之世而向往古代的道术，则都在于自己。因此君子慎重地对待取决于自己的事情，而不追求取决于上天的事情；小人放弃取决于自己的事情，而追求取决于上天的事情。君子敬重地对待取决于自己的事情，而不追求取决于上天的事情，因此每天都能进步；小人放弃取决于自己的事情，而追求取决于上天的事情，因此每天都在退步。因此君子能够每天进步与小人每天都会退步的原因是一样的。君子和小人的巨大差别就在这里。

星星坠落、树木鸣叫，国人都非常恐惧，问：这是怎么回事？回答是：没有什么，这不过是天地变化，阴阳损益，不常见的现象而已。感到奇怪，是可以的；感到恐惧，就不对了。日月有日食和月食，风雨不合时节，奇怪的星星偶然出现，这是哪个时代都有出现的。君主明智而政治太平，即使上述怪事全都出现了，也没什么伤害；君主昏庸而政治凶险，即使上述怪事一样也不出现，也不会有什么好处。星星坠落、树木鸣叫，这不过是天地变化，阴阳损益，不常见的现象而已。感到奇怪，是可以的；感到恐惧，就不对了。

在已经到来的怪事中，人为的灾祸是最应该畏惧的：粗劣的耕种伤害稼穑，粗劣的耕耘会失去一年的收成，政治险恶失去民心，田地荒芜庄稼不好，粮价贵而百姓饥饿，道路上有饿死的人，这就叫人为的灾祸。政令不明确，各项措施不合时宜，农业生产不加管理，劝勉不及时，牛马就会生出怪胎，六畜就会出现怪现象，这就叫人为的灾祸。不修正礼义，内外没有分别，男女在一起淫乱，父子互相猜疑，上下不团结，敌寇内乱就会到来，这就叫人为的灾祸。这三种现象交错发生，国家就不会安定。这种言说很浅显，这种灾祸很惨烈。这是可以感到奇怪的，也是令人畏惧的。古书上说：“万物的奇怪表现，经书上没有记载。”没用的辩论，不务急的考察，应该放弃它们不用。对于君臣之间的道义，父子之间的亲爱，夫妇之间的分别，应该每天切磋琢磨而不能舍弃。

祈雨而下雨，这是怎么回事呢？回答是：没什么，和不祈雨而下雨是一样的。发生日食、月食而去抢救，天气干旱了就去祈雨，用卜筮来决断大事，并不是因为能够得到所求的东西，而是用来文饰罢了。因此君子将其作为文饰，而百姓将其视为神明。作为文饰就会吉祥，视为神明就会凶险。

原　文

在天者莫明于日月，在地者莫明于水火，在物者莫明于珠玉，在人者莫明于礼义。故日月不高，则光晖不赫；水火不积，则晖润不博；珠玉不睹乎外，则王公不以为宝；礼义不加于国家，则功名不白。故人之命在天，国之命在礼。君人者，隆礼尊贤而王，重法爱民而霸，好利多诈而危，权谋倾覆幽险而尽亡矣。

大天而思之，孰与[①]物畜而制之；从天而颂之，孰与制天命而用之；望时而待之，孰与应时而使之；因[2]物而多之，孰与骋能[3]而化之；思物而物之[4]，孰与理物而勿失之也；愿于物之所以生，孰与有物之所以成。故错人而思天，则失万物之情。

百王之无变，足以为道贯。一废一起，应之以贯，理贯不乱。不知贯，不知应变。贯之大体未尝亡也，乱生其差，治尽其详。故道之所善，中则可从，畸[5]则不可为，匿[6]则大惑。水行者表[7]深，表不明则陷。治民者表道，表不明则乱。礼者，表也；非礼，昏世也；昏世，大乱也。故道无不明，外内异表，隐显有常，民陷乃去。

万物为道一偏，一物为万物一偏，愚者为一物一偏，而自以为知道，无知也。慎子有见于后，无见于先；老子有见于诎[8]，无见于信[9]；墨子有见于齐，无见于畸；宋子有见于少，无见于多。有后而无先，则群众无门；有诎而无信，则贵贱不分；有齐而无畸，则政令不施；有少而无多，则群众不化。《书》曰："无有作好，遵王之道；无有作恶，遵王之路。[10]"此之谓也。

注 释

①孰与：怎么比得上、不如。

②因：顺。

③骋能：施展才能。

④思物而物之：思考万物使其为我所用。

⑤畸：偏离。

⑥匿：通"慝"，差错。

⑦表：标准。

⑧诎：屈。

⑨信：通"伸"。

⑩无有作好……遵王之路：引自《尚书·洪范》，意思是：不要有个人的偏好，要遵循王的正道；不要有个人的偏恶，要遵循王的正路。

译 文

在天上的没有比日月更明亮的，在地上的没有比水火更明亮的，在万物中没有比珠玉更明亮的，在人类中没有比礼义更重要的。因此，日月不高悬，光明就不会显赫；水火不积累，光辉和滋润就不会广泛；不看珠玉的外表，王公不会拿它们做宝贝；礼义不施行于国家，功名就不会明显。因此，人的命运取决于上天，国家的命运取决于礼义。君主推崇礼义、尊重贤人就会称王，注重法制、爱护百姓就会称霸，喜好利益、多行欺诈就会危险，好用权谋、倾轧害、黑暗险诈就会灭亡。

尊崇上天的作用而去思考它，不如像物品那样把它蓄养起来，并去管理它；遵从上天并去歌颂它，不如掌握天的变化而为人所用；盼望季节的到来而等待，不如根据时令变化来使用它；顺从万物的生长而使万物增多，不如施展才能来变革它；思考万物如何才能为己所用，不如理清万物生长的规律而不失去；仰慕万物的产生，不如把握万物的成长。因此放弃人事而指望上天，就会失去万物的本性。

百代帝王都没改变的东西，足以作为一贯之道。一亡一兴的朝代更替，用一贯之道来应对，把握好一贯之道就不会混乱。不知道一贯之道，就不知道如何应变。一贯之道的大体未曾灭亡，社会混乱是因为对它的把握有偏差，安定是因为对它把握得周详。因此大道认为是对的，合乎它就可以顺从，有所偏失就不可去做，有差错就会困惑。涉水的人要用标志表明深度，标志不明就会下沉。治理百姓要以道为标准，标准不明确就会混乱。礼，是治理国家的标准；不合礼，就是昏乱之世；昏乱之世，一定会大乱。因此道不能不明白，对外、对内要有不同的标准，看得见的和看不见的有一定的常则，百姓的灾祸才能避免。

万物是大道的一部分，一个事物只是万物的一部分，愚蠢的人只懂得一个事物的一部分，而他却自以为懂得道，这是无知。慎子看到了为人后的好处，却看不到为人先的好处；老子看到了委屈隐忍的好处，却看不到积极进取的好处；墨子看到了齐一的好处，却看不到有差别的好处；宋子看到了寡欲的好处，却看不到多求的好处。只知道待后而不知当先，那么群众就没有上进的门路；只知道委屈而不知道进取，贵贱就没有分别；只知道齐一而不知道差别，政令就没办法施行；只知道寡欲而不知道多求，百姓就得不到教化。《尚书》中说："不要有个人的偏好，要遵循王的正道；不要有个人的偏恶，要遵循王的正路。"讲的就是这个道理。

正论篇第十八

原　文

世俗之为说者曰："主道利周[1]。"是不然。主者，民之唱[2]也；上者，下之仪也。彼将听唱而应，视仪而动；唱默则民无应也，仪隐则下无动也；不应不动，则上下无以相有[③]也。若是，则与无上同也，不祥莫大焉。故上者下之本也；上宣明，则下治辨[④]矣；上端诚，则下愿悫矣；上公正，则下易直矣。治辨则易一，愿悫则易使，易直则易知。易一则强，易使则功，易知则明，是治之所由生也。上周密，则下疑玄矣；上幽险，则下渐诈[⑤]矣；上偏曲，则下比周矣。疑玄则难一，渐诈则难使，比周则难知。难一则不强，难使则不功，难知则不明，是乱之所由作也。故主道利明不利幽，利宣不利周。故主道明则下安，主道幽则下危。故下安则贵上，下危则贱上。故上易知，则下亲上矣；上难知，则下畏上矣。下亲上则上安，下畏上则上危。故主道莫恶乎难知，莫危乎使下畏己。传曰："恶之者众则危。"《书》曰："克明明德。[⑥]"《诗》曰："明明在下。[⑦]"故先王明之，岂特[⑧]玄之耳哉！

世俗之为说者曰："桀、纣有天下，汤、武篡而夺之。"是不然。以桀、纣为常有天下之籍则然[⑨]，亲[⑩]有天下之籍则不然，天下谓在桀、纣则不然。古者天子千官，诸侯百官。以是千官也，令行于诸夏之国，谓之王；以是百官也，令行于境内，国虽不安，不至于废易遂亡，谓之君。圣王之子也，有天下之后也，势籍之所在也，天下之宗室也，然而不材不中，内则百姓疾之，外则诸侯叛之，近者境内不一，遥者诸侯不听，令不行于境内，甚者诸侯侵削之，攻伐之。若是，则虽未亡，吾谓之无天下矣。圣王没，有势籍者罢不足以县天下[⑪]，天下无君；诸侯有能德明威积，海内之民莫不愿得以为君师；然而暴国独侈，安能诛之，必不伤害无罪之民，诛暴国之君，若诛独夫。若是，则可谓能用天下矣。能用天下之谓王。汤、武非取天下也，修其道，行其义，兴天下之同利，除天下之同害，而天下归之也。桀、纣非去天下也，反禹、汤之德，乱礼义之分，禽兽之行，积其凶，全其恶，而天下去之也。天下归之之谓王，天下去之之谓亡。故桀、纣无天下，而汤、武不弑君，由此效[⑫]之也。汤、武者，民之父母也；桀、纣者，民之怨贼也。今世俗之为说者，以桀、纣为君，而以汤、武为弑，然则是诛民之父母，而师民之怨贼也，不祥莫大焉。以天下之合为君，则天下未尝合于桀、纣也。然则以汤、武为弑，则天下未尝有说也，直堕之耳[13]。

注 释

①周：周密，这里指隐匿。

②唱：通“倡”，倡导。

③有：应为“胥”。相胥：指相互依靠。

④治辨：治理得好。

⑤渐诈：欺诈。

⑥克明明德：引自《尚书·尧典》，意思是：能够宣扬光明美好的品德。今本作“克明俊德”。

⑦明明在下：引自《诗经·大雅·大明》，意思是：光明的德行昭示于下。

⑧岂特：岂但。

⑨常：通“尝”，曾经。籍：位。

⑩亲：躬亲。

⑪罢：通“疲”，无能。县：通“悬”。

⑫效：验证。

⑬直：只。堕：污蔑。

译 文

世俗的著书立说的人说：“君主之道以对下隐匿其情为利。”这是不对的。君主，是百姓的倡导者；君上，是下臣的榜样。百姓将会听从倡导而响应，观看榜样而行动。倡导者沉默，百姓就没法响应；榜样隐去，臣下就没法行动。不响应不行动，那么上下之间就不能相互依赖。这样的话，就和没有君主一样了，而没有比这更不吉祥的了。因此君主是百姓的根本；君主能明白地公开，百姓就能治理得好；君主端正诚恳，百姓就会朴实敦厚；君主公正，百姓就会平和正直。治理得好就容易统一，朴实敦厚就容易役使，平和正直就容易了解他们的情况。容易统一就能强大，容易役使就会有功劳，容易了解百姓的情况就会明智，安定就会由此产生。君主隐匿保密百姓就会疑惑，君主幽深险诈百姓就会欺诈，君主有偏颇百姓就会结党营私。臣民疑惑就难以统一，欺诈就难以役使，结党营私就难以了解。臣民难以统一，国家就不会强大；臣民难以役使，君主就不会有功劳；臣民难以了解，君主就会不明智，混乱就会由此产生。因此，君主的统治以光明为利，不以幽暗为利；以公开为利，不以隐匿为利。因此，君主的统治光明，百姓就会安定；君主的统治幽隐，百姓就会危险。因此百姓安定就会尊重君主，百姓危险就会轻视君主。因此君主容易被了解，百姓就会亲近他；君主不容易被了解，百姓就会惧怕他。百姓亲近君主，君主就会安全；百姓惧怕君主，君主就会危险。因此，君主的统治没有比难以被人了解更坏的了，没有比让百姓害怕自己更危险的了。古书上说："厌恶他的人多就会危险。"《尚书》中说："能够宣扬光明美好的品德。"《诗经》中说："光明的德行昭示于下。"因此先王光明正大，哪里会是幽深难测的呢？

世俗的著书立说的人说："桀、纣拥有天下，而汤、武篡夺了天下。"这是不对的。认为桀、纣曾经拥有天下是对的，认为他们亲自获得了拥有天下的权势是对的，认为天下归顺了桀、纣却是不对的。古时候，天子设有上千个官职，诸侯设有上百个官职。通过这上千的官职，命令通行于各诸侯国，这叫作王；通过这上百的官职，命令通行于境内，国家虽然不安定，但不至于败坏灭亡，这叫作君主。圣王的子孙，是拥有天下的帝王的后代，权势在他那里，是天下的大宗。但是，如果他没有才能，不能行中道；在内百姓厌恶他，在外诸侯背叛他；近处的国内百姓不能统一，远方的诸侯不听从他们的命令；命令不能通行于境内，甚至诸侯会侵略削弱他，攻伐他。像这样，即使没有灭亡，我也称他未拥有天下。圣王去世，有势位的子孙无能，不足以君临天下。天下没有君主，诸侯有德行显明、威势不断积累的人，百姓无不愿以他为君主。然而暴君之国偏偏奢侈放纵，于是只有这样的人能够诛杀他，又不会伤害无罪的百姓；诛杀残暴之国的国君，就好像诛杀一个独夫。像这样，就可以称得上是能够治理天下了。能够治理天下的就叫作王。商汤、武王的天下并不是夺取的，只是遵从治国之道，践行仁义，兴起天下共同的利益，除去天下共同的祸害，而天下自然就归顺于他们。桀、纣并没有失去天下，他们违背夏禹、商汤的德行，混乱礼义名分，行禽兽之事，积累自己的凶残，拥有各种罪恶，天下人主动离弃了他们。天下归顺就叫称王，天下离弃就叫灭亡。因此桀、纣并未拥有天下，而商汤、武王并没有弑君之行，由此可以验证了。商汤、武王是百姓的父母，桀、纣是百姓痛恨的仇敌。现在那些著书立说的人，以桀、纣为君主，以商汤、武王为弑君，那就是诛杀百姓的父母，而师从百姓怨恨的民贼，没有比这更不吉祥的了。以天下的归顺为君主，那么天下未曾归顺于桀、纣。而认为汤、武弑君，天下未曾有这种说法，只是污蔑他们罢了。

原　文

故天子唯其人。天下者，至重也，非至强莫之能任；至大也，非至辨莫之能分；至众也，非至明莫之能和。此三至者，非圣人莫之能尽。故非圣人莫之能王。圣人备道全美者也，是县天下之权称也[①]。桀、纣者，其知虑至险也，其志意至暗也，其行为至乱也；亲者疏之，贤者贱之，生民怨之。禹、汤之后也，而不得一人之与；刳比干，囚箕子，身死国亡，为天下之大僇[②]，后世之言恶者必稽焉，是不容妻子之数也。故至贤畴[③]四海，汤、武是也；至罢不能容妻子，桀、纣是也。今世俗之为说者，以桀、纣为有天下而臣汤、武，岂不过甚矣哉？譬之，是犹伛巫跛匡大自以为有知也[④]。

故可以有夺人国，不可以有夺人天下；可以有窃国，不可以有窃天下也。可以夺之者可以有国，而不可以有天下；窃可以得国，而不可以得天下。是何也？曰：国，小具[⑤]也，可以小人有也，可以小道得也，可以小力持也；天下者，大具也，不可以小人有也，不可以小道得也，不可以小力持也。国者，小人可以有之，然而未必不亡也；天下者，至大也，非圣人莫之能有也。

世俗之为说者曰："治古无肉刑，而有象刑[⑥]：墨黥[⑦]；慅婴[⑧]；共[⑨]，艾毕[⑩]；剕[⑪]，对屦[⑫]；杀，赭衣而不纯[⑬]。治古如是。"是不然。以为治邪？则人固莫触罪，非独不用肉刑，亦不用象刑矣。以为人或触罪矣，而直轻其刑，然则是杀人者不死，伤人者不刑也。罪至重而刑至轻，庸人不知恶矣，乱莫大焉。凡刑人之本，禁暴恶恶，且征[⑭]其未也。杀人者不死，而伤人者不刑，是谓惠暴而宽贼也，非恶恶也。故象刑殆非生于治古，并起于乱今也。

治古不然。凡爵列、官职、赏庆、刑罚，皆报也，以类相从者也。一物失称，乱之端也。夫德不称位，能不称官，赏不当功，罚不当罪，不祥莫大焉。昔者武王伐有商，诛纣，断其首，县之赤旆[⑮]。夫征暴诛悍，治之盛也。杀人者死，伤人者刑，是百王之所同也，未有知其所由来者也。刑称罪，则治；不称罪，则乱。故治则刑重，乱则刑轻，犯治之罪固重，犯乱之罪固轻也。《书》曰："刑罚世轻世重。[⑯]"此之谓也。

注　释

①县：通"悬"，衡量。权称：秤砣和秤杆。

②僇（lù）：耻辱。

③畴：通"筹"，保全。

④伛（yǔ）巫：驼背的女巫。跛：跛脚。匡（wǎng）：通"尪"，残疾。

⑤具：工具，器具。

⑥象刑：象征性的刑罚。

⑦墨黥：用墨画脸来代替在脸上刻字。

⑧慅婴：即“草缨”，用戴上草帽代替劓刑。慅：通“草”。婴：通“缨”，帽带。

⑨共：通“宫”，指宫刑。

⑩艾：通“刈”，割。毕：通“韠（bì）”，古代朝服上的护膝。

⑪剕（fèi）：古代断足之刑。

⑫对屦：麻鞋。对：当为“紺（bǎng）”字。

⑬赭（zhě）衣：红褐色的衣服。不纯（zhǔn）：衣服不镶边。

⑭征：通“惩”。

⑮赤旆（pèi）：红色的旗子。

⑯刑罚世轻世重：引自《尚书·吕刑》，意思是：刑罚有的世道轻，有的世道重。

译文

因此，天子只有那些适合的人来担任。天下是非常沉重的担子，没有至强的能力是不能担任的；范围是非常广大的，没有极高的分辨能力是不能分明的；民众是人数众多的，没有极高的智慧不能使人们和睦。这三个方面，除了圣人没人能够做到，因此除了圣人没人可以称王。圣人是道德完备、十全十美的人，是衡量天下的秤砣和秤杆。桀、纣，他们的智慧思想极为阴险，他们的心志极为阴暗，他们的行为极为混乱。亲近的人疏远他们，贤良的人鄙视他们，百姓怨恨他们，他们虽然是禹、汤的后代，但得不到一个人的帮助；剜比干之心，囚禁箕子，自己身死，国家灭亡，成为天下最大的耻辱，后代人提到邪恶的人，一定会征引他们，因为他们连妻子、儿女都不能保护周全。因此至贤之人保全四海，汤、武就是如此；极度无能之人不能保住妻子、儿女，桀、纣就是如此。现在世俗的著书立说的人，认为桀、纣拥有天下而汤、武是他们的臣子，岂不是错得太过分了吗？这就好像驼背的女巫、跛脚的残疾人自以为自己有智慧。

因此有夺取别人国家的人，但没有夺取别人天下的人；有窃国之人，但没有窃取别人天下的人。夺取，可以拥有一国，但不能拥有天下；窃取，可以得到国家，但不能得到天下。这是为什么呢？回答是：国家，是小的器具，可以让小人拥有，可以通过歪门邪道获得，可以用微小的力量来把持；天下，是大的器具，是不可以让小人拥有的，是不能通过歪门邪道获得的，是不可以用微小的力量来把持的。国家，小人可以拥有它，但未必不会灭亡；天下，是极为广大的，除了圣人没人能够拥有。

世俗的著书立说的人说：“古代的太平社会不需要肉刑，只有象征性的刑罚。

用墨画代替黥刑，用戴草帽代替劓刑，用割去蔽膝代替宫刑，用穿麻鞋代替剕刑，用穿不镶边的红褐色衣服代替死刑。古代的太平社会就是如此。”这是不对的。认为古代真的太平吗？那么人们都不会犯罪，不仅不用肉刑，也不会用象征的刑罚。认为人们有时候会犯罪，而直接减轻其刑罚，那么杀人的人不必被处死，伤人的人不会受到处罚。罪过极为严重而刑罚极为轻微，普通人就不会知道什么是邪恶，混乱没有比这更大的了。大凡刑罚的根本，在于禁止凶暴，反对邪恶，并且防患于未然。杀人的人不被处死，伤人的人不受处罚，这就是恩惠凶暴，宽容盗贼，这不是反对邪恶。因此，象征性的刑罚恐怕不是出自古代的太平社会，而是兴起于混乱的当今。

古代的太平社会不是这样的。大凡爵位次序、官职、赏赐、刑罚，都会根据各类行为而有相应的回报。一件事没有处理得当，就是混乱的开端。德行与地位不对称，能力与官职不对称，赏赐与功劳不对称，惩罚与罪过不对称，没有比这更不吉祥的了。古时候，武王讨伐商，诛杀纣，砍断他的头，悬挂在红色的旗子上。征讨暴虐、诛杀凶悍，这是安定社会的伟大功绩。杀人的人被处死，伤人的人受到刑罚，这是历代帝王都一样的，没人知道这是怎么来的。刑罚与罪过相当就能治理得好，刑罚与罪过不相当就会混乱。因此，治世刑罚重，乱世刑罚轻。触犯治世本来就应该重罚，触犯乱世本来就应该轻罚。《尚书》中说：“刑罚有的世道轻，有的世道重。”讲的就是这个道理。

原　文

世俗之为说者曰：“汤、武不能禁令。”是何也？曰：“楚越不受制。”是不然。汤、武者，至天下之善禁令者也。汤居亳，武王居鄗，皆百里之地也，天下为一，诸侯为臣，通达之属，莫不振动从服以化顺之，曷为楚、越独不受制也！彼王者之制也，视形势而制械用，称远迩而等贡献，岂必齐哉！故鲁人以榶[①]，卫人用柯[②]，齐人用一革[③]，土地刑制不同者，械用、备饰不可不异也。故诸夏之国同服同仪，蛮、夷、戎、狄之国同服不同制。封内甸服[④]，封外侯服[⑤]，侯卫宾服[⑥]，蛮夷要服[⑦]，戎狄荒服[⑧]。甸服者祭[⑨]，侯服者祀，宾服者享，要服者贡，荒服者终王[⑩]。日祭、月祀、时享、岁贡、终王，夫是之谓视形势而制械用，称远近而等贡献；是王者之制也。彼楚、越者，且时享、岁贡、终王之属也，必齐之日祭、月祀之属，然后曰受制邪？是规磨[⑪]之说也。沟中之瘠[⑫]也，则未足与及王者之制也。语曰：“浅不足与测深，愚不足与谋智，坎井[13]之蛙，不可与语东海之乐。”此之谓也。

世俗之为说者曰：“尧、舜擅让。[14]”是不然。天子者，势位至尊，无敌于天下，夫有谁与让矣？道德纯备，智惠甚明，南面而听天下，生民之属莫不振动从服以化顺之。天下无隐士，无遗善，同焉者是也，异焉者非也。夫有恶[15]擅天下矣？

曰：“死而擅之。”是又不然。圣王在上，图德而定次，量能而授官，皆使民载其事而各得其宜。不能以义制利，不能以伪饰性，则兼以为民。圣王已没，天下无圣，则固莫足以擅天下矣。天下有圣而在后子者，则天下不离，朝不易位，国不更制，天下厌[16]然与乡[17]无以异也，以尧继尧，夫又何变之有矣？圣不在后子而在三公，则天下如归，犹复而振之矣，天下厌然与乡无以异也，以尧继尧，夫又何变之有矣？唯其徙朝改制为难。故天子生则天下一隆，致顺而治，论德而定次，死则能任天下者必有之矣。夫礼义之分尽矣，擅让恶用矣哉？

注释

①榶（táng）：碗。

②柯：盂，古时盛食物的器具。

③革：不详，这里或指皮制的用具。

④封内：都城周围五百里以内。甸服：用耕种土地来事奉天子。

⑤封外：指“甸服”之外五百里的地方。侯服：用警戒护卫、侦察敌情来事奉天子。

⑥侯、卫：指侯圻、卫圻。封外有五圻，分别为侯、甸、男、采、卫。每圻五百里。宾服：用按时献上贡品来事奉天子。

⑦要服：用施行礼义教化来事奉天子。

⑧荒服：用不定期的纳贡来事奉天子。

⑨祭：即后文的“日祭”。下文的“祀”、“享”、“贡”亦分别对应下文的“月祀”、“时享”、“岁贡”。

⑩终王：承认新天子的统治。

⑪规磨：圆规磨久后会有偏差，这里指有差错。

⑫沟中之瘠：行乞之人在沟中饿死，比喻无知肤浅之人。

⑬坎井：坏井，枯井。

⑭擅让：即禅让，将王位让给别人。

⑮恶（wū）：为何，怎么。

⑯厌：安定。

⑰乡：过去。

译　文

世俗著书立说的人说："汤、武不能实施禁令。"这是为什么呢？回答是："楚国、越国不受天子的管制。"这是不对的。汤、武是天下善于实施禁令的人。汤居住在亳，武王居住在鄗，这都是方圆百里大的地方，但天下统一，诸侯臣服，凡是交通通达的地方，没有不受到震动而服从，接受教化而顺服的，为什么说楚国、越国不受管制呢？王者的制度，根据形势的不同来制定器械和工具，根据远近来确定进献贡品的种类和多少，岂是一定都一样的呢！因此鲁国进贡碗，卫国进贡盂，齐国进贡皮具。地理环境风俗习惯不一样的地方，器械、工具、各种装饰，不能没有差异。因此华夏的诸侯国，同样服事天子而礼仪相同；蛮夷、戎狄之国，同样服事天子而采用不同的制度。天子直接管辖的领地内，用耕种土地来事奉天子，即甸服；天子直接管辖的领地外，用警戒护卫、侦察敌情来事奉天子，即侯服；侯圻、卫圻，用按时进献贡品来事奉天子，即宾服；蛮夷，用施行礼义教化来事奉天子，即要服；戎狄，用不定期的纳贡来事奉天子，即荒服。甸服的国家，提供日祭的供品；侯服的国家，提供月祀的供品；宾服的国家，侯服提供四时祭祀的供品；要服的国家，每年进贡一次；荒服的国家，要在新王继位的时候进贡。日祭的供品、月祀的供品、四时祭祀的供品、每年一次的进贡、新王继位时的进贡，这就叫作根据形势的不同来制定器械和工具，根据远近而确定进献贡品的种类和多少，这是王者的制度。楚国和越国，不过是四时进贡、每年进贡、新王继位时进贡的国家，一定要让他们和提供日祭、月祀的贡品的国家一样才算是受管制吗？这是有差错的说法。这种人正如沟中饿死的人那样无知，不足以和他讨论王者的制度。古语说："不能和肤浅的人说论高深的事，不能和愚蠢的人商量智慧的事，枯井中的青蛙不能和它讨论东海的快乐。"讲的就是这个道理。

世俗的著书立说的人说："尧、舜禅让天下。"这是不对的。天子，拥有至尊的地位，天下无人能与之相配，又能把帝位让给谁呢？尧、舜道德精纯，智慧都极为显著，面向南治理天下，百姓无不震颤服从、接受教化而顺从他们，天下没有隐居的贤人，没有不被重用的善人。认同他们的都是对的，不认同他们的都是错的。又为何要禅让天下呢？

回答是："死的时候禅让。"这又是不对的。圣明的王者在上位，根据人们的德行来确定次序，根据才能授予官职，使百姓都能从事劳作而各得其宜。对不能用道义来约束利益，不能约束自己的性情的人，就使他们做百姓。圣王去世，天下如果没有圣人，那么本来就没人值得禅让了。天下有圣人而且就是王者之后代，那么天下人不会离开他，朝廷不需要变化位次，国家不需要变更制度。天下人都很满足，和过去没有什么不同，用尧一样的人来继承尧，又需要有什么变化呢？圣人不是圣王的后代，而是三公中的某人，那么天下的归顺，就好像恢复国家并振兴它一样。天下安定得和过去没有什么不同，用尧一样的人来继承尧，又需要有什么变化呢？只有改朝换代、改变制度才是难事。因此圣明的天子活着，天下只尊崇他一人，人们都顺从他，天下达到大治，根据德行来确定位次，圣王去世，能够承担天下大任的人一定会有的。礼义的职分已经做到极致了，还需要禅让吗？

原　文

曰："老衰而擅。"是又不然。血气筋力则有衰，若夫智虑取舍则无衰。曰："老者不堪其劳而休也。"是又畏事者之议也。天子者势至重而形至佚，心至愉而志无所诎，而形不为劳，尊无上矣。衣被则服五采，杂间色，重文绣，加饰之以珠玉；食饮则重大牢[①]而备珍怪，期[②]臭味，曼而馈[③]，伐皋[④]而食，《雍》而彻[⑤]乎五祀，执荐者百人侍西房；居则设张容[⑥]，负依[⑦]而坐，诸侯趋走乎堂下；出户而巫觋有事，出门而宗祝有事，乘大路趋越席以养安[⑧]，侧载睪芷[⑨]以养鼻，前有错衡[⑩]以养目，和鸾[⑪]之声，步中《武》《象》，趋中《韶》《护》以养耳，三公奉軶、持纳[⑫]，诸侯持轮、挟舆、先马，大侯编后，大夫次之，小侯元士[⑬]次之，庶士介而夹道，庶人隐窜，莫敢视望。居如大神，动如天帝，持老养衰，犹有善于是者与不[⑭]？老者，休也，休犹有安乐恬愉如是者乎？故曰：诸侯有老，天子无老。有擅国，无擅天下，古今一也。夫曰"尧、舜擅让"，是虚言也，是浅者之传，陋者之说也，不知逆顺之理，小大、至不至之变者也，未可与及天下之大理者也。

世俗之为说者曰："尧、舜不能教化。"是何也？曰："朱、象不化。[⑮]"是不然也：尧、舜，至天下之善教化者也。南面而听天下，生民之属莫不振动从服以化顺之；然而朱、象独不化，是非尧、舜之过，朱、象之罪也。尧、舜者，天下之英也；朱、象者，天下之嵬[⑯]，一时之琐[⑰]也。今世俗之为说者，不怪朱、象而非尧、舜，岂不过甚矣哉！夫是之谓嵬说。羿、蜂门[⑱]者，天下之善射者也，不能以拨弓[⑲]曲矢中微；王梁、造父者，天下之善驭者也，不能以辟马[20]毁舆致远；尧、舜者，天下之善教化者也，不能使嵬琐化。何世而无嵬？何时而无琐？自太皞、燧人莫不有也。故作者不祥，学者受其殃，非者有庆。《诗》曰：“下民之孽，匪降自天；噂沓背憎，职竞由人。[21]”此之谓也。

注释

①大牢：即“太牢”，祭祀用的牛、羊、猪三牲。

②期：通“綦”，极。

③曼（wàn）而馈：排着长队来送食物。曼：通“万”，古代一种列队舞蹈。

④伐皋：击鼓。

⑤彻：撤下宴席。

⑥张：通“帐”，床帐。容：小屏风。

⑦依：通“扆”，古代宫殿窗和门之间的屏风。

⑧大路：即“大辂”，天子乘坐的大车。越席：蒲草席。

⑨睪芷（zé zhǐ）：一种香草。

⑩错衡：刻有交错花纹的车辕前的横木。

⑪和鸾：车上的铃铛。

⑫軶（è）：驾车时套在牲口上的曲木。纳：通“軜”，驷马车上两旁内侧的缰绳。

⑬元士：上士。

⑭不（fǒu）：通“否”。

⑮朱：丹朱，尧的儿子。象：舜的弟弟。

⑯嵬（wéi）：险诈。

⑰琐：人品卑劣。

⑱蜂门：即逢蒙，传说是后羿的学生，擅长射箭。

⑲拨弓：不正的弓。

⑳辟马：瘸腿的马。辟：通“躄（bì）”，瘸腿。

㉑下民之孽……职竞由人：引自《诗经·小雅·十月之交》，意思是：百姓的灾祸，不是降自上天；当面谈笑纷纷，背后相互憎恨，这是人为造成的。孽：灾祸。噂沓（zhǔ tà）：当面谈笑。

译文

有人说：“年老体衰然后禅让。”这又是不对的。血气、筋骨、力气会有衰老，而智力、思考能力、决策判断的能力是不会衰老的。回答说：“年老承受不了治国的劳苦而退休。”这是害怕做事之人的议论。天子，虽然责任很重大，但身体却很安逸，内心极为快乐而志向不会受到困阻，所以身体不会疲劳，地位至高无上。衣服要穿五彩之服，夹杂各种颜色，绣上各种图案，并用珠玉来装饰；饮食则享用太牢和各种奇珍，极尽美味，在音乐声中献食，在击鼓声中进食，奏起《雍》乐，撤去宴席以祭祀灶神，上百人端着盘子侍候在西厢房之中；听政则陈设帷帐和屏风，背靠门窗之间的屏风而坐，诸侯在堂下趋走；出宫门有巫觋侍奉，出城门有宗祝侍奉，乘坐天子专用的大车，垫着蒲草席以养护身体，车的两侧系着香草以养鼻，车前横木雕刻精美的花纹以保养眼睛，车上挂着铃铛，其声音在车慢行时合乎《武》《象》之乐的节奏，车奔驰时合乎《韶》《护》之乐的节奏，以此来保养耳朵。三公扶着曲木，牵着缰绳，诸侯在车的两侧扶着车轮，并在马前引导。大国诸侯排在车后，大夫在大国诸侯之后，小国诸侯、上士在大夫后面，普通的士兵穿上铠甲站在道路两侧，百姓回避，不敢张望。天子坐着像神明，行动如天帝，保养身体预防衰老，还有比这更好的吗？老人需要休息，而休息还有比这更安逸快乐的吗？因此说：诸侯有老而退休的，天子没有老而退休的。有禅让国家的，没有禅让天下的，古今都是如此。因此说尧、舜禅让，这是虚假的。这是肤浅之人的谣传，鄙陋之人的妄说，不知道顺逆的道理，不懂得国家与天下、至尊与不至尊的人，是不可以和他说天下的大道理的。

世俗的著书立说的人说：“尧、舜不能教化他人。”为什么呢？回答是：“丹朱、象没有得到教化。”这是不对的。尧、舜，是天下最善于教化的人，面向南治理天下，百姓无不震颤服从、接受教化而顺从他们。然而丹朱、象单单不受教化，这不是尧、舜的过错，而是丹朱、象的罪过。尧、舜是天下的精英，而丹朱、象是天下的奸诈之人，当时的卑劣之人。现在的立说之人不怪罪丹朱、象，而怪罪尧、舜，不是错得太过分了么！这就叫作奸诈的言说。后羿、逢蒙是天下最善于射箭的人，但不能用不正的弓、弯曲的箭射中目标；王梁、造父，是天下最善于驾车的人，但不能用瘸腿的马、坏的车到达远方；尧、舜，是天下最善于教化的人，但不能使奸诈、卑劣的人接受教化。什么世道没有奸诈的人？什么时候没有卑劣的人？从太皞、燧人的时代以来，没有哪个时代没有。因此，做出这种言说的人是不吉祥的，学习这种言说的人会有灾祸，反对这种学说的人会有庆赏。《诗经》中说：“百姓的灾祸，不是降自上天。当面谈笑纷纷，背后相互憎恨，这是人为造成的。”讲的就是这个道理。

原文

世俗之为说者曰：“太古薄葬，棺厚三寸，衣衾三领[①]，葬田不妨田，故不掘也；乱今厚葬饰棺，故扣[②]也。”是不及知治道，而不察于扣不扣者之所言也。凡人之盗也，必以有为，不以备不足，则以重有余也。而圣王之生民也，皆使富厚优犹知足，而不得以有余过度。故盗不窃，贼不刺[3]，狗豕吐[4]菽粟，而农贾皆能以货财让。风俗之美，男女自不取[5]于涂，而百姓羞拾遗。故孔子曰：“天下有道，盗其先变乎！”虽珠玉满体，文绣充棺，黄金充椁，加之以丹矸[6]，重之以曾青[7]，犀象以为树，琅玕[8]、龙兹、华觐以为实，人犹且莫之扣也。是何故也？则求利之诡缓[9]，而犯分之羞大也。

夫乱今然后反是：上以无法使，下以无度行；知者不得虑，能者不得治，贤者不得使。若是，则上失天性，下失地利，中失人和。故百事废，财物诎，而祸乱起。王公则病不足于上，庶人则冻馁[10]羸瘠于下。于是焉桀、纣群居，而盗贼击夺以危上矣。安禽兽行，虎狼贪，故脯巨人而炙婴儿矣。若是则有何尤扣人之墓、抉[11]人之口而求利矣哉！虽此倮而薶[12]之，犹且必扣也，安得葬薶哉？彼乃将食其肉而龁[13]其骨也。夫曰：“太古薄葬，故不扣也；乱今厚葬，故扣也。”是特奸人之误于乱说，以欺愚者而淖陷之，以偷取利焉。夫是之谓大奸。传曰：“危人而自安，害人而自利。”此之谓也。

注　释

①衾：被子。领：套。

②扣（hú）：挖掘，这里指盗墓。

③刺：刺探，探取。

④吐：这里指唾弃，厌弃。

⑤取：通“聚”。

⑥丹矸：丹砂，朱砂。

⑦曾青：铜精，色青，可供绘画用。

⑧琅玕：珠玉之名。下文的“龙兹”、“华觐”亦同。

⑨缓：减少。

⑩馁：通“馁”，饿。

⑪抉（jué）：拨开，撬开。

⑫薶：通“埋”。

⑬龁（hé）：咬，嚼。

译 文

世俗的著书立说的人说："远古时候推行薄葬，棺木厚三寸，衣被三套，葬在田里而不妨害耕田，因此没人盗墓。混乱的今天用厚葬，棺材装饰得很华丽，因此被盗。"这是不知道治理的道理，对被盗与不被盗的原因没有考察的人的言说。大凡人们去盗墓，一定是有原因的，不是为了防备不足，就是为了有更多的剩余。而圣明的君主保养百姓，一定使他们优厚富足，而又没有过多的剩余。因此盗不去偷，贼不去取，粮食多得狗、猪都厌弃，而农民和商人都能把财货让给别人。风俗纯美，没有男女私自在道路上相会，百姓羞于捡别人遗失的东西。因此，孔子说："天下有道，盗贼会先变化！"即使珠玉满身、纹饰满棺、黄金满椁，再涂上朱砂，染上曾青，用犀牛角、象牙作为大树，琅玕、龙兹、华觐等珠宝作为果实，人们都不会去偷盗。这是为什么呢？因为大家求利之心小，犯罪的羞耻心大。

混乱的今天与此相反：君主不按法度役使民众，臣民不按规矩做事，聪明的人不能考虑国家大事，有能力的人不能治理国家，贤人得不到任用。这样的话，就会上失去天时，下失去地利，中失去人和。因此，各种事务荒废，财物不足，而祸乱兴起。王公大臣在上位忧虑财物不足，百姓在下面挨饿受冻。于是桀、纣这样的人就会聚在一起，盗贼就会抢夺横行，危害君主的统治。行为如同禽兽，贪婪如同虎狼，因此把大人做成肉干而把婴儿烤着吃。像这样，又为何怪罪人们挖别人的墓、撬死人的嘴来求利呢？即使裸体而葬，也一定会被挖掘，还怎么能下葬呢？人们一定会吃他的肉并啃他的骨头。"远古时候推行薄葬，因此没人盗墓；混乱的今天用厚葬，棺材装饰得很华丽，因此被盗。"这是奸邪之人错误的妄说，用来欺骗愚蠢的人并陷害他们，以从中取利，这就叫作大奸。古书上说："危害他人使自己安全，陷害他人使自己获利。"讲的就是这个道理。

原 文

子宋子[①]曰："明见侮之不辱，使人不斗。人皆以见侮为辱，故斗也；知见侮之为不辱，则不斗矣。"应之曰："然则亦以人之情为不恶侮乎？"曰："恶而不辱也。"曰："若是，则必不得所求焉。凡人之斗也，必以其恶之为说，非以其辱之为故也。今俳优、侏儒、狎徒詈侮而不斗者[②]，是岂钜[③]知见侮之为不辱哉？然而不斗者，不恶故也。今人或入其央渎[④]，窃其猪彘，则援剑戟而逐之，不避死伤，是岂以丧猪为辱也哉？然而不惮斗者，恶之故也。虽以见侮为辱也，不恶则不斗；虽知见侮为不辱，恶之则必斗。然则斗与不斗邪，亡于辱之与不辱也，乃在于恶之与不恶也。夫今子宋子不能解人之恶侮，而务说人以勿辱也，岂不过甚矣哉！金舌弊口[⑤]，犹将无益也。不知其无益，则不知；知其无益也，直以欺人，则不仁。不仁不知，辱莫大焉。将以为有益于人，则与无益于人也，则得大辱而退耳！说莫病是矣。"

子宋子曰："见侮不辱。"应之曰：凡议，必将立隆正[⑥]，然后可也。无隆正则是非不分，而辨讼不决，故所闻曰："天下之大隆，是非之封界，分职名象之所起，王制是也。"故凡言议期命，是非以圣王为师，而圣王之分，荣辱是也。是有两端矣：有义荣者，有势荣者；有义辱者，有势辱者。志意修，德行厚，知虑明，是荣之由中出者也，夫是之谓义荣。爵列尊，贡禄厚，形势胜，上为天子诸侯，下为卿相士大夫，是荣之从外至者也，夫是之谓势荣。流淫污僈[⑦]，犯分乱理，骄暴贪利，是辱之由中出者也，夫是之谓义辱。詈侮捽[⑧]搏，捶笞膑脚[⑨]，斩断枯磔[⑩]，藉靡[⑪]后缚，是辱之由外至者也，夫是之谓势辱。是荣辱之两端也。

注　释

①宋子：指宋钘。

②俳（pái）优：古代歌舞、滑稽艺人。侏儒：发育不良的矮人。詈（lì）：骂。

③岂钜：怎么，哪里。钜：通"讵（jù）"，岂，难道。

④央渎：排水的大洞。渎：通"窦"，洞。

⑤金舌弊口：把金属的舌头都说破了，形容没有什么好处。

⑥隆正：正确的标准。

⑦僈（màn）：通"漫"，放纵。

⑧捽（zuó）：揪住头发。

⑨膑脚：挖去膝盖骨。

⑩枯磔（zhé）：车裂。

⑪藉靡：捆绑。靡：通"縻"，绳，缚。

译　文

宋子说："明白被欺侮并不是耻辱的道理，能够使人们不去争斗。人们都以被欺侮为耻辱，所以才去争斗；知道被欺侮并不是耻辱的道理，就不会争斗了。"回答说："既然这样，那么人的情感不厌恶受到欺侮吗？"宋子回答说："厌恶，但不认为是耻辱。”回答说：“这样的话，就一定不能得到你所追求的。大凡人们的争斗，一定以厌恶为理由，而不以耻辱为原因。现在俳优、侏儒、供人嬉戏之人，受到侮辱责骂，他们也不去争斗，哪里是知道被欺侮不是耻辱的道理呢？然而他们不去争斗，是因为他们不厌恶这些。现在有人进入别人家的排水沟，偷人家的猪，主人就会拿着剑戟去追逐，不怕死伤，这是他们以丢猪为耻辱吗？然而不怕去争斗，是因为厌恶盗贼。即使以被欺侮为耻辱，不厌恶就不去争斗；即使知道被欺侮并不是耻辱，厌恶也一定会去争斗。因此，斗与不斗，与受辱和不受辱无关，乃是在于厌恶与不厌恶。现在宋子不能解除别人对受到欺侮的厌恶，而努力说服别人不要以之为耻辱，不是错得太离谱了么！把金属的舌头都说破了也无益啊。不知道其无益，是无智慧；知道其无益，还用来欺骗别人，是不仁。不仁、不智，没有比这更耻辱的了。自以为有益于人，实际上无益于人，一定会遭受大的侮辱然后退去。没有比这种言说更有害的了。”

宋子说：“被欺侮并不是耻辱。”回应说：大凡议论，一定要立一个最高的标准才行。没有最高的标准就会是非不分，辩论得不到裁决。因此我们听说的是：“天下最高的标准，是非的分界，确定名分、职务、事物名称的兴起，就是王者的制度。”因此，凡是讨论问题或约定事物的名称，它们的是非标准，一定要以圣王为榜样；圣王的标准，就是荣辱。他们各两个方面：有义荣，有势荣；有义辱，有势辱。心意美好，德行敦厚，智虑清明，这种光荣是从内心而出的，这就叫作义荣。爵位尊贵，俸禄多，势力大，上为天子、诸侯，下为卿相、士大夫，这种光荣是从外而来的，这就叫作势荣。放荡邪淫，违背名分和伦理，骄傲暴躁，贪婪好利，这种耻辱是从心中而出的，这就叫作义辱。遭受辱骂，被揪着头发打，被鞭笞、捶打、挖去膝盖骨，被砍头、车裂，被反身捆绑，这种耻辱是从外而来的，这就叫作势辱。这就是荣辱的两个方面。

原　文

故君子可以有势辱，而不可以有义辱；小人可以有势荣，而不可以有义荣。有势辱无害为尧，有势荣无害为桀。义荣势荣，唯君子然后兼有之；义辱势辱，唯小人然后兼有之。是荣辱之分也。圣王以为法，士大夫以为道，官人以为守，百姓以成俗，万世不能易也。今子宋子案不然，独诎容[①]为己，虑一朝而改之，说必不行矣。譬之，是犹以抟涂[②]塞江海也，以焦侥而戴太山也[③]，蹎[④]跌碎折，不待顷矣。二三子之善于子宋子者，殆不若止之，将恐得伤其体也。

子宋子曰：“人之情，欲寡，而皆以己之情为欲多，是过也。”

故率其群徒，辨其谈说，明其譬称，将使人知情欲之寡也。应之曰："然则亦以人之情为目不欲綦[5]色，耳不欲綦声，口不欲綦味，鼻不欲綦臭，形不欲綦佚。此五綦者，亦以人之情为不欲乎？"曰："人之情，欲是已。"曰："若是，则说必不行矣。以人之情为欲此五綦者而不欲多，譬之是犹以人之情为欲富贵而不欲货也，好美而恶西施也。古之人为之不然。以人之情为欲多而不欲寡，故赏以富厚而罚以杀损也。是百王之所同也。故上贤禄天下，次贤禄一国，下贤禄田邑，愿悫之民完衣食。今子宋子以是之情为欲寡而不欲多也，然则先王以人之所不欲者赏，而以人之欲者罚邪？乱莫大焉。今子宋子严然[6]而好说，聚人徒，立师学[7]，成文典[8]，然而说不免于以至治为至乱也，岂不过甚矣哉！"

注　释

①诎容：委屈容忍。

②涂：泥。

③焦侥：传说中的矮人。戴：背负。

④蹎（diān）：跌倒。

⑤綦（qí）：极。

⑥严然：即俨然，庄重的样子。

⑦立师学：创立学派。

⑧文典：文章。

译　文

因此，君子可以有势辱，而不可以有义辱；小人可以有势荣，而不可以有义荣。有势辱不妨害成为尧，有势荣不妨害成为桀。义荣、势荣，只有君子才能兼而有之；义辱、势辱，只有小人才能兼而有之。这就是荣辱的区别。圣王以此为法则，士大夫以此为标准，官员以此为持守，百姓以此成俗，万世都不会改变。现今宋子却不这样，自己委屈容忍，希望哪一天能改变荣辱的观念，他的言说一定不能实行。这就好比捏泥团填江海，用焦侥来背负泰山，顷刻之间，就会跌倒在地粉身碎骨。那些与宋子交好的人，不如及时去制止，否则将来恐怕反会伤害到自身。

宋子说："人的本性是情欲少，但人们都认为自己的情欲多，这是不对的。"因此，他带领学生们，辩论他的观点，讲明他的比喻，要让人们知道人的情欲很少。回应说："那么，是认为人的本性是眼睛不喜欢极度美丽的颜色，耳朵不喜欢极度美妙的声音，嘴巴不喜欢极度美妙的口味，鼻子不喜欢极度好闻的气味，身体不喜欢极度的安逸——这五种极度的享受，你认为人们都不想要吗？”回答是：“人的本性，是想要这些的。”回应说：“这样的话，你的言说就不能实行了。认为人的本性想要这五种极度的享受，但又不多，这就好比是认为人的本性是想要富贵但不喜欢财物，喜欢美丽但讨厌西施。古代的人不是如此的。认为人的本性是欲望多而不是欲望少，因此才用丰厚的财物赏赐，用减少俸禄去惩罚。这是百代帝王都一样的。因此上贤享受天下的俸禄，次贤享受一个国家的俸禄，下贤享受田地封邑的俸禄，诚朴的百姓让他们衣食富足。现在宋子认为人的本性是情欲少而不是情欲多，那么先王就是赏给人民不想要的东西，而以人们想要的东西作为惩罚？没有比这更混乱的了。现在宋子一本正经地喜好辩说，聚集门徒，创立学派，写作文章，但这种学说不免把极度安定的社会视为极度混乱的社会，这不是大错特错了吗？”

礼论篇第十九

原　文

礼起于何也？曰：人生而有欲，欲而不得，则不能无求；求而无度量分界，则不能不争；争则乱，乱则穷。先王恶其乱也，故制礼义以分之，以养人之欲，给人之求。使欲必不穷于物，物必不屈①于欲，两者相持而长，是礼之所起也。

故礼者，养也。刍豢稻粱，五味调香，所以养口也；椒兰芬苾②，所以养鼻也；雕琢刻镂，黼黻文章，所以养目也；钟鼓管磬，琴瑟竽笙，所以养耳也；疏房檖貌③，越席床第几筵④，所以养体也。故礼者，养也。

君子既得其养，又好其别。曷谓别？曰：贵贱有等，长幼有差，贫富轻重皆有称者也。故天子大路、越席，所以养体也；侧载睪芷，所以养鼻也；前有错衡，所以养目也；和鸾之声，步中《武》《象》，趋中《韶》《护》，所以养耳也；龙旗九斿⑤，所以养信⑥也；寝兕持虎⑦，蛟韅、丝末、弥龙⑧，所以养威也；故大路之马必倍⑨至教顺，然后乘之，所以养安也。孰知夫出死要节之所以养生也？孰知夫出费用之所以养财也？孰知夫恭敬辞让之所以养安也？孰知夫礼义文理之所以养情也？故人苟生之为见，若者必死；苟利之为见，若者必害；苟怠惰偷懦之为安，若者必危；苟情说[10]之为乐，若者必灭。故人一之于礼义，则两得之矣；一之于情性，则两丧之矣。故儒者将使人两得之者也，墨者将使人两丧之者也，是儒、墨之分也。

注释

①屈：竭尽。

②芬苾（bì）：芳香。

③疏房檖（suì）貌：敞亮的房子，宽广的宫室。檖：通“邃”。

④越席：蒲草席。第（zǐ）：竹席。筵：坐垫。

⑤斿（liú）：通“旒”，旗上的飘带。

⑥信：通“伸”，这里指神气。

⑦寝兕：卧着的犀牛。持虎：蹲着的老虎。

⑧蛟韅（xiǎn）：鳄鱼皮做的马腹带。丝末：丝织品做的车帘。末：通“幦（mì）”，车帘。弥龙：车耳，车两旁座椅上画着龙。

⑨倍：当为“信”字。

⑩说：通“悦”。

译文

礼为什么会兴起呢？回答是：人生来就有欲望，欲望得不到满足，就不能没有追求；一味追求而没有标准和界限，就不能不争斗；争斗就会混乱，混乱就会贫困。先王讨厌百姓混乱，于是制定礼义给百姓确立等级名分，从而调节人们的欲望，满足人们的需求，使人们的欲望不会因财物的不足而得不到满足，财物也不被欲求竭尽，两者相互制约而增长，这是礼兴起的原因。

因此，礼的作用就是满足人的欲望。牛羊猪狗之肉、稻粱之粮，五味调和，是用来保养嘴巴的；椒、兰的芬芳，是用来保养鼻子的；雕琢、镂刻精美的器物，衣服上绣着的多彩的花纹，是用来保养眼睛的；钟鼓管磬，琴瑟竽笙，是用来保养耳朵的；敞亮的房子，宽广的宫室，蒲草席、床上竹席，几案、坐垫，是用来保养身体的。所以礼的作用就是满足人的欲望。

君子已经获得了礼的给养，又喜欢礼的区别。什么是区别？回答是：贵贱有等级，长幼有差别，贫富贵贱各得其宜。因此天子乘大辂车铺蒲草席，用来保养身体；车的两侧装饰香草，用来保养鼻子；车前横木雕刻花纹，用来保养眼睛；车铃的声音，慢行中与《武》《象》之乐相合，奔跑时与《韶》《护》之乐相合，用来保养耳朵；龙旗装饰九条飘带，用来保养神气；车上画着卧着的犀牛、蹲着的老虎，用鳄鱼皮做马腹带，用丝织品做车帘，座位两侧刻着龙，用来保养威严；拉车的马一定要调教得十分温顺然后才能拉车，用来保证安全。谁能知道为节气而死是用来养护生命的呢？谁知道花费钱财是为了养财的呢？谁知道恭敬辞让是为了保养平安的呢？谁知道礼义制度是为了保养性情的呢？因此，人如果只见到生，就一定会死；如果只见到利益，就一定有危害；如果只安于怠慢偷懒，就一定会危险；如果只以情欲的欢愉为快乐，就一定会灭亡。因此，人遵从礼义，两个方面都能获得；顺从性情，两个方面都会丧失。因此，儒家是让人们两个方面都得到的，而墨家是让人们两个方面都丧失的。这就是儒、墨的分别。

原　文

礼有三本：天地者，生之本也；先祖者，类之本也；君师者，治之本也。无天地，恶生？无先祖，恶出？无君师，恶治？三者偏亡[①]焉，无安人。故礼，上事天，下事地，尊先祖，而隆君师，是礼之三本也。

故王者天太祖[②]，诸侯不敢坏，大夫士有常宗[③]，所以别贵始；贵始，得之本也。郊[④]止乎天子，而社[⑤]止于诸侯，道[⑥]及士大夫，所以别尊者事尊，卑者事卑，宜大者巨，宜小者小也。故有天下者事[⑦]七世，有一国者事五世，有五乘[⑧]之地者事三世，有三乘之地者事二世，持手而食者不得立宗庙，所以别积厚，积厚者流泽广，积薄者流泽狭也。

大飨[⑨]，尚玄尊[⑩]，俎生鱼，先大羹[⑪]，贵食饮之本也。飨[⑫]，尚玄尊而用酒醴[⑬]，先黍稷而饭稻粱。祭，齐大羹而饱庶羞[⑭]，贵本而亲用也。贵本之谓文，亲用之谓理，两者合而成文，以归大一，夫是之谓大隆。故尊之尚玄酒也，俎之尚生鱼也，豆之先大羹也，一也。利爵之不醮也[⑮]，成事之俎不尝也，三臭[⑯]之不食也，一也。大昏之未发齐也[⑰]，太庙之未入尸也，始卒之未小敛[⑱]也，一也。大路之素未集也[⑲]，郊之麻絻[⑳]也，丧服之先散麻[㉑]也，一也。三年之丧，哭之不反也，《清庙》之歌，一唱而三叹也，县[㉒]一钟，尚拊膈[㉓]，朱弦而通越也[㉔]，一也。

凡礼，始乎棁[㉕]，成乎文，终乎悦校[㉖]。故至备，情文俱尽；其次，情文代胜；其下复情以归大一[㉗]也。天地以合，日月以明，

四时以序，星辰以行，江河以流，万物以昌，好恶以节，喜怒以当，以为下则顺，以为上则明，万变不乱，贰之则丧也。礼岂不至矣哉！立隆以为极，而天下莫之能损益也。本末相顺，终始相应，至文以有别，至察以有说。天下从之者治，不从者乱；从之者安，不从者危，从之者存，不从者亡。小人不能测也。

注释

①偏亡：丢掉一个方面。

②太祖：后世称开国皇帝为“太祖”。

③常宗：由嫡长子所传之宗，为族人百世不迁的大宗。

④郊：祭天。

⑤社：祭地神。

⑥道：通“禫”，除去丧服的祭祀。

⑦事：祭祀。

⑧乘：四马拉的车。古代十里之地出一乘。

⑨大飨：在宗庙合祭祖先。

⑩玄尊：盛着清水的酒杯。

⑪大羹：不调味的肉汁。

⑫飨：四时祭祖。

⑬酒醴（lǐ）：甜酒。

⑭齐：通“跻”，这里指供上祭品。庶羞：各种美味。

⑮利爵：向尸献的酒。利：古代祭祀时代替死者受祭的活人叫“尸”，把祭品端给尸的人叫“利”。醮（jiào）：喝完，喝尽。

⑯臭：通“侑（yòu）”，劝食。

⑰昏：通“婚”。齐：通“醮”，婚礼亲迎之前的仪式。

⑱小敛：给死者穿上寿衣。

⑲素未：白色的车帘。未：当作“末”。集：当为衍文。

⑳绕：通“冕”，帽子。

㉑散麻：小殓时主人在腰间系上麻带。

㉒县：通“悬”。

㉓拊、膈（gé）：均为古代乐器。

㉔朱弦：即练朱弦，用练丝制作的琴弦。通越：瑟底部的穿孔。

㉕棁：疑为“脱”，疏略。

㉖悦校（xiào）：快意。校：当作“恔”字。

㉗大一：远古时代。

译 文

礼的本源有三个：天地，是生命的本源；祖先，是种族的本源；君主，是治国的本源。没有天地，怎么会有生命？没有祖先，后代怎么会出生？没有君主，怎么治理天下？三者少了任何一个，人们就不会有安定。因此，礼上用来事奉天，下用来事奉地，尊重祖先并且推崇君主，这是礼的三个根本。

因此，王者将太祖当作天来祭祀，诸侯不敢毁坏祖庙，大夫和士有百世不变的大宗，用来区别各自尊崇的祖先。尊崇祖先，是德行的根本。郊外祭天止于天子，祭祀地神止于诸侯，祭祀祖先通于士大夫。这是用来区别只有尊贵的人才能事奉尊者，卑贱的人只能事奉卑者，应当大的就大，应当小的就小。因此拥有天下的君主祭祀七代祖先，拥有一国的诸侯祭祀五代祖先，有五十里封地的大夫祭祀三代祖先，有三十里封地的士祭祀两代祖先，自食其力的百姓不能建立宗庙。这是用来区别功绩大小的，功绩积累多的流传给后代的恩泽就广，功绩积累少的流传后代的恩泽就小。

在太庙祭祖，崇尚用酒杯装清水供奉，案板上放生鱼，先献上不调味的肉汁，这是尊贵饮食之本。四时祭祖时，崇尚用酒杯盛清水，并用甜酒供奉，先献上黍稷后献上熟米饭。每月祭祖时，供上不调味的肉汁和各种珍馐，这是尊重饮食的根本并崇尚实用。尊重饮食的根本叫作礼的形式，注重实用叫作合乎常理，两者结合而成礼仪，以趋向于太古时代，这就叫作最隆重的礼。因此酒杯中以装清水为上等祭品，案板上以放生鱼为上等祭品，豆中先放不调味的肉汁为上等祭品，与太古时代一样。祭祀完毕，献给尸的酒不能喝完，用完的生鱼不能食用，三次劝食而不品尝，和太古时代一样。大婚之礼举行醮礼之前，太庙祭祀之尸进庙之前，人刚死未小殓之前，和太古时代一样。天子大辂车上的白车帘，郊祭用的麻布帽子，居丧时在腰间系上的麻带，和太古时代一样。三年之丧，哭泣不加修饰，唱《清庙》之歌，一人领唱而三人应和，悬挂一口钟，崇尚拊、膈，用红弦的瑟并在下面穿孔，和太古一样。

大凡礼，开始时简略，逐渐形成仪式，最后达到令人称心如意的地步。因此，最完备的礼，感情和形式都很完备；其次，感情和形式互有胜负；再次，使感情回归太古时代的质朴。天地因礼而和谐，日月因礼而明亮，四时因礼而有序，星辰因礼而运行，江河因礼而奔流，万物因礼而昌盛，好恶因礼而节制，喜怒因礼而得当。用礼治理臣民就会顺从，用礼约束君主就会明智，万物遵循礼就会变化不乱，不遵循礼就会灭亡。礼难道不是至高无上的吗？建立完备的礼制，并将其作为最高的标准，天下没有人能增减它。礼的本末相互顺从，终始相互呼应，极度完备而又有等级差别，极度明察而有道理。天下人顺从礼就会安定，不顺从礼就会混乱；顺从礼就会安全，不顺从礼就会危险；顺从礼就会保存，不顺从礼就会灭亡。这是小人不能理解的。

原 文

礼之理诚深矣，“坚白”“同异”之察入焉而溺[①]；其理诚大矣，擅作典制辟陋之说入焉而丧；其理诚高矣，暴慢恣睢轻俗以为高之属入焉而队[②]。故绳墨诚陈矣，则不可欺以曲直；衡诚县矣[③]，则不可欺以轻重；规矩诚设矣，则不可欺以方圆；君子审于礼，则不可欺以诈伪。故绳者，直之至；衡者，平之至；规矩者，方圆之至；礼者，人道之极也。然而不法礼，不足[④]礼，谓之无方之民[⑤]；法礼，足礼，谓之有方之士。礼之中焉能思索，谓之能虑；礼之中焉能勿易，谓之能固。能虑、能固，加好者焉，斯圣人矣。故天者，高之极也；地者，下之极也；无穷者，广之极也；圣人者，道之极也。故学者，固学为圣人也，非特学无方之民也。

礼者，以财物为用，以贵贱为文，以多少为异，以隆杀[⑥]为要。文理繁，情用省，是礼之隆也。文理省，情用繁，是礼之杀也。文理情用相为内外表里，并行而杂[⑦]，是礼之中流[⑧]也。故君子上致其隆，下尽其杀，而中处其中。步骤、驰骋、厉骛不外是矣[⑨]。是君子之坛宇宫廷也。人有是，士君子也；外是，民也；于是其中焉，方皇周挟[⑩]，曲[⑪]得其次序，是圣人也。故厚者，礼之积也；大者，礼之广也；高者，礼之隆也；明者，礼之尽也。《诗》曰：“礼仪卒度，笑语卒获。[⑫]”此之谓也。

礼者，谨于治生死者也。生，人之始也；死，人之终也；终始俱善，人道毕矣。故君子敬始而慎终，终始如一，是君子之道，礼义之文也。夫厚其生而薄其死，是敬其有知而慢其无知也，是奸人之道而倍叛之心也。君子以倍叛之心接臧谷[⑬]，犹且羞之，而况以事其所隆亲乎！故死之为道也，一而不可得再复也，臣之所以致重其君，子之所以致重其亲，于是尽矣。故事生不忠厚，不敬文，谓之野[⑭]；送死不忠厚，不敬文，谓之瘠[⑮]。君子贱野而羞瘠；故天子棺椁七重，诸侯五重，大夫三重，士再重，然后皆有衣衾多少厚薄之数，皆有翣菨[⑯]文章之等，以敬饰之，使生死终始若一；一足以为人愿，是先王之道，忠臣孝子之极也。天子之丧动四海，属[⑰]诸侯；诸侯之丧动通国，属大夫；大夫之丧动一国，属修士；修士之丧动一乡，属朋友；庶人之丧合族党，动州里；刑余罪人之丧不得合族党，独属妻子，棺椁三寸，衣衾三领，不得饰棺，不得昼行，以昏殣[18]，凡缘[19]而往埋之，反无哭泣之节，无衰麻之服，无亲疏月数之等，各反其平，各复其始，已葬埋，若无丧者而止，夫是之谓至辱。

注 释

①坚白、同异：即“离坚白”“合同异”，分别是战国时名家公孙龙、惠施的命题。

②轻俗：轻视风俗。以为高：自以为是。队：通“坠”。

③衡：秤。县：通“悬”，悬挂。

④足：践行。

⑤无方之民：不走正路的人。

⑥隆杀：隆重和简省。

⑦杂：通“集”，聚集。

⑧中流：合乎中道。

⑨步骤：漫步。厉骛（wù）：疾驰。

⑩方皇周挟（jiā）：这里指随意活动，应对自如。方皇：通“彷徨”。周挟：普遍。挟：通“浃”，周遍。

⑪曲：全。

⑫礼仪卒度，笑语卒获：引自《诗经·小雅·楚茨》，意思是：礼仪完全合乎法度，一笑一语完全得当。卒：尽。获：得当。

⑬倍：通“背”。臧谷：奴仆和小孩。

⑭野：粗野。

⑮瘠：薄。

⑯翣菨（shà shà）：古代棺材上的一种装饰物。

⑰属：合，聚集。

⑱殣（jìn）：埋葬。

⑲凡缘：平时的衣服。

译 文

礼的道理确实很深刻，“坚白”“同异”这样的诡辩进入礼中就会陷溺其中；礼的道理确实很广大，擅自制定礼仪制度的浅陋言说，进入礼中就会灭亡；礼的道理确实很高明，胡作非为、恣意妄行、轻慢风俗、自以为是的人，进入礼中就会坠落。因此，绳墨已经陈设，就不能用曲直来欺骗他；秤已经悬挂，就不能用轻重来欺骗他；规矩已经设置，就不能用方圆来欺骗他；君子明察礼，就不能用虚伪来欺骗他。因此墨绳，是直的最高标准；秤，是平的最高标准；规矩，是方圆的最高标准；礼，是人道的最高标准。然而，不效法礼，不践行礼，就叫作不走正道的人；效法礼，践行礼，就叫作走正道的士人。思虑合乎礼的中道，就叫作能思考；能不改变礼之中道，就叫作能固守；能思考、能固守，再加上能喜好，就是圣人。因此，天，是高的极致；地，是低的极致；无穷，是广的极致；圣人，是道的极致。因此，学习，就是学做圣人，不是学做不走正道的人。

礼，以财物为用度，以贵贱为文饰，以多少为分别，以隆重和简省为关键。文饰繁多，情感表达简约，这是隆重的礼；文饰简略，情感表达繁多，这是简约的礼；文饰和情感的表达相互为内外表里，并行而兼用之，这是礼的中道。因此，君子上达到隆重，下竭尽其简省，而居处其中间，漫步、奔跑、疾驰，无不如此，这是君子居处的标准。人能做到这一点，就是士君子；不能做到这一点，就是百姓。因此礼的中道，随意活动，都能合乎其次序，这就是圣人。因此，敦厚，是礼的积累；大度，是礼的广泛；高尚，是礼的隆重；明智，是礼的透彻。《诗经》上说："礼仪完全合乎法度，一笑一语完全得当。"讲的就是这个道理。

礼，是用来谨慎地对待生死的。生，是人的开始；死，是人的终结；终结与开始都很好，人道也就完备了。因此，君子尊重开始、谨慎终结，终结与开始都一样，这是君子之道，礼义的节度。重视生而轻视死，这是尊重活人有知觉而怠慢死人没有知觉，这是奸邪之人的做事方法并且具有背叛之心。君子用背叛之心来对待仆人和小孩，还会感到羞愧，更何况用来事奉自己所尊重的亲人呢？因此，死的原理，是一旦来临就不可能重新再来，臣子特别尊重其君主，儿子特别尊重其父母，都体现在这个时候。因此，事奉生者不忠厚、不尊重礼仪，就叫粗野；葬送死者不忠厚、不尊重礼仪，就叫凉薄。君子轻视粗野，以薄情为羞耻；因此天子的棺椁有七层，诸侯有五层，大夫有三层，士有两层，然后衣服祭品数量的多少、厚薄各有其不同的定制，棺上的装饰物和花纹图案各有其等差，恭敬地去装饰，使他们的生与死、始与终一样，一切都符合人们的愿望。这是先王之道，忠臣孝子的极致。天子的丧事惊动四海，聚合诸侯；诸侯的丧事惊动有同盟的国家，聚合大夫；大夫的丧事惊动全国，聚合有修养的士人；有修养的士人的丧事惊动一乡，聚合朋友；庶人的丧事惊动州里，聚合族党；遭受刑罚的犯罪之人的丧事不能聚合族党，只能聚合妻子、儿女，棺椁只能三寸厚，衣服被子只能三套，不能装饰棺材，不能白天出殡，只能傍晚埋葬，穿着平时的衣服去埋葬，回来之后不能哭泣，不能披麻戴孝，亲属家人不能为其服丧，都回归平常，像原来一样，埋了之后，就好像没有丧事一样，这就叫作最大的耻辱。

原 文

礼者，谨于吉凶不相厌[①]者也。纩纩听息[②]之时，则夫忠臣孝子亦知其闵[③]已，然而殡敛之具，未有求也；垂涕恐惧，然而幸生之心未已，持生之事未辍也；卒矣，然后作具之。故虽备家必逾日然后能殡，三日而成服。然后告远者出矣，备物者作矣。故殡久不过七十日，速不损[④]五十日。是何也？曰：远者可以至矣，百求可以得矣，百事可以成矣；其忠至矣，其节大矣，其文备矣。然后月朝卜日[⑤]，月夕卜宅[⑥]，然后葬也。当是时也，其义止，谁得行之？其义行，谁得止之？故三月之葬，其貌以生设饰死者也，殆非直留死者以安生也，是致隆思慕之义也。

丧礼之凡[⑦]：变[⑧]而饰，动而远，久而平。故死之为道也，不饰则恶，恶则不哀；尔则玩[⑨]，玩则厌，厌则忘，忘则不敬。一朝而丧其严亲，而所以送葬之者，不哀不敬，则嫌[⑩]于禽兽矣，君子耻之。故变而饰，所以灭恶也；动而远，所以遂敬也；久而平，所以优生[⑪]也。

礼者，断长续短，损有余，益不足，达爱敬之文，而滋成行义之美者也。故文饰、粗恶，声乐、哭泣，恬愉、忧戚，是反也；然而礼兼而用之，时举而代御。故文饰、声乐、恬愉，所以持平奉吉也[⑫]；粗恶、哭泣、忧戚，所以持险奉凶也。故其立文饰也，不至于窕冶；其立粗恶也，不至于瘠弃；其立声乐、恬愉也，不至于流淫、惰慢；其立哭泣、哀戚也，不至于隘慑[⑬]伤生，是礼之中流也。

故情貌之变，足以别吉凶，明贵贱亲疏之节，期止矣。外是，奸也；虽难，君子贱之。故量食而食之，量要[⑭]而带之，相高以毁瘠，是奸人之道，非礼义之文也，非孝子之情也，将以有为者也。故说豫娩泽[⑮]，忧戚萃恶[⑯]，是吉凶忧愉之情发于颜色者也。歌谣謷笑[⑰]，哭泣谛号，是吉凶忧愉之情发于声音者也。刍豢、稻粱、酒醴，餰鬻、鱼肉、菽藿、酒浆[⑱]，是吉凶忧愉之情发于食饮者也。卑绕、黼黻、文织[⑲]，资粗、衰绖、菲繐、菅屦[⑳]，是吉凶忧愉之情发于衣服者也。疏房、檖貌、越席、床笫、几筵，属茨、倚庐、席薪、枕块[21]，是吉凶忧愉之情发于居处者也。两情者，人生固有端焉。若夫断之继之，博之浅之，益之损之，类之尽之，盛之美之，使本末终始，莫不顺比，足以为万世则，则是礼也。非顺孰修为之君子[22]，莫之能知也。

注　释

①相厌：相互混淆。

②纩纩听息：用棉絮放在将死之人的鼻子前，看他是否有气息。

③闵：病危。

④损：少。

⑤月朝：月初。卜日：占卜葬期。

⑥月夕：月末。卜宅：占卜葬地。

⑦凡：一般情况。

⑧变：死亡。

⑨尔：通“迩”，近。玩：不恭敬，轻视。

⑩嫌：近似。

⑪优生：优待生者。

⑫持、奉：对待。

⑬隘慑：极度悲痛。

⑭要：通“腰”。

⑮说豫：高兴。说：通“悦”。娩（wǎn）泽：面色润泽。娩媚。

⑯萃恶：憔悴丑恶。萃：通“悴”，面色憔悴。

⑰謷（ào）笑：开玩笑。謷：通“傲”。

⑱馆（zhān）：稠粥。鬻（zhù）：稀粥。菽藿：豆子，豆叶。

⑲卑（pí）绕：通“裨冕”，祭服。文织：彩色的丝织品。

⑳资粗：质地差的布。衰绖（cuī dié）：丧服。菲繐：薄而布丝稀的布。菅（jiān）屦：草鞋。

㉑属茨：用草编的屋顶。倚庐：守丧时居住的简陋木屋。块：土块。

㉒顺：顺从。孰：通“熟”，精通。

译　文

礼，谨慎地对待吉凶之事，使其不相混淆。用棉絮检测将死之人的呼吸时，忠臣、孝子都知道他病危了，但是装殓的用具还不能求取；垂泪、恐惧，然而希望他侥幸生存的心还在，事奉生者的事务还没有停止；确定死了，然后才准备丧葬用具。因此，即使是丧葬用具完备的人家，也要过一天才能装殓；三天后才穿上孝服，然后到远方报丧的人才出门，准备丧葬器物的人才开始动手。因此，入殡时间，长不能超过七十天，短不能少于五十天。这是为什么呢？回答是：远方的人可以到来，各种需求可以得到满足，各种事务可以完成，他们的忠心就尽到了，他们的礼节盛大了，他们的仪式详备了。然后在月初占卜葬期，在月末占卜葬地，然后下葬。在这个时候，按照礼义应该禁止的事情，谁能去做？按照礼义该行动的，谁能禁止？因此，三个月的葬期，看起来是比照着活人的情况来装饰死者，但恐怕不是想留下死者来安慰活人，而是为了表达极为尊重和思慕的意思。

丧礼的一般情况是：人死了就要修饰，葬礼期间，死者停放的地方要越来越远，时间长了，内心逐渐归于平静。因此料理死者的情况是，不装饰就会丑陋难看，丑陋难看了生者就不会悲伤；距离死者近了生者就会轻视，轻视就会厌恶，厌恶就会怠慢，怠慢就会不尊敬。有一天突然失去了双亲，而送葬的人，不悲伤不恭敬，就和禽兽很相近了。因此君子以此为耻，所以人死了就装饰，是用来消除厌恶的；停放死者的地方越来越远，是用来达成恭敬的；时间长久而内心归于平静，是用来优待生者的。

礼，是用来斩断长而延续短，减少有余而弥补不足，表达爱慕恭敬的修饰而成就践行礼义之美德的。因此，文饰和粗恶，音乐和哭泣，愉悦和忧伤，这都是相对的，然而礼却兼而用之，根据不同的情况而替代使用。因此，文饰、音乐、愉悦，是用来对待平安和吉祥的；粗恶、哭泣、忧伤，是用来对待凶险的。因此仪式设置文饰时，不至于妖艳；仪式设置粗恶时，不至于太刻薄；仪式设置欢乐、愉悦时，不至于放荡、怠惰；仪式设置哭泣、悲伤时，不至于悲痛而伤身，这是礼的中道。

因此，感情、外貌的变化足以分辨吉凶和贵贱亲疏的差别，这就足够了。不如此，就是奸邪，即使难以做到，君子也轻贱它。因此，根据食量来吃饭，根据腰的粗细来系腰带，为了更高的名誉而毁坏身体，这是奸人之道，不是礼义的规定，不是孝子的实情，而是有所图谋。因此高兴欢乐、面色润泽，忧伤悲哀、面色憔悴，是吉祥与不幸、忧愁与愉悦的感情在面色上的表现。歌唱戏谑、哭泣哀号，是吉祥与不幸、忧愁与愉悦的感情在声音上的表现。牛羊猪狗之肉、稻粱，甜酒、粥、鱼肉、豆类、白酒，是吉祥与不幸、忧愁与愉悦的感情在饮食上的表现。祭服、礼服、彩色织品，粗布、丧服、薄而稀的麻布、草鞋，是吉祥与不幸、忧愁与愉悦的感情在衣服上的表现。宽敞的房屋、广大的宫室、蒲草席、铺床的竹席、几案、坐垫，用草编的屋顶、破屋、柴草铺的席子、用土块做的枕，是吉祥与不幸、忧愁与愉悦的感情在居处上的表现。人们的两种情感，是人生来就有的。至于斩断它或延续它，扩展它或削弱它，增加它或减少它，类比它或竭尽它，隆盛它或赞美它，使其本末终始无不和顺，足以成为万世的法则，这就是礼。除了顺从、精通礼而又努力实践礼的君子，是不能明白这些的。

原 文

故曰：性者，本始材朴也；伪[1]者，文理隆盛也。无性则伪之无所加，无伪则性不能自美。性伪合，然后成圣人之名，一天下之功于是就也。故曰：天地合而万物生，阴阳接而变化起，性伪合而天下治。天能生物，不能辨物也；地能载人，不能治人也。宇中万物生人之属，待圣人然后分也。《诗》曰："怀柔百神，及河乔岳。[2]"此之谓也。

丧礼者，以生者饰死者也，大象[3]其生以送其死也。故事死如生，事亡如存，终始一也。始卒，沐浴、鬠体、饭唅[4]，象生执也。不沐则濡栉三律[5]而止，不浴则濡巾三式[6]而止。充耳而设瑱[7]，饭以生稻，唅以槁骨[8]，反生术矣。设亵衣[9]，袭三称[10]，缙绅[11]而无钩带矣。设掩面儇目[12]，鬠而不冠笄矣。书其名，置于其重[13]，则名不见而柩独明矣。荐器[14]：则冠有鍪而毋縰[15]，瓮庑[16]虚而不实，有簟席而无床笫，木器不成斫[17]，陶器不成物，薄器不成内，笙竽具而不和[18]，琴瑟张而不均，舆藏[19]而马反，告不用也。具生器以适墓，象徙道[20]也。略而不尽，貌而不功，趋舆而藏之，金革辔靷[21]而不入，明不用也。象徙道，又明不用也，是皆所以重哀也。故生器文而不功，明器貌而不用。

凡礼，事生，饰欢也；送死，饰哀也；祭祀，饰敬也；师旅，饰威也。是百王之所同，古今之所一也，未有知其所由来者也。故圹垄[22]，其貌象室屋也；棺椁，其貌象版盖斯象拂也[23]；无帾丝歶缕翣[24]，其貌以象菲帷帱尉也[25]；抗折[26]，其貌以象槾茨番阏也[27]。故丧礼者，无它焉，明死生之义，送以哀敬，而终周藏也。故葬埋，敬藏其形也；祭祀，敬事其神也；其铭诔[28]系世，敬传其名也。事生，饰始也；送死，饰终也；终始具而孝子之事毕，圣人之道备矣。刻死而附生谓之墨[29]，刻生而附死谓之惑，杀生而送死谓之贼。大象其生以送其死，使死生终始莫不称宜而好善，是礼义之法式也，儒者是矣。

注　释

①伪：人为。

②怀柔百神，及河乔岳：引自《诗经·周颂·时迈》，意思是：怀柔各种神灵，涉及江河、高山。乔岳：高山。

③象：效法。

④鬠（kuò）：束发。饭唅（hàn）：将珠、玉、贝、米之类放入死者口里，亦作“饭含”。唅：通“琀”，古时埋葬死者前放在其口中的珠玉。

⑤濡栉三律：沾湿梳子梳三次。

⑥濡巾三式：沾湿毛巾擦三次。式：通“拭”。

⑦瑱（tiàn）：填在耳朵里的玉或棉。

⑧槁骨：应为“皜贝”，白色的贝壳。

⑨亵衣：内衣。

⑩袭三称：穿上三套外衣。

⑪缙绅：把笏板插在腰带上。

⑫掩面儇目：用白色的布遮盖死者的面目。儇：遮盖。

⑬重（chóng）：木制的神主牌。

⑭荐器：陪葬的器物。

⑮鍪（móu）：帽子。縰（xǐ）：束发之帛。

⑯瓮庑（wǔ）：瓶、罐等器物。庑：通“甒”，一种陶器。

⑰斫：砍，这里指经过加工。

⑱和：调音。下文“均”同义。

⑲藏：埋。

⑳徙道：搬家，迁徙。

㉑金革辔靷（yǐn）：车铃、车鞅、车套、缰绳之类的套车用的东西。

㉒圹垄：墓穴。

㉓版：车厢两侧挡板。盖：车厢盖板。斯：疑为“靳（jìn）”，古代车上夹辕两马当胸的皮革。拂：车的后挡板。

㉔无：通“幠（hū）”：盖尸布。帾（chǔ）：盖棺材的布。丝歶（yú）：丧车的丝织品装饰。缕翣：古代出殡时的棺饰。

㉕菲：草帘。帷帱：帷帐。尉：像鸟网一样的帷帐。

㉖抗折：古代葬具，指抗席与抗木，用来阻挡土接触棺木的。

㉗槾（màn）：用泥涂抹墙壁或房顶。茨（cí）：用茅草或芦苇盖房子。番：篱笆。阏（è）：这里指门户。

㉘诔（lěi）：悼词。

㉙刻：减损。附：增益。墨：昏昧。

译 文

因此说：人的本性，是原始朴素的材质；人为，是使礼义繁盛。没有本性，那么人为就无处施加；没有人为，本性就不能自己变得美好。本性、人为相互结合，然后就能成就圣人的名声，成就统一天下的功劳。因此说：天地结合而万物出生，阴阳相接而变化出现，本性与人为相互结合那么天下就会治理得好。天能够生养万物，而不能给万物分类；地能承载人，而不能治理人。世界上的万物和人类，等待圣人出现然后才能各得其分。《诗经》中说："怀柔各种神灵，涉及江河、高山。"讲的就是这个道理。

丧礼，就是用对待活人的方式去装饰死人，仿效他活着的时候来对待他的死。所以对待死亡就像对待出生一样，对待死者就像对待活人一样，始终如一。刚死的时候，给死者洗头、洗澡，束发、擦身体，口里含饭，这是仿效他活着的时候。不洗头就用湿的梳子梳三次，不洗澡就用湿的毛巾擦三次，耳朵填进玉或棉，用生米填口，口中放进白色的贝壳，这和活着的时候相反。穿上内衣，再套上三层外衣，笏板插在腰带上但不设钩带。用布盖上死者的脸，把头发束起来而不戴帽、不插簪。写上死者的名字，放到木制的神主牌位上，这样别处就看不见死者的名字而只能在灵柩前看清楚。陈设的器物：帽子有卷边但没有束发的布，瓶、罐空着而不装满，有蒲草席而没有床上用的竹席，木器不经雕琢，陶器不完整，薄的器物不能用，笙竽完备但不调音，琴瑟陈设但不能发出声音，把拉棺木的车埋了但把马赶回去，表明这些东西都是不能用的。把活着的时候用的器具搬到墓地，像搬家一样。简略而不完备，效仿而没有功效，把车赶来埋到地下，而套车工具都不埋，表明这是不用的。仿效搬家，又表明不用，这都是为了增加哀伤。因此生前的器物只用来文饰礼仪而不用，随葬品只仿效外形而不能用。

大凡礼，事奉活人，是为了文饰欢乐；事奉死者，是为了表达哀伤；祭祀，是为了表达恭敬；出师打仗，是为了显示威严。这是百代帝王都相同、古今都一样的，没有人知道它们的来源。因此，墓穴，它的外形像宫室；棺椁，它的外形像车子；盖尸布、盖棺布、丝织品等棺饰，就好像草帘、帷帐；抗席与抗木，就好像泥涂抹的墙、草做的房顶、篱笆和门户。因此，丧礼没有别的，表明死生的道理，用哀伤、恭敬的感情送走死者，最后好好地埋葬他。因此，埋葬，是恭敬地埋起他的身体；祭祀，是恭敬地事奉他的神灵；铭文、悼词、家谱，是恭敬地传颂他的名字。事奉生者，是文饰人生的开始；送走死者，是文饰人生的终结。终始之事完备而孝子的事情也就做完了，圣人之道也就详备了。对死者刻薄而对生者富厚叫作昏昧，对生者刻薄而对死者富厚叫作迷惑，伤害生命去陪葬死者叫作残害。仿效其生前的情形去送走死者，使死生终始都很合适而且非常完善，这是礼义的法度，这就是儒者。

原　文

三年之丧，何也？曰：称情而立文，因以饰群，别亲疏贵贱之节，而不可益损也。故曰：无适不易之术也。创巨者其日久，痛甚者其愈迟，三年之丧，称情而立文，所以为至痛极也。齐衰、苴杖、居庐、食粥、席薪、枕块[①]，所以为至痛饰也。三年之丧，二十五月而毕，哀痛未尽，思慕未忘，然而礼以是断之者，岂不以送死有已，复生有节也哉？凡生乎天地之间者，有血气之属必有知，有知之属莫不爱其类。今夫大鸟兽则失亡其群匹，越月逾时则必反铅[②]；过故乡，则必徘徊焉，鸣号焉，踯躅[③]焉，踟蹰焉，然后能去之也。小者是燕爵[④]，犹有啁噍[⑤]之顷焉，然后能去之。故有血气之属莫知于人，故人之于其亲也，至死无穷。将由夫愚陋淫邪之人与？则彼朝死而夕忘之；然而纵之，则是曾鸟兽之不若也，彼安能相与群居而无乱乎！将由夫修饰之君子与？则三年之丧，二十五月而毕，若驷之过隙，然而遂之，则是无穷也。故先王圣人安为之立中制节，一使足以成文理，则舍之矣。

然则何以分之？曰：至亲以期断[⑥]。是何也？曰：天地则已易矣，四时则已无矣，其在宇中者莫不更始矣，故先王案[⑦]以此象之也。然则三年何也？曰：加隆焉，案使倍之，故再期也。由九月以下何也？曰：案使不及也。故三年以为隆，缌、小功以为杀[⑧]，期、九月以为间。上取象于天，下取象于地，中取则于人，人所以群居和一之理尽矣。故三年之丧，人道之至文者也，夫是之谓至隆。是百王之所同也，古今之所一也。

君之丧所以取三年，何也？曰：君者，治辨之主也，文理之原也，情貌之尽也，相率而致隆之，不亦可乎？《诗》曰：“恺悌君子，民之父母。[⑨]”彼君子者，固有为民父母之说焉。父能生之，不能养之；母能食之，不能教诲之；君者，已能食之矣，又善教诲之者也。三年毕矣哉！乳母，饮食之者也，而三月；慈母，衣被之者也，而九月；君，曲备之者也，三年毕乎哉！得之则治，失之则乱，文之至也。得之则安，失之则危，情之至也。两至者

俱积焉，以三年事之，犹未足也，直无由进之耳。故社，祭社也；稷，祭稷也；郊者，并百王于上天而祭祀之也。

注 释

①齐衰（zī cuī）：粗麻布做的丧服。苴（jū）杖：服丧时用的竹杖。

②反铅：返回巡视。铅：通“沿”，循。

③踯躅（zhí zhú）：徘徊，不前。

④爵：雀。

⑤啁噍（zhōu jiū）：小鸟的悲鸣。

⑥期（jī）：一年。断：结束。

⑦案：语气助词。

⑧缌（sī）：穿用细麻布做的丧服，服丧三个月。小功：穿用熟麻布做的丧服，服丧五个月。

⑨恺悌君子，民之父母：引自《诗经·大雅·泂酌》，意思是：平易和乐的君主，是百姓的父母。恺悌（kǎi tì）：平易和乐。

译 文

三年的丧期，是为什么呢？回答是：根据人情而设立形式，以此来文饰人群，分别亲疏、贵贱之等，而不可更改。因此说：这是到哪都不能改变的。创伤大的需要恢复的时间就长久，特别悲痛的痊愈的时间就缓慢。三年的丧期，根据人情而设立形式，这是为极度悲痛的人设立的。穿着粗麻布做的丧服，拄着竹杖，居住在破屋之中，喝粥，以柴为席，枕着土块睡觉，这都是为人们表达极度悲痛而做的。三年之丧，二十五个月结束，哀痛还没有消失，思念还没忘记，但是礼到此就结束了，这难道不是说明送葬死者有结束的时候，恢复日常生活有其期限吗？大凡生在天地之间的万物，有血气的就会有智力，有智力的无不知怜爱同类。现在大一点的鸟兽，一旦失去群体或者配偶，超过一个月或一个季节一定会返回来巡视；走过故乡一定会徘徊，呼叫，犹豫，然后才会离开。小一点的像燕雀之类的动物也要悲鸣一会儿，然后才会离去。因此有血气的动物没有比人更聪明的了，因此人对于自己的亲人，到死也不会忘记。将要顺从愚蠢、鄙陋、邪淫的人吗？那么亲人早上去世晚上就忘记了，如果还顺从他，那是连鸟兽都不如啊，他怎么能和别人一起居住而不混乱呢？将要顺从有礼义修养的君子吗？那么三年的丧期，二十五个月结束，好像快马跑过缝隙一样短暂，如果顺从他，那么服丧就会没有尽头。因此圣人根据中道来制定礼节，使人们能够合乎礼义，丧期也就可以结束了。

然而，丧期长短如何区分呢？回答是：至亲一年结束。这是为什么呢？回答是：天地已经变化了，四时已经替换一遍了，在世界上的事物都已经重新开始了，因此先王仿效此来制定丧期。但是为什么会有三年之丧呢？回答是：这是为了增加隆重，使服丧的时间增加了一倍，因此增加两年的服丧时间。九个月以下的丧期是为什么呢？回答是：使丧期不如父母的丧期长。因此，服丧三年是为了增加隆重的，服丧三个月的缌、服丧五个月的小功是最轻的，服丧一年、九个月处于中间。上是效法天，下是效法地，中间是效法人，人能够群居和谐的道理尽在于此。因此三年的丧期，是人道极致的礼节。这就叫作极度隆重，是百代帝王都相同，古今都一样的。

君主的丧礼也要服丧三年，这是为什么呢？回答是：君主，是治理天下的人，是礼仪制度的根源，是忠诚的内心与恭敬的外表的极致，大家都争着推崇君主，使他的丧礼更加隆重，不是应该的吗？《诗经》中说："平易和乐的君主，是百姓的父母。"君主，的确有是百姓父母的说法。父亲能生子女，但是不能养护他们；母亲能喂养他们，但是不能教化他们；君主，既能养护他们，又能教化他们。为君主服三年之丧，也算完备了吧。乳母，是喂养孩子的人，为她服丧三个月；养母，是照顾孩子的人，为她服丧九个月；而君主，是一切都完备的，为他服丧三年才行啊。能做到这样国家就得到了治理，不能做到这样国家就会混乱，这是礼义的极致；能做到这样国家就能安定，不能做到这样国家就会危险，这是人情的极致；这两种极致加在一起，三年之丧都是不够的，只是没有理由再增加了。因此，社祭，是祭祀土地；稷祭，是祭祀谷神；郊祭，是将百代帝王与上天一起祭祀。

原　文

三月之殡，何也？曰：大之也，重之也。所致隆也，所致亲也，将举措之，迁徙之，离宫室而归丘陵也，先王恐其不文也，是以繇[①]其期，足之日也。故天子七月，诸侯五月，大夫三月，皆使其须足以容事，事足以容成，成足以容文，文足以容备，曲容备物之谓道矣。

祭者，志意思慕之情也。愅诡唈僾而不能无时至焉[②]。故人之欢欣和合[③]之时，则夫忠臣孝子亦愅诡而有所至矣。彼其所至者，甚大动也；案屈然[④]已，则其于志意之情者惆然不嗛[⑤]，其于礼节者阙然不具。故先王案为之立文，尊尊、亲亲之义至矣。故曰：祭者，志意思慕之情也，忠信爱敬之至矣，礼节文貌之盛矣，苟非圣人，莫之能知也。圣人明知之，士君子安行之，官人以为守，百姓以成俗。其在君子以为人道也，其在百姓以为鬼事也。故钟鼓管磬，琴瑟竽笙，《韶》《夏》《护》《武》《汋》《桓》《箾》《简》

《象》[⑥]，是君子之所以为愅诡其所喜乐之文也。齐衰、苴杖、居庐、食粥、席薪、枕块，是君子之所以为愅诡其所哀痛之文也。师旅有制，刑法有等，莫不称罪，是君子之所以为愅诡其所敦恶之文也。卜筮视日、斋戒、修涂、几筵、馈荐、告祝，如或飨之[⑦]。物取而皆祭之，如或尝之。毋利[⑧]举爵，主人有尊，如或觞之。宾出，主人拜送，反易服，即位而哭，如或去之。哀夫！敬夫！事死如事生，事亡如事存，状乎无形影，然而成文。

注释

①繇：通"遥"，延长。

②愅（gé）诡：变化感动的样子。唈僾（yì ài）：抑郁不乐的样子。

③和合：和睦团聚。

④屈然：空空洞洞，指无法表达感情。

⑤惆（chóu）然不嗛（qiè）：惆怅不快乐。

⑥《汋（zhuó）》：与下文的《桓》同为《诗经·周颂》篇名。《箾（shuò）》：为古代歌颂周文王的舞曲名。

⑦如或飨之：好像有神灵来食用。

⑧利：助酒之人。

译文

三个月的殡期，这是为什么呢？回答是：是扩大丧礼，重视丧礼。让丧礼显得极为隆重，表明与死者极为亲密，将要准备各种东西来安顿他，迁徙他，将要让他离开宫室而被埋葬在丘陵。先王怕礼仪不隆重，于是延长日期，使日子充足。因此，天子殡期七个月，诸侯五个月，大夫三个月，都使得时间足够用来做各种事情，使事情能够完成，完成得足够合礼，礼仪足够完备，各种事务全都能处理周到并且事物完备，这就是礼仪之道。

祭祀，是为了表达心中的思念之情。感动、忧郁的感情不能不及时表达出来。因此人们在快乐、团聚的时候，忠臣孝子也十分感动而使思念君主和亲人之情有所表露。他们所表达的，是极大的感动，如果礼仪空无所有，那么他们极为浓烈的心意和感情，就会惆怅不快，就会感到礼仪有所欠缺，不够完备。因此先王为此设定了礼节，尊重长辈、亲爱亲人的道理也就得到表达了。所以说：祭祀，是为了表达心中的思念之情，是忠信、敬爱的极致，是礼节、文饰的最高表现，除了圣人是没人能了解的。圣人对其明白地了解，士君子对其安心地践行，官员对其尽力持守，百姓将其作为习惯。在君子看来，这是人的原则；在百姓看来，这是鬼神之事。因此钟鼓管磬，琴瑟竽笙，《韶》《夏》《护》

《武》《汋》《桓》《箾》《简》《象》等乐曲，这是君子表达快乐而感动的形式。穿粗麻布做成的丧服，拄着竹杖，住在破房子里，喝粥，以柴草为席，以土块为枕，这是君子表达哀伤而感动的形式。行军、打仗有制度，刑法有等级，刑罚无不与罪行相称，这是君子表达憎恨、厌恶的形式。用卜筮来确定日期、斋戒、清扫祠庙、设置几案、安放坐垫、供上食物、祷告，好像等着神灵来享用；把食物都拿来祭祀，好像有神明来品尝；不用助酒之人敬酒，主人举起酒杯，好像有神灵饮用；宾客出门，主人拜送，回来后，在位置上哭泣，好像神灵离开了。哀伤啊，恭敬啊，事奉死者犹如事奉生者，事奉死亡之人犹如事奉存在之人，无形无影，却成礼仪。

乐论篇第二十

原　文

夫乐者，乐也[①]，人情之所必不免也，故人不能无乐。乐则必发于声音，形于动静；而人之道，声音动静，性术[②]之变尽是矣。故人不能不乐，乐则不能无形，形而不为道，则不能无乱。先王恶其乱也，故制《雅》《颂》[③]之声以道之，使其声足以乐而不流，使其文足以辨而不諰[④]，使其曲直繁省廉肉[⑤]节奏，足以感动人之善心，使夫邪污之气无由得接焉。是先王立乐之方也，而墨子非之，奈何！

故乐在宗庙之中，君臣上下同听之，则莫不和敬；闺门之内，父子兄弟同听之，则莫不和亲；乡里族长之中，长少同听之，则莫不和顺。故乐者审一[⑥]以定和者也，比物[⑦]以饰节者也，合奏以成文[⑧]者也；足以率一道，足以治万变。是先王立乐之术也，而墨子非之，奈何！

故听其《雅颂》之声，而志意得广焉；执其干戚[⑨]，习其俯仰屈伸，而容貌得庄焉；行其缀兆[⑩]，要其节奏，而行列得正焉，进退得齐焉。故乐者，出所以征诛也，入所以揖让也；征诛揖让，其义一也。出所以征诛，则莫不听从；入所以揖让，则莫不从服。故乐者，天下之大齐也，中和之纪也，人情之所必不免也。是先王立乐之术也，而墨子非之，奈何！

注　释

①乐：第一个“乐”读“yuè”，第二个“乐”读“lè”。

②性术：性情的表现方式。

③《雅》《颂》：古代的两类乐曲。

④諰（xǐ）：邪。

⑤廉肉：指声音清晰和饱满。

⑥审一：确定一个基本的乐音。高长山注：“为整个演奏定一个基本的音调。”

⑦比物：配上乐器。

⑧成文：成为一首乐曲。

⑨干戚：盾牌和斧头。这里指武舞用的舞具。

⑩缀兆：舞蹈时舞者的排列位置。

译　文

音乐，是表达人的快乐的，这是人的感情所不能没有的，因此人不能没有快乐。有了快乐就会发于声音，表现在人的行为上；人之所以为人，其声音、动静、性情变化都表现在音乐中了。因此，人不能不快乐，快乐不能不表现出来，表现而不加以引导，就不能不混乱。先王讨厌百姓混乱，因此制作《雅》《颂》之乐曲来引导，使百姓足以表达快乐而不淫荡，使音乐足以分辨不同的情感而不邪僻，使乐曲的曲直、繁简、刚柔和节奏足以感动人的善心，使人们接触不到污秽、奸邪之气。这是先王创制音乐的方法，而墨子却反对它，真是无奈啊！

因此音乐在宗庙之中，君臣百官一同聆听，就没有人不和睦恭敬的；音乐在一家之中，父子、兄弟一起聆听，就没有不亲和的；音乐在乡里家族之中，长辈和年少的人一起聆听，就没有不温和顺从的。因此，音乐，就是确定一个标准的音调从而达成和谐，再配上乐器来调节节奏，多种乐器一起合奏而成一首乐曲，足以使人们齐一于正道，足以用来治理各种变化。这是先王创制音乐的方法，而墨子反对它，真是无奈啊！

因此，听《雅》《颂》之音，意志就会宽广；拿着盾、斧等舞具，学习舞蹈的俯仰、屈伸，容貌就会庄重；按照舞蹈的排列位置行动，合着音乐的节奏，那么队列就会端正，进退就会整齐。因此音乐，对外可以用来征讨敌寇，对内可以用来使人们礼让。征讨和礼让，其道理都是一样的。对外用来征讨敌寇，那么没有人会不服从；对内使人们礼让，那么没有人会不听从。因此，音乐，是天下间最能使人们齐一的，是中正和谐的纲纪，是人的感情不能没有的。这是先王建立音乐的方法，而墨子反对它，真是无奈啊！

原文

且乐者，先王之所以饰喜也；军旅𫓧钺[1]者，先王之所以饰怒也。先王喜怒皆得其齐[2]焉。是故喜而天下和之，怒而暴乱畏之。先王之道，礼乐正其盛者也，而墨子非之。故曰：墨子之于道也，犹瞽之于白黑也，犹聋之于清浊也，犹欲之楚而北求之也。

夫声乐之入人也深，其化人也速，故先王谨为之文。乐中平则民和而不流，乐肃庄则民齐而不乱。民和齐则兵劲城固，敌国不敢婴[3]也。如是，则百姓莫不安其处，乐其乡，以至足其上矣。然后名声于是白，光辉于是大，四海之民莫不愿得以为师，是王者之始也。乐姚冶以险，则民流僈[4]鄙贱矣；流僈则乱，鄙贱则争；乱争则兵弱城犯，敌国危之。如是，则百姓不安其处，不乐其乡，不足其上矣。故礼乐废而邪音起者，危削侮辱之本也。故先王贵礼乐而贱邪音。其在序官也，曰："修宪命，审诗商[5]，禁淫声，以时顺修，使夷俗邪音不敢乱雅，太师之事也。"

墨子曰："乐者，圣王之所非也，而儒者为之，过也。"君子以为不然。乐者，圣王之所乐也，而可以善民心，其感人深，其移风易俗。故先王导之以礼乐，而民和睦。夫民有好恶之情而无喜怒之应则乱；先王恶其乱也，故修其行，正其乐，而天下顺焉。故齐衰[6]之服，哭泣之声，使人之心悲。带甲婴胄[7]，歌于行伍，使人之心伤；姚冶之容，郑卫之音，使人之心淫；绅、端、章甫[8]，舞《韶》歌《武》，使人之心庄。故君子耳不听淫声，目不视女色，口不出恶言，此三者，君子慎之。

注释

①𫓧钺（fū yuè）：斧子与大斧。

②齐：恰当。

③婴：通“撄”，侵扰。

④流僈：流荡，放荡。

⑤诗商：诗歌和音乐。

⑥齐衰：丧服的一种。

⑦带甲婴胄：披上铠甲，带上头盔。

⑧绅：官员腰间的大带子。端：即玄端，黑色的礼服。章甫：礼帽。

译文

并且音乐，是先王用来表达喜悦的；军队和斧头，是先王用来表达愤怒的。先王的喜怒，皆得其宜。因此，先王喜悦，天下就会和睦；先王生气，暴乱之人就会畏惧他。先王之道，礼和乐正是其中最重要的，而墨子却反对它们。因此说：墨子对于先王之道，就好像瞎子不能分辨黑、白，就好像聋子不能分辨声音的清晰和浑浊，就好像想要去楚国却往北走。

音乐，能深刻地影响人的内心，能迅速地教化人民，因此先王谨慎地制作它。音乐中和平稳，百姓就会和睦而不淫荡；音乐肃穆庄重，百姓就会齐心而不混乱。百姓和睦齐心，军队就会强劲，城池就会坚固，敌国就不敢侵犯。这样的话，百姓都会安心地住在所在的地方，喜欢自己的家乡，从而使其君上满足。于是君王的名声就会彰显，光辉就会广大，四海的百姓没有人不愿意让他做君主的，这是王道的开始。音乐妖冶而险恶，百姓就会放荡、鄙陋。放荡就会混乱，鄙陋就会争夺。百姓混乱、争夺就会使军队弱小，城池受到破坏，敌国就会来侵犯。这样的话，百姓就会不安心地住在所在的地方，不喜欢自己的家乡，不能使君上满足。因此，礼乐被废弃而奸邪之音乐兴起，这是国家遭受危险、削弱和侮辱的根本。因此，先王尊重礼乐而贬低奸邪的音乐。因此，他在论述时说："修订法令，审查诗歌，禁止淫邪的音乐，根据时令整治，使夷狄的淫邪之乐不敢扰乱雅乐，这是太师的职责。"

墨子说："音乐，是圣王所反对的，而儒者却倡导它，这是不对的。"君子认为不是这样的。音乐，是圣人乐于创作的，可以用来使民心向善。它能深入地感动人，能够用来移风易俗。因此先王用礼乐来引导人，使百姓能够和睦相处。如果百姓有喜好、厌恶的感情而没有喜怒的反应就会混乱。先王讨厌百姓混乱，因此修养自己的德行，修正国内的音乐，从而使天下和顺。因此戴孝的丧服，哭泣的声音，让人们的内心悲伤；披上铠甲，戴上头盔，在军队中唱歌，让人们的内心伤痛；妖艳的容貌，郑国和卫国的音乐，让人们的内心淫邪；腰束大带，穿着礼服，戴着礼帽，伴着《韶》《武》之乐唱歌跳舞，让人们的内心庄重。因此君子耳朵不听邪淫之声，眼睛不看女色，口不出邪恶的言论，这三者，君子一定要谨慎地对待。

原文

凡奸声感人而逆气应之，逆气成象[①]而乱生焉；正声感人而顺气应之，顺气成象而治生焉。唱和有应，善恶相象，故君子慎其所去就也。君子以钟鼓道志，以琴瑟乐心；动以干戚，饰以羽旄[②]，从以磬管。故其清明[3]象天，其广大象地，其俯仰周旋有似于四时。故乐行而志清，礼修而行成，耳目聪明，血气和平，移风易俗，天下皆宁，美善相乐。故曰：乐者，乐也。君子乐得其道，小人乐得其欲；以道制欲，则乐而不乱；以欲忘道，则惑而不乐。故乐者，所以道[4]乐也。金石丝竹，所以道德也；乐行而民乡方矣。故乐者，治人之盛者也，而墨子非之。

且乐也者，和之不可变者也；礼也者，理之不可易者也。乐合同，礼别异，礼乐之统[5]，管[6]乎人心矣。穷本极变，乐之情也；着诚去伪，礼之经也。墨子非之，几遇刑也。明王已没，莫之正也。愚者学之，危其身也。君子明乐，乃其德也。乱世恶善，不此听也。於乎哀哉！不得成也。弟子勉学，无所营[7]也。

声乐之象[8]：鼓大丽[9]，钟统实[10]，磬廉制[11]，竽笙肃和[12]，筦籥发猛[13]，埙篪翁博[14]，瑟易良[15]，琴妇好[16]，歌清尽，舞意天道兼。鼓，其乐之君邪？故鼓似天，钟似地，磬似水，竽笙箫和筦籥似星辰日月，鞉[17]、柷、拊、鞷、椌、楬似万物。曷以知舞之意？曰：目不自见，耳不自闻也，然而治俯仰、诎信、进退、迟速莫不廉制，尽筋骨之力以要钟鼓俯会之节，而靡有悖逆者，众积意谔谔[18]乎！

注　释

①成象：形成风气。

②羽旄（máo）：雉鸡毛和牦牛尾。

③清明：音乐的声音清脆、明亮。

④道：通“导”，引导。

⑤统：总体。

⑥管：约束。

⑦营：通“荧”，迷惑。

⑧象：象征。

⑨大丽：高亢。

⑩统实：浑厚。

⑪廉制：清亮。

⑫肃和：肃穆和谐。

⑬筦籥（guǎn yuè）：古代两种编管乐器。发猛：激昂。

⑭埙（xūn）：古代陶制乐器。篪（chí）：古代竹制管类乐器。翁博：通“滃渤”，盛大宽广。

⑮易良：温和。

⑯妇好：柔和婉转。

⑰鞉（táo）：与下文的“柷（zhù）”、“拊（fǔ）”、“鞷（gé）”、“椌（qiāng）”、“楬（qià）”都是古代的打击乐器。

⑱谇（chí）谇：通“迟迟”，舒缓，悠长。

译　文

大凡奸邪之声感动人，不正之气就会与之呼应，不正之气成为风气，混乱就会产生；雅正的音乐感动人，和顺之气就会与之呼应，和顺之气成为风气，安定就会产生。唱和相应，善恶相随成风，因此君子一定要谨慎地进行取舍。君子用钟鼓来引导心志，用琴瑟来愉悦内心，用盾牌和斧头等舞具来跳舞，用雉鸡毛和牦牛尾来装饰，用磬、管等乐器来伴奏，因此音乐清亮如同天一样，广大如同地一样，俯仰周旋的舞蹈如同四时变化。因此，音乐流行而心志就会清纯，践行礼而德行就会养成，要使人们耳朵听得清楚，眼睛看到明白，血气平和，移风易俗，天下安宁，没有比音乐更好的了。

因此说：音乐，就是表达快乐的。君子以从中得到道义为快乐，小人以从中满足欲望为快乐。用道义来约束欲望，就会快乐而不昏乱；顺从欲望而忘记道义，就会迷惑而不快乐。因此音乐，是用来引导快乐的；金石丝竹等乐器，是用来引导德行的。音乐流行，百姓就会朝向正道。因此，音乐是治理百姓最重要的手段，而墨子却反对它。

况且音乐，是使人们和谐而不可更改的原则；礼，是治理国家而不可改变的原则。音乐融合相同，礼分别不同，礼乐的总体，都是用来约束人心的。从根本上改变人的性情，这是音乐的本质；彰显真诚，除去虚伪，这是礼的根本原则。墨子反对它们，他几乎要遭受刑罚了。圣明的君王已经逝去，没有人能够修正墨子的言说。愚蠢的人向墨子学习，一定会危害自身。君子倡导音乐，这是他们的德行；乱世厌恶善良，不会听从这些话。哎呀，悲哀呀！音乐不能发挥它的作用啊。弟子们要努力学习，不要被迷惑啊。

音乐的象征是：鼓声高亢，钟声浑厚，磬声清亮，竽笙声肃穆和谐，箎籥声激昂，埙篪声盛大广博，瑟声平易温和，琴声柔和婉转，歌声象征清纯完美，舞蹈象征与天道融合。鼓，是乐器中的君主吧，因此鼓声像天，钟声像地，磬声像水，竽、笙、箫、箎、籥的声音像星辰日月，鞉、柷、拊、鞷、椌、楬的声音像万物。怎么知道舞蹈的意义？回答是：眼睛看不到自己，耳朵听不到自己，然而俯仰、屈伸、进退、迟速等动作，无不清楚而有节奏，竭尽全身的力气，来跟上钟鼓相互配合的节奏，而没有违反的地方，众人的态度多认真啊！

原文

吾观于乡，而知王道之易易[①]也。主人亲速宾及介[②]，而众宾皆从之。至于门外，主人拜宾及介，而众宾皆入；贵贱之义别矣。三揖至于阶，三让以宾升。拜至、献酬[③]，辞让之节繁，及介省矣。至于众宾，升受、坐祭、立饮[④]，不酢[⑤]而降；隆杀之义辨矣。工入，升歌三终，主人献之；笙入三终，主人献之；间歌三终，合乐三终，工告乐备，遂出。二人扬觯[⑥]，乃立司正[⑦]，焉知其能和乐而不流也。宾酬主人，主人酬介，介酬众宾，少长以齿，终于沃洗[⑧]者，焉知其能弟[⑨]长而无遗也。降，说屦升坐，修爵无数。饮酒之节，朝不废朝，莫[⑩]不废夕。宾出，主人拜送，节文终遂，焉知其能安燕而不乱也。贵贱明，隆杀辨，和乐而不流，弟长而无遗，安燕而不乱，此五行者，足以正身安国矣。彼国安而天下安。故曰：吾观于乡，而知王道之易易也。

乱世之征：其服组[⑪]，其容妇[⑫]，其俗淫，其志利，其行杂，其声乐险，其文章匿[⑬]而采，其养生无度，其送死瘠墨[⑭]，贱礼义而贵勇力，贫则为盗，富则为贼。治世反是也。

注释

①易易：十分容易。

②速：迎接。介：宾的主要陪同。

③拜至：对到来的宾客行拜礼。献酬：主人向宾客敬酒，叫“献”。客人回敬主人后，主人再回敬客人，叫“酬”。

④升受：升堂受酒。坐祭：坐下祭酒。

⑤酢：客人回敬主人。

⑥觯（zhì）：酒杯。

⑦司正：负责监酒的人。

⑧沃洗：洗酒器的人。

⑨弟：通“悌”，敬。

⑩莫：通“暮”，晚上。

⑪组：有花纹的宽带，形容服装艳丽。

⑫妇：这里指男人打扮得像妇人一样妖艳。

⑬匿：通“慝（tè）”，邪恶。

⑭瘠墨：刻薄俭葬。

译　文

我看到乡饮酒礼，就知道实行王道是十分容易的。主人亲自迎接贵宾和贵宾的陪客，而其他客人都跟从他们。到了门外，主人向贵宾和贵宾的陪客拱手行礼，而其他客人都跟着他们进门，对待贵贱的礼仪已经分别开了。主人向贵宾三次揖让到达台阶，三次礼让后和贵宾一起上台阶，主人向大家行拜礼感谢大家的到来，主人向贵宾献酒，贵宾向主人敬酒，辞让的礼节很繁复，到了贵宾的陪客那里就简单了。等到了其他客人那里，上堂受酒，坐下祭酒，站起来饮酒，不回敬主人就退下而隆盛简省的礼仪就分清了。乐工进入，上堂演奏三首歌结束，主人向乐工献酒；吹笙的人进来，演奏三曲结束，主人向他们献酒；乐工和吹笙的人轮流表演三首歌和曲子结束后，乐工和吹笙者合奏三曲，结束后，乐工告诉主人音乐表演结束，然后退出。主人的两个侍从一同举杯敬酒，于是设立司正负责监督礼仪，由此可知道人们会和乐而不流荡。贵宾回敬主人，主人敬贵宾的陪客，贵宾的陪客敬其他客人，老少按年龄依次敬酒，以洗酒器者结尾。由此可知道人们尊重长辈而没有遗漏。下堂，脱下鞋，再入堂坐下，相互不停地敬酒。饮酒的礼节是:早上饮酒不耽误早上的事，晚上饮酒不耽误晚上的事。贵宾出门，主人拜送，礼节到此完成，由此可知道人们能安于燕乐而不混乱。贵贱分明，隆重与简省有分别，和乐而不流荡，尊敬长者而无遗漏，安于燕乐而不混乱。这五种行为，足以用来修正自身、安定国家了。国家安定，天下就会安定。所以说：我看到乡饮酒礼，就知道实行王道是十分容易的。

乱世的征兆是：服装华丽，男人打扮得像妇女一样妖冶，风俗淫荡，一心好利，行为驳杂，音乐邪僻，文章邪恶而有文采，用于养生的花销没有节度，埋葬死去的人十分刻薄俭省，轻贱礼义而崇尚勇力，穷就做强盗，富了就残害他人。安定的世道与此相反。

解蔽篇第二十一

原　文

凡人之患，蔽于一曲[①]，而暗于大理。治则复经[②]，两疑[③]则惑矣。天下无二道，圣人无两心。今诸侯异政，百家异说，则必或是或非，或治或乱。乱国之君，乱家之人，此其诚心莫不求正而以自为也。妒缪[④]于道，而人诱其所迨[⑤]也。私其所积，唯恐闻其恶也；倚其所私，以观异术，唯恐闻其美也。是以与治虽走，而是已不辍也。岂不蔽于一曲，而失正求也哉！心不使焉，则白黑在前而目不见，雷鼓在侧而耳不闻，况于使者[⑥]乎？德道之人，乱国之君非之上，乱家之人非之下，岂不哀哉！

故为蔽：欲为蔽，恶为蔽；始为蔽，终为蔽；远为蔽，近为蔽；博为蔽，浅为蔽；古为蔽，今为蔽。凡万物异则莫不相为蔽，此心术之公患也。

注释

①蔽：蔽塞，遮蔽。曲：局部，偏见。

②治：治理，纠正。经：正道。

③两疑：在“一曲”和“大理”观点面前犹疑不定。

④妒缪：妒忌，谬误。

⑤迨：通“怡”，喜好。

⑥使者：疑为“蔽者”。

译文

大凡人的通病，在于被偏见所蒙蔽，而不能明白全面的道理。纠正这种情况就会回归正道，在偏见和正道之间犹疑就会迷惑。天下没有两种正确的“道”，圣人不会犹疑不定。现在诸侯们有不同的治国方式，各学派有不同的言说，一定有的对、有的错，有的能治理好,有的会混乱。使国家混乱的君主，使家族混乱的人们，他们的内心无不想要追求正道而有所作为。但他们妒忌、错误地对待正道，因此人们顺着他们的喜好而引诱他们。他们偏爱自己积累的知识，唯恐听到人们说自己的缺点；倚仗自己偏爱的学识，来审视其他的学说，唯恐听到人们说别人的优点。因此他们与正道相违背，还固执己见，不肯放弃。这难道不是被偏见所蒙蔽，而失去了对正道的追求吗？不用心，即使白、黑的颜色放在面前而眼睛也看不到，在面前打雷、击鼓而耳朵也听不到，更何况被偏见所蒙蔽的人呢？掌握了正道的人，乱国的君主在上面反对他，学派杂乱的学者在下面反对他，这难道不悲哀么？

导致蒙蔽的原因有：欲望导致蒙蔽，厌恶导致蒙蔽；只看到开始导致蒙蔽，只看到终点导致蒙蔽；疏远导致蒙蔽，亲近导致蒙蔽；广博导致蒙蔽，浅显导致蒙蔽；只追求古代的经验导致蒙蔽，只掌握现在的经验导致蒙蔽。大凡事物有差异都会导致相互蒙蔽，这是人们思想观念的通病。

原　文

昔人君之蔽者，夏桀、殷纣是也。桀蔽于末喜、斯观而不知关龙逄[①]，以惑其心而乱其行。纣蔽于妲己、飞廉而不知微子启[②]，以惑其心而乱其行。故群臣去忠而事私，百姓怨非[③]而不用，贤良退处而隐逃，此其所以丧九牧[④]之地而虚宗庙之国也。桀死于鬲山，纣县于赤旆[⑤]。身不先知，人又莫之谏，此蔽塞之祸也。成汤监于夏桀，故主其心而慎治之，是以能长用伊尹，而身不失道，此其所以代夏王而受九有[⑥]也。文王监于殷纣，故主其心而慎治之，是以能长用吕望，而身不失道，此其所以代殷王而受九牧也。远方莫不致其珍；故目视备色，耳听备声，口食备味，形居备宫，名受备号，生则天下歌，死则四海哭。夫是之谓至盛。《诗》曰："凤凰秋秋，其翼若干，其声若箫。有凤有凰，乐帝之心。[⑦]"此不蔽之福也。

昔人臣之蔽者，唐鞅、奚齐是也[⑧]。唐鞅蔽于欲权而逐载子[⑨]，奚齐蔽于欲国而罪申生[⑩]，唐鞅戮于宋，奚齐戮于晋。逐贤相而罪孝兄，身为刑戮，然而不知，此蔽塞之祸也。故以贪鄙、背叛、争权而不危辱灭亡者，自古及今，未尝有之也。鲍叔[⑪]、宁戚、隰朋仁知且不蔽，故能持管仲而名利福禄与管仲齐。召公、吕望仁知且不蔽，故能持周公而名利福禄与周公齐。传曰："知贤之为明，辅贤之谓能，勉之强之，其福必长。"此之谓也。此不蔽之福也。

昔宾孟[⑫]之蔽者，乱家是也。墨子[⑬]蔽于用而不知文，宋子蔽于欲[⑭]而不知得，慎子蔽于法而不知贤，申子蔽于势而不知知，惠子蔽于辞而不知实，庄子蔽于天而不知人。故由用谓之道，尽利矣；由欲谓之道，尽嗛[⑮]矣；由法谓之道，尽数矣；由势谓之道，尽便矣；由辞谓之道，尽论矣；由天谓之道，尽因[⑯]矣。此数具者，皆道之一隅也。夫道者体常而尽变，一隅不足以举之。曲知之人，观于道之一隅而未之能识也。故以为足而饰之，内以自乱，外以惑人，上以蔽下，下以蔽上，此蔽塞之祸也。孔子仁知且不蔽，故学乱术[⑰]足以为先王者也。一家得周道[⑱]，举而用之，不蔽于成积[⑲]也。故德与周公齐，名与三王并，此不蔽之福也。

注　释

①末喜：即妹喜，桀的妃子。斯观：桀身边的奸臣。关龙逢：桀的臣子，曾直言规劝桀，被桀杀害。

②妲己：纣的妃子。飞廉：纣身边的奸臣。微子启：纣的哥哥。

③非：通“诽”，诅咒，咒骂。

④九牧：九州。

⑤县：通“悬”，悬挂。赤斾（pèi）：红色的旗子。

⑥九有：九州。

⑦凤凰秋秋……乐帝之心：为佚诗，意思是：凤凰翩翩起舞，翅膀像盾牌，声音像清越的箫声，凤凰飞来，帝王心欢喜。秋秋：飞舞的样子。干：盾牌。

⑧唐鞅：战国时宋康王的大臣。奚齐：晋献公宠妃骊姬的儿子。

⑨载子：战国时宋国的太宰。

⑩申生：晋献公的太子。

⑪鲍叔：与下文的“宁戚”“隰朋”皆为齐桓公时候的大臣。

⑫宾孟：指战国时往来于各诸侯国的游说之士。

⑬墨子：与下文的宋子、慎子、申子、惠子、庄子，都属于荀子所说的“宾孟”之人。

⑭欲：宋子认为人的欲望少。

⑮嗛（qiè）：通“慊”，满足。

⑯因：顺从。

⑰乱术：治国之道。

⑱一家：指孔子。周道：全面的道。

⑲成积：成见旧习。

译　文

古时候有被蒙蔽的君主，夏桀、商纣就是例子。桀受到妹喜、斯观的蒙蔽而不信任关龙逢，因此迷惑了本心而使自己的行为混乱。纣受到妲己、飞廉的蒙蔽而不信任微子启，因此迷惑了本心而使自己的行为混乱。因此大臣们抛弃忠心而营私，百姓怨恨诅咒而不听从命令，贤良之人退出朝廷隐居或躲避，这是他们丧失天下并使宗庙国都被毁的原因。桀死在鬲山，纣的头被悬挂在红旗之上。自身不知道治国之道，而人们又不去劝谏，这是蒙蔽导致的灾祸啊。成汤借鉴夏桀的覆灭，因此端正自己的内心并谨慎地治理国家，因此能够长期任用伊尹而使自己不背离正道，这是他能够替代夏桀而拥有九州的原因。文王借鉴商纣的覆灭，因此端正自己的内心并谨慎地治理国家，因此能够长期任用吕望而使自己不背离正道，这是他能够替代商纣而拥有九州的原因。远方的国家无不贡献他们的珍宝，因此眼睛能看到各种美色，耳朵能听到各种美妙的音乐，嘴巴能吃到各种山珍海味，居住在各种华丽的宫室，享有各种尊贵的名号，活着时受到天下歌颂，死了时四海之人都会哭泣，这就叫作鼎盛。《诗经》中说："凤凰翩翩起舞，翅膀像盾牌，声音像清越的箫声，凤凰飞来，帝王心欢喜。"这是不被蒙蔽带来的福气。

过去有受蒙蔽的臣子，唐鞅、奚齐就是例子。唐鞅被权力欲望蒙蔽而驱逐载子，奚齐被掌国的欲望蒙蔽而陷害申生，唐鞅在宋国被杀，奚齐在晋国被杀。驱逐贤能的大臣而陷害孝顺的兄长，自身遭受刑罚，然而浑然不知，这是受蒙蔽导致的灾祸。因此，贪婪、卑鄙、背叛主上、争夺权力而不遭受危害、羞辱、毁灭的人，从古到今，是从没有过的。鲍叔、宁戚、隰朋仁义聪明而不受蒙蔽，因此能扶持管仲，并且获得的名利和福禄与管仲并齐。召公、吕望仁义聪明而不受蒙蔽，因此能扶持周公，而获得的名利和福禄与周公并齐。古书上说："知道贤人叫作明智，辅佐贤人叫作能人。勤勉努力，一定会幸福长久。"讲的就是这个道理，这是不受蒙蔽带来的福气。

过去游说之士中有被蒙蔽的，学派思想混乱的学者就是这样的人。墨子被效用蒙蔽而不知道礼义，宋子被人情寡欲蒙蔽而不知道多求，慎子被刑法的作用蒙蔽而不知道贤人的价值，申子被权势的作用蒙蔽而不知道智慧的价值，惠子被言辞所蒙蔽而不知道事实，庄子被自然蒙蔽而不知道人事。因此，把效用叫作道，就会尽力于利益；把欲望叫作道，就会尽力于满足欲望；把刑法叫作道，就会尽力于法律条文；把权势叫作道，就会尽力于行方便；把言辞叫作道，就会尽力于辩论；把自然叫作道，就会尽力于顺从自然。这几个方面，都是道的一个方面。道，自身是永恒的而又能竭尽变化，一个方面不足以概况道。认识片面的人，只观察到道的一个方面而不能真正了解，因此，就以为已经了解了道的全部并为之辩护，对内使自己昏乱，对外足以迷惑人，在上位会蒙蔽下面，在下位会蒙蔽上面，这是蒙蔽导致的灾祸。孔子仁义、聪明而且不受蒙蔽，因此学习治国之道而足以辅佐先王。只有孔子一家获得了周全完备的治国之道，全部能加以施行，且不被成见旧习蒙蔽。因此他的德行和周公并齐，名声可以和三代帝王匹敌，这是不受蒙蔽带来的福气。

原 文

圣人知心术之患，见蔽塞之祸，故无欲无恶，无始无终，无近无远，无博无浅，无古无今，兼陈万物而中县衡[①]焉。是故众异不得相蔽以乱其伦[②]也。

何谓衡？曰：道。故心不可以不知道；心不知道，则不可道而可非道。人孰欲得恣，而守其所不可，以禁其所可？以其不可道之心取人，则必合于不道人，而不合于道人。以其不可道之心与不道人论道人，乱之本也。夫何以知？曰：心知道，然后可道；可道然后守道以禁非道。以其可道之心取人，则合于道人，而不合于不道之人矣。以其可道之心与道人论非道，治之要也。何患不知？故治之要在于知道。

人何以知道？曰：心。心何以知？曰：虚壹而静③。心未尝不臧④也，然而有所谓虚；心未尝不两也，然而有所谓壹；心未尝不动也，然而有所谓静。人生而有知，知而有志⑤；志也者，臧也；然而有所谓虚，不以所已臧害所将受谓之虚。心生而有知，知而有异；异也者，同时兼知之；同时兼知之，两也；然而有所谓一，不以夫一害此一谓之壹。心卧则梦，偷则自行，使之则谋；故心未尝不动也；然而有所谓静，不以梦剧⑥乱知谓之静。未得道而求道者，谓之虚壹而静。作之⑦，则将须⑧道者之虚则入；将事道者，之壹则尽；将思道者，静则察。知道察，知道行，体道者也。虚壹而静，谓之大清明。万物莫形而不见，莫见而不论，莫论而失位。坐于室而见四海，处于今而论久远。疏观⑨万物而知其情，参稽⑩治乱而通其度，经纬天地而材官万物⑪，制割大理而宇宙里矣⑫。恢恢广广⑬，孰知其极？睪睪广广⑭，孰知其德？涫涫纷纷⑮，孰知其形？明参日月，大满八极，夫是之谓大人。夫恶有蔽矣哉！

注　释

①县衡：建立标准。县：通“悬”，悬挂。衡：称，这里指标准。

②伦：秩序。

③虚壹而静：虚空、专一而且清净。

④臧：通“藏”，储藏。

⑤志：记。

⑥梦剧：梦幻，胡思乱想。

⑦作之：实际去做，去实践。

⑧须：追求。

⑨疏观：通观。

⑩参稽：参验，考察。

⑪经纬：治理，安排。材：利用。

⑫制割：掌握。里：了解。

⑬恢恢广广：宽广深远。

⑭睪（hào）睪广广：高大宽广。睪睪：通“皞皞”，广大的样子。广广：通“旷旷”。

⑮涫（guàn）涫纷纷：沸沸扬扬，纷繁复杂。

译文

圣人知道人们思想上的通病，能看到蒙蔽导致的灾祸，因此不执着于欲望也不执着于好恶，不执着于开始也不执着于结束，不执着于切近也不执着于遥远，不执着于广博也不执着于浅显，不执着于远古也不执着于当今，将万物陈列开来而在中间建立一个标准。因此，各种差异不能相互蒙蔽而使秩序混乱。

这个标准是什么？回答是：正道。因此内心不能不了解正道。内心不了解正道，就会不认可正道而认可不合正道的东西。谁会想要放纵自己的欲望，还坚守自己不认可的东西，去禁止自己认可的东西呢？用不认可正道的心去评价他人，一定会和违背正道的人相契合，而不和得道的人契合。用不认可正道的心和违背正道的人一起讨论有道之人，这是混乱的根本。这样怎么了解正道呢？回答是：内心了解正道然后才会认可正道，认可正道然后才能执守正道而阻止不合正道的事情。用认可正道的心评价人，就会和有道之人契合而和不违背道的人契合。用认可正道的心和有道的人一起讨论违背正道的事情，这是治理国家的关键。何必担忧不知道如何治理国家？因此治理国家的关键，在于了解正道。

人怎么才能了解正道？回答是：通过心。心怎么了解正道呢？回答是：保持内心的虚空、专一和清净。心未尝不储存知识，然而有虚空的时候；心未尝不能同时认识两种事物，然而有专一的时候；心未尝不运动，然而有清静的时候。人生下来就有知觉，有知觉就会有记忆；记忆，就是储存；然而有虚空的时候，是说不以已经记忆的东西妨害将要接受的东西，这就叫虚空。心生下来就有知觉，有知觉就会区别不同；区别不同，是指能同时认识不同的东西；能同时认识不同的东西，这就是二意。然而心有专一的时候，是说不因为知道那一个而妨害知道这一个，这就叫专一。心，睡觉时就会做梦，放松的时候心就会自己运行，运用它就会谋划。因此心未曾不运动；然而有清静的时候，是说不因为胡思乱想而扰乱正常的认识活动，这就叫清静。对没有得到道而想要追求道的人，告诉他保持内心的虚空、专一和清静的方法。实行起来：想要追求道的人，内心虚空道就会进入；想要运用道的人，内心专一就会穷尽事理；想要思考道的人，内心清静就能明察。懂得道的明察，懂得道的践行效用，才是真正体会了道的人。能够保持内心的虚空、专一和清静，这就是极为透彻明白的境界。万物没有有形体而不被看见的，没有能被看见而不可以被论说的，没有能被论说而不恰当的。坐在房间中观四海，在当今之时谈论远古，通观万物而掌握它们的情况，考察治乱情况而了解其中的法度，治理天地而管理万物，掌握正道而宇宙就会得到治理。宽广深远啊，谁知道他思想的极限？高大宽广啊，谁知道他的德行有多高尚？沸沸扬扬、纷纷繁繁，谁知道他的样子？他的智慧与日月相匹敌，充满天地八方，这就叫作大人，他怎么会被蒙蔽啊！

原　文

心者，形之君也，而神明之主也，出令而无所受令。自禁也，自使也，自夺也，自取也，自行也，自止也。故口可劫而使墨云[①]，形可劫而使诎申，心不可劫而使易意，是之则受，非之则辞[②]。故曰：心容，其择也无禁，必自见，其物也杂博，其情之至也不贰。《诗》云："采采卷耳，不盈顷筐。嗟我怀人，寘彼周行。[③]"顷筐易满也，卷耳易得也，然而不可以贰周行。故曰：心枝[④]则无知，倾则不精，贰则疑惑。以赞稽[⑤]之，万物可兼知也。身尽其故则美。类不可两也，故知者择一而壹焉。

农精于田，而不可以为田师[⑥]，贾精于市而不可以为市师[⑦]；工精于器而不可以为器师[⑧]。有人也，不能此三技，而可使治三官。曰：精于道者也。精于物者也。精于物者以物物[⑨]，精于道者兼物物[⑩]。故君子壹于道，而以赞稽物。壹于道则正，以赞稽物则察；以正志行察论，则万物官矣。昔者舜之治天下也，不以事诏而万物成。处一危[⑪]之，其荣满侧；养一之微，荣矣而未知。故《道经》曰："人心之危，道心之微。"危微之几，惟明君子而后能知之。故人心譬如盘水，正错而勿动，则湛浊在下，而清明在上，则足以见须眉而察理矣。微风过之，湛浊动乎下，清明乱于上，则不可以得大形之正也。心亦如是矣。故导之以理，养之以清，物莫之倾，则足以定是非决嫌疑矣。小物引之，则其正外易，其心内倾，则不足以决庶理矣。故好书者众矣，而仓颉独传者，壹也；好稼者众矣，而后稷独传者，壹也。好乐者众矣，而夔独传者，壹也；好义者众矣，而舜独传者，壹也。倕[⑫]作弓，浮游[⑬]作矢，而羿精于射；奚仲[⑭]作车，乘杜[⑮]作乘马，而造父精于御。自古及今，未尝有两而能精者也。曾子曰："是其庭[⑯]，可以搏鼠，恶能与我歌矣！”

空石[17]之中有人焉，其名曰觙[18]，其为人也，善射[19]以好思。耳目之欲接，则败其思；蚊虻之声闻，则挫其精。是以辟耳目之欲，而远蚊虻之声，闲居静思则通。思仁若是，可谓微乎？孟子恶败而出妻，可谓能自强矣，未及思也；有子恶卧而焠[20]掌，可谓能自忍矣，未及好[21]也；辟耳目之欲，可谓能自强矣，未及思也。蚊虻之声闻则挫其精，可谓危矣，未可谓微也。夫微者，至人也。至人也，何忍？何强？何危？故浊明外景[22]，清明内景，圣人纵其欲，兼其情，而制焉者理矣；夫何强？何忍？何危？故仁者之行道也，无为也；圣人之行道也，无强也。仁者之思也恭，圣者之思也乐。此治心之道也。

注　释

①劫：胁迫。墨：通“默”，沉默。云：言说。

②辞：拒绝。

③采采卷耳……寘彼周行：引自《诗经·周南·卷耳》，意思是：“采卷耳啊采卷耳，总是装不满浅口筐。啊，我怀念的人儿啊，我把筐放在大路上。”卷耳：一种可食用的植物，叶子像老鼠耳朵。顷筐：浅口筐。寘（zhì）：放置。周行：大路。

④枝：分散。

⑤赞稽：帮助考察。

⑥田师：管理农业的官员。

⑦市师：管理市场的官员。

⑧器师：管理手工业的官员。

⑨物物：治理具体的事物。

⑩兼物物：治理一切事物。

⑪危：警惕。

⑫倕（chuí）：传说中的巧匠，传说他创造了弓。

⑬浮游：又作“夷牟”，传说他创造了箭。

⑭奚仲：又作“任仲”，传说是夏禹时管理车辆的人，相传他制造了车。

⑮乘杜：又作“相土”，《世本》曰：“相土作乘马。”

⑯庭：通“莛”，唱歌时打拍子的小棍。

⑰空石：古地名。

⑱觙（jí）：人名。

⑲射：射覆，古代的一种猜迷游戏。

⑳焠（cuì）：烧灼。

㉑好：这里指喜好思考。

㉒浊明：内浊外明。外景：光彩表现于外。

译 文

心是身体的君主，是精神的主宰，它发出命令而从不接受命令。自我禁止，自我役使，自我裁夺，自我获取，自我行动，自我停止。因此，嘴巴可以被胁迫而使它沉默或言说，身体可以被胁迫而使它弯曲或直立，但心不可以被胁迫而使它改变意愿，对就接受，不对就拒绝。所以说：心是包容的，它的选择不受禁止，一定自主地表现出来，它能认识的东西十分广博、多样，它专心的时候会一心一意。《诗经》中说："采卷耳啊采卷耳，却总是装不满浅筐。啊，我怀念的人儿啊，我把筐放在大路上。"浅筐容易满，卷耳容易采到，却不可以三心二意地把筐放在大路上。所以说：心思分散就不能认识事物，心思偏颇就不能认识得精细，三心二意就会疑惑。以道来帮助考察，万物都能够被认识。亲身了解事物的原理就会很完美。认识哪一类事物都不能三心二意，因此聪明人选择一类事物而专心地去了解它。

农民精通种田但不能做管理农业的官员，商人精通做买卖但是不能做管理市场的官员，工匠精通制作器物但是不能做管理器械制作的官员。有的人，没有这三方面的技能，却能让他从事以上三种官职。俗话说：有人精通道，有人精通具体事物。精通具体事物的人可以管理具体事物，精通道的人可以管理一切事物。因此君子专心于道而可以帮助考察事物。专心于道就会心正，用来帮助考察事物就会明察，用端正的心去明察和谈论事物，那么万物都能被管理。过去，舜治理天下，不用指示而各种事情都能做成。专心地警惕自己，就会光荣满身；培养专一之心达到精微，光荣会不知不觉地到来。因此《道经》上说："人心要保持警惕，道心要探求精微。"警惕和精微的奥妙，只有圣明的君子才能知道。所以，人心就好比是盘中的水，端正地放置而不触动它，那么浑浊的东西就会沉积在下面而清明的水就会在上面，这就可以用来照胡子、眉毛，明察皮肤的纹理。微风吹过，浑浊的东西在下面动荡，清明的水在上面摇晃，这就会连身体的轮廓都看不清。心也是如此。因此，用正道来引导它，用清明来培养它，万物都不能干扰它，就足以用来确定是非，决断疑惑。用小的东西来引诱它，心的端正就会受到外面的干扰而变化，内心就会随之倾斜，就不能用来决断普通的道理。因此，喜好书法的人很多，而只有仓颉传下了文字，因为用心专一；喜好种庄稼的人很多，而只有后稷传下了种植的方法，因为用心专一；喜好音乐的人很多，而只有夔传下了制作音乐的方法，因为用心专一；喜好仁义的人很多，而只有舜传下了仁义的德行，因为用心专一。倕创造弓，浮游创造箭，而后羿精通射箭；奚仲创造车，乘杜创造四马驾车法，而造父精通于驾车。从古到今，未曾有三心二意而能精通事物的。曾子说："看到这个小棍子而想到可以用来打老鼠，这样的人怎么能和我一起唱歌呢？"

空石之地有一个叫觙的人，他这个人善于猜谜并且喜欢思考。但一接触耳目所喜欢的音乐和美色，就会干扰他的思考；听到蚊子、牛虻的声音，就会妨碍他的专心。因此他避开耳目之欲，远离蚊子、牛虻的声音，安闲地居住，清静地思考，就会想得通了。如果这样来思考仁义，可以算是精微了吧？孟子讨厌受打扰而休掉妻子，可以算得上是自强的人了；有子讨厌寝卧而烧灼自己的手掌，可以称得上能忍受了，但还算不上喜好思考。避开耳目的欲望，可以称得上自强，但是还达不到最好的思考程度。听到蚊子、牛虻的声音就妨碍专心致志，可以称得上警惕了，但还达不到精微。能达到精微的，就是圣人了。圣人，何须自强？何须忍耐？何须警惕？因此人里面浑浊外面清明，光芒表现在外面；内外皆清明的，光芒从内心发出来。圣人放纵自己的欲望，释放全部的情感，而管理的事物也能得到治理。因此，何须自强？何须忍耐？何须警惕？因此仁者践行道，不用有意去做；圣人践行道，不需要勉强。仁者的思考是恭敬的，圣人的思考是快乐的。这是治理内心的方法。

原　文

凡观物有疑，中心不定，则外物不清。吾虑不清，则未可定然否也。冥冥[①]而行者，见寝石以为伏虎也，见植林以为立人也，冥冥蔽其明也。醉者越百步之沟，以为跬步之浍[②]也；俯而出城门，以为小之闺[③]也，酒乱其神也。厌目[④]而视者，视一以为两；掩耳而听者，听漠漠而以为哅哅[⑤]，势乱其官也。故从山上望牛者若羊，而求羊者不下牵也，远蔽其大也，从山下望木者，十仞之木若箸，而求箸者不上折也，高蔽其长也。水动而景[⑥]摇，人不以定美恶，水势玄[⑦]也。瞽者仰视而不见星，人不以定有无，用精[⑧]惑也。有人焉以此时定物，则世之愚者也。彼愚者之定物，以疑决疑，决必不当。夫苟不当，安能无过乎？

夏首[⑨]之南有人焉，曰涓蜀梁。其为人也，愚而善畏。明月而宵行，俯见其影，以为伏鬼也；仰视其发，以为立魅也；背而走，比至其家，失气而死，岂不哀哉！凡人之有鬼也，必以其感忽之间、疑玄之时定之。此人之所以无有而有无之时也，而己以定事。故伤于湿而击鼓鼓痹[⑩]，则必有敝鼓丧豚之费矣，而未有俞[⑪]疾之福也。故虽不在夏首之南，则无以异矣。

注释

①冥冥：黑夜。

②浍（kuài）：小沟。

③闺：小门。

④厌目：用手挡住眼睛。厌（yā）：通“压”。

⑤漠漠：无声音。哅（xiōng）哅：喧嚣，喧闹。

⑥景：通“影”，影子。

⑦玄：通“眩”，动荡不定。

⑧精：视力。

⑨夏首：夏水的源头。

⑩本句似有脱误，疑作“伤于湿而痹，痹而击鼓烹豚”。痹：风湿病。

⑪俞：通“愈”，痊愈。

译文

大凡观察事物有疑惑，心中不能安定，就不能看清外物。自身的思虑不清楚，就不能确定对与错。在黑暗中行走的人，看见横卧的石头以为是趴着的老虎，看见立着树木以为是站立的人：这是黑暗遮蔽了他的眼睛。喝醉了的人跨越百步宽的沟，以为是半步宽的小沟；弯腰出城门，以为是走出小门：这是酒扰乱了他的心神。用手遮住眼睛看东西，看到一认为是二；掩住耳朵去聆听，没有声音也觉得很喧闹：这是外力扰乱了他的感官。因此，从山上看山下的牛好像羊那么大，而寻找羊的人不下去牵：这是遥远遮蔽了牛的高大。从山下看山上的树木，十丈高的树好像筷子，而想要筷子的人不上去砍伐：这是山的高度遮蔽了树木的长度。水流动而影子摇晃，人不在这个时候确定美丑：这是因为水摇晃不定。瞎子仰视而看不见星星，人们不以此确定星星的有无：因为瞎子的眼睛是看不见东西的。如果有人，在这个时候确定事物，那么他是世界上愚蠢的人。那些愚蠢的人确定事物，用疑惑的态度来决断疑惑的事物，决断一定不恰当。如果不恰当，怎么能没有过错呢？

夏首的南方有一个人，叫作涓蜀梁，这个人愚蠢而且胆小。在有月亮的晚上赶路，低头看见自己的影子以为是趴着的鬼，抬头看见自己的头发以为是站着的怪物，反身而奔跑，等到到家的时候，已经断气而死，岂不是很悲哀吗？大凡人们认为有鬼，一定是在他精神恍惚、神智迷乱的时候确定的。这是人们颠倒有无的时候，而他自己却在这个时候确定事物。因此，有人受了湿气而得了风湿病，有了风湿病就要击鼓、烹煮小猪来祛除，一定会有敲破鼓、丧失猪的破费，却没有治愈疾病的福气。因此，即使这人不在夏首的南方居住，也与那里的涓蜀梁没有分别。

原　文

凡以知，人之性也；可以知，物之理也。以可以知人之性，求可以知物之理，而无所疑止[①]之，则没世穷年不能遍也。其所以贯理焉虽亿万，已不足浃[②]万物之变，与愚者若一。学，老身长子，而与愚者若一，犹不知错，夫是之谓妄人。故学也者，固学止之也。恶乎止之？曰：止诸至足。曷谓至足？曰：圣王也。圣也者，尽伦[③]者也；王也者，尽制者也；两尽者，足以为天下极矣。故学者以圣王为师，案以圣王之制为法，法其法以求其统类，以务象效其人。向是而务，士也；类是而几，君子也；知之，圣人也。故有知非以虑是，则谓之攫[④]；有勇非以持是，则谓之贼；察孰[⑤]非以分是，则谓之篡；多能非以修荡是，则谓之知[⑥]；辩利非以言是，则谓之詍[⑦]。传曰："天下有二：非察是，是察非。"谓合王制与不合王制也。天下不以是为隆正[⑧]也，然而犹有能分是非、治曲直者邪？

若夫非分是非，非治曲直，非辨治乱，非治人道，虽能之无益于人，不能无损于人；案直将治怪说，玩奇辞，以相挠滑[⑨]也；案强钳而利口，厚颜而忍诟，无正而恣睢，妄辨而几利[⑩]；不好辞让，不敬礼节，而好相推挤：此乱世奸人之说也，则天下之治说者，方多然矣。传曰："析辞而为察，言物而为辨，君子贱之；博闻强志，不合王制，君子贱之。"此之谓也。

为之无益于成也，求之无益于得也，忧戚之无益于几[⑪]也，则广焉[⑫]能弃之矣，不以自妨也，不少顷干之胸中。不慕往，不闵来，无邑怜之心，当时则动，物至而应，事起而辨，治乱可否，昭然明矣。

周[⑬]而成，泄而败，明君无之有也；宣而成，隐而败，暗君无之有也。故君人者，周则谗言至矣，直言反矣；小人迩而君子远矣！《诗》云："墨以为明，狐狸而苍。[⑭]"此言上幽而下险也。君人者，宣则直言至矣，而谗言反矣；君子迩而小人远矣！《诗》云："明明在下，赫赫在上。[⑮]"此言上明而下化也。

注 释

①疑止：停止，有界限。疑：通“凝”。

②浃（jiā）：通达，同遍。

③伦：类，这里指各类事物的道理。

④攫：强词夺理。

⑤察孰：审察详细。

⑥知：这里指欺诈。

⑦詍（yì）：多言，废话。

⑧隆正：正确的标准。

⑨挠滑（gǔ）：混淆是非。

⑩几利：求利。

⑪几：实现。

⑫广焉：远远的。

⑬周：周密，机密。

⑭墨以为明，狐狸而仓：当为佚诗，意思是：把黑当作白，把黄狐狸当作青色的。狐：狐狸，这里指黄色。

⑮明明在下，赫赫在上：引自《诗经·大雅·大明》，意思是：下面清明光亮，因为上面光辉显赫。

译 文

一般来说，认识事物，这是人的本性；可以被认识的，这是事物的规律。用能够认识事物的人的本性，去追求能够被认识的事物的规律，而没有界限，那么一生也不能认识完。人们学习贯通事理的方法即使有亿万种之多，还是不能通达事物的变化，这就和愚蠢的人一样了。像这样学习，年纪大了、儿女长大了还和愚蠢的人一样，还不知道错误，这就叫作迷妄的人。所以学习，要知道何时停止。停止在哪里呢？回答是：停止在最为圆满的地方。什么是最为圆满？回答是：圣王的境界。圣人，是精通事理的人；王者，是精通制度的人；这两个方面竭尽了，就是天下间的极至了。所以学者要以圣王作老师，以圣王的制度为法则，效法圣王的法制并探求各类事物之统一的道理，要努力地仿效圣王的为人。为此而努力，就是士；和圣人相似而差一点点，是君子；完全了解圣王，就是圣人。因此有人知道不对还说成是对的，这就是强词夺理；有人强势地用不对的来歪曲对的，这就是害人；详细考察不对的却分辩说是对的，这就是篡改；多次用不对的来修正对的，这就是欺诈；为不对的狡辩，这就是废话。古书上说：“天下有两种情况：用不对的来考察对的，用对的来考察不对的。”也就是说合乎王者之制与不合乎王者之制。天下间若不以此为正确的标准，那么还能分别是非、曲直吗?

这样的话，不能分别是非，不能辨别曲直，不能分清治乱，不能掌握人道，即使有能力也对人类社会无益，没有才能也不会损害人。只是要研究怪异的学说，玩弄奇怪的言辞，来混淆是非；强行压制别人而善于辩说，脸皮厚而能忍受诟骂，不走正道而放荡，胡乱辩说而贪利；不喜欢辞让，不尊重礼节，而喜欢互相排挤，这是乱世奸邪的言说，但天下研究学说的人，大多是这样的。古书上说："分析言辞叫作明察，善言事物叫作善辩，君子轻贱这些；见闻广博、善于记诵，却不符合王者的制度，君子轻贱这些。"讲的就是这种情况。

践行它不利于成功，追求它不利于获得，担忧它不利于达到目的，那就远远地抛弃它。不要让它来妨害自己，不要让它有片刻干扰自己的内心。不羡慕过去，不担忧未来，没有忧愁的心，时机到了就行动，事物到来了就回应，事情发生了就处理，是治还是乱，是可以还是不可以，就明明白白地都清楚了。

密谋而成功，泄露而失败，圣明的君主是没有这样的事的；公布而成功，隐秘而失败，昏暗的君主是没有这样的事的。所以，对君主来说，行事机密，那么谗言就会到来，直言就会受阻，小人就会亲近而君子就会疏远。《诗经》中说："把黑当作白，把黄狐狸当作青色的。"这是说君上幽隐，臣下就会险恶。君主行事公开，那么直言就会到来，谗言就会受到阻止，君子就会亲近，小人就会疏远。《诗经》中说："下面清明光亮，因为上面光辉显赫。"这是说君上光明，臣下就会受到教化。

正名篇第二十二

原　文

后王之成名[1]：刑名从商，爵名从周，文名[2]从《礼》，散名之加于万物者，则从诸夏之成俗曲期[3]，远方异俗之乡，则因之而为通。散名[4]之在人者：生之所以然者谓之性；性之和所生，精合感应，不事[5]而自然谓之性。性之好、恶、喜、怒、哀、乐谓之情。情然而心为之择谓之虑。心虑而能[6]为之动谓之伪。虑积焉，能习焉，而后成谓之伪。正利[7]而为谓之事，正义而为谓之行[8]。所以知之在人者谓之知；知有所合谓之智。所以能之在人者谓之能；能有所合谓之能。性伤谓之病，节遇[9]谓之命。是散名之在人者也，是后王之成名也。

故王者之制名，名定而实辨，道行而志通，则慎率民而一焉。故析辞擅作名以乱正名，使民疑惑，人多辨讼，则谓之大奸。其罪犹为⑩符节度量之罪也。故其民莫敢托为奇辞以乱正名，故其民悫；悫则易使，易使则公⑪。其民莫敢托为奇辞以乱正名，故壹于道法而谨于循令矣。如是则其迹⑫长矣。迹长功成，治之极也，是谨于守名约⑬之功也。今圣王没，名守慢，奇辞起，名实乱，是非之形不明，则虽守法之吏，诵数之儒，亦皆乱也。若有王者起，必将有循于旧名，有作于新名。然则所为有名，与所缘⑭以同异，与制名之枢要，不可不察也。

注释

①成名：定名。

②文名：礼仪制度的名称。

③曲期：共同的约定。

④散名：各种事物的名称。

⑤不事：不经过后天努力。

⑥能：官能。

⑦正利：符合利益。

⑧正义：符合道义。行：德行。

⑨节遇：偶然的遭遇。

⑩为：通“伪”，伪造。

⑪公：通“功”，功劳，功效。

⑫迹：事迹，功绩。

⑬名约：名称约定。

⑭缘：根据，依据。

译文

后代帝王确定名称：刑法的名称依从商代，爵位的名称依从周代，礼仪制度的名称依从《仪礼》，各种具体事物的名称，就依从华夏各国的风俗和共同的约定，远方风俗不同的地方，就依照约定的名称进行沟通。

有关人的各种名称：生来就如此的叫作人的天性。天性是阴阳相和而生，精神与外物接触而发生的感应，不经人为加工而自然而然的叫作本性。本性的好、恶、喜、怒、哀、乐叫作感情。心对这些情感有所选择，叫作思虑。心中思虑而官能因此变动，叫作人为。思虑不断积累，官能不断练习，而后成为习惯，叫作人为。依照符合利益的目标去做，叫作事业；依照符合道义的目标去做，叫作德行。人们用来认识事物的，叫作认识能力；认识与外物相吻合，叫作智慧。人们能够用来做事情的，叫作能力；能力与外物相吻合，叫作才能。天性受到伤害，叫作生病；偶然的遭遇，叫作命运。这是有关人的各种名称，是后王确定名称应依照的。

因此，王者制定名称，名称确定而事物就得到了分辨，制名之道得到实行而人们就能进行思想的交流，因此圣王依照这些带领百姓达到统一。所以，分析言辞擅自制定名称来混乱正名，使百姓疑惑，使人们争讼不已，就叫作最大的奸人，他的罪名就好比是伪造符节、度量器具的罪名。所以，王者的百姓不敢依靠奇怪的言辞而混乱正名，因此王者的百姓就会诚朴，诚朴就会容易役使，容易役使就会有功效。百姓不敢依靠奇怪的言辞而混乱正名，因此就能一心推行根本的法度而谨慎地遵从命令。像这样，他功绩就会长久。功绩长久了又能成就名声，这是治理的极致，这是谨慎地持守名称约定的功劳。现在圣王逝去，对名称的持守变得怠慢，奇怪的言辞兴起，名称和实物之间的关系紊乱，是非的区分不明确，即使是遵守法度的官吏，记诵具体条文的儒者，也都混乱了。如果有王者兴起，一方面会遵从旧有的名称。既然这样，那么又会创造新的名称，然而之所以要有名称，依据什么分别同异，和制定名称的关键，不可以不考察清楚。

原　文

异形离心交喻[①]，异物名实玄纽[②]。贵贱不明，同异不别；如是则志必有不喻之患，而事必有困废之祸。故知者为之分别，制名以指实，上以明贵贱，下以辨同异。贵贱明，同异别，如是则志无不喻之患，事无困废之祸，此所为有名也。

然则何缘而以同异？曰：缘天官。凡同类同情者，其天官之意物也同。故比方之疑似而通，是所以共其约名以相期[③]也。形体、色、理以目异；声音清浊、调节[④]奇声以耳异；甘、苦、咸、淡、辛、酸、奇味以口异；香、臭、芬、郁、腥、臊、漏、庮、奇臭以鼻异[⑤]；疾、痒、沧、热、滑、铍、轻、重以形体异[⑥]；说、故、喜、怒、哀、乐、爱、恶、欲以心异。心有征知[⑦]，征知，则缘耳而知声可也，缘目而知形可也。然而征知必将待天官之当簿[⑧]其类，然后可也。五官簿之而不知，心征之而无说[⑨]，则人莫不然谓之不知。此所缘而以同异也。

然后随而命之：同则同之，异则异之。单[10]足以喻则单，单不足以喻则兼[11]；单与兼无所相避则共[12]；虽共不为害矣。知异实者之异名也，故使异实者莫不异名也，不可乱也，犹使同实者莫不同名也。故万物虽众，有时而欲遍举之，故谓之物；物也者，大共名也。推而共之，共则有共，至于无共然后止。有时而欲偏举之，故谓之鸟兽。鸟兽也者，大别名也。推而别之，别则有别，至于无别然后止。

名无固宜，约之以命，约定俗成谓之宜，异于约则谓之不宜。名无固实，约之以命实，约定俗成，谓之实名。名有固善，径易而不拂[13]，谓之善名。物有同状而异所者，有异状而同所者，可别也。状同而为异所者，虽可合，谓之二实。状变而实无别而为异者，谓之化。有化而无别，谓之一实。此事之所以稽实定数[14]也。此制名之枢要也。后王之成名，不可不察也。

注释

①异形：不同的人。喻：明白。

②玄纽：纠缠在一起。

③相期：这里指相互交流。

④调节：调和节奏。

⑤郁：草木腐臭。漏（lóu）：马的臭气。庮（yóu）：牛身上散发的臭气。奇臭：特别的气味。

⑥沧（cāng）：凉，寒冷。铍（pí）：涩。

⑦征知：验证认识。

⑧簿：通“薄”，接触，迫近。

⑨无说：不能言说。

⑩单：单名，即一个字的名称。

⑪兼：复名，两个及以上文字组成的名称。

⑫共：共名，同类事物通用的名字。

⑬径：直接。易：简易。拂：违反。

⑭稽实定数：考察事实来确定名称的数量。

译文

不同的人思想不同但可以通过交流而相互明白，不同的事物名称与实物相互纠缠而联系在一起。贵贱不分明，同异无区别，这样思想就会有表达不明白的忧患，事物就会有困顿废止的灾祸。因此聪明的人把它们加以分别，制定不同的名称来表达事实，上用来区别贵贱，下用来区分同异。贵贱分明，同异得到区别，那么思想就不会有表达不明白的忧患，事物就不会有困顿废止的灾祸，这就是要制定名称的原因。

然而，根据什么来确定名称的同异呢？回答是：根据天生的感官。大凡民族相同的，他们的实情相同，感官对事物的感知也相同。因此用比方比拟事物，只要大体相似就能行得通，这就是人们共同约定名称从而可以相互交流的原因。形体、颜色、纹理可以根据眼睛来区别；声音的清浊，和谐的节奏，奇特的声音，可以根据耳朵来区别；甜、苦、咸、淡、辛、酸、奇特的口味可以根据嘴巴来区别；香、臭、芬芳、腐臭、腥、臊、马的臭气、牛的臭气、特别的气味可以根据鼻子来区分；疾、痒、冷、热、滑、涩、轻、重可以根据触觉来区分；高兴、烦闷、喜、怒、哀、乐、爱、恶、欲可以根据内心来区分。心有验证认识的能力，验证认识，可以根据耳朵来分别声音，可以根据眼睛来分别形体。但是，验证认识一定要在感官恰当地接触事物时才能进行。五官接触事物而不认识，心验证认识却不能言说，人们无不把这种情况叫作无知。这就是根据天生的感官来区别同异的情况。

然后根据感知来命名：相同的感知就用同名，不同的感知就用异名，单个字足以表达的就用单名，单个字不足以表达的就用复名。单名和复名不相违背的就用共名，虽然用共名，但不妨害事物具体的差别。要知道不同的东西应该有不同的名字，因此使不同的东西都有不同的名字，不可以混乱，犹如使相同的东西都有相同的名字。因此，万物虽然很多，但有时候想要全都包括，固此就叫作“物”。物是大的共名。依次类推来确定共名，共名之中还有共名，直到没有共名然后停止。有时候想要列举某个方面，因此叫作鸟兽。鸟兽是大的别名，依次类推来确定别名，别名之中还有别名，直到没有别名然后停止。

名字没有本来就特别合适的，通过人们共同约定来命名，约定俗成就叫合适，和约定俗成的不同就叫作不合适。名字本来没有特定的实物，通过人们的共同约定来给实物命名，约定俗成的就叫实物的名称。名字有本来就很好的，直接、简单而不违背事实的，这就叫作好的名称。事物有形状相同而实质不同的，有形状不同而实质相同的，都是可以分别的。形状相同而实质不同的，即使能合在一起公用一个名称，也是两个东西。形状变了而本质上没有分别却成为异物的，叫作变化，有变化而本质无分别的，叫作同一个东西。这就是要考察事实来确定名称的数目的原因，这是制定名称的关键。后王要确定名称，不能不考察这些。

原文

“见侮不辱[①]”，“圣人不爱己[②]”，“杀盗非杀人也[③]”，此惑于

用名以乱名者也。验之所为有名，而观其孰行，则能禁之矣。“山渊平[4]”，“情欲寡[5]”，“刍豢不加甘，大钟不加乐[6]”，此惑于用实以乱名者也。验之所缘以同异，而观其孰调[7]，则能禁之矣。“非而谒[8]”，“楹有牛[9]”，“马非马[10]也”，此惑于用名以乱实者也。验之名约，以其所受，悖其所辞[11]，则能禁之矣。凡邪说辟言之离正道而擅作者，无不类于三惑者矣。故明君知其分而不与辨也。

夫民易一以道而不可与共故。故明君临之以势，道之以道，申之以命，章之以论，禁之以刑。故其民之化道也如神，辨说恶用矣哉！今圣王没，天下乱，奸言起，君子无势以临之，无刑以禁之，故辨说也。实不喻，然后命；命不喻，然后期；期不喻，然后说；说不喻，然后辨。故期、命、辨、说也者，用之大文[12]也，而王业之始也。名闻而实喻，名之用也。累而成文，名之丽[13]也。用、丽俱得，谓之知名。名也者，所以期累实也。辞也者，兼异实之名以论一意也。辨说也者，不异实名以喻动静之道也。期命也者，辨说之用也。辨说也者，心之象道也。心也者，道之工宰也。道也者，治之经理也。心合于道，说合于心，辞合于说。正名而期，质请[14]而喻，辨异而不过，推类而不悖。听则合文，辨则尽故。以正道而辨奸，犹引绳以持曲直。是故邪说不能乱，百家无所窜。有兼听之明，而无奋矜[15]之容；有兼覆之厚，而无伐德[16]之色。说行则天下正，说不行则白道而冥穷[17]。是圣人之辨说也。《诗》曰：“颙颙昂昂，如圭如璋，令闻令望，岂弟君子，四方为纲。[18]”此之谓也。

注释

①见侮不辱：遇到欺侮而不认为是屈辱。这是宋钘的观点。

②圣人不爱己：此说出处不详。

③杀盗非杀人也：杀死盗贼不是杀人。这是墨家的观点。

④山渊平：高山和深渊是一样平的。这是惠施的观点。

⑤情欲寡：人的情欲很少。这是宋钘的观点。

⑥刍豢（huàn）不加甘，大钟不加乐：吃肉也不会觉得特别香，听大钟的声音也不会增加快乐。这里墨子的观点。

⑦调：一致、吻合。

⑧非而谒：反对就是劝告。

⑨楹有牛：根据蒋南华等注，这句的意思是：柱子上有（画的）牛和“栏有牛”相同。此说出处不详。

⑩马非马：即“白马非马”。这是公孙龙的观点。

⑪辞：反对。

⑫大文：重要手段。

⑬丽：匹，配合。

⑭质请：根据实情。请：通“情”，实情。

⑮奋矜：骄傲自大。

⑯伐德：夸耀自己的德行。

⑰冥穷：退隐。

⑱颙颙昂昂……四方为纲：引自《诗经·大雅·卷阿》，意思是：恭顺、昂扬，像美玉一样，有美好的名誉和声望。和乐平易的君子啊，你是四方的榜样。颙（yóng）颙：恭顺。昂昂：志气昂扬。岂弟（kǎi tì）：通“恺悌”，和乐平易。

译　文

“被欺侮不是耻辱”，“圣人不爱自己”，“杀盗不是杀人”，这是迷惑于用名称扰乱名称的说法。用之所以创建名称的原理去验证，观察哪种言说行得通，就能禁止它们了。“高山与深渊一样平”，“情欲少”，“刍豢不加甘，大钟不加乐”，这是迷惑于用事实来扰乱名称的说法。用名称同异的根据来验证，观看哪种和事实一致，就能禁止它们了。“非而谒”，“楹有牛”，“白马非马”，这是迷惑于用名称扰乱事实的说法。用约定俗成来验证，用他们所赞成的反驳他们所反对的，就能禁止它们了。凡是偏离正道而擅自创造的奸邪的言说、怪僻的言论，没有不和上述三种说法类似的。因此，明智的君主知道它们与正确言说的分别而不和他们辩论。

百姓，容易统一于道但不能让他们共同知道理由。因此明君用威势来统治百姓，用道义来引导百姓，用命令来申诫百姓，用言论来开导百姓，用刑罚来禁止百姓。因此，百姓神速地都归顺于道，哪里还用辩说呢？现在圣王去世，天下大乱，奸言四起，君子没有权势来统治百姓，没有刑罚来禁止百姓，因此辩说就兴起了。事实不能明白，然后就要命名；命名不能明白，然后就要约定；约定不能明白，然后就要言说；言说不能明白，然后就要辩论。因此，约定、命名、辩论、言说，是在实际运用中起作用的重要手段，是成就王业的开始。听见名称就了解实物，这是名称的作用；连起来成为文章，这是名称的配合；名称的作用和配合都掌握了，才是真正的了解名称。名称，是约定来表达事物的。辞章，是把不同事物的名称连起来表达一个意思的。辩说，是使名实相符来表达是非的道理的。约定和命名，是用来辩说的。辩说，是心对道的反映。心，是道的主宰。道，是治理的原则。心与道符合，言说和心符合，辞章和言说符合。名字正确而符合约定，根据实情来表达；分别差异而没有过错，推理相类的事物而不违背实情；听起来合乎礼义，辩论起来合乎道理。用正道来分辨奸邪，就好像用绳墨来分别曲直。因此邪说不能乱正道，百家不能乱正理。有兼听各方的圣明，而没有骄傲自大的样子；有包容各方的敦厚，而没有自夸德行的神色。学说得到实行那么天下就得到端正，学说不能实行那么就讲明道理而退隐，这是圣人的辩说。《诗经》中说："态度恭顺、志气昂扬，像美玉一样，有美好的名誉和声望。和乐平易的君子啊，你是四方的榜样。"讲的就是这个道理。

原文

辞让之节得矣，长少之理顺矣，忌讳不称，祆辞[1]不出。以仁心说，以学心听，以公心辨。不动乎众人之非誉，不治[2]观者之耳目，不赂贵者之权势，不利传辟者之辞[3]。故能处道而不贰，咄而不夺[4]，利而不流，贵公正而贱鄙争，是士君子之辨说也。《诗》曰："长夜漫兮，永思骞兮。大古之不慢兮，礼义之不愆兮，何恤人之言兮！[5]"此之谓也。

君子之言，涉然而精[6]，俯然而类[7]，差差然而齐[8]。彼正其名，当其辞，以务白其志义者也。彼名辞也者，志义之使也，足以相通则舍之矣；苟[9]之，奸也。故名足以指实，辞足以见极[10]，则舍之矣。外是者，谓之讱[11]，是君子之所弃，而愚者拾以为己宝。故愚者之言，芴然[12]而粗，啧然[13]而不类，誻誻然[14]而沸，彼诱其名，眩其辞，而无深于其志义者也。故穷藉[15]而无极，甚劳而无功，贪而无名。故知者之言也，虑之易知也，行之易安也，持之易立也，成则必得其所好而不遇其所恶焉。而愚者反是。《诗》曰："为鬼为蜮，则不可得；有靦面目，视人罔极。作此好歌，以极反侧。[16]"此之谓也。

注释

①祆辞：奇怪的邪说。

②治：据高长山注，应为"冶"，取悦。

③利：喜欢。传辟：蒋南华等认为，"传辟"应为"便辟"，指身边亲近的人。

④咄：通"诎"，困顿。夺：不因胁迫而改变。

⑤长夜漫兮……何恤人之言兮：当为佚诗，意思是：长夜很漫长，要用来思考过错。对古人从不怠慢，礼义没有差错，何必顾及人们的言论呢？骞：过

错。愆（qiān）：违反。恤：顾。

⑥涉然而精：深入而精微。

⑦俯然而类：贴切而又有条理。

⑧差（cī）差然而齐：参差有别而又齐一。

⑨苟：苟且，这里指言辞不能用来沟通。

⑩极：中，这里指事物的本质。

⑪讱（rèn）：难。

⑫芴（hū）然：通“忽然”，无根本的样子。

⑬啧（zé）然：纷争的样子。

⑭诰（tà）诰然：话多的样子。

⑮穷藉：杂乱。

⑯为鬼为蜮……以极反侧：引自《诗经·小雅·何人斯》，意思是：你是鬼是怪，不能确切知道；你这丑陋的面目，注视你的人是没有竭尽的。创作这首好的歌曲，用来揭穿你的反复无常。蜮（yù）：短狐，相传为一种能含沙射人的动物。有靦（miǎn）面目：面目具全。视人：注视、监督的人们。极：尽。反侧：反复无常。

译文

辞让的礼节得当，长幼的道理有序，没有人言说忌讳的事情，奇怪的言辞不会出现。用仁义之心去言说，用学习的心去聆听，用公正的心去辩论，不对众人的诽谤和赞颂动心，不取悦于观察者的耳目，不因尊贵者的权势而贿赂，不偏好亲近之人的言辞。因此能够遵从道而不违背，言辞笨拙而不为胁迫所改变，言辞流利而不流于世俗，尊重公正而鄙视争论，这是士君子的辩说。《诗经》中说：“长夜很漫长，要用来思考过错。对古人从不怠慢，礼义没有差错，何必顾及人们的言论呢？”讲的就是这个道理。

君子的言论，深入而又精微，贴切而又有条理，差别多样而又齐一，他们一定要使名称端正，言辞恰当，以此来表达他们的心意。那些名称和言辞，是表达心意的工具，能够交流就可以了；不能表达心意的名称和言辞，是奸邪的。因此，名称足以表达事物，言辞足以表明主旨，就可以了。违背这一点的就叫作令人费解的言辞，这是君子所抛弃的，而愚蠢的人把它们当作宝贝。因此，愚蠢之人的言辞，无根本而又粗糙，纷杂而又无条理，话多而又嘈杂。他们使名称混乱，言辞迷惑，而不能深刻地表述心意。因此杂乱而不能表明主旨，极为劳苦而没有功劳，贪图利益而没有名誉。因此，聪明人的言辞，思考起来容易明白，实践起来容易安心，把持它容易建立功劳，成功了一定会获得他所喜好的而不会得到他所讨厌的。而愚蠢的人则与此相反。《诗经》中说：“你是鬼是怪，不能确切知道；你这丑陋的面目，注视你的人终究会把你看透。创作这首好的歌曲，用来揭穿你的反复无常。”讲的就是这个道理。

原文

凡语治而待去欲者，无以道[①]欲而困于有欲者也。凡语治而待寡欲者，无以节欲而困于多欲者也。有欲无欲，异类也，生死也，非治乱也。欲之多寡，异类也，情之数也，非治乱也。欲不待可得，而求者从所可。欲不待可得，所受乎天也；求者从所可，所受乎心也。所受乎天之一欲，制于所受乎心之多，固难类所受乎天也。人之所欲生甚矣，人之所恶死甚矣；然而人有从生成死者，非不欲生而欲死也，不可以生而可以死也。故欲过之而动不及，心止之也。心之所可中理，则欲虽多，奚[②]伤于治？欲不及而动过之，心使之也。心之所可失理，则欲虽寡，奚止于乱？故治乱在于心之所可，亡于情之所欲。不求之其所在，而求之其所亡，虽曰我得之，失之矣。

性者，天之就也；情者，性之质也；欲者，情之应也。以所欲为可得而求之，情之所必不免也。以为可而道之，知所必出也。故虽为守门，欲不可去，性之具也。虽为天子，欲不可尽。欲虽不可尽，可以近尽也。欲虽不可去，求可节也。所欲虽不可尽，求者犹近尽；欲虽不可去，所求不得，虑者欲节求也。道者，进则近尽，退则节求，天下莫之若也。

凡人莫不从其所可，而去其所不可。知道之莫之若也，而不从道者，无之有也。假之有人而欲南无多[③]，而恶北无寡[④]，岂为夫南之不可尽也，离南行而北走也哉？今人所欲无多，所恶无寡，岂为夫所欲之不可尽也，离得欲之道而取所恶也哉？故可道而从之，奚以损之而乱？不可道而离之，奚以益之而治？故知者论道而已矣，小家珍说之所愿者皆衰矣[⑤]。凡人之取也，所欲未尝粹而来也；其去也，所恶未尝粹而往也。故人无动而不可以不与权俱[⑥]。衡[⑦]不正，则重县[⑧]于仰，而人以为轻；轻县于俯，而人以为重；此人所以惑于轻重也。权不正，则祸托于欲，而人以为福；福托于恶，而人以为祸；此亦人所以惑于祸福也。道者，古今之正权也；离道而内自择，则不知祸福之所托。易者，以一易一，人曰：无得亦无丧也；以一易两，人曰：无丧而有得也；以两易一，人曰：无得而有丧也。计者取所多，谋者从所可。以两易一，人莫之为，明其数也。从道而出，犹以一易两也，奚丧？离道而内自择，是犹以两易一也，奚得？其累百年之欲，易一时之嫌，然且为之，不明其数也。

注释

①道：通“导”，引导。

②奚：哪里。

③欲南无多：想要往南走而无论路程有多远。

④恶北无寡：讨厌往北走而无论路程有多短。

⑤小家：荀子所不认同的各学术流派。珍说：怪说。

⑥权：秤砣，这里指正确的标准。俱：符合，一致。

⑦衡：秤。

⑧县：通“悬”，悬挂。

译文

大凡谈论治理国家要靠去除人的欲望的，却没办法引导人们的欲望反而是被欲望所困惑了；凡是谈论治理国家要靠减少人们的欲望的，却没办法节制欲望反而是被欲望所困惑了。有欲望和无欲望，是不同的，关系到人们的生和死，而与国家的安定、混乱无关。欲望的多和少，是不同的，关系到情欲的程度，而与国家的安定、混乱无关。欲望不是靠后天获得的，而追求欲望的人认为可以得到才去争取。欲望不是靠后天获得的，它是上天所赋予的；追求欲望的人认为可以得到才去争取，这是人心所授予的。上天所赋予的欲望只有一点点，而内心的多种思考都是为了节制它，这就使欲望与上天原来赋予的时候不一样了。人们所想要的，莫过于生了；人们所讨厌的，莫过于死了。然而，人们有放弃生命成就死亡的，并不是他们不想活着而想死，而是不能苟活而只可以去死。因此，欲望过度而行动赶不上，这是心制止了它。内心所认可的东西合乎道理，那么欲望即使很多，也不会妨害社会的治理。欲望不过分而行动过分，这是心的役使。内心所认可的东西不合道理，那么欲望即使很少，也不能制止混乱。因此，国家的安定和混乱在于内心的认可，不在于情欲的追求。不追求治乱的根源而从没有关系的地方，即使说我已经得到了治国的方法，其实还是失去了治国的方法。

本性，是上天赋予的；感情，是本性的实质；欲望，是感情的反应。认为欲望可以获得而追求它，这是人情所不能避免的；认为可以得到而引导它，智慧就会产生。因此，即使是守门之人，欲望也不能去除，这是人性本身所具有的。即使是天子，欲望也不能完全得到满足。欲望虽不能完全得到满足，但可以近于完全得到满足；欲望虽然不可去除，但可以节制。所欲求的东西虽然不可能竭尽，但是追求的人还是要尽可能地接近；欲望虽然不可能去除，所追求的东西得不到，知道图谋的人就会节制自己的需求。道，向前就近于竭尽，向后就节制欲求，天下没有比道更好的了。

凡是人没有不顺从自己认可的而去除自己不认可的。明白道没有什么能比得上，而不遵从道的人，是没有的。假如有人想去南方而无论路程有多远，讨厌去北方而无论路程有多短，岂会因为去南方的路途遥远，就放弃往南走而往北走？现在人们想要的不嫌多，所厌恶的不嫌少，岂会因为人们所想要的不可穷尽，就放弃获得想要的东西而去追求所厌恶的东西？因此，认可道而遵从它，还能用什么来损害它而导致国家混乱？不认可道而背离它，还能用什么来增益它而使国家安定？因此，聪明的人只讨论道就行了，那些小学术流派和奇怪言说的愿望都会衰亡。大凡人的追求，所想要的东西从来不曾完全得到；人的抛弃，所讨厌的东西从来不曾全部消失。因此，没有人的任何行动可以不与正确的标准相符合。秤不端正，那么挂上重物，秤杆会扬起来，而人们会认为它很轻；挂上轻物，秤杆会低下去，而人们会认为它很重，这是人们会迷惑于轻重的原因。衡量的标准不端正，那么灾祸就会寄存于欲求中，而人们认为这是幸福；幸福寄存于讨厌的东西中，而人们认为这是灾祸，这是人们会迷惑于祸福的原因。道，是古今最正确的衡量标准，背离道而内心自由选择，就不知道福祸寄存在哪里。交换，用一个换一个，人们说这是没有获得也没有丧失；用一个换两个，人们说这是没有丧失而有获得；用两个换一个，人们说这是没有获得而有丧失。善于计较的人会顺从多得，善于谋划的人会顺从内心的认可。用两个换一个，人们不会去做，是因为明白数量的多少。依从道而做事，就好比是用一个来换取两个，哪里会有丧失？背离道而内心自由选择，这好比是用两个换取一个，哪里会有获得？用积累百年的欲望，来换取一时的嫌恶，然而还要去做，这是不明白数量的多少啊。

原　文

有[①]尝试深观其隐而难其察者：志轻理而不重物者，无之有也；外重物而不内忧者，无之有也；行离理而不外危者，无之有也；外危而不内恐者，无之有也。心忧恐，则口衔刍豢而不知其味，耳听钟鼓而不知其声，目视黼黻而不知其状，轻暖平簟[②]而体不知其安。故向万物之美而不能嗛[③]也。假而得间而嗛之，则不能离也。故向[④]万物之美而盛忧，兼万物之美而盛[⑤]害，如此者，其求物也，养生也？粥[6]寿也？故欲养其欲而纵其情，欲养其性而危其形，欲养其乐而攻其心，欲养其名而乱其行，如此者，虽封侯称君，其与夫盗无以异；乘轩戴绕[7]，其与无足无以异。夫是之谓以己为物役矣。

心平愉，则色不及佣[8]而可以养目，声不及佣而可以养耳，蔬食菜羹而可以养口，粗布之衣、粗紃[9]之履而可以养体，局室、庐帘、稿蓐、敝机筵而可以养形[10]。故虽无万物之美而可以养乐，无势列之位而可以养名。如是而加天下焉，其为天下多，其私乐少矣。夫是之谓重己役物。无稽之言，不见之行，不闻之谋，君子慎之。

注释

①有：通“又”。

②簟（diàn）：竹席。

③嗛（qiè）：通“慊”，满足。

④向：通“享”，享受。

⑤盛：极为，十分。

⑥粥：通“鬻（yù）”，卖。

⑦轩：轩车，一种高而有帷幕的车子。绕：通“冕”，礼冠。

⑧佣：通“庸”，平常。

⑨粗紃（xún）：粗麻绳。

⑩稿蓐：用稻草编的褥垫。机：通“几”，几案。

译文

我又尝试着深入观察那些幽隐而难以察觉的事情：内心轻视道理而又不注重外物，这是没有的；注重外物而没有内心的担忧，这是没有的；行为违背道理而没有外在的危险，这是没有的；有外在的危险而没有内在的恐惧，这是没有的。内心担忧、恐惧，那么即使口中嚼着牛、羊、猪肉也不知其味道，听着钟鼓的节奏也不知其声音，眼睛看着美丽的花纹也不知其形状，坐在轻巧、暖和的竹席上也不知其舒适。因此，享受着万物的美好而不能满足，即使一时感到满足了，其内心的担忧、恐惧还是不能摆脱。因此，享受着万物中美好的东西却极为忧愁，综合万物的好处却极为有害。这样的话，他对外物的追求，是养生还是卖命呢？因此，想要满足自己的欲望而放纵情欲，想要保养生命而危害身体，想要满足自己的快乐而伤害内心，想要维护自己的名誉而胡作非为。

这样的话，即使被封为诸侯，被称为君主，也和盗贼没有分别；即使乘坐轩车，戴着礼帽，也与贫穷的百姓没有分别。这就叫作自己被外物役使。

内心安定愉快，那么颜色即使不漂亮也能用来保养眼睛，声音不动听也可以用来保养耳朵，蔬菜、饭、汤可以保养嘴巴，粗布的衣服、粗麻绳做的鞋也可以用来保养身体，狭窄的房间、芦苇帘子、禾秆编的褥垫、破旧的几案和垫子，也可以用来保养形体。因此，没有万物中美好的东西也能保养快乐，没有极高的权势也可以保养名誉。像这样，把天下给他，他为天下做得多，而私人的享乐会很少。这就叫作注重自己来役使万物。没有根据的言论，没有看见的行为，没有听见的谋划，君子要慎重地对待。

性恶篇第二十三

原　文

人之性恶，其善者伪[①]也。今人之性，生而有好利焉，顺是，故争夺生而辞让亡焉；生而有疾恶焉，顺是，故残贼生而忠信亡焉；生而有耳目之欲，有好声色焉，顺是，故淫乱生而礼义文理亡焉。然则从人之性，顺人之情，必出于争夺，合于犯分乱理而归于暴。故必将有师法之化，礼义之道[②]，然后出于辞让，合于文理，而归于治。用此观之，然则人之性恶明矣，其善者伪也。

故枸木必将待檃栝烝矫然后直[③]；钝金必将待砻厉然后利[④]；今人之性恶，必将待师法然后正，得礼义然后治。今人无师法，则偏险而不正；无礼义，则悖乱而不治。古者圣王以人性恶，以为偏险而不正，悖乱而不治，是以为之起礼义，制法度，以矫饰人之情性而正之，以扰[⑤]化人之情性而导之也，始皆出于治，合于道者也。今之人，化师法，积文学，道礼义者为君子；纵性情，安恣睢，而违礼义者为小人。用此观之，然则人之性恶明矣，其善者伪也。

注　释

①伪：人为，即后天的影响。

②道：通“导”，引导。

③枸（gōu）木：弯曲的木头。檃栝（yǐn kuò）：矫正弯木的工具。烝：通“蒸”，加热。

④钝金：不锋利的金属。砻（lóng）厉：磨砺。

⑤扰：驯服。杨倞注：“扰，驯也。”

译文

人的本性是恶的，善良是人为的结果。现在人们的本性，生下来就有喜好利益之心，顺着它，争夺就会产生而辞让就会消亡；生下来就有嫉妒憎恨之心，顺着它，残害就会产生而忠诚、信任就会消亡；生下来就有耳目的欲望，喜欢美丽的声音和颜色，顺着它，淫乱就会产生而礼义秩序就会消亡。那么放纵人的本性，顺从人的情欲，一定会产生争夺，扰乱名分，违背礼义而归于暴乱。因此，一定要有老师、法制的教化，礼义的引导，然后从谦让出发，行为合乎礼法，从而归于治理。由此看来，人性本恶就很明显了，善良是人为的结果。

因此弯曲的木头一定要依靠矫木工具进行加热、矫正然后才能变直；钝的金属一定要经过磨砺才能变得锋利；现今人们的本性是恶的，一定要等待老师和法制的教化然后才能端正，得到礼义的教导然后才能修治。现在人们不遵从老师和法令，就会偏颇、险恶而不端正；没有礼义，就会违背、扰乱秩序而得不到修治。古时候，圣王因为人们的本性恶，偏颇、险恶而不端正，违背、扰乱秩序而得不到修治，因此为人们兴起礼义，制定法度，用来矫正、修饰人的情感、本性而使之端正，用来驯服、教化人们的情欲、本性而引导它们，使它们都达到修治，合于道义。现在那些接受老师和法制的教化，积累文学修养，服从礼义引导的人，是君子；那些放纵本性、情欲，安于放荡，并且违背礼义的人，是小人。由此看来，人性本恶就很明显了，善良是人为的结果。

原文

孟子曰：“今之学者，其性善。”

曰：是不然。是不及知人之性，而不察乎人之性、伪之分者也。凡性者，天之就也，不可学，不可事[①]；礼义者，圣人之所生也，人之所学而能，所事而成者也。不可学，不可事，而在人者，谓之性；可学而能，可事而成之在人者，谓之伪。是性、伪之分也。今人之性，目可以见，耳可以听；夫可以见之明不离目，可以听之聪不离耳，目明而耳聪，不可学明矣。

孟子曰：“今人之性善，将皆失丧其性，故也[②]。”

曰：若是则过矣。今人之性，生而离其朴[③]，离其资[④]，必失而丧之。用此观之，然则人之性恶明矣。所谓性善者，不离其朴而美之，不离其资而利之也。使夫资朴之于美，心意之于善，若夫可以见之明不离目，可以听之聪不离耳，故曰目明而耳聪也。今人之性，饥而欲饱，寒而欲暖，劳而欲休，此人之情性也。今人饥，见长而不敢先食者，将有所让也；劳而不敢求息者，将有所代也。夫子之让乎父，弟之让乎兄，子之代乎父，弟之代乎兄，此二行者，皆反于性而悖于情也；然而孝子之道，礼义之文理也。故顺情性则不辞让矣，辞让则悖于情性矣。用此观之，然则人之性恶明矣，其善者伪也。

问者曰："人之性恶，则礼义恶生？"

应之曰：凡礼义者，是生于圣人之伪，非故生于人之性也。故陶人埏埴⑤而为器，然则器生于陶人之伪，非故生于人之性也。故工人斫木而成器，然则器生于工人之伪，非故生于人之性也。圣人积思虑，习伪故，以生礼义而起法度，然则礼义法度者，是生于圣人之伪，非故生于人之性也。若夫目好色，耳好声，口好味，心好利，骨体肤理好愉佚⑥，是皆生于人之情性者也；感而自然，不待事而后生之者也。夫感而不能然，必且待事而后然者，谓之生于伪。是性、伪之所生，其不同之征⑦也。

注释

①事：后天的培养，人为的努力。

②故也：疑为"故恶也"。

③朴：质朴。

④资：材质。

⑤埏埴（shān zhí）：和泥制作陶器。

⑥佚：通"逸"，安逸。

⑦征：征验。

译文

孟子说："那些学习的人，他们的本性是善良的。"

回答说：不是这样的。这是不了解人的本性，又没有明察本性和人为的分别。凡是本性，都是上天成就的，不可学得，不可后天培养；礼义，是圣人制定的，是人们学习就能做到，后天培养就能成功的。不可学习，不可后天培养，天然生成的，叫作本性；可以通过学习做到，可以通过人的后天培养而成功的，叫作人为。这是本性和人为的区别。现在人的本性，眼睛可以看，耳朵可以听；可以看得见东西离不开眼睛，可以听得见声音离不开耳朵，眼睛明亮，耳朵灵敏，这是不能通过学习获得的，这很明显。

孟子说："现在人们的本性是善良的，而人们都丧失了他们的本性，所以变恶了。"

回答说：像这样说就不对了。现在人们的本性，生下来就失去了它的质朴，失去了它的材质，必定会丧失本性。这样看来，人性本恶就很明显了。所说的性善，是指不离开原本质朴觉得美好，不离开原本的材质觉得善良。若使本性的材质、质朴对于美好，内心对于善良，就好比可以看得见东西离不开眼睛，可以听得见声音离不开耳朵一样，因此说眼睛明亮、耳朵灵敏。现在人们的本性，饿了就想要吃饱，冷了就想要温暖，累了就想要休息，这是人的情欲和本性。现在人们饥饿了，见到长辈而不敢先吃，要有所谦让；劳累了而不敢休息，要代替长辈劳作。儿子谦让父亲，弟弟谦让兄长，儿子代替父亲劳作，弟弟代替兄长劳作，这两种行为都违背人的情欲和本性，但符合孝子的德行，礼义的秩序。因此，顺从人的情欲和本性，就不会辞让；辞让，就违背了人的情欲和本性。由此看来，人性本恶就很明显了，善良是人为的结果。

问的人说："如果人的本性是恶的，那么礼义怎么产生呢？"

回应说：礼义，是圣人人为制定出来的，不是人的本性自然产生的。因此，烧陶的人和泥而制作陶器，而陶器产生于工匠的人为创作，不是人的本性自然产生的。因此，工匠砍削木头制作器具，而器具产生于工匠的人为创作，不是人的本性自然产生的。圣人积累思虑，学习人为的事理，用来设立礼义、制定法度，然而礼义、法度是圣人的人为制定的，不是人的本性自然产生的。对于眼睛喜好颜色，耳朵喜好声音，嘴巴喜好美味，内心贪图利益，骨头、身体、皮肤喜好愉快和安逸，这些都产生于人的情欲和本性。受了感触之后自然就会这样，不用等待后天培养。受了感触而不能自然如此，一定要等待培养才能如此，这叫作人为产生。这是本性和人为所产生的情况，也是它们之间不同的验证。

原　文

故圣人化性而起伪，伪起而生礼义，礼义生而制法度；然则礼义法度者，是圣人之所生也。故圣人之所以同于众，其不异于众者，性也；所以异而过众者，伪也。夫好利而欲得者，此人之情性也。假之有弟兄资财而分者，且顺情性，好利而欲得，若是，则兄弟相拂夺[1]矣；且化礼义之文理，若是，则让乎国人矣。故顺情性则弟兄争矣，化礼义则让乎国人矣。

凡人之欲为善者，为性恶也。夫薄愿厚，恶愿美，狭愿广，贫愿富，贱愿贵，苟无之中[②]者，必求于外。故富而不愿财，贵而不愿势，苟有之中者，必不及于外。用此观之，人之欲为善者，为性恶也。今人之性，固无礼义，故强学而求有之也；性不知礼义，故思虑而求知之也。然则生而已，则人无礼义，不知礼义。人无礼义则乱，不知礼义则悖。然则生而已，则悖乱在己。用此观之，人之性恶明矣，其善者伪也。

注　释

①拂夺：争夺。

②中：自身。

译　文

因此，圣人改变人们恶的本性而兴起后天的人为，人为兴起，礼义也就产生了，礼义产生，那么法令制度也就被创造出来了。然而礼义、法令制度，是圣人制定的。因此，圣人和众人相同，和众人没有不同的是本性；和众人不同而超越众人的，是人为的方面。喜欢利益而贪得，这是人的情欲和本性。假如有一对兄弟划分资财，如果顺从各自的情欲和本性，喜欢利益而贪得，像这样，兄弟二人就会相互争夺；如果受到礼义秩序的教化，像这样，对于国人也会谦让。因此，顺从情欲和本性，兄弟就会争夺；受到礼义的教化，就会互相谦让。

大凡人们想要追求善，是因为本性恶。薄的向往厚，丑的向往美，窄的向往广，穷的向往富，卑贱的向往尊贵，如果自身没有的，就一定要向往追求。因此富有就不向往财物，尊贵就不向往权势，如果自身拥有的，一定不会向外寻求。由此看来，人们想要追求善，是因为本性恶。现今人们的本性，本来是没有礼义的，因此努力学习而力求拥有礼义；本性是不知道礼义的，因此思考以求了解礼义。然而，就本性自身而言，人是没有礼义，不知礼义的。人没有礼义就会混乱，不知道礼义就会违背正道。然而就本性而言，悖乱皆在于自己。由此看来，人的性本恶就很明显了，善良是人为的结果。

原　文

孟子曰："人之性善。"

曰：是不然。凡古今天下之所谓善者，正理平治[①]也；所谓恶者，偏险悖乱[②]也：是善恶之分也已。今诚以人之性固正理平治邪？则有恶用圣王，恶[3]用礼义哉？虽有圣王礼义，将曷加于正理平治也哉？今不然，人之性恶。故古者圣人以人之性恶，以为偏险而不正，悖乱而不治，故为之立君上之势以临之，明礼义以化之，起法正以治之，重刑罚以禁之，使天下皆出于治，合于善也。是圣王之治而礼义之化也。今当试去君上之势，无礼义之化，去法正之治，无刑罚之禁，倚[4]而观天下民人之相与也。若是，则夫强者害弱而夺之，众者暴寡而哗[5]之，天下之悖乱而相亡，不待顷矣。用此观之，然则人之性恶明矣，其善者伪也。

故善言古者，必有节[6]于今；善言天者，必有征[7]于人。凡论者贵其有辨合，有符验。故坐而言之，起而可设，张而可施行。今孟子曰"人之性善"，无辨合符验，坐而言之，起而不可设，张而不可施行，岂不过甚矣哉！故性善则去圣王，息礼义矣。性恶则与圣王，贵礼义矣。故檃栝之生，为枸木也；绳墨之起，为不直也；立君上，明礼义，为性恶也。用此观之，然则人之性恶明矣，其善者伪也。

直木不待檃栝而直者，其性直也。枸木必将待檃栝烝矫然后直者，以其性不直也。今人之性恶，必将待圣王之治，礼义之化，然后皆出于治，合于善也。用此观之，然则人之性恶明矣，其善者伪也。

注释

①正理平治：合乎礼义，遵从秩序。

②偏险悖乱：偏颇险恶，违背礼义。

③恶（wū）：何，安，疑问代词。

④倚：站着。

⑤哗：喧哗，这里指侵扰。

⑥节：符节、符合。

⑦征：验证。

译文

孟子说："人的本性是善良的。"

回答说：这是不对的。大凡古今天下所说的善，是指合乎礼义，遵从秩序；所说的恶，是指偏颇险恶，违背礼义；这是善恶的分别。现在认为人们的本性本来就是合乎礼义、遵从秩序的，那么何必要圣王，何必要礼义？即使有了圣王和礼义，对于合乎礼义、遵从秩序又能增加什么呢？现在却不是这样，因为人的本性是恶的。因此古代圣王认为人们本性是恶的，认为人性偏颇险恶而不端正，违背礼义而不得治理，于是设立了君主的权势来治理他们，昌明礼义来教化他们，加重刑罚来禁止他们，使全天下都能得到治理，符合善道。这就是圣王的统治和礼义的教化。现在尝试着去掉圣王的势位，取消礼义的教化，废除法令的治理，撤销刑罚的禁令，站在一旁观察天下人的相处。这样的话，强大的人就会伤害弱小的人而侵夺他们，人多的国家就会伤害人少的国家而侵扰他们，用不了多久天下就会混乱而各国相互灭亡。由此看来，人性本恶就很明显了，善良是人为的结果。

因此，善于言说古代的人，一定会用今天做验证；善于言说天道的人，一定会用人道作验证。大凡辩论，贵在辨别合理，有符合和验证。因此，坐着谈论，站起来就能安排布置，推广起来就可以施行。现在孟子说“人的本性是善良的”，辩论不合理，没有符合和验证，坐着谈论，站起来不能布置安排，推广起来不能施行，这不是错得太过分了吗？因此，主张性善，就是要去除圣王、废除礼义；主张性恶，就是要兴起圣王、尊重礼义。因此矫木工具的产生是因为有弯曲的木头，绳墨的产生是因为有不直的东西；设立君主、昌明礼义，是因为人性本恶。由此看来，人性本恶就很明显了，善良是人为的结果。

直木头不需矫木工具的矫正而直，因为它的本性是直的；弯曲的木头一定要用矫木工具的加热和矫正才能直，因为它的本性是不直的。现在人的本性是恶的，一定要等待圣王的治理、礼义的教化，然后才能都合乎秩序，符合善道。由此看来，人性本恶就很明显了，善良是人为的结果。

原　文

问者曰：“礼义积伪者，是人之性，故圣人能生之也。”

应之曰：是不然。夫陶人埏埴而生瓦，然则瓦埴[1]岂陶人之性也哉？工人斫木而生器，然则器木岂工人之性也哉？夫圣人之于礼义也，辟[2]则陶埏而生之也。然则礼义积伪者，岂人之本性也哉！凡人之性者，尧、舜之与桀、跖，其性一也；君子之与小人，其性一也。今将以礼义积伪为人之性邪？然则有曷贵尧、禹，曷贵君子矣哉！凡所贵尧、禹、君子者，能化性，能起伪，伪起而生礼义。然则圣人之于礼义积伪也，亦犹陶埏而生之也。用此观之，然则礼义积伪者，岂人之性也哉！所贱于桀、跖、小人者，从其性，顺其情，安恣睢，以出乎贪利争夺。故人之性恶明矣，其善者伪也。天非私曾、骞、孝己而外众人也[3]，然而曾、骞、孝己独厚于孝之实，而全于孝之名者，何也？以綦于礼义故也。天非私齐鲁之民而外秦人也，然而于父子之义，夫妇之别，不如齐鲁之孝具敬文者，何也？以秦人之从情性，安恣睢，慢于礼义故也，岂其性异矣哉！

"涂之人[4]可以为禹。"曷谓也？

曰：凡禹之所以为禹者，以其为仁义法正也。然则仁义法正有可知可能之理。然而涂之人也，皆有可以知仁义法正之质，皆有可以能仁义法正之具[5]，然则其可以为禹明矣。今以仁义法正为固无可知可能之理邪？然则唯[6]禹不知仁义法正，不能仁义法正也。将使涂之人固无可以知仁义法正之质，而固无可以能仁义法正之具邪？然则涂之人也，且内不可以知父子之义，外不可以知君臣之正。今不然，涂之人者，皆内可以知父子之义，外可以知君臣之正，然则其可以知之质，可以能之具，其在涂之人明矣。今使涂之人者，以其可以知之质，可以能之具，本夫仁义之可知之理，可能之具，然则其可以为禹明矣。今使涂之人伏术[7]为学，专心一志，思索孰察，加日县[8]久，积善而不息，则通于神明，参于天地矣。故圣人者，人之所积而致矣。

注　释

①瓦埴：用土制作瓦。

②辟：通"譬"，譬如。

③曾：曾参。骞：闵子骞，孔子弟子。孝己：殷高宗的儿子。

④涂之人：路途之人，即普通人。涂：通"途"。

⑤具：条件。

⑥唯：疑为"虽"。

⑦伏术：从事于仁义法正之术。

⑧县：通"悬"，远，这里指时间长。

译　文

问的人说："人为积累的礼义，是人的本性，所以圣人才能创造它们。"

回应说：不是这样的。陶匠和泥而制作出瓦，然而用泥土做瓦难道是陶匠的本性吗？工匠砍木头而制造器皿，然而用木头制造器皿难道是工匠的本性吗？圣人制定礼义，就好比是陶匠和泥制造陶器。然而人为积累的礼义，难道是人的本性吗？大凡人的本性，尧、禹和桀、盗跖，他们的本性是一样的；君子和小人，他们的本性是一样的。现在要把人为积累的礼义看作人的本性吗？那么为什么要尊重尧、禹，为什么要尊重君子呢？之所以要尊重尧、禹、君子，因为他们能改变本性，能兴起人为的努力，人为的努力兴起后就能制定礼义。那么圣人对于人为积累的礼义，就好比是陶匠和泥制作陶器。由此看来，人为积累的礼义哪里是人的本性呢？之所以轻贱桀、盗跖、小人，是因为他们放纵本性、顺从情欲、安于放荡，从而贪图利益，相互争夺。因此，人性本恶就很明显了，善良是人为的结果。上天并不是偏爱曾子、闵子骞、孝己而疏远其他人，然而只有曾子、闵子骞、孝己能够有孝的行为和孝的名声，这是为什么呢？因为他们极为遵从礼义。上天并不是偏爱齐、鲁的百姓而疏远秦国的百姓，然而秦国人对于父子之义、夫妇之别，不如齐、鲁之百姓那么孝敬长辈、彬彬有礼，这是为什么呢？因为秦国人放纵情欲和本性，安于放荡、轻慢礼义。哪里是他们的本性有差别啊？

“普通人可以成为禹。”这说的是什么意思？

回答是：禹之所以是禹，因为他实践了仁义法度，既然这样，那么仁义法度有可以被了解、可以被实行的道理。而普通人，都有了解仁义法度的材质，都有实践仁义法度的条件，因此他们可以成为禹，这是很明白的了。现在认为仁义法度是不可了解、不可践行的吗？那么即使禹也不能知道仁义法度，不能践行仁义法度了。认为普通人没有了解仁义法度的材质，没有实践仁义法度的条件吗？那么普通人，就会内不知道父子之义，外不知道君臣之礼。现在不是这样的，现在的普通人，对内都知道父子之义，对外都知道君臣之礼，那么普通人也具有了解仁义法度的材质，具有践行仁义法度的条件，这就是很明白的了。现在让普通人，运用他们可以了解仁义法度的材质，运用他们可以实践仁义法度的条件，以仁义法度之可以被了解的原理、可以被践行的条件为根本，那么他们就能成为禹，这是很明白的了。现在使普通人努力学习仁义法度的道义，专心致志，认真思考，仔细考察，天长日久，积累善行而不停止，他们就能与神明通感，与天地相匹配。因此，圣人，是人积累善行、学习而成的。

原　文

曰：“圣可积而致，然而皆不可积，何也？”

曰：可以而不可使[①]也。故小人可以为君子，而不肯为君子；君子可以为小人，而不肯为小人。小人、君子者，未尝不可以相为也，然而不相为者，可以而不可使也。故涂之人可以为禹，则然；涂之人能为禹，则未必然也。虽不能为禹，无害可以为禹。

足可以遍行天下，然而未尝有能遍行天下者也。夫工匠、农、贾，未尝不可以相为事也，然而未尝能相为事也。用此观之，然则可以为，未必能也；虽不能，无害可以为。然则能不能之与可不可，其不同远矣，其不可以相为明矣。

注释

①使：强使。

译文

问的人说："圣人可以积累善行而成，然而人们都不能达到，这是为什么呢？"

回答是：可以达到，但不能勉强而成。因此，小人可以成为君子而不愿意成为君子，君子可以成为小人而不愿意成为小人。小人、君子，未尝不可以相互转变，但实际上没有相互转变，是因为可以这么做而不可勉强他们这么做。因此，普通人可以成为禹，这是一定的；普通人一定能成为禹，这是不一定的。虽然不能成为禹，但不妨害可以成为禹。脚可以走遍天下，但是没有真的走遍天下的人。工匠、农民、商人，不是不可以相互替代其事业，但是实际上并没有相互替代。由此看来，可以做到的事情，未必能做到；虽然不能做到，但不妨害可以做到。但是，能不能做到与可不可以做到，它们之间有很大的不同。它们不能相互替代的情况也就明白了。

原文

尧问于舜曰："人情何如？"舜对曰："人情甚不美，又何问焉！妻子具而孝衰于亲，嗜欲得而信衰于友，爵禄盈而忠衰于君。人之情乎！人之情乎！甚不美，又何问焉！"唯贤者为不然。有圣人之知[①]者，有士君子之知者，有小人之知者，有役夫[②]之知者。多言则文而类[③]，终日议其所以[④]，言之千举万变，其统类一也：是圣人之知也。少言则径而省[⑤]，论而法，若佚[⑥]之以绳：是士君子之知也。其言也谄[⑦]，其行也悖，其举事多悔：是小人之知也。齐给便敏[⑧]而无类，杂能旁魄[⑨]而无用，析速粹孰而不急[⑩]，不恤是非，不论曲直，以期胜人为意，是役夫之知也。

有上勇者，有中勇者，有下勇者。天下有中[⑪]，敢直其身[⑫]；先王有道，敢行其意；上不循于乱世之君，下不俗于乱世之民；

仁之所在无贫穷，仁之所亡无富贵；天下知之，则欲与天下同苦之；天下不知之，则傀然[13]独立天地之间而不畏，是上勇也。礼恭而意俭[14]，大齐信[15]焉而轻货财；贤者敢推而尚之，不肖者敢援而废之：是中勇也。轻身而重货，恬祸而广解苟免[16]，不恤是非、然不然之情，以期胜人为意是下勇也。

繁弱[17]、钜黍古之良弓也，然而不得排檠[18]则不能自正。桓公之葱[19]，太公之阙，文王之录，庄君[20]之曶，阖闾之干将、莫邪、钜阙、辟闾，此皆古之良剑也；然而不加砥厉[21]则不能利，不得人力则不能断。骅骝[22]、骐骥、纤离、绿耳，此皆古之良马也；然而必前有衔辔之制，后有鞭策之威，加之以造父之驭，然后一日而致千里也。夫人虽有性质美而心辩知，必将求贤师而事之，择良友而友之。得贤师而事之，则所闻者尧、舜、禹、汤之道也；得良友而友之，则所见者忠信、敬让之行也。身日进于仁义而不自知也者，靡[23]使然也。今与不善人处，则所闻者欺诬、诈伪也，所见者污漫、淫邪、贪利之行也，身且加于刑戮而不自知者，靡使然也。传曰："不知其子视其友，不知其君视其左右。"靡而已矣！靡而已矣！

注　释

①知：通"智"，智慧。

②役夫：服劳役之人。

③文而类：合乎礼义而又有条理。

④议其所以：探讨内在的道理。

⑤径而省：直接而简约。

⑥佚：疑为"扶"，矫正。

⑦谄：荒诞。

⑧齐给便敏：迅速，敏捷。

⑨旁魄：即"磅礴"，形容知识广泛。

⑩粹孰：精深，精熟。孰：通"熟"。不急：无关紧要。

⑪中：中道，正道。

⑫敢直其身：敢挺身而出。

⑬傀（guī）然：独立的样子。

⑭意俭：内心谦逊。

⑮大齐信：推崇忠信。

⑯恬祸：安于灾祸。广解：采用各种办法解脱。

⑰繁弱：与下文的“钜黍”都是古代良弓的名字。

⑱排檠（qíng）：矫正弓弩的工具。

⑲葱：与下文的“阙”、“录”、“曶”、“干将”、“莫邪”、“钜阙”、“辟闾”皆为古代的良剑名。

⑳庄君：楚庄王。

㉑砥厉：即“砥砺”，磨砺。

㉒骅骝：与下文的“骐骥”、“纤离”、“绿耳”都是古代良马名。

㉓靡：通“摩”，引申为潜移默化、沾染。

译　文

尧问舜说：“人的情况怎么样？”舜回答说：“人情极为不好，又何必要问呢？有了妻子、儿女，对父母的孝顺就会减弱；嗜欲得到满足，对朋友的信用就会减弱；爵禄丰盈了，对君主的忠心就会减弱。这就是人情啊！这就是人情啊！十分不好，又何必要问呢？”只有贤能的人不是这样。有圣人的智慧，有士君子的智慧，有小人的智慧，有劳役之人的智慧。说话多但符合礼义而有条理，每天讨论事物的内在道理，言说虽千变万化，但其道理都是一贯的，这是圣人的智慧。说话少但是直接而简约，既有条理又合法度，好像用绳墨来约束一样，这是士君子的智慧。说话荒诞，行为悖乱，做事常出错，这是小人的智慧。反应迅速、敏捷但无条理，才能驳杂、广泛而没有实际用途，分析迅速、言辞精熟但无关紧要，不顾是非，不管曲直，只以胜过别人为目的，这是劳役之人的智慧。

有上等的勇敢，有中等的勇敢，有下等的勇敢。天下有中正之道，敢于为此挺身而出；先王有正道，敢于实行先王的意愿；上不遵从乱世的君主，下不流于乱世的百姓；有仁义就不算贫穷，失去仁义就不算富贵；天下人了解他，就和天下人同甘共苦；天下人不了解他，就独立于天地之间而无所畏惧，这是上等的勇敢。行为恭敬而内心谦逊，推崇忠信而轻视财物；遇到贤能的人，就敢于把他推到上位；遇到不贤的人，就敢把他拉下来废除他，这是中等的勇敢。轻视身体而重视财物；安于灾祸，采用各种办法解脱，不惜苟且免灾，不顾是非、对错的情况，以胜过别人为目的，这是下等的勇敢。

繁弱、钜黍是古代的良弓，然而不用排檠矫正，自己也不能端正。齐桓公的葱，姜太公的阙，文王的录，楚庄王的曶，吴王阖闾的干将、莫邪、钜阙、辟闾，这些都是古代的良剑，但是不去磨砺就不会锋利，不用人力就不能砍断东西。骅骝、骐骥、纤离、绿耳，这都是古代的良马，然而前面一定要有嚼子、缰绳的牵制，后面一定要有鞭子的威胁，再加上造父的驾驶，然后才能一日千里。即使人有优良的素质和分辨认识的能力，也一定要寻找贤良的老师来教导自己，选择贤良的朋友来相处。有贤良的老师来教导自己，那么自己所听到的都是尧、舜、禹、汤之道；与贤良的朋友相处，那么自己所见到的都是忠信、敬让的行为。自身每天都在向仁义靠近而自己都不知道，这是潜移默化的结果。现在和不善良的人相处，那么听说的都是欺诈、虚伪的事，所看到的都是污秽、奸邪、贪婪的行为。自身将要受到刑罚而自己还不知道，这是潜移默化的结果。古书上说："不了解自己的儿子，就看看他的朋友；不了解自己的君主，就看看他身边的人。"这都是潜移默化的结果啊，这都是潜移默化的结果啊！

君子篇第二十四

原　文

天子无妻[①]，告人无匹也。四海之内无客礼，告无适[②]也。足能行，待相者然后进；口能言，待官人然后诏。不视而见，不听而聪，不言而信，不虑而知，不动而功，告至备也。天子也者，势至重，形至佚，心至愈[③]，志无所诎[④]，形无所劳，尊无上矣。《诗》曰："普天之下，莫非王土；率土之滨，莫非王臣。[⑤]"此之谓也。

圣王在上，分义行乎下，则士大夫无流淫之行，百吏官人无怠慢之事，众庶百姓无奸怪之俗，无盗贼之罪，莫敢犯上之大禁，天下晓然皆知夫盗窃之不可以为富也，皆知夫贼害之不可以为寿也，皆知夫犯上之禁不可以为安也。由其道则人得其所好焉，不由其道则必遇其所恶焉，是故刑罚綦[⑥]省而威行如流。世晓然皆知夫为奸则虽隐窜逃亡之由不足以免也，故莫不服罪而请[⑦]。《书》曰："凡人自得罪。[⑧]"此之谓也。

故刑当罪则威，不当罪则侮[⑨]；爵当贤则贵，不当贤则贱。古者刑不过罪，爵不逾德。故杀其父而臣其子，杀其兄而臣其弟。刑罚不怒[⑩]罪，爵赏不逾德，分然各以其诚通[⑪]。是以为善者劝，为不善者沮[⑫]；刑罚綦省，而威行如流，政令致明，而化易如神。传曰："一人有庆[⑬]，兆民赖之。"此之谓也。

注 释

①妻：通“齐”，并齐，势位相等。

②适：到，往。这里指天子以天下为家，没有外出做客的情况。

③愈：通“愉”，愉快。

④诎：屈，这里指受到压制而屈服。

⑤普天之下……莫非王臣：引自《诗经·小雅·北山》，意思是：普天之下，都是王的领土；从陆地直到海边，没有不是王的臣子的。

⑥綦（qí）：极。

⑦请：主动请罪。

⑧凡人自得罪：引自《尚书·康诰》，意思是：人们都承认自己应得的罪行。

⑨侮：轻慢，轻视。

⑩怒：超过。

⑪分然：区分得很明白的样子。诚：实际情况。通：实行。

⑫沮（jǔ）：通“阻”，阻止。

⑬庆：美好的德行。

译 文

没有人和天子并齐，也就是说人们无法和天子相匹敌。四海之内天子不会行客人之礼，这是说天子没有外出做客的情况。脚能行走，但要依靠礼官的引导然后才能走；口能言说，但要依靠传令的官员然后才能下诏书。不亲自去看却能见到，不亲自去听却能听见，不说话就会被信任，不思考就能知道，不行动就有功效，这是说天子的官员极为完备。天子，势位极为尊贵，形体极为安逸，内心极为愉快，志向不会受到压制而屈服，身体不会劳累，没有比这更尊贵的了。《诗经》中说：“普天之下，都是王的领土；从陆地直到海边，没有不是王的臣子的。”讲的就是这个道理。

圣王居上，名分道义在下面施行，那么士大夫就没有流荡、邪淫的行为，官员没有怠慢的事务，普通百姓没有奸邪、奇怪的风俗，没有人犯盗窃之罪，没有人敢违犯君主的禁令。天下人都清楚地知道盗窃的人是不能富有的，都知道害人的人是不能长寿的，都知道违犯君主的禁令是不能安全的。遵从圣王之道，人们就能获得自己所喜好的；不遵从君主之道，就一定会遭遇自己所讨厌的，因此刑罚极为简单而圣王的威严像流水一样普及。安定的世道，人们都清楚地知道做了奸邪的事，即使隐居、逃亡也不能免于刑罚，因此没有人不认罪，都主动请罪。《尚书》中说：“人们都承认自己应得的罪行。”讲的就是这个道理。

因此，刑罚与罪过相当就有威严，与罪过不相当就受到轻视；爵位和能力相当就受到尊重，与能力不相当就受到轻贱。古时候，刑罚不会超过罪过，爵位的赏赐不会超过德行，因此，即使杀死了父亲也可以任用他的儿子，杀死了兄长也可以任用他的弟弟。刑罚不超过罪过，爵禄的赏赐不超过德行，十分明白地依据实情来实行。因此行善的得到劝勉，作恶的受到阻止，刑罚极为简单而圣王的威严像流水一样普及，政令极为明智而教化像神明一样使百姓改变。古书上说："一人有善行，百姓都依赖他。"讲的就是这个道理。

原文

乱世则不然：刑罚怒罪，爵赏逾德，以族论罪，以世[①]举贤。故一人有罪，而三族皆夷[②]，德虽如舜，不免刑均，是以族论罪也。先祖当贤，后子孙必显，行虽如桀、纣，列从必尊，此以世举贤也。以族论罪，以世举贤，虽欲无乱，得乎哉！《诗》曰："百川沸腾，山冢崒崩；高岸为谷，深谷为陵。哀今之人，胡憯莫惩！[③]"此之谓也。

论法圣王，则知所贵矣；以义制事，则知所利矣。论知所贵，则知所养[④]矣；事知所利，则动知所出矣。二者是非之本，得失之原也。故成王之于周公也，无所往而不听，知所贵也。桓公之于管仲也，国事无所往而不用，知所利也。吴有伍子胥而不能用，国至于亡，倍[⑤]道失贤也。故尊圣者王，贵贤者霸，敬贤者存，慢贤者亡，古今一也。故尚贤使能，等贵贱，分亲疏，序长幼，此先王之道也。故尚贤使能，则主尊下安；贵贱有等，则令行而不流[⑥]；亲疏有分，则施行而不悖；长幼有序，则事业捷成而有所休。故仁者，仁此者也；义者，分此者也；节者，死生此者也；忠者，惇慎[⑦]此者也；兼此而能之，备矣。备而不矜[⑧]，一自善[⑨]也，谓之圣。不矜矣，夫故天下不与争能，而致善用其功。有而不有[⑩]也，夫故为天下贵矣。《诗》曰："淑人君子，其仪不忒；其仪不忒，正是四国。[⑪]"此之谓也。

注释

①世：家世，门第。

②三族：父族、母族、妻族。夷：灭掉，杀尽。

③百川沸腾……胡憯莫惩：引自《诗经·小雅·十月之交》，意思是：江河沸腾，高山崩塌；高山变低谷，低谷变丘陵；哀叹当今的人啊，为什么还不知警惕。崒（zú）：猝，急。憯（cǎn）：竟然。惩：这里指警惕。

④养：取。

⑤倍：通“背”，违背。

⑥流：通“留”，滞留。

⑦惇（dūn）慎：笃厚诚信。

⑧矜：自夸。

⑨一自善：全都追求自我完善。

⑩不有：不自以为有。

⑪淑人君子……正是四国：引自《诗经·曹风·尸鸠》，意思是：善良的君子，他的行为没有差错；他的行为没有差错，这是四方邻国的表率。忒：差错。

译文

乱世则不是如此：刑罚超过罪过，爵禄赏赐超过德行，根据家族来定罪，根据门第来选举贤才。因此，一个人犯了过错，三族都被牵连诛灭，德行即使和舜一样，也不免受到刑罚，这就是根据家族来定罪。先祖贤明，后世的子孙一定会显贵，即使行为像桀、纣那样，地位也一定很高，这就是根据门第来举用贤人。根据家族来定罪，根据门第来举用贤人，即使不想混乱，可能吗？《诗经》中说：“江河沸腾，高山崩塌；高山变低谷，低谷变丘陵；哀叹当今的人啊，为什么还不知警惕。”讲的就是这个道理。

言论效法先王，就知道什么是值得尊贵的了；用道义来决断事务，就知道什么是有利的了。言论效法先王，就知道什么是可取的了；事情知道什么是有利的，就知道怎么行动了。这两者是区分是非的根本，得与失的根源。因此，成王对于周公，没有不听从的地方，这是知道什么是尊贵；桓公对于管仲，国事没有不听从他的，这是知道什么是有利的。吴国有伍子胥而不能任用，导致国家灭亡，违背了正道失去了贤人。因此尊重圣人的可以称王，尊重贤人的可以称霸，敬重贤人的能够保存，怠慢贤人的就会灭亡，这是古今都一样的。因此，推崇贤人、任用能人，贵贱分等，亲疏有别，长幼有序，这是先王之道。因此推崇贤人、任用能人，君主就会尊贵，臣下就会安心；贵贱有等级，命令就能通行而不滞留；亲疏有分别，政策就会得到施行而没人违背；长幼有秩序，事业就会迅速成功而且有时间休息。因此，仁爱的人喜爱这些，守道义的人分别这些，有节气的人以此决定生死，忠诚的人笃厚诚信地奉行。上述都能做到的人，是完美的。完美而不自夸，完全致力于自我完善，这就叫圣人。不自夸，因此天下没人能和他争能力，而能善于获得功劳。有功劳而不夸耀自己有功劳，因此能够成为天下最尊贵的人。《诗经》中说：“善良的君子，他的行为没有差错；他的行为没有差错，这是四方邻国的表率。”讲的就是这个道理。

成相篇第二十五

原　文

请成相[1]，世之殃，愚暗愚暗堕贤良！人主无贤，如瞽无相何伥伥[2]！

请布基[3]，慎圣人[4]，愚而自专事不治。主忌苟胜[5]，群臣莫谏必逢灾。

论臣过，反其施[6]，尊主安国尚贤义。拒谏饰非，愚而上同国必祸。

曷谓“罢[7]”？国多私，比周还[8]主党与施。远贤近谗，忠臣蔽塞主势移。

曷谓“贤”？明君臣，上能尊主下爱民。主诚听之，天下为一海内宾[9]。

主之孽[10]，谗人达，贤能遁逃国乃蹷[11]。愚以重愚，暗以重暗，成为桀。

世之灾，妒贤能，飞廉[12]知政任恶来。卑其志意，大其园囿高其台。

武王怒，师牧野，纣卒易乡启乃下[13]。武王善之，封之于宋立其祖。

世之衰，谗人归[14]，比干见刳箕子累。武王诛之，吕尚招麾殷民怀[15]。

世之祸，恶贤士，子胥见杀百里[16]徙。穆公任之，强配五伯六卿[17]施。

世之愚，恶大儒，逆斥不通孔子拘[18]。展禽三绌[19]，春申道缀[20]，基毕输[21]。

请牧基[22]，贤者思，尧在万世如见之。谗人罔极[23]，险陂倾侧此之疑。

基必施，辨贤罢，文武之道同伏戏[24]。由之者治，不由者乱何疑为？

凡成相，辨法方，至治之极复后王。慎、墨、季、惠[25]，百家之说欺不详[26]。

治复一，修之吉，君子执之心如结[27]。众人贰之，谗夫弃之形是诘[28]。

水至平，端不倾，心术如此象圣人。人而有势，直而用抴必参天[29]。

世无王，穷贤良，暴人刍豢，仁人糟糠；礼乐息灭，圣人隐伏墨术行。

治之经，礼与刑，君子以修百姓宁。明德慎罚，国家既治四海平。

治之志，后势富[30]，君子诚之好以待。处之敦固，有深藏之能远思。

思乃精，志之荣[31]，好而壹之神以成。精神相反[32]，一而不贰为圣人。

治之道，美不老[33]，君子由之佼以好。下以教诲子弟，上以事祖考。

成相竭，辞不蹶[34]，君子道之顺以达。宗其贤良，辨其殃孽，□□□。

注　释

①请成相：请让我唱完这支歌。相：古代的一种乐器。

②相：帮助盲人的人。伥（chāng）伥：无所适从、迷茫的样子。

③布基：从头叙述。

④圣人：疑为“听之”。

⑤忌：猜忌。苟胜：务求胜过臣下，好胜。

⑥反其施：与应该做的相反。

⑦罢（pí）：通“疲”，不贤，无能。

⑧还：通“荧”，迷惑。

⑨宾：顺服。

⑩孽：灾祸。

⑪蹷：覆亡。

⑫飞廉：与下文的“恶来”同为商纣时期的奸臣。

⑬乡：通“向”，方向。启：微子启，商纣的兄长。下：投降。

⑭归：归顺，趋附。

⑮招麾：指挥。怀：归顺。

⑯百里：百里奚。春秋时期虞国大夫，曾沦为奴隶，后辅佐秦穆公。

⑰六卿：六卿的制度。

⑱逆斥不通：指有才能的人被排斥，不能通达。孔子拘：孔子不能施展抱负，到处碰壁。

⑲展禽三绌：柳下惠三次被罢黜。绌：通“黜”。

⑳春申道缀：楚相春申君治国之道被废止。

㉑输：毁坏。

㉒牧：治理。基：国家的基业。

㉓罔极：无恶不作。

㉔伏戏：即伏羲。

㉕慎、墨、季、惠：指慎到、墨子、魏牟、惠施。

㉖详：通“祥”，吉祥。

㉗心如结：形容内心坚定不移。

㉘诘：责问，惩处。

㉙直：正直。拽（yè）：通“枻”，短桨，指用船桨接引别人，这里引申为宽容别人。

㉚后势富：把势力、富贵放在身后。

㉛荣：旺盛，引申为光明。

㉜反：疑为“及”，达到。

㉝老：衰败。

㉞蹶：尽。

译文

请听我唱完这支歌，社会的灾难，是愚蠢昏暗的人陷害贤良。君主不贤明，就好像瞎子没人帮助，多么无所适从啊！

请让我从头叙说，认真地倾听，愚蠢而又专权，事情就得不到治理。君主猜忌又好胜，大臣们都不来进谏，一定会遭遇灾祸。

评论臣子的过错，评判的标准却与尊重君主、安定国家、崇尚贤能相反。不接受进谏，矫饰错误的观点，愚蠢的臣子完全遵从君主，国家一定会遇到灾祸。

什么叫不贤？国家多自私的人，营私、惑主、勾结党羽。疏远贤人，亲近谗人，忠臣受到阻塞，君主的权势就会转移。

什么叫贤能？君臣道义很分明，上能尊重君主，下能爱护百姓。君主确实能听从他的建议，天下就会统一，四海都会服从。

君主的灾祸，是进谗言的人通达，贤能的人逃走、隐居，国家就会覆灭。愚蠢的人会更愚蠢，昏暗的人会更昏暗，最终和夏桀一样。

世界上的灾祸，就是嫉妒贤能，让飞廉参与政事，任用恶来这样的人，使纣王心志卑贱，扩大园囿、高建台榭来纵乐。

武王发怒，出师牧野，商纣的士兵都倒戈相向，微子启来投降。武王善待他，封微子启于宋国，让他在此祭祀祖先。

世道衰微，进谗言的人趋附纣王，比干遭到剜心，箕子受到囚禁。武王诛杀商纣，吕尚指挥军队，殷商的百姓都来归顺。

世上的灾祸，就是讨厌贤能，伍子胥自杀，百里奚遭放逐。秦穆公任用百里奚，强大得能和五霸匹敌，六卿的制度得到施行。

世道愚昧，讨厌大儒，大儒受排斥，不能通达，孔子不得志。柳下惠三次被罢黜，春申君的治国之道被废止，国家的基业全部遭到毁坏。

请治理国家的基业，让贤者来思考，尧之道即使在万世之前，他的业绩也像在眼前一样。进谗言之人无恶不作，险诈倾轧，疑惑圣贤之道。

基业得到建设，贤能与不贤得到分别，文王、武王之道和伏羲之道一样。遵从它就能治理得好，不遵从它就会混乱，还疑惑什么呢？

大凡治国安邦，一定要分辨治国的方法，治理的极至就是要恢复后王之道。慎道、墨翟、魏牟、惠施等百家学说，实在是不吉祥的。

治理之道要统一，施行它就会吉祥，君子要内心坚定地执守它。众人背离他，进谗言的人抛弃它，他们的身体会受到刑罚。

水面是很平的，端正而不倾斜，有如此心术的人就像圣人一样。这样的人有了权势，一定会正直、宽容，一定能和上天并立。

世上没有王者，贤良之人很穷苦，暴虐之人吃肉，仁义之人吃糠。礼乐毁灭，圣人隐退，墨家学说反而流行。

治理国家的纲领，在礼义和刑罚，君子用它来治理国家，百姓就会得到安宁。昌明德行，刑罚谨慎，国家得到治理，四海就会安定。

治理国家的原则，要把势位和富贵放在身后，君子要诚挚地对待这条原则。君子要敦厚、坚定，又能深刻地思考，有远见。

思考能精微，思想自然就光明，喜好它并专心致志，就会有神妙的成就。精微和神妙达到很高的程度，专心不二，就是圣人。

治理国家的正道，美好而不会衰败，君子遵从它就会有美好的结果。下可以用它来教育后代和学生，上可以用它来事奉祖先。

歌曲唱完了，可深意不只于此，君子遵从它就会顺利和通达。一定要尊崇贤良的人，仔细分辨灾祸……

原　文

请成相，道圣王，尧、舜尚贤身辞让，许由、善卷[1]，重义轻利行显明。

尧让贤，以为民，泛利兼爱德施均。辨治上下，贵贱有等明君臣。

尧授能，舜遇时，尚贤推德天下治。虽有贤圣，适不遇世孰知之？

尧不德[2]，舜不辞[3]，妻以二女任以事。大人哉舜！南面而立万物备。

舜授禹，以天下，尚得[4]推贤不失序。外不避仇，内不阿亲贤者予。

禹劳心力，尧有德，干戈不用三苗服。举舜甽亩[5]，任之天下身休息。

得后稷，五谷殖，夔为乐正鸟兽服；契为司徒，民知孝弟尊有德。

禹有功，抑下鸿[6]，辟除民害逐共工[7]。北决[8]九河，通十二渚[9]疏三江。

禹[10]傅土，平天下，躬亲为民行劳苦。得益、皋陶、横革、直成为辅。

契玄王[11]，生昭明[12]，居于砥石[13]迁于商。十有四世，乃有天乙[14]是成汤。

天乙汤，论举当，身让卞随举牟光[15]。□□□□，道古贤圣基必张。

愿陈辞，□□□，世乱恶善不此治。隐过疾贤，长由奸诈鲜无灾。

患难哉！阪[16]为先，圣知不用愚者谋。前车已覆，后未知更何觉时？

不觉悟，不知苦，迷惑失指[17]易上下。中[18]不上达，蒙掩耳目塞门户。

门户塞，大迷惑，悖乱昏莫[19]不终极。是非反易，比周欺上恶正直。

正直恶，心无度，邪枉辟回[20]失道途。已无邮[21]人，我独自美岂独无故？

不知戒，后必有，恨后[22]遂过不肯悔。谗夫多进，反复言语生诈态[23]。

人之态，不如备[24]，争宠嫉贤利恶忌。妒功毁贤，下敛[25]党与上蔽匿。

上壅蔽，失辅势，任用谗夫不能制。郭公长父[26]之难，厉王流于彘[27]。

周幽、厉[28]，所以败，不听规谏忠是害[29]。嗟我何人，独不遇时当乱世！

欲衷对，言不从，恐为子胥身离凶。进谏不听，刭而独鹿弃之江[30]。

观往事，以自戒，治乱是非亦可识。□□□□，托于成相以喻意。

注释

①许由：尧时人，尧要让帝位给他，他不接受。善卷：舜时人，舜要让天下给他，他不接受。

②不德：不夸德。

③不辞：不推辞。

④得：通“德”。

⑤畎（quǎn）亩：田地，田野。畎：通“甽”。

⑥抑：抑制，遏制。鸿：通“洪”，洪水。

⑦共工：传说中的人物，危害天下，被放逐。

⑧决：疏通。

⑨渚：水中小块陆地。

⑩傅：通“敷”，分布。指禹划分九州。

⑪玄王：指契，传说他的母亲简狄吞食玄鸟卵而怀孕生下他，因此被称为玄王。

⑫昭明：契的儿子。

⑬砥石：地名。

⑭天乙：商汤的一个名字。

⑮卞随：与下文的“牟光”是商汤时的两个贤人，传说商汤曾让天下给他们，他们都不接受，皆投水而死。

⑯阪：这里指奸邪。

⑰指：方向。

⑱中：通“忠”，忠言。

⑲莫：通“暮”，昏暗。

⑳辟回：指歪门邪道。

㉑邮：通“尤”，怪罪。

㉒恨后：疑为“很愎”，指特别固执己见、刚愎自用。

㉓态：通“慝（tè）”，邪恶。

㉔如：疑为“知”字。备：防备，警惕。

㉕敛：聚集。

㉖郭公长父：即“虢公长父”，周厉王的宠臣。周人曾因为反对他而发动暴乱。

㉗彘（zhì）：地名，在今山西省霍县东北部。

㉘幽、厉：周幽王、周厉王。

㉙忠是害：陷害忠良。

㉚刭（jǐng）：用刀割颈。独鹿：通“属镂”，传说吴王夫差逼伍子胥自杀时赐给他的剑。

译 文

请听我唱完这支歌，说到圣王，尧、舜崇尚贤人，自己辞让帝位。许由、善卷，都是重义轻利的人，他们的行为光明正大。

尧让位给贤人，是为了百姓，使百姓普遍地得到利益和爱护，他将恩惠均匀地施与百姓。上下都得到治理，贵贱有差等，君臣的名分很明确。

尧推举能人，舜遇到了好的世道，推崇贤能、有德的人，天下得到了治理。即使有圣贤，没有遇到合适的时候，谁会知道他呢?

尧不夸德，舜不辞让，尧让两个女儿做舜的妻子，让舜主持各种事务。舜很伟大啊，面向南而称帝，万物都得到了治理。

舜将天下授予禹，崇尚德行，推举贤人，使天下秩序得到维护。外不避开仇人，内不偏爱亲人，只授予贤人。

禹劳心劳力，尧有德行，不动干戈而三苗服从。尧从田野之中选拔舜，将天下交给他，自己得到了休息。

舜得到了后稷，让他教百姓种植五谷，让夔做管理音乐的官员，而鸟兽都来起舞。让契做司徒，百姓都知道孝悌的礼义，尊敬有德行的人。

禹有功劳，遏制天下的洪水，放逐共工为民除害。疏导九河，疏通十二渚，使三江通畅。

禹划分九州，平定天下，亲身出力为百姓劳作。得到益、皋陶、横革、直成来辅佐自己。

玄王契，生下昭明，居住在砥石后迁居到商地。十四代之后生下天乙，也就是成汤。

商王天乙是成汤，言论、行为都很得当，把帝位让给卞随，推举牟光……称道古圣先贤，基业一定会光大。

愿意陈述我的观点……世道混乱，善恶不分，国家得不到治理。隐瞒过错，嫉妒贤人，长期任用奸诈之人，很少不会有灾祸。

患难的出现，总是奸邪之人在上位，不用圣明、聪慧的人，用愚蠢的人来谋划。前面的车已经翻了，后面的还不知道改变，什么时候才能觉醒？

不知道悔改觉悟，不知道什么叫吃苦，糊涂得迷失了方向，颠倒了上下。长直的话传不到君主，君主犹如闭目塞耳堵住了门户。

进谏的门户被封闭，会受到极大的迷惑，悖乱、昏暗不知何时结束。是非颠倒，结党营私，欺骗君主，厌弃正直之人。

正直的人受到厌弃，内心没有标准，变得奸邪而走上歧路，迷失正道。不要埋怨别人，自以为很美好，难道没有缘故吗？

不知道警惕，之后一定还会继续，刚愎自用、放纵过错而不肯悔改。进谗言的人大多受到提拔，这些人反复言说，从而产生各种欺诈和奸邪。

奸人有邪僻，君主不知道防备，臣下就会相互争宠，妒忌贤人，相互嫉妒。妒忌功劳、诽谤贤人，在下面聚合党羽，蒙蔽君主。

君主受到蒙蔽，失去了辅佐，任用谗谄之人而不能控制。虢公长父造成的灾难，使厉王被流放到彘地。

周幽王、周厉王之所以失败，因为他们不听规劝，陷害忠良。哎，我是什么样的人啊，没有遇到好的世道，偏偏遇到了乱世。

想要臣下衷心的回答，却不听从他们的言语，我恐怕会像伍子胥那样遭受凶灾。进谏不被采纳，吴王赐给他属镂之剑，让他自刎，还将他弃尸大江之中。

观察过去的事，可以用来自我警戒，还可以了解天下的治乱、是非……寄托在这首歌中，以表达我的思想。

原　文

请成相，言治方，君论有五约以明。君谨守之，下皆平正国乃昌。

臣下职，莫游食[①]，务本节用财无极。事业听上，莫得相使一民力。

守其职，足衣食，厚薄有等明爵服。利往仰上，莫得擅与孰私得？

君法明，论有常，表仪既设民知方。进退有律，莫得贵贱孰私王[2]？

君法仪，禁不为，莫不说教名不移[3]。修之者荣，离之者辱孰它师[4]？

刑称陈[5]，守其银[6]，下不得用轻私门。罪祸有律，莫得轻重威不分。

请牧基，明有祺，主好论议必善谋。五听修领[7]，莫不理续主执持[8]。

听之经[9]，明其请[10]，参伍[11]明谨施赏刑。显者必得，隐者复显民反诚。

言有节，稽其实，信诞以分赏刑必。下不欺上，皆以情言明若日。

上通利[12]，隐远至，观法不法见不视[13]。耳目既显，吏敬法令莫敢恣。

君教出，行有律，吏谨将之无铍滑[14]。下不私请，各以宜舍巧拙[15]。

臣谨修，君制变，公察善思论不乱。以治天下，后世法之成律贯[16]。

注释

①游食：游手好闲。

②莫得贵贱：不能任意使人贵贱。私王：讨好君主。

③说：通“悦”。名：名号，制度。

④师：效法。

⑤陈：陈设，陈列。

⑥银：通“垠”，界限。

⑦修领：贯彻，治理。

⑧理续：治理事务。续：通“绩”，事。主执持：君主执掌、主持。

⑨经：要领。

⑩请：通“情”，实情。

⑪参伍：即“三五”。指多次谨慎和错综地调查研究。

⑫通利：通达，不闭塞。

⑬观法不法：观察法及法不到之处。见不视：看别人看不到的东西。

⑭铍滑（pī gǔ）：纷乱。

⑮巧拙：投机取巧。

⑯贯：古代穿钱的绳索，这里指法律体系。

译 文

请让我唱完这支歌，说到治国的方法，君主要知道下面五条简约明白的原则。君主若能谨守，臣下都会公平、正直，国家就会昌盛。

对于臣下的职务，不能让他们游手好闲，要致力于农业，节约用度，财物就会用不完。一切事业都听君主的，臣下不能相互役使，要统一百姓的力量。

臣下谨守职务，才会衣食充足，俸禄分等级，爵服有差等。利益的获得要依赖君主，不能擅自给予，谁还会私下获取？

君主的法令明确，言说有常道，行动的标准都设定好了，百姓就知道怎么行动。任免官吏依从法律，无论贵贱都要遵从，谁还会私下讨好君王？

君主的法令设定好了，禁止的事情不能做，没有人会不高兴接受教化，名号、制度都不能任意改变。实行的就获得光荣，不实行的就遭受耻辱，谁还会效法别的标准？

刑罚设定得很合适，谨守其规定，臣下不能徇私减轻惩罚。一切罪行的判定要根据法令，不能任意地判定轻重，刑罚的威严就不会分散。

请治理国家的基业，君主圣明就会有吉祥，君主喜欢议论就一定善于谋划。上面五条能够实行，没有人会不谨守职事，一切都在君主的掌控之中。

听政的要领，在于明白实情，反复调查得很清楚，谨慎地赏赐和处罚。明显的事情一定要弄清，隐晦的事情也能弄清，百姓就会回归诚实。

言说有标准，要考察实情，真实和荒诞要分清，并给予相应的赏罚。下面的人不欺骗上面的人，都说实情，好像太阳一样明亮。

君主通达事理，偏远的地区就会来归顺，能观察法及法不到之处，要看到别人看不到的地方。耳目都很清明，官吏就会尊重法令，不敢放肆。

君主颁布的法令，要有制度来执行，官吏要遵从制度不能偷奸耍滑。下面的人不徇私情，各得其宜，人们就不会投机取巧。

臣下谨慎地执行法令，君主制定、变化法令，公正明察、善于思考，秩序就不会混乱。以此治理天下，后世就会效法，从而成为法律、制度的典范。

赋篇第二十六

原文

爰[①]有大物，非丝非帛，文理成章[②]；非日非月，为天下明。生者以寿，死者以葬；城郭以固，三军以强。粹而王，驳而伯，无一焉而亡。臣愚不识，敢请之王？

王曰：此夫文而不[③]采者与？简然易知而致有理者与？君子所敬而小人所不者与[④]？性不得则若禽兽，性得之则甚雅[⑤]似者与？匹夫隆之则为圣人，诸侯隆之则一四海者与？致明而约，甚顺而体[⑥]，请归之礼。——礼。

皇天隆[⑦]物，以施下民，或厚或薄，常不齐均。桀、纣以乱，汤、武以贤。涽涽淑淑[⑧]，皇皇穆穆[⑨]。周流四海，曾不崇[⑩]日。君子以修，跖以穿室[⑪]。大参乎天，精微而无形，行义以正，事业以成。可以禁暴足穷，百姓待之而后泰宁。臣愚不识，愿问其名。

曰：此夫安宽平而危险隘者邪[⑫]？修洁之为亲而杂污之为狄[⑬]者邪？甚深藏而外胜敌者邪？法禹、舜而能弇[⑭]迹者邪？行为动静待之而后适者邪？血气之精也，志意之荣[⑮]也，百姓待之而后宁也，天下待之而后平也，明达纯粹而无疵也，夫是之谓君子之知[⑯]。——知。

注释

①爰（yuán）：于，在这里。

②文理：条纹。章：条理。

③不：通“否”，否定，不赞成。

④与：通“欤”，句末语气词。

⑤雅：正，这里指品行端正。

⑥顺：顺从。体：得体。

⑦隆：通“降”。

⑧涽（hūn）涽：浑浊的样子。淑淑：清澈的样子。

⑨皇皇：盛大的样子。穆穆：细微的样子。

⑩崇：通“终”。

⑪穿室：指入室盗窃。

⑫安宽平：以宽广、平坦为安全。危险隘：以陡峭、狭窄为危险。

⑬狄：通“逖（tì）”，疏远。

⑭弇（yǎn）：承袭。

⑮荣：精华。

⑯知：通“智”，智慧。

译文

这里有一个大的东西，既不是丝也不是帛，却纹理交织而成章；既不是太阳也不是月亮，却是天下最光明的东西。活着的人靠它长寿，死了的人靠它埋葬；城池靠它巩固，军队靠它强大。纯粹地按照它去做就能称王，驳杂地按照它去做也能称霸，一点都不按照它去做就会灭亡。臣下愚昧不能认识它，敢问君王这是什么？

王回答说：这是有纹理而不华丽的东西吧？简约易懂而又很有条理的东西吧？君子所敬重而小人所反对的东西吧？人的本性不依靠它就和禽兽一样，人的本性依靠它就能端正的东西吧？普通人推崇它就能成为圣人，诸侯推崇它就能统一四海的东西吧？极为明显而又简约，极为和顺而又得体，请把它归为礼吧。——礼。

皇天降下一个东西，展示给天下的百姓，有的厚有的薄，常常不均匀。桀、纣用它导致混乱，汤、武用它变得贤明。有的浑浊有的清澈，有的盛大有的细微。周流在世间，永不停息。君子用它来修养，盗跖用它来偷盗。它广大得可以和天并立，它又精细微小没有形状。行为靠它来端正，事业靠它来完成。可以用它来禁止暴虐，使穷人富足，百姓有了它才能安宁。臣下愚蠢而不认识它，想问问君王您它的名字是什么？

君王说：这是以宽广、平坦为安全，以陡峭、狭窄为危险的东西吧？德行美好的人愿意亲近而行为污秽的人设法远离的东西吧？深藏在心中但对外能战胜敌人的东西吧？效法禹、舜的人能够传承的东西吧？人的一举一动有了它才会得当的东西吧？它是血气的精华，思想的精华，百姓有了它才会安宁，天下有了它才能太平。光明纯粹而没有瑕疵，这就叫作君子的智慧。——智。

原文

有物于此，居则周静致下[①]，动则綦高以钜[②]。圆者中规，方者中矩。大参天地，德厚尧禹，精微乎毫毛，而充盈乎大宇。忽兮其极之远也，攭[③]兮其相逐而反也，卬卬兮天下之咸蹇也[④]。德厚而不捐⑤，五采备而成文。往来惛憊⑥，通于大神，出入甚极⑦，莫知其门。天下失之则灭，得之则存。弟子不敏，此之愿陈，君子设辞，请测意之。

曰：此夫大而不塞者与？充盈大宇而不窕⑧，入郄穴而不逼者与⑨？行远疾速而不可托讯者与？往来惛憊而不可为固塞者与？暴至杀伤而不亿忌⑩者与？功被天下而不私置者与？托地而游宇，友风而子雨，冬日作寒，夏日作暑。广大精神⑪，请归之云。——云。

有物于此，倮倮⑫兮其状，屡化如神。功被天下，为万世文。礼乐以成，贵贱以分，养老长幼，待之而后存。名号不美，与“暴”为邻⑬。功立而身废，事成而家败。弃其耆老，收其后世。人属所利⑭，飞鸟所害。臣愚不识，请占之五泰⑮。

五泰占之曰：此夫身女好⑯而头马首者与？屡化而不寿者与？善壮而拙老者与？有父母而无牝牡者与？冬伏而夏游，食桑而吐丝，前乱而后治，夏生而恶暑，喜湿而恶雨，蛹以为母，蛾以为父，三俯⑰三起，事乃大已，夫是之谓蚕理。——蚕。

注　释

①居：停留。周：浓密。

②綦（qí）：极。钜：大。

③欚（lì）：云气旋转的样子。

④卬卬：通“昂昂”，高大聚集的样子。蹇：通“攓（qiān）”，取。

⑤捐：放弃。

⑥惛憊：昏暗，隐蔽。

⑦极：通“亟”，迅速。

⑧窕：间隙，空隙。

⑨郄：通“隙”，缝隙。逼：狭窄。

⑩亿忌：迟疑，疑虑。

⑪精神：神奇，奇妙。

⑫倮倮：无毛羽之貌。

⑬与“暴”为邻：蚕与“残”同音，残有残暴的意思，以此说与“暴”为邻。

⑭利：利用。

⑮五泰：神巫的名字。

⑯女好：柔婉的样子。

⑰俯：蚕眠。

译　文

这里有一种东西，停留时就静静地弥漫在地面，动起时高高在上，广大无边。圆的符合圆规，方的符合矩。它的广大可以和天地并立，德行可以和尧、舜比肩。它可以精微得比毫末还小，它可以广大得充满宇宙。它能忽然跑得极远，又能回旋、追逐着返回来。它高高在上，天下百姓就可以得到润泽。它德行敦厚而无所遗弃，各种颜色都具备而有文采。它往来很隐蔽，变化如神，出入非常迅速，没人知道它从哪来。天下失去它就会灭亡，得到它就能保存。弟子不聪明，愿意讲一讲这些现象。请君子来说一说，猜猜它是什么？

回答是：这是广大而不会堵塞的东西吧？充满世界而没有空隙，进入缝隙、洞穴而不觉得狭窄的东西吧？行得远跑得快而没办法让它带消息的东西吧？往来都很隐蔽而又不能被堵塞的东西吧？突然到来可以毁伤万物而毫不犹疑的东西吧？功德满天下而毫不自私的东西吧？它依托大地而遨游世界，以风为朋友，以雨为儿子。冬天成就寒冷，夏天成就暑气。广大而神奇，就把它归为云吧。——云。

这里有一个东西，样子光秃秃的，屡次变化很神奇。功劳盖天下，成为万世的文饰。礼乐靠它成就，贵贱靠它分别，赡养老人，抚养幼儿，有了它才能成功。它的名字不好听，和“暴”很相近。功劳建立自身就灭亡，事业成功家庭就毁坏。人们抛弃它们中那些年老的，收留那些年幼的。它对人类有利，而飞鸟却会伤害它。臣下愚蠢不认识，请让五泰来占卜吧。

五泰占卜后说：这是身体柔婉而头像马的东西吧？屡次变化但不长寿的东西吧？强壮的被善待而年老的被遗弃的东西吧？有父母而没有雌雄的东西吧？冬天蛰伏，夏天运动，吃桑叶而吐丝，一开始很乱后来很有条理。出生在夏天但讨厌暑热，喜欢潮湿而讨厌下雨。以蛹为母亲，以蛾为父亲。三次沉睡三次醒来，事情就完成了。这是有关蚕的道理。——蚕。

原　文

有物于此，生于山阜[①]，处于室堂。无知无巧，善治衣裳。不盗不窃，穿窬[②]而行。日夜合离，以成文章。以能合从，又善连衡。下覆百姓，上饰帝王。功业甚博，不见贤良[③]。时用则存，不用则亡。臣愚不识，敢请之王。

王曰：此夫始生钜，其成功小者邪？长其尾而锐其剽[④]者邪？头銛达而尾赵缭者邪[⑤]？一往一来，结[⑥]尾以为事。无羽无翼，反复甚极。尾生而事起，尾邅[7]而事已。簪以为父，管[8]以为母。既以缝表，又以连里，夫是之谓箴[9]理。——箴。

天下不治，请陈佹[10]诗：天地易位，四时易乡。列星殒坠，旦暮晦盲。幽暗登昭，日月下藏。公正无私，见谓从横[11]。志爱公利，重楼疏堂。无私罪人，憼革贰兵[12]。道德纯备，谗口将将[13]。仁人绌[14]约，敖[15]暴擅强。天下幽险，恐失世英。螭龙为蝘蜓[16]，鸱枭[17]为凤皇。比干见刳，孔子拘匡。昭昭乎其知之明也，郁郁乎其遇时之不祥也，拂[18]乎其欲礼义之大行也，暗乎天下之晦盲也。皓天不复，忧无疆也。千岁必反，古之常也。弟子勉学，天不忘也。圣人共手[19]，时几将矣。与愚以疑，愿闻反辞。

其小歌曰：念彼远方，何其塞矣，仁人绌约，暴人衍[20]矣。忠臣危殆，谗人服矣。琁[21]、玉、瑶、珠，不知佩也。杂布与帛，不知异也。闾娵、子奢[22]，莫之媒也；嫫母、力父[23]，是之喜也。以盲为明，以聋为聪，以危为安，以吉为凶。呜呼！上天！曷维其同[24]！

注释

①阜：山冈。

②窬（yú）：小洞。

③不见贤良：并没有显示出美好的德行。

④剽（biǎo）：末梢。

⑤铦（xiān）达：锋利。赵（diào）缭：很长。杨倞注："赵读为掉。掉缭，长貌。"

⑥结：打结。

⑦邅（zhān）：旋绕、盘结。

⑧管：放针的工具。

⑨箴：即"针"。

⑩佹（guǐ）：乖戾。

⑪从横：合纵连横。这里指有目的的勾结。

⑫憼（jǐng）：通"儆"，警戒，戒备。贰：疑为"戒"，备。

⑬将将：通"锵锵"，吵嚷的样子。

⑭绌：通"黜"，罢免。

⑮敖：通"傲"，傲慢。

⑯螭（chī）龙：传说中的一种没有角的龙。蝘（yǎn）蜓：壁虎。

⑰鸱（chī）枭：猫头鹰。

⑱拂：违背。

⑲共手：即“拱手”，古代致敬的礼仪。

⑳衍：众多。

㉑琁（xuán）：通“璇”，似玉的美石。

㉒闾娵（jū）：战国时魏国的美女。子奢：春秋时郑国的美男子。

㉓嫫母：黄帝时代的丑女。力父：古代的丑男。

㉔曷维其同：怎么能和这样的人一样。

译文

这里有一个东西，它产生于山上，被放在房间里。没有智慧，也不灵巧，却善于做衣裳。它不偷不盗，却穿小洞而行。日夜不停地分离、聚合，就成就了文采。既能竖着相连，又能横着相连。下覆盖百姓，上装饰帝王。功劳很广大，却看不到它的贤良。经常用它就存在，长期不用就隐藏。臣下愚蠢不认识，请君王来猜一猜。

王说：这是生来很大而完成时却很小的东西吧？尾巴很长而末梢很尖锐的东西吧？头很锋利而尾巴很长的东西吧？一来一往，尾巴打结事情就开始了。没有羽毛没有翅膀，来回却很快。尾巴产生事情就开始，尾巴回旋打结事情就完成。簪子是它的父亲，管子是它的母亲。既用它来缝外衣，也用它来缝里衣。这就是有关针的道理。——针。

天下得不到治理，我请求读一首激愤的诗：天地的位置改变，四时运行的方向改变。星星都坠落了，白天黑夜都很昏暗。幽暗高踞于上，日月隐藏于下。公正无私的人，反被说成反复无常。内心爱护公共的利益，却被说成是建设高楼和宽阔的房间。没有偏私地加罪于人，却被作为敌人来严防。道德精纯的人，说他坏话的人很多。仁人受到罢黜，残暴的人骄横恃强。天下幽暗险恶，英杰恐怕会失去。把蛟龙当作壁虎，把猫头鹰当作凤凰。比干被剜心，孔子受困于匡。他们的智慧多么光明啊，可是他们却遇到了不祥的世道。他们想要违反现实而使礼义大行于世，可惜天下昏暗，人们都看不到他们的伟大。苍天不会返回来了，忧愁没有尽头啊。千年有一定的轮回，这是古代的常道。弟子们要勉励学习，上天是不会忘记你们的。圣人拱手而天下太平，那时候就快来了。愚蠢的人都在怀疑，我却愿意听闻与乱世相反的言辞。

一首短歌唱道：思念远方的情况，消息怎么那么堵塞。仁人被罢黜遭穷困，残暴的人却逍遥法外。忠臣遇危险，谗人被任用。人们不知道佩戴璇、玉、瑶、珠等玉石。人们分不清杂布和帛。闾娵和子奢，没人给他们做媒；嫫母和力父，人们却喜欢他们。把瞎子当作眼神好的，把聋子当作听力敏锐的，把危险当作安全，把吉祥当作凶兆。哎呀，上天！我怎么能和这样的人一样！

大略篇第二十七

原　文

大略[①]：

君人者，隆礼尊贤而王，重法爱民而霸，好利多诈而危。欲近四旁，莫如中央，故王者必居天下之中，礼也。

天子外屏[②]，诸侯内屏，礼也。外屏，不欲见外也；内屏，不欲见内也。

诸侯召其臣，臣不俟驾，颠倒衣裳而走，礼也。《诗》曰："颠之倒之，自公召之。[③]"天子召诸侯，诸侯辇舆就马，礼也。《诗》曰："我出我舆，于彼牧矣。自天子所，谓我来矣。[④]"

天子山冕[⑤]，诸侯玄冠[⑥]，大夫裨冕[⑦]，士韦弁[⑧]，礼也。

天子御珽[⑨]，诸侯御荼[⑩]，大夫服笏[⑪]，礼也。

天子雕弓[⑫]，诸侯彤弓[⑬]，大夫黑弓，礼也。

诸侯相见，卿为介[⑭]，以其教士[⑮]毕行，使仁居守。

聘人以圭[⑯]，问士以璧[⑰]，召人以瑗[⑱]，绝人以玦[⑲]，反绝以环[⑳]。

人主仁心设焉，知其役也，礼其尽也，故王者先仁而后礼，天施[㉑]然也。

《聘礼》志曰："币厚则伤德，财侈则殄礼。"礼云礼云，玉帛云乎哉！《诗》曰："物其指矣，唯其偕矣。[㉒]"不时宜，不敬文，不欢欣，虽指，非礼也。

水行者表深，使人无陷；治民者表乱，使人无失。礼者，其表[㉓]也。先王以礼表天下之乱；今废礼者，是去表也，故民迷惑而陷祸患，此刑罚之所以繁也。

舜曰："维予从欲而治。"故礼之生，为贤人以下至庶民也，非为成圣也；然而亦所以成圣也，不学不成。尧学于君畴[㉔]，舜学于务成昭，禹学于西王国。

注　释

①大略：略举其要。本篇是荀子的学生记录荀子的言论，比较简略、零散，故称“大略”。

②外屏：对着门的小墙在门外。下文“内屏”即对着门的小墙在门内。

③颠之倒之，自公召之：引自《诗经·齐风·东方未明》，意思是：衣服穿得颠颠倒倒，因为君主在召唤我。

④我出我舆……谓我来矣：引自《诗经·小雅·出车》，意思是：我拉出我的车，到牧场去套马，告诉从天子那里来的人，就说我快到了。

⑤山冕：画着山的礼服、帽子。

⑥玄冠：黑色的礼服、帽子。

⑦裨（pí）冕：次等的礼服。

⑧韦弁：皮制的礼服。

⑨珽（tǐng）：长三尺，天子所持的大玉笏。

⑩荼：上圆下方的玉笏。

⑪笏（hù）：大臣们上朝记事用的笏板。

⑫雕弓：雕刻花纹的弓。

⑬彤弓：红色的弓。

⑭介：引见之人。

⑮教士：受过礼仪训练的人。

⑯聘：诸侯之间的相互问候。圭：上圆下方的玉器。

⑰璧：中间有方孔的扁圆形玉器。

⑱瑗（yuàn）：中间有大孔的玉璧。

⑲玦（jué）：圆形有缺口的玉器。

⑳环：一种环形的玉器。

㉑天施：自然的施设。

㉒物其指矣，唯其偕矣：引自《诗经·小雅·鱼丽》，意思是：食物的美好，在于其齐备。指：通“旨”，美好。

㉓表：标志、标准。

㉔君畴：与下文的“务成昭”、“西王国”皆人名。

译　文

略举其要：

作为君主，推崇礼义、尊重贤人就能称王，注重法，爱护百姓就能称霸，贪图利益、多行诡诈就会危险。想要与四周接近，没有比中央更好的位置了，因此，王者一定居住在天下的中央，这是一种礼的要求。

天子的屏壁在门外，诸侯的屏壁在门内，这是一种礼。屏壁在门外，是不想让里面见到外面；屏壁在门内，是不想让外面看到里面。

诸侯召唤臣下，臣下不等待马车，不等衣服整理好就走，这是一种礼。《诗经》中说："衣服穿得颠颠倒倒，因为君主在召唤我。"天子召唤诸侯，诸侯叫人拉着车子去靠近；这是一种礼。《诗经》中说："我拉出我的车，到牧场去套马，告诉从天子那里来的人，就说我快到了。"

天子穿画着山的礼服、戴礼帽，诸侯穿黑色的礼服、戴礼帽，大夫穿次等的礼服、戴礼帽，士穿皮制的礼服、戴皮质的帽子，这是一种礼。

天子持珽，诸侯持荼，大夫持笏，这是一种礼。

天子用雕刻花纹的弓，诸侯用红色的弓，大夫用黑色的弓，这是一种礼。

诸侯会盟，用卿引见，有礼仪教养的士都来陪同，使仁者留守。

派使者到他国访问用圭，国事访问用璧，召唤人用瑗，与人绝交用玦，和好用环。

君主，具备仁义之心，智慧是仁心役使的东西，礼仪是仁心的完备体现。因此，王者先仁义而后礼仪，自然的施设就是这样的。

《聘礼》记载说："钱币太多会伤害德行，财货太多会破坏礼。"所谓的礼，难道只是指玉帛吗？《诗经》中说："食物的美好，在于其齐备。"不合时宜，不敬重礼节，不快乐，即使食物美好，也不合乎礼。

涉水的人要标记深浅，使人们不要陷入水中；治理百姓的人要标记祸乱，使人们没有过失。礼，就是标志。先王用礼来标记天下的祸乱，现在废除礼，就是去除标记。因此，百姓迷惑而陷入灾祸，这是刑罚繁复的原因。

舜说："只有我能随心所欲地治理天下。"因此，礼的产生，是为贤人及其百姓而设的，而不是为了使人们成为圣人。然而礼也是可以用来使人们成为圣人的，不学习礼，就不能成为圣人。尧学礼于君畴，舜学礼于务成昭，禹学礼于西王国。

原　文

五十不成丧[①]，七十唯衰[②]存。

亲迎之礼：父南乡而立，子北面而跪，醮[③]而命之："往迎尔相[④]，成我宗事[⑤]，隆率以敬先妣[⑥]之嗣，若[⑦]则有常。"子曰："诺！唯恐不能，敢忘命矣！"

夫行也者，行礼之谓也。礼也者，贵者敬焉，老者孝焉，长者弟焉，幼者慈焉，贱者惠焉。

赐予其宫室[⑧]，犹用庆赏于国家也；忿怒其臣妾，犹用刑罚于万民也。

君子之于子，爱之而勿面⑨，使之而勿貌⑩，导之以道而勿强。

礼以顺人心为本，故亡于《礼经》而顺于人心者，皆礼也。

礼之大凡：事生，饰欢也；送死，饰哀也；军旅，施威也。

亲亲、故故、庸庸、劳劳⑪，仁之杀也；贵贵、尊尊、贤贤、老老、长长，义之伦也。行之得其节，礼之序也。仁，爱也，故亲；义，理也，故行；礼，节也，故成。仁有里，义有门。仁，非其里而处之，非仁也；义，非其门而由之，非义也。推恩而不理，不成仁；遂理而不敢，不成义；审节而不和，不成礼；和而不发，不成乐。故曰：仁义礼乐，其致一也。君子处仁以义，然后仁也；行义以礼，然后义也；制礼反本成末，然后礼也。三者皆通，然后道也。

货财曰赙⑫，舆马曰赗，衣服曰襚，玩好曰赠，玉贝曰唅。赙、赗，所以佐生也，赠、襚，所以送死也。送死不及柩尸，吊生不及悲哀，非礼也。故吉⑬行五十，奔丧百里，赗、赠及事，礼之大也。

注 释

①不成丧：不需要全部做到守丧的礼节。

②衰（cuī）：丧服的一种，粗麻布制成。

③醮：古代一种用酒祭神的礼仪。

④相：助手，这里指妻子。

⑤宗事：传宗接代的事业。

⑥妣：母亲。

⑦若：你。

⑧宫室：指家室。

⑨面：表现在脸上。

⑩貌：和颜悦色。

⑪故故：不忘故交。庸庸：即“功功”，奖励有功之人。劳劳：慰问劳苦之人。

⑫赙（fù）：与下文的“赗（fèng）”、“襚（suì）”、“赠”、“唅（hàn）”都是赠送财物帮助死者家人办丧事的礼节。

⑬吉：喜事，如婚礼。

译文

五十岁不需要全部做到守丧的礼节，七十岁只需穿上丧服就可以了。

亲自迎接新娘的礼仪是：父亲朝南站着，儿子朝北跪着，父亲用酒祭祖先并命令儿子说："去迎接你的妻子，完成传宗接代的大事，勉励她做一个像你母亲那样的继承人，你的行为一定要有常则。"儿子说："是，我唯恐做不到，不敢忘记您的命令。"

实践，说的就是实践礼。礼，就是要尊敬尊贵的人，要孝敬老人，要敬重长者，要慈爱幼小，要恩惠贫贱之人。

对家庭人员的赏赐，就像在国家中使用奖赏一样；对妻妾的发怒，要像对百姓使用刑罚一样。

君子对于自己的孩子，爱护他而不要表现在脸上，使唤他而不要和颜悦色，用道理来引导他而不要强迫。

礼以顺从人的内心为根本，因此《礼经》上没有但顺从人心的，都是礼。

礼的大概：事奉生者，就是文饰欢乐；埋葬死者，就是表达悲伤；军旅之礼，就是表现威严。

亲爱亲人、不忘故人、论功行赏、慰问劳苦，这是仁的等级差别。尊敬显贵、敬重尊者、崇敬贤者、孝敬老人、敬重长者，这是义的大类。践行它们合乎仪节，这是礼的秩序。仁，就是爱人，因此亲近他人。义，就是合乎道理，因此可以践行。礼，就是合宜，因此能成功。仁有里巷，义有门庭。仁，不是它安居的地方而居处在那里，就不是仁；义，不是它出入的门户而由此进出，就不是义。推行恩惠而不合道理，就不是仁。合乎道理而不勇敢地去实践，就不是义。审查仪节而不和谐，就不合乎礼。和谐而不表达出来，就不是音乐。因此说：仁、义、礼、乐，它们是一致的。合乎义的仁，才是真的仁；合乎礼的义，才是真的义；制礼要有根本有细节，然后才是真的礼。这三者能相互通达，这就是道。

赠送财物帮助别人办丧事叫作赙，赠送马车叫作赗，赠送衣服叫作禭，赠送死者生前喜好之物叫作赠，赠送死者含在口中的玉石、贝壳叫作唅。赙、赗，是为了帮助活着的人，赠、禭，是赠给死去的人的。送别死者不靠近棺材里的尸体，凭吊死者安慰活人一点也不悲伤，这是不合乎礼的。因此喜事一天走五十里，奔丧一天走一百里，赗、赠不错过丧事，这是礼非常重要的方面。

原文

礼者，政之挽[①]也。为政不以礼，政不行矣。

天子即位，上卿进曰："如之何忧之长也？能除患则为福，不能除患则为贼。"授天子一策[②]。中卿进曰："配天而有下土者，先事虑事，先患虑患。先事虑事谓之接[3]，接则事优成；先患虑患谓之豫[4]，豫则祸不生。事至而后虑者谓之后，后则事不举；患至而后虑者谓之困，困则祸不可御。”授天子二策。下卿进曰：“敬戒无怠，庆者在堂，吊者在闾[5]。祸与福邻，莫知其门。豫哉！豫哉！万民望之。”授天子三策。

禹见耕者耦[6]，立而式[7]；过十室之邑，必下。

杀大蚤[8]，朝[9]大晚，非礼也。治民不以礼，动斯陷矣。

平衡[10]曰拜，下衡[11]曰稽首，至地曰稽颡[12]。

大夫之臣，拜不稽首，非尊家臣也，所以辟[13]君也。

一命齿于乡[14]，再命齿于族，三命，族人虽七十不敢先。上大夫，中大夫，下大夫。

吉事尚尊，丧事尚亲。

聘，问也。享，献也。私觌[15]，私见也。

言语之美，穆穆皇皇[16]；朝廷之美，济济铃铃[17]。

为人臣下者，有谏而无讪，有亡而无疾[18]，有怨而无怒。

君于大夫，三问其疾，三临其丧；于士，一问，一临。诸侯非问疾吊丧，不之臣之家。

既葬，君若父之友食之则食矣，不辟粱[19]肉，有酒醴[20]则辞。

寝[21]不逾庙，宴[22]衣不逾祭服，礼也。

《易》之《咸》，见夫妇。夫妇之道，不可不正也，君臣父子之本也。咸，感也，以高下下，以男下女，柔上而刚下。

聘士之义，亲迎之道，重始也。

注　释

①挽：引导。

②策：用于记事的竹策。

③接：通“捷”，迅速。

④豫：通“预”，预防。

⑤闾（lǘ）：里巷的大门。

⑥耦（ǒu）：两人共耕叫作“耦”。

⑦式：通“轼”，车前横木。

⑧杀：猎杀禽兽。蚤：通“早”。

⑨朝：上朝。

⑩平衡：行跪拜礼时，头与腰齐。

⑪下衡：行跪拜礼时，手触地，头触手。

⑫稽颡（sǎng）：行跪拜礼时，头、手都触地。

⑬辟：通“避”，避开，回避。

⑭命：周朝官爵的等级。共有九命，九命最高。齿：按年龄排序。

⑮私觌（dí）：以个人的名义拜见他国君主。

⑯穆穆皇皇：肃穆和美，光明正派。

⑰济济跄（qiāng）跄：人才济济，行动整齐。跄跄：通“跄跄”。

⑱亡：逃亡，离开。疾：嫉恨。

⑲粱：精美的饭食。

⑳醴：甜酒。

㉑寝：居住的房子。

㉒宴衣：宴饮时穿的衣服。

译文

礼，是政事的引导。为政不用礼，政令就不能实行。

天子即位，上卿进言说：“为什么这么忧愁呢？能去除忧患就是福，不能去除忧患就是害人。”他授予天子第一册书简。中卿进言说：“德配上天而拥有天下的人，要先于事情而考虑事情的到来，先于忧患而考虑忧患的到来。先于事情而考虑事情叫作迅速，迅速了事情就完成得好；先于忧患而考虑忧患叫作预防，预防及时那么灾祸就不会产生。事情到来然后才去考虑的叫作滞后，滞后了事情就不能做好；忧患到来然后才去考虑的叫作困窘，困窘就不能抵御灾祸。”他授予天子第二册书简。下卿进言说：“警戒不要懈怠，庆祝的人还在堂上，吊丧的人已经进门了，祸与福是相邻的，不知道它什么时候来。要预防啊！要预防啊！万民都仰仗您。”他授予天子第三册书简。

禹看见两人并肩在耕地，就会站起来扶着横木致敬，经过十家的城邑一定会下车。

猎杀禽兽太早，上朝太晚，是不合礼的。治理百姓不用礼，一动就会陷入灾祸。

行跪拜礼时，头和腰齐叫作拜，手触地、头触手叫作稽首，头、手都触地叫作稽颡。大夫的家臣，只行拜礼，不行稽首礼。这不是抬高家臣，是为了避免和君礼相同。

士人在乡里要按年龄排序；大夫在家族中要按年龄排序；卿，家族中即使七十岁的老人也不敢排在他前面。三命之人是上大夫，二命之人是中大夫，一命之人是下大夫。

喜事以尊者为上，丧事以亲者为上。

聘，是诸侯相互慰问。享，是使者进献礼物。私觌之礼，是私下拜见。

言语的美好，肃穆和美，光明正派；朝廷的美好，人才济济，行动整齐。

为人臣子的，有诤谏而没有诽谤，有退隐而没有嫉恨，有抱怨而没有愤怒。

君主对于大夫，在他生病时要问候三次，在他死后要祭奠三次。对于士，慰问一次，吊丧一次。诸侯除了慰问和吊丧不去臣子的家中。

父母已经埋葬，君主或者父亲的朋友，给予食物就吃，不用避讳好饭好肉，如果有酒就要推辞。

住宅的规格不要超过祖庙，宴饮时穿的衣服不要超过祭祀的礼服，这是一种礼。

《易经》的《咸》卦，体现的是夫妇之礼。夫妇之道，不能不端正，它是君臣、父子和睦的根本。咸，就是感通的意思，表示高者居下，男子居于女子之下，柔居上而刚居下。

聘请士的礼义，亲自迎接新娘的道理，是注重开始。

原　文

礼者，人之所履也，失所履，必颠蹶陷溺。所失微而其为乱大者，礼也。

礼之于正国家也，如权衡之于轻重也，如绳墨之于曲直也。故人无礼不生，事无礼不成，国家无礼不宁。君臣不得不尊，父子不得不亲，兄弟不得不顺，夫妇不得不欢。少者以长，老者以养。故天地生之，圣人成之。

和鸾之声，步中《武》《象》，趋中《韶》《护》。君子听律习容而后出①。

霜降逆女②，冰泮③杀止，内十日一御④。

坐视膝，立视足，应对言语视面。立视前六尺而大⑤之，六六三十六，三丈六尺。

文貌情用⑥，相为内外表里。礼之中焉，能思索谓之能虑。

礼者，本末相顺，终始相应。

礼者，以财物为用，以贵贱为文，以多少为异。

下臣事君以货，中臣事君以身，上臣事君以人⑦。

《易》曰："复⑧自道，何其咎？"《春秋》贤穆公，以为能变也。

士有妒友，则贤交不亲；君有妒臣，则贤人不至。蔽公者谓之昧，隐良者谓之妒，奉妒昧者谓之交谲[9]。交谲之人，妒昧之臣，国之薉孽[10]也。

注释

①听律：聆听音乐的节奏。习容：学习容止礼仪。

②逆女：迎娶女子。

③冰泮：冰融化。

④御：夫妇同房。

⑤大：疑为“六”。

⑥文貌：文饰的礼仪。情用：内在的真实情感。

⑦人：人才。

⑧复：返回。

⑨昧：蒙昧，昏昧。交谲（jué）：狡猾，诡诈。

⑩薉（huì）孽：丑恶的妖孽，这里指灾祸、灾害。

译文

礼，是人用来规范行为的，失去行为的规范，一定会跌倒、陷溺。失去的很微小而造成的混乱却很大，这就是礼。

礼对于整治国家，就好比秤对于轻重，就好比绳墨对于曲直。因此，人没有礼就不能生存，事情没有礼就不能成功，国家没有礼就不能安宁。君臣之间无礼就不能相互尊重，父子之间无礼就不能相互亲爱，兄弟之间无礼就不能相互和顺，夫妇之间无礼就不能相互欢爱。年少者靠它成长，年老者靠它赡养。因此，天地生养百姓，圣人成就百姓。

车铃的声音，车慢行时合乎《武》《象》的节奏，奔跑时合乎《韶》《护》的节奏。君子聆听音乐的节奏，学习礼仪容止，然后出门。

霜降开始娶妻，到冰融化的时候停止，夫妇十天一交合。

坐着要看对方的膝，站着要看对方的脚，回应别人、说话时看对方的脸。站着时在对方前面六尺看着他，最远不超过其六倍，六六三十六尺，即三丈六尺。

文饰的礼仪和内在的情感，内外相互依赖，这是适中的礼。思考合乎礼的中道，就叫作善于思考。

礼，本末相和顺，终始相呼应。

礼，以财物为工具，以贵贱为文节，以多少为差异。

下臣用财货来事奉君主，中臣用生命来事奉君主，上臣用人才来事奉君主。

《易经》说：“返回到正道，有什么过错？”《春秋》赞美秦穆公，认为他能改变自己。

士有嫉妒的朋友，那么与贤人的交往就不会亲密；君主有嫉妒的臣子，那么贤人就不会到来。蒙蔽公正叫作昏昧，隐瞒贤良叫作妒忌，奉承妒忌、昏昧的人叫作狡猾欺诈。狡猾欺诈的人，妒忌昏昧的臣子，是国家的灾祸。

原 文

口能言之，身能行之，国宝也。口不能言，身能行之，国器也。口能言之，身不能行，国用也。口言善，身行恶，国妖也。治国者敬其宝，爱其器，任其用，除其妖。

不富无以养民情，不教无以理民性。故家五亩宅，百亩田，务其业，而勿夺其时，所以富之也。立大学[①]，设庠序[②]，修六礼[③]，明七教[④]，所以道之也。《诗》曰："饮之食之，教之诲之。[⑤]"王事具矣。

武王始入殷，表商容之闾[⑥]，释箕子之囚，哭比干之墓，天下乡善矣。

天下、国有俊士，世有贤人。迷者不问路，溺者不问遂[⑦]，亡人好独[⑧]。《诗》曰："我言维服，勿用为笑。先民有言，询于刍荛。[⑨]"言博问也。

有法者以法行，无法者以类举。以其本知其末，以其左知其右，凡百事异理而相守也。

庆赏刑罚，通类而后应；政教习俗，相顺而后行。

八十者一子不事[⑩]，九十者举家不事，废疾非人不养者，一人不事。父母之丧，三年不事；齐衰大功[⑪]，三月不事；从诸侯来[⑫]，与新有昏[⑬]，期[⑭]不事。

子谓子家驹续然大夫[⑮]，不如晏子；晏子，功用之臣也，不如子产；子产，惠人也，不如管仲；管仲之为人，力[⑯]功不力义，力知不力仁，野人[⑰]也，不可以为天子大夫。

孟子三见宣王不言事。门人曰："曷为三遇齐王而不言事？"孟子曰："吾先攻其邪心。"

公行子之之燕，遇曾元于涂[⑱]，曰："燕君何如？"曾元曰："志卑。志卑者轻物，轻物者不求助；苟不求助，何能举？氐、羌[⑲]之虏也，不忧其系垒[⑳]也，而忧其不焚也。利夫秋毫，害靡[㉑]国家，然且为之，几为知计哉[22]！”

今夫亡箴[23]者，终日求之而不得；其得之，非目益明也，眸[24]而见之也。心之于虑亦然。

注释

①大学：太学，这里指高等教育。

②庠（xiáng）序：古代的乡学，泛指学校。

③六礼：冠礼、婚礼、丧礼、祭礼、乡饮酒礼、相见礼。

④七教：有关父子、兄弟、夫妇、君臣、长幼、朋友、宾客七个方面的教育。

⑤饮之食之，教之诲之：引自《诗经·小雅·绵蛮》，意思是：给他饮食，给他教诲。

⑥表：表彰，标榜。商容：商朝的贤大夫。

⑦遂：通“隧”，这里指可以涉水而过的路。

⑧亡人：亡国之人。独：专断。

⑨我言维服……询于刍荛：引自《诗经·大雅·板》，意思是：我说的是重要的事，不要把它当作笑话。先民曾经说过，有事向打柴的人询问。服：事，这里指要事。刍荛（ráo）：打柴的人。

⑩事：服劳役。

⑪齐衰：五服之一，需要服丧一年。大功：五服之一，需要服丧九个月。

⑫从诸侯来：从其他诸侯国迁来。

⑬昏：通“婚”，婚事。

⑭期（jī）：一年。

⑮子：孔子。子家驹：春秋时期鲁国大夫。续然：刚强不屈貌。

⑯力：尽力于。

⑰野人：未受过礼仪教化的人。

⑱涂：通“途”，道路。

⑲氐（dī）、羌：古代的少数民族。

⑳系垒：捆绑。垒：通“累”。

㉑靡：毁灭。

㉒几：通“岂”。计：计谋，这里引申为治国方略。

㉓箴：通“针”。

㉔眸：通“瞐”，低头仔细找。

译文

嘴上能言说，身体能践行，这种人是国宝。口不能言说，但身体能践行，这种人是国家的良器。口能言说，身体不能践行，这是国家有用之人。口上善于言说，而行为恶劣，这是国家的灾祸。治国者，尊敬国宝，爱护良器，任用有用的人，铲除灾祸。

不使百姓富裕就不能调养百姓的感情，不教化就不能调养百姓的本性。因此，一家有五亩的房子，百亩的田地，努力使百姓从事农业而不耽误农时，用来使百姓富裕。建立太学，设立乡学，修正六种礼仪，昌明七种教化，用来引导百姓。《诗经》中说："给他饮食，给他教诲。"王者之事也就具备了。

武王刚进入殷都时，在商客居住的巷子里表彰商容的贤德，释放了被囚禁的箕子，在比干墓前哭泣，于是天下人都向善了。

天下间，各国中有俊秀之士，世代都有贤能之人。迷路的人因为他不问路，陷溺的人因为他不打听水路，亡国之人喜好专断。《诗经》中说："我说的是重要的事，不要把它当作笑话。先民曾经说过，有事向打柴的人询问。"讲的就是要广泛地询问。

有法律规定的就依法而行，没法律规定的就按类推理。用事物的本推理它的末，用它的左方推理它的右方。各种事情、道理不同但都有一个共同的准则。

赏赐和刑罚，理解了类推的道理然后才能得当。政教和习俗，相互和顺然后才能实行。

八十岁的老人可以有一个儿子不服劳役，九十岁的老人全家都可以不服劳役，残疾有病一定需要人照顾的，家中可以有一个人不服劳役。有父母去世的，可以三年不服劳役；有齐衰、大功之丧的，可以三个月不服劳役。从其他诸侯国迁来的、新结婚的，可以一年不服劳役。

孔子说子家驹是刚正不阿的大夫，但不如晏子；晏子，是能立功劳的大臣，但不如子产；子产，是恩惠百姓的人，但不如管仲；管仲的为人，致力于功劳而不致力于礼义，致力于聪明而不致力于仁义，是个没有礼义教养的粗野之人，不能做天子的大夫。

孟子三次觐见齐宣王而不谈政事。门人说："你为什么三次见到齐王都不谈政事呢？"孟子说："我要先攻破他的邪心。"

公行子之到燕国去，在路上遇到曾元，说："燕国的国君怎么样？"曾元说："他的志向很卑微，志向卑微就会轻视外物，轻视外物就不会向贤人求助。不向贤人求助，怎么能成就事业？只能做氐、羌这两个少数民族的俘虏罢了。不担心自己被捆绑，而担心自己死后不能火化。利益只有一点，危害却足以毁灭国家，然而还要去做，这算是知道治国大计吗？"

现在有个丢针的人，整天寻找也找不到。有一天找到了，并不是他的视力更好了，而是低头仔细寻找才发现的。心对于思考也是如此。

原　文

义与利者，人之所两有也。虽尧、舜不能去民之欲利；然而能使其欲利不克[①]其好义也。虽桀、纣亦不能去民之好义；然而能使其好义不胜其欲利也。故义胜利者为治世，利克义者为乱世。上重义则义克利，上重利则利克义。故天子不言多少，诸侯不言利害，大夫不言得丧，士不通[②]货财。有国之君不息[③]牛羊，错质之臣不息鸡豚，冢卿[④]不修币，大夫不为场园，从士以上皆羞利而不与民争业，乐分施而耻积藏。然故民不困财，贫窭[⑤]者有所窜其手。

文王诛四，武王诛二，周公卒业[⑥]，至成康则案[⑦]无诛已。

多积财而羞无有，重民任而诛不能，此邪行之所以起，刑罚之所以多也。

上好义，则民暗饰[⑧]矣！上好富，则民死利矣！二者治乱之衢[⑨]也。民语曰："欲富乎？忍耻矣，倾绝[⑩]矣，绝故旧矣，与义分背矣！"上好富，则人民之行如此，安得不乱？

汤旱而祷曰："政不节[⑪]与？使民疾[⑫]与？何以不雨至斯极也？宫室荣与？妇谒盛与？何以不雨至斯之极也？苞苴[⑬]行与？谗夫兴与？何以不雨至斯极也？"

天之生民，非为君也；天之立君，以为民也。故古者，列地建国，非以贵诸侯而已；列官职，差[⑭]爵禄，非以尊大夫而已。

注　释

①克：胜过。

②通：流通，这里指经营。

③息：养。

④冢卿：上卿。

⑤贫窭（jù）：贫穷。

⑥卒业：完成事业。

⑦案：语气助词。

⑧暗饰：暗中修饰，这里指暗中振作。

⑨衢：大路，引申为途径。

⑩倾绝：不顾一切。

⑪节：适当。

⑫疾：劳苦。

⑬苞苴：包裹，引申为贿赂。

⑭差：使……有差别。

译文

好义和好利，人这两方面都具有。即使是尧、舜也不能去除百姓的好利之心，然而能让百姓的好利之心不胜过好义之心。即使是桀、纣也不能去除百姓的好义之心，然而能使百姓的好义之心不胜过好利之心。因此，百姓好义之心胜过好利之心就是治理得好的世道，百姓好利之心胜过好义之心就是混乱的世道。君主重视义，那么百姓好义就会胜过好利；君主重视利，那么百姓好利就会胜过好义。因此天子不说财物的多少，诸侯不说利益和危害，大夫不说得到和丧失，士不经营财货。拥有国家的君主不养牛羊，委身于君的大臣不养鸡和猪，上卿不经营钱财，大夫不筑场种菜。从士以上的人都以谋利为耻而不和百姓争业，乐于施舍而羞于积藏。这样的话，百姓就不会困于财货，贫穷的人就有事情干而摆脱贫困了。

文王诛杀四个人，武王诛杀两个人，周公完成大业，到了成王、康王就没有诛杀的事情了。

积累很多货财而看不起贫穷的人，加重百姓的负担而诛杀不堪重负的人，这是奸邪的行为兴起、刑罚繁多的原因。

君主喜好道义，那么百姓就会暗中修饰自己；君主喜好财富，那么百姓就会为利益赴死；这两者是治乱的分界处。俗语说："想要富贵吗？那就忍受羞耻，不顾生死，与故友绝交，与仁义背道而驰吧。"君主喜欢富贵，那么百姓的行为也会如此，怎么会不混乱？

商汤在大旱的时候祈祷说："政事不适当吗？使百姓太劳苦了吗？怎么会不下雨到这个程度？宫室太华丽了吗？妇人的请托太多了吗？怎么会不下雨到这个程度？贿赂盛行了吗？谗言之人太多了吗？怎么会不下雨到这个程度？"

上天生养百姓，不是为了君主；上天设立君主，却是为了百姓。因此，古时候分地建国，并不是为了尊贵诸侯。排列官职，使爵禄有差别，并不是为了尊贵大夫。

原文

主道知人，臣道知事。故舜之治天下，不以事诏而万物成。农精于田，而不可以为田师，工贾亦然。

以贤易不肖，不待卜而后知吉。以治伐乱，不待战而后知克。

齐人欲伐鲁，忌卞庄子①，不敢过卞。晋人欲伐卫，畏子路，不敢过蒲[②]。

不知而问尧、舜，无有而求天府[③]。曰：先王之道，则尧、舜已；六贰[④]之博，则天府已。

君子之学如蜕，幡然迁之[⑤]。故其行效，其立效，其坐效，其置颜色、出辞气效。无留善，无宿问。

善学者尽其理，善行者究其难。

君子立志如穷[⑥]，虽天子三公问正，以是非对。

君子隘穷[⑦]而不失，劳倦而不苟，临患难而不忘细席[⑧]之言。岁不寒无以知松柏，事不难无以知君子。无日不在是。

雨小，汉故潜[⑨]。夫尽小者大，积微者箸，德至者色泽洽[⑩]，行尽而声问[⑪]远。小人不诚于内而求之于外。

言而不称师谓之畔，教而不称师谓之倍。倍畔之人，明君不内，朝士大夫遇诸涂不与言。

不足于行者，说过；不足于信者，诚言[⑫]。故《春秋》善胥命[⑬]，而《诗》非屡盟，其心一也。善为《诗》者不说，善为《易》者不占，善为《礼》者不相，其心同也。

注　释

①卞庄子：春秋时期鲁国大夫。

②蒲：卫国蒲城。

③天府：帝王的宝库。

④贰：以为"艺"。六艺：《诗》《书》《礼》《乐》《易》《春秋》。

⑤幡（fān）然迁之：迅速发生变化。幡：通"翻"。

⑥穷：尽、止，引申为坚定。

⑦隘穷：受困于贫穷。

⑧细席：平时。

⑨汉：疑为衍文。潜：深，透。

⑩洽：融洽，这里指和蔼，温和。

⑪问：通"闻"，声闻。

⑫诚言：言必亦诚。

⑬胥命：诸侯约见而不需订立盟约，只在口头上约定。

译文

君主之道在于了解人才，臣子之道在于了解事务。因此舜治理天下，不用事事诏告而万物得到治理。农民精通种田但是不能做管理农业的官员，工匠、商人也是如此。

用贤人替换不贤之人，不用占卜就知道是吉祥的。用安定的国家来征讨混乱的国家，不用打仗就知道能战胜。

齐国人想要攻打鲁国，害怕卞庄子，不敢经过卞城。晋国想要攻打卫国，害怕子路，不敢经过蒲城。

不懂政事就去询问尧、舜，没有学问就去向帝王的府库求助。有人说："先王的大道，效法尧、舜就可以了；六艺的广博，就是帝王的府库。"

君子的学习好比蜕变，变化得非常迅速。因此君子的行为要学习、站立要学习、坐姿要学习，脸色表情和语气要学习。不要有遗留未做的善事，不要有过夜未问的问题。

善于学习的人努力竭尽事物的道理，善于实践的人探究最艰难的事情。

君子志向坚定，即使是天子、三公来问政事，也要根据是与非的实情来回答。

君子困于贫穷而不失去志向，身体疲劳而懈怠，面对患难也不忘平时说过的话。

上移年岁不寒冷，就无法知道松柏抗寒；事情不难，就无法知道君子的能力。君子没有一天不是这样。

雨下得小，因此能滋润得深透。竭尽小的才能大，积累细微的才能显著，德行达到极致的人脸色温润，行为完美的人名声就传播得远。小人内心不真诚而追求外在的修饰。

说话不称述老师就叫作背叛，教导别人而不称述老师就叫作违背。背叛和违背老师的人，贤明的君主不会容纳他，朝廷的士大夫在路上遇到他，不和他讲话。

言说不能实行的，是大话；不足以让人相信的人，其真诚是伪装出来的。因此《春秋》称赞不盟誓的约见，《诗经》批评屡次盟誓，其用心是一样的。精通《诗经》的人不作解说，精通《易经》的人不占卜，精通《礼》的人不替人赞礼，他们的用心是相同的。

原文

曾子曰："孝子言为可闻，行为可见。言为可闻，所以说[1]远也；行为可见，所以说近也。近者说则亲，远者说则附。亲近而附远，孝子之道也。”

曾子行，晏子从于郊，曰：“婴闻之：君子赠人以言，庶人赠人以财。婴贫无财，请假于君子，赠吾子以言：乘舆之轮，太山之木也，示诸檃栝，三月五月，为帱[②]菜，敝而不反其常。君子之檃栝，不可不谨也。慎之！兰茝稿本[③]，渐于蜜醴[④]，一佩[⑤]易之。正君渐于香酒[⑥]，可谗而得也。君子之所渐，不可不慎也。”

人之于文学也，犹玉之于琢磨也。《诗》曰：“如切如磋，如琢如磨。[⑦]”谓学问也。和[⑧]之璧，井里之厥[⑨]也，玉人琢之，为天子宝。子赣、季路，故鄙人也，被文学，服礼义，为天下列士[⑩]。

学问不厌，好士不倦，是天府也。

君子疑则不言，未问则不言，道远[⑪]日益矣。

多知而无亲，博学而无方，好多而无定[⑫]者，君子不与。

少不讽诵，壮不论议，虽可，未成也。

君子壹[⑬]教，弟子壹学，亟成。

君子进则益上之誉，而损下之忧。不能而居之，诬也；无益而厚受之，窃也。学者非必为仕，而仕者必如学。

注　释

①说：通“悦”，快乐。

②帱（chóu）：车轮的圆木框。

③兰茝（chǎi）、稿本：均为香草名。

④渐：浸。蜜醴：甜酒。

⑤一佩：佩戴一次。

⑥香酒：引申为甜言蜜语。

⑦如切如磋，如琢如磨：引自《诗经·卫风·淇奥》，意思是：如同切磋角骨，如同琢磨美玉。

⑧和：即卞和，春秋时期楚国人。

⑨井里之厥：指山野中的石头。

⑩列士：名士。

⑪道远：从事于道的时间长久。

⑫定：定心。

⑬壹：专一。

译 文

曾子说："孝子说话是可以让别人听到，行为是可以让别人看到的。说话可以让别人听到，是为了愉悦远方的人；行为可以让别人看，是为了愉悦附近的人。附近的人愉悦了就会亲近，远方的人愉悦了就会来归附。附近的人亲近而远方的人归附，这是孝子之道。"

曾子赶路，晏子送他到城郊，说："我听说，君子用言论来送别，普通人用金钱来送别。我没有钱财，就假托为君子，送给你几句话：乘坐的车的轮子，是用泰山的木头做的，用矫木工具来取直，经过三五个月，做成车轮的外框、车辐、车毂，用旧了再也不会回到原来的样子。用来矫正君子的工具，不能不谨慎地使用啊，一定要谨慎。兰茝、稿本，浸到甜酒之中，佩戴一次就要替换。正直的君主浸到如香酒的甜言蜜语之中，谗言就会侵入，得到它所想要的。君子所浸润的环境，不能不谨慎啊。"

人们对于文学，就好比玉对于雕琢。《诗经》中说："如同切磋角骨，如同雕琢美玉。"讲的是做学问的态度。卞和的璧，本来不过是山野里的石头，经过玉匠的雕琢，成为天子的宝贝。子赣、季路，本来是粗野之人，学习文学，实践礼义，成为天下称颂的名士。

学习不满足，喜好贤士不厌倦，这是帝王的府库。

君子有疑惑就不言说，没问清楚就不言说，向道的日子久了就会不断有进步。

知道得多而不亲近老师，学习广泛而没有正确的方法，喜好多学而没有定心的人，君子不赞同他。

年少时不诵读经典，壮年时不谈论义理，即使资质好，也不会有成就。

君子一心教导，弟子一心学习，一定会很快成功。

君子入朝做官，一定能够增加君主的荣誉，减少百姓的忧患。没能力而居其位，是欺骗；对国家没有助益而接受很高的俸禄，就是盗窃。学习的人不一定要做官，但做官的人一定要求学。

原 文

子贡问于孔子曰："赐①倦于学矣，愿息②事君。"孔子曰："《诗》云：'温恭朝夕，执事有恪。③'事君难，事君焉可息哉！""然则，赐愿息事亲。"孔子曰："《诗》云：'孝子不匮，永锡尔类。④'事亲难，事亲焉可息哉！""然则赐愿息于妻子。"孔子曰："《诗》云：'刑于寡妻，至于兄弟，以御于家邦。⑤'妻子难，妻子焉可息哉！""然则赐愿息于朋友。"孔子曰："《诗》云：'朋友攸摄，摄以威仪。⑥’朋友难，朋友焉可息哉！”“然则赐愿息耕。”孔子曰：“《诗》云：‘昼尔于茅，宵尔索绹，亟其乘屋，其始播百谷。⑦’耕难，耕焉可息哉！”“然则赐无息者乎？”孔子曰：“望其圹⑧，皋如⑨也，嵮⑩如也，鬲如⑪也，此则知所息矣。”子贡曰：“大哉！死乎！君子息焉，小人休焉。”

《国风》之好色也，传曰：“盈其欲而不愆其止。其诚可比于金石，其声可内于宗庙。”《小雅》不以于污上，自引而居下，疾今之政，以思往者，其言有文焉，其声有哀焉。

国将兴，必贵师而重傅，贵师而重傅，则法度存。国将衰，必贱师而轻傅；贱师而轻傅，则人有快⑫；人有快则法度坏。

古者匹夫五十而士⑬。天子诸侯子十九而冠，冠而听治，其教至也。

君子也者而好之，其人⑭也；其人而不教，不祥。非君子而好之，非其人也；非其人而教之，赍盗粮，借贼兵也。

不自嗛⑮其行者，言滥过⑯。古之贤人，贱为布衣，贫为匹夫，食则饘粥⑰不足，衣则竖褐⑱不完；然而非礼不进，非义不受，安取此。

子夏家贫，衣若县鹑⑲。人曰：“子何不仕？”曰：“诸侯之骄我者，吾不为臣；大夫之骄我者，吾不复见。柳下惠与后门者同衣，而不见疑，非一日之闻也。争利如蚤甲⑳，而丧其掌。”

注释

①赐：子贡的名字。

②息：停止。

③温恭朝夕，执事有恪：引自《诗经·商颂·那》，意思是：早晚都要温和、恭敬，做事情一定要谨慎。恪：谨慎。

④孝子不匮，永锡尔类：引自《诗经·大雅·既醉》，意思是：孝子的孝顺不缺乏，上天就会永远赐福给你。匮：缺乏。锡：通“赐”。

⑤刑于寡妻……以御于家邦：引自《诗经·大雅·思齐》，意思是：做妻子的榜样，影响到兄弟，并用来治理国家。刑：做……榜样。御：治理。

⑥朋友攸摄，摄以威仪：引自《诗经·大雅·既醉》，意思是：朋友之间要相互帮助，要用威严的仪表来帮助对方。攸：语气助词。摄：助。

⑦昼尔于茅……其始播百谷：引自《诗经·豳风·七月》，意思是：白天要割茅草，晚上要打草绳；赶紧去修理房屋，马上要开始播种谷物了。索绹(táo)：编绳索。亟：迅速。乘屋：修盖房屋。

⑧圹：坟墓。

⑨皋如：高的样子。

⑩嵮：山峰。

⑪鬲（lì）如：鼎一类的器物。

⑫快：放荡。

⑬士：通“仕”，做官。

⑭其人：是可造之人。

⑮嗛：通“歉”，不足。

⑯滥过：言过其实。

⑰饘（zhān）粥：稀饭。古时的粥，稠的叫“饘”，稀的叫“粥”。

⑱竖褐：即短褐，平民穿的粗布衣服。

⑲县鹑：悬挂的鹌鹑，形容衣服很破烂。

⑳蚤甲：指甲。

译 文

子贡问孔子说：“我对学习感到很疲倦了，想要放弃事奉君主。”孔子说：“《诗经》中说：‘早晚都要温和、恭敬，做事情一定要谨慎。’事奉君主是很艰难的，事奉君主怎么能停止呢？”“那么，我想要停止侍奉双亲。”孔子说：“《诗经》中说：‘孝子的孝顺不缺乏，上天就会永远赐福给你。’事奉双亲是很艰难的，侍奉双亲怎么能停止呢？”“那么，我想要停止照顾妻子、儿女。”孔子说：“《诗经》中说：‘做妻子的榜样，以至于影响兄弟，并用来治理国家。’照顾妻子、儿女是艰难的，照顾妻子、儿女怎么能停止呢？”“那么，我想要停止交朋友。”孔子说：“《诗经》中说：‘朋友之间要相互帮助，要用威严的仪表来帮助对方。’交朋友很艰难，交朋友怎么能停止呢？”“那么，我想要停止耕作。”孔子说：“《诗经》中说：‘白天要割茅草，晚上要打草绳；赶紧去修理房屋，马上要开始播种谷物了。’耕作很艰难，耕作怎么能停止呢？”“那么，我什么都不能停止吗？”孔子说：“看看那些坟墓，高高的，像高山，像大鼎，看到这个你就知道什么时候停止了。”子贡说：“死亡真伟大啊，君子得到了休息，小人也停止作恶。”

对于《国风》中的好色，古书上说：“满足了人们的欲望而在礼义上没有过失，它的真诚可与金石相比，它的声音可放到宗庙之中。”《小雅》中的诗篇的作者不被君主所任用，自己甘居于下，痛恨现今的政事而思念过去，他们的言语有文采，它的声音很哀伤。

国家将要兴旺，一定会尊重老师，尊重老师那么法令制度就会保存。国家将要衰败，一定会轻视老师，轻视老师那么人们就会放纵，人们放纵那么法令制度就会败坏。

古时候，普通人五十岁才可以当官。天子、诸侯的儿子十九岁就行冠礼，行冠礼后就可以处理国事，因为他们受到了极好的教育。

喜好君子的人，是可造就的人；对可造就的人不教化，是不吉祥的。喜好不是君子的人，是不可造就的人；不可造就的人而教导他，就好比是资助盗贼粮食，借给盗贼兵器。

不认为自己的德行有不足的人，他们的话一定言过其实。古时候的贤人，卑贱得像一个平凡人，贫苦得像一个普通人，连粥都吃不上，连短小的粗布衣服都穿不上，然而不合礼就不去当官，不合义就不接受赏赐，怎么会像前者那样呢？

子夏很贫困，衣服破烂得像悬挂的鹌鹑。有人说："你为什么不去做官？"回答说："诸侯傲慢于我的，我不做他的臣子。大夫傲慢于我的，我不想再看见他。柳下惠和看后门的人穿一样的衣服，而没人怀疑他，因为他的名声不是一天的传闻。争夺指甲那么大的利益，一定会丧失自己的手掌。"

原　文

君人者不可以不慎取臣，匹夫不可不慎取友。友者，所以相有[①]也。道不同，何以相有也？均薪施火，火就燥；平地注水，水流湿。夫类之相从也，如此其著也，以友观人，焉所疑？取友善人，不可不慎，是德之基也。《诗》曰："无将大车，维尘冥冥。[②]"言无与小人处也。

蓝苴路作[③]，似知而非；偄弱易夺[④]，似仁而非；悍戆[⑤]好斗，似勇而非。

仁义礼善之于人也，辟之若货财粟米之于家也，多有之者富，少有之者贫，至无有者穷。故大者不能，小者不为，是弃国捐身之道也。

凡物有乘而来，乘[⑥]其出者，是其反[⑦]者也。

流言灭之，货、色远之。祸之所由生也，生自纤纤也。是故君子蚤[⑧]绝之。

言之信者，在乎区盖[⑨]之间。疑则不言，未问则不言。

知[⑩]者明于事，达于数，不可以不诚事也。故曰："君子难说[⑪]，说之不以道，不说也。"

语曰：“流丸止于瓯臾[12]，流言止于知者。”此家言邪说之所以恶儒者也。是非疑，则度之以远事，验之以近物，参之以平心，流言止焉，恶言死焉。

曾子食鱼，有余，曰：“泔[13]之。”门人曰：“泔之伤人，不若奥[14]之。”曾子泣涕曰：“有异心乎哉！”伤其闻之晚也。

注释

①有：通“侑”，帮助。

②无将大车，维尘冥冥：引自《诗经·小雅·无将大车》，意思是：不要扶着大车，车旁飞扬着昏暗的尘土。将：扶。冥冥：昏暗。

③蓝苴（jū）：傲慢。路作：显露自己。

④偄（ruǎn）：弱。易夺：志向容易被改变。

⑤悍戆（zhuàng）：凶悍，鲁莽。

⑥乘：疑为衍文。

⑦反：通“返”，返回。

⑧蚤：通“早”。

⑨区盖：通“丘盖”，阙疑。

⑩知：通“智”。

⑪说：通“悦”，愉快。

⑫流丸：滚动的圆球。瓯：与“臾”均为装东西的器皿，引申为低洼之处。

⑬泔（gān）：用淘米水浸泡。

⑭奥（yù）：腌渍。

译文

作为君主不能不谨慎地选择大臣，普通人不可以不谨慎地选择朋友。朋友，是用来相互帮助的。追求不一样，怎么能相互帮助呢？点着均匀铺开的柴，火总是朝向干燥的柴燃烧；往平地上浇水，水总是往低湿的地方流动。同类事物的相随是这样的显著。用朋友来观察本人，有什么可疑？选取朋友，与人为善，不能不谨慎，这是道德的根基。《诗经》中说：“不要扶着大车，车旁飞扬着昏暗的尘土。”是说不要和小人相处。

傲慢而喜欢显示自己，看起来聪明但其实不是；懦弱而立场容易被改变，看起来仁义但其实不是；凶悍而喜好争斗，看起来很勇敢但其实不是。

仁义、守礼、和善对于人，就好比是财货、粮食对于家庭，拥有多的就富裕，拥有少的就贫苦，一点都没有的就穷困了。因此，大事做不了，小事又不去做，这是国灭身死之道啊。

大凡事物，都会因循什么而出现，因循什么而出现，也会因循什么而返。

流言要消灭，财、色要疏远。灾祸的产生，都是因为很微小的事情。因此君子要早点杜绝它。

言语的可信，在于存疑之中。有疑问就不要言说，没问清楚就不要言说。

有智慧的人明察事物，通达事理，不能不真诚地对待他们。因此说：“君子难以愉悦，愉悦他而不合乎道，他是不会愉悦的。”

俗语说：“滚动的圆球停止在低洼之处，流言停止在智者那里。”这就是为什么那些小家邪说要讨厌儒者了。是非有了疑惑，就要用过去的事去思量，用切近的事物去检验，用公正的态度来对待，流言就会停止，邪恶的言论就会消亡。

曾子吃鱼，剩下一点，便说：“把它用淘米水浸起来吧。”他的学生说：“浸起来对人的身体不好，不如把它腌制起来。”曾子哭泣着说：“难道我有别的用意吗？”他伤心自己听说得太晚了。

原 文

无用吾之所短遇人之所长，故塞[①]而避所短，移而从所仕[②]。疏知而不法，察辨而操僻[③]，勇果而亡礼，君子之所憎恶也。

多言而类，圣人也；少言而法，君子也；多言无法，而流湎[④]然，虽辩，小人也。

国法禁拾遗，恶民之串以无分得也[⑤]，有夫分义，则容天下而治；无分义，则一妻一妾而乱。

天下之人，唯各特意哉，然而有所共予[⑥]也。言味者予易牙，言音者予师旷，言治者予三王。三王既已定法度，制礼乐而传之，有不用而改自作，何以异于变易牙之和，更师旷之律？无三王之法，天下不待亡，国不待死。

饮而不食者，蝉也；不饮不食者，浮蝣也。

虞舜、孝己孝而亲不爱，比干、子胥忠而君不用，仲尼、颜渊知而穷于世。劫迫于暴国而无所辟之，则崇其善，扬其美，言其所长，而不称其所短也。

惟惟[⑦]而亡者，诽也；博而穷者，訾[⑧]也；清之而俞[⑨]浊者，口也。

君子能为可贵，不能使人必贵己；能为可用，不能使人必用己。

诰誓[⑩]不及五帝，盟诅[⑪]不及三王，交质子[⑫]不及五伯。

注释

①塞：遇到阻碍。

②移：移动。仕：这里指能力、长处。

③操：操守，行为。僻：邪僻，乖僻。

④流湎：沉醉于酒，这里指沉醉于“多言无法”之中。

⑤串：通“惯”，习惯。无分得：不正当的获得。

⑥予：赞同。

⑦惟惟：顺从。

⑧訾：诋毁。

⑨俞：通“愈”。

⑩诰誓：古代帝王训诫、劝勉民众的文告。

⑪盟诅：盟誓。

⑫交质子：把太子作为人质交换到他国。

译文

不要用自己的短处去应对别人的长处，因此受到阻碍就避开自己的短处，转而发挥自己的长处。智慧通达而不守法，明察各种事物而行为邪僻，果断、勇敢而不遵守礼，这是君子所讨厌的。

说得多而合乎道理，这是圣人；说得少而有法度，这是君子；说得多而没法度，却沉浸其中，即使很雄辩，也是小人。

国家的法令禁止捡别人丢失的东西，这是憎恶百姓习惯于不按等级名分获得财物。有了等级名分，全天下都能得到包容而治理得好；没有等级名分，就算只有一妻一妾也会混乱。

天下的人，每个人都有自己的想法，然而也有大家都共同赞许的东西。谈论味道的都赞许易牙，谈论音乐的都赞许师旷，谈论治理的都赞许三代帝王。三代帝王既然已经制定法令和礼乐制度，并传之后代，有人不应用它们而擅自更改、制定，这与改变易牙确定的调和的美味、改变师旷确定的优美的旋律有什么不同吗？没有三代帝王的治理之道，天下不用多久就会灭亡，国家不用多久就会覆灭。

只喝水而不吃东西的，是蝉，不喝水也不吃东西的，是浮蝣。

虞舜、孝己孝顺而父母不喜爱他们，比干、伍子胥忠诚而君主不任用他们，仲尼、颜渊有智慧而穷困于世。受到残暴国家的胁迫而无法躲避，就推崇它好的一面，宣扬它美的一面，称说它的优点而不谈论它的缺点。

服从却灭亡，是因为有人诽谤；知识渊博却不得志，是因为有人诋毁；想清白却更加浑浊，是因为有人搬弄口舌。

君子能培养可以使自己可贵的才能，但不能使人们一定尊重自己；能够培养使自己被任用的能力，但不能使他人一定任用自己。

惩戒和鼓励的文告追溯不到五帝，盟誓追溯不到三王，交换太子做人质追溯不到五霸。

宥坐篇第二十八

原 文

孔子观于鲁桓公之庙，有欹[①]器焉，孔子问于守庙者曰："此为何器？"守庙者曰："此盖为宥坐[②]之器。"孔子曰："吾闻宥坐之器者，虚则欹，中则正，满则覆。"孔子顾谓弟子曰："注水焉。"弟子挹[③]水而注之，中而正，满而覆，虚而欹。孔子喟然而叹曰："吁！恶有满而不覆者哉！"子路曰："敢问持满有道乎？"孔子曰："聪明圣知，守之以愚；功被天下，守之以让；勇力抚世，守之以怯；富有四海，守之以谦：此所谓挹[④]而损之之道也。"

孔子为鲁摄相[⑤]，朝七日而诛少正卯[⑥]。门人进问曰："夫少正卯鲁之闻人也，夫子为政而始诛之，得无失乎？"孔子曰："居，吾语女其故。人有恶者五，而盗窃不与焉：一曰心达而险，二曰行辟[⑦]而坚，三曰言伪而辩，四曰记丑而博，五曰顺非而泽[⑧]。此五者有一于人，则不得免于君子之诛，而少正卯兼有之。故居处足以聚徒成群，言谈足以饰邪营[⑨]众，强足以反是独立，此小人之桀雄也，不可不诛也。是以汤诛尹谐，文王诛潘止，周公诛管叔，太公诛华仕，管仲诛付里乙，子产诛邓析、史付。此七子者，皆异世同心，不可不诛也。《诗》曰：'忧心悄悄，愠于群小。[⑩]'小人成群，斯足忧也。"

注 释

①欹（qī）：歪斜，倾斜。

②宥坐：放在座位右边。

③挹（yì）：舀，用瓢舀取。

④挹：通“抑”，抑制、谦退。

⑤摄相：代理宰相。

⑥少正卯：春秋时期鲁国人，与孔子同时，传说少正卯讲学很吸引人，连孔子的弟子都跑去听他讲学。

⑦辟：通“僻”，邪僻。

⑧泽：润泽，圆润。

⑨营：通“荧”，迷惑。

⑩忧心悄悄，愠于群小：引自《诗经·邶风·柏舟》，意思是：我内心忧愁，成群的小人让我发怒。悄悄：忧愁的样子。愠：怒。

译　文

孔子参观鲁桓公的庙宇，其中有一件倾斜的器物，孔子问守庙的人说：“这是什么器物？”守庙的人说：“这大概是君主放在座位右边用以自戒的器物。”孔子说：“我听说过这种器物，空的时候是倾斜的，装满一半的时候是中正的，装满了就会倾覆。”孔子对弟子说：“装水。”弟子就舀水灌进去，装满一半的时候是中正的，装满了就倾覆，空的时候是倾斜的。孔子感叹地说：“唉，哪里有装满了而不倾覆的东西呢？”子路说：“敢问要维持满的状态有什么办法吗？”孔子说：“聪明睿智，就用愚钝来保持；功盖天下，就用礼让来保持；勇猛盖世，就用胆怯来保持；富有四海，就用谦让来保持。这就是所谓的抑制而自我贬损的方法。”

孔子做鲁国的代理宰相，上朝七天就诛杀了少正卯。门人进来问孔子说：“少正卯是鲁国有名的人，您刚从政就诛杀了他，这没有过失吗？”孔子说：“坐下，我跟你说说这其中的原因。人有五个邪恶的方面，而盗窃都不算在其中：一是内心通达而奸险，二是行为邪僻而坚定，三是言辞虚伪而雄辩，四是善于记诵丑恶的东西而且广博，五是顺从不对的东西而且加以润泽。人只要具有这五个方面中的一个方面，就不能免于被君子诛杀，而少正卯却兼有这五个方面。因此，他居处之时足以聚集成群的徒众，他的言谈足以文饰奸邪而迷惑大众，他的刚强足以违背正道而坚定不移。这是小人中像桀那样的雄杰，不能不诛杀。因此，汤诛杀尹谐，文王诛杀潘止，周公诛杀管叔，太公诛杀华仕，管仲诛杀付里乙，子产诛杀邓析、史付。这七个人，虽然不是同一时代但他们的内心都是一样的，不能不诛杀他们。《诗经》中说：‘我内心忧愁，成群的小人让我发怒。’小人成群，这足以令人担忧啊。”

原　文

孔子为鲁司寇，有父子讼者，孔子拘之，三月不别[①]。其父请止，孔子舍之。季孙闻之，不说，曰：“是老也欺予。语予曰：‘为国家必以孝。’今杀一人以戮不孝！又舍之。”冉子以告。孔子慨然叹曰：“呜呼！上失之，下杀之，其可乎？不教其民而听其狱，杀不辜也。三军大败，不可斩也；狱犴[②]不治，不可刑也，罪不在民故也。嫚[③]令谨诛，贼也；今生也有时，敛也无时，暴也；不教而责成功，虐也。已此三者，然后刑可即也。《书》曰：‘义刑义杀，勿庸以即，予维曰：未有顺事。[④]’言先教也。故先王既陈之以道，上先服[⑤]之；若不可，尚贤以綦[⑥]之；若不可，废不能以单[⑦]之；綦三年而百姓从风矣。邪民不从，然后俟之以刑，则民知罪矣。《诗》曰：‘尹氏大师，维周之氐；秉国之均，四方是维；天子是庳，卑民不迷。[⑧]’是以威厉而不试[⑨]，刑错[⑩]而不用，此之谓也。今之世则不然：乱其教，繁其刑，其民迷惑而堕焉，则从而制之，是以刑弥繁，而邪不胜。三尺之岸[⑪]而虚车不能登也，百仞之山任负车登焉，何则？陵迟[⑫]故也。数仞之墙而民不逾也，百仞之山而竖子冯[⑬]而游焉，陵迟故也。今夫世之陵迟亦久矣，而能使民勿逾乎，《诗》曰：‘周道如砥，其直如矢。君子所履，小人所视。眷焉顾之，潸焉出涕。[⑭]’岂不哀哉！”

《诗》曰：“瞻彼日月，悠悠我思。道之云远，曷云能来。[⑮]”子曰：“伊稽首不其有来乎[⑯]？”

孔子观于东流之水。子贡问于孔子曰：“君子之所以见大水必观焉者，是何？”孔子曰：“夫水，遍与诸生而无为也，似德。其流也埤[⑰]下，裾拘必循其理[⑱]，似义。其洸洸乎不淈尽[⑲]，似道。若有决行之，其应佚若声响[⑳]，其赴百仞之谷不惧，似勇。主[㉑]量必平，似法。盈不求概[㉒]，似正。淖约微达[㉓]，似察。以出以入以就鲜洁，似善化。其万折[㉔]也必东，似志。是故见大水必观焉。”

注　释

①别：判决。

②犴（àn）：监狱。

③嫚（màn）：通“慢”，怠慢，废弛。

④义刑义杀……未有顺事：引自《尚书·康诰》，意思是：正当的刑罚、正当的诛杀，不要立即用刑，我们只能说：是我们没有把事情处理好。义：正当。庸：用。顺事：处理好事情。

⑤服：践行。

⑥綦：通“惎（jì）”，劝教。

⑦单：通“惮”，害怕，警惕。

⑧尹氏大师……卑民不迷：引自《诗经·小雅·节南山》，意思是：太师尹氏，是周朝的根基；掌握国家大权，维系四方的安定；他辅助天子，使百姓不会迷失。氐（dǐ）：根本。均：通“钧”，大权。庳（pí）：通“毗”，辅助。卑：通“俾（bǐ）”，使。

⑨试：用。

⑩错：设置。

⑪岸：陡坡。

⑫陵迟：坡度斜缓。

⑬冯（píng）：登。

⑭周道如砥……潸焉出涕：引自《诗经·小雅·大车》，意思是：周代的道就像磨刀石那样平坦，像箭那样直。那是君子所走的路，是百姓注视的方向。思念、回顾这些，不禁潸然泪下。砥：磨刀石。眷：怀念、思念。潸：流泪。

⑮瞻彼日月……曷云能来：引自《诗经·邶风·雄雉》，意思是：看着那太阳和月亮，引起我无限的思念。道路那么遥远，你怎么能到来？

⑯伊：语气助词。稽首：疑为“稽道”，指与民同道。

⑰埤（bēi）：通“卑”，低。

⑱裾：通“倨”，直。拘（gōu）：弯曲。

⑲洸（guāng）洸：水势大的样子。淈（gǔ）：竭尽。

⑳应：随即。佚：通“逸”，奔腾。声响：回声。

㉑主：通“注”，注水。

㉒概：测量谷物时刮平用的工具。

㉓淖约：即绰约，柔和。微达：微小的地方也能到达。

㉔折：曲折。

译文

孔子做鲁国的司寇，有一对父子来诉讼，孔子拘留了儿子，三个月也不决断。那位父亲请求停止诉讼，孔子赦免了儿子。季孙听说后非常不高兴，说：“这个老头欺骗我。他对我说：‘治理国家一定要用孝。’现在正好杀死一个人来惩罚不孝，他又给放了。”冉子将此事告诉了孔子。孔子感叹说：“唉！上面有过失，却惩罚下面的人，这对吗？不教化百姓而来审判他们，这是杀无辜的人。三军打了败仗，不能将士兵都斩首；监狱没有治理好，不能用来惩罚人。因为罪过不在百姓。法令废弛却严于诛杀，这是害人；生产有一定的季节，而聚敛是无限的，这是残暴；不教化而责令功劳，这是虐民。做好上面三件事，然后才能用刑罚。《尚书》中说：'正当的刑罚、正当的诛杀，不要立即用刑，我们只能说：是我们没有把事情处理好。'这是说要先教化百姓。因此先王既然已经设置了治国之道，君主应先践行；如果不行，就推举贤人来劝教；如果还不行，就罢黜无能的人而使百姓警惕；三年之后，百姓就会有向善的风俗了。奸邪的百姓不服从，然后再加以刑罚，那么百姓就会服罪。《诗经》中说：'太师尹氏，是周朝的根基；掌握国家大权，维系四方的安定；他辅助天子，使百姓不会迷失。'因此威势严厉而不用，刑罚陈设而不用，讲的就是这个。现在的世道则不是这样，教化混乱，刑罚繁多，百姓迷惑而堕落，然后用刑罚来约束他们，因此刑罚越来越多而奸邪不能减少。三尺高的斜坡空车都不能登上去，然而百仞高的大山满载的车却登了上去，这是为什么？因为坡度斜缓了。几仞高的墙百姓越不过去，然而百仞高的山小孩都能登上去游玩，这是坡度斜缓的缘故。现在世道倾斜已经很久了，百姓能不越规吗？《诗经》中说：'周代的大道就像磨刀石那样平坦，像箭那样直。那是君子所走的路，是百姓注视的方向。思念、回顾这些，不禁潸然泪下。'难道不悲伤吗？"

《诗经》中说："看着那太阳和月亮，引起来无限的思念。道路那么遥远，你怎么能到来？"孔子说："与民同道，难道还会没有到来的吗？"

孔子在观看向东流动的大河，子贡问孔子说："君子看到水一定会观看，这是为什么呢？"孔子说："水，普遍地滋养各种生命却不是有意而为，像德。水总是向低处流，无论是笔直还是弯曲都要遵循这一点，像义。滚滚流动而不竭，像道。如果有人挖开堤坝，它奔腾如回响，奔赴百仞深的山谷而毫无畏惧，像勇。注水测量一定很平，像法。满了不需用东西刮平，像公正。柔和并通达微小之处，像明察。把东西放到里面然后拿出来，就会变得新鲜、干净，像善于教化。它经历千万曲折仍然一定向东流，像坚定的意志。因此，君子看到水一定要观看。"

原　文

孔子曰："吾有耻也，吾有鄙也，吾有殆[1]也。幼不能强学，老无以教之，吾耻之。去其故乡，事君而达，卒遇故人，曾无旧言，吾鄙之。与小人处者，吾殆之也。"

孔子曰："如垤[2]而进，吾与之；如丘而止，吾已[3]矣。"今学曾未如肬赘[4]，则具然欲为人师。

孔子南适楚，厄[5]于陈、蔡之间，七日不火食，藜羹不糁[6]，弟子皆有饥色。子路进问之曰："由闻之：为善者天报之以福，为不善者天报之以祸，今夫子累德、积义、怀美，行之日久矣，奚居之隐⑦也？”孔子曰：“由不识，吾语女。女以知者为必用邪？王子比干不见剖心乎？女以忠者为必用邪？关龙逢⑧不见刑乎？女以谏者为必用邪？吴子胥不磔⑨姑苏东门外乎？夫遇不遇者，时也；贤不肖者，材也；君子博学深谋、不遇时者多矣！由是观之，不遇世者众矣，何独丘也哉！且夫芷兰生于深林，非以无人而不芳。君子之学，非为通也，为穷而不困，忧而意不衰也，知祸福终始而心不惑也。夫贤不肖者，材也；为不为者，人也；遇不遇者，时也；死生者，命也。今有其人，不遇其时，虽贤，其能行乎？苟遇其时，何难之有？故君子博学深谋，修身端行，以俟其时。”孔子曰：“由，居，吾语女。昔晋公子重耳霸心生于曹，越王勾践霸心生于会稽，齐桓公小白霸心生于莒。故居不隐者思不远，身不佚者志不广；女庸安知吾不得之桑落⑩之下？”

子贡观于鲁庙之北堂，出而问于孔子曰：“乡⑪者赐观于太庙之北堂，吾亦未辍⑫，还复瞻被九盖皆继⑬，被有说邪？匠过绝⑭邪？”孔子曰：“太庙之堂亦尝有说，官致⑮良工，因丽节文⑯，非无良材也，盖曰贵文也。”

注释

①殆（dài）：危险。

②垤（dié）：小土堆。

③已：止，这里指不赞同。

④肬赘（yóu zhuì）：肉瘤。

⑤厄：受困。

⑥藜（lí）羹不糁（sǎn）：野菜汤没有米来调和。

⑦隐：隐蔽，这里指穷困。

⑧关龙逢：夏朝末期人，因劝谏夏桀而被杀。

⑨磔（zhé）：车裂之刑。

⑩桑落：桑叶枯落，常用来指人的去世。

⑪乡：通“向”，过去，这里指刚才。

⑫辍：停止。

⑬被：疑为“彼”。九：疑为“北”。盖：通“阖”，门扇。继：连接。

⑭绝：断。

⑮致：致意，授意。

⑯丽：木材。节文：装饰。

译 文

孔子说："我有感到羞耻的时候，有感到可鄙的时候，有感到危险的时候。年幼时不能好好学习，老了不能教导别人，我对此感到羞耻。离开故乡，事奉君主而通达，忽然遇到故交，而不能谈些过去的事，我对此感到可鄙。和小人相处，我感到危险。"

孔子说："成就像小土堆一样但求上进，我赞同他；成就像山丘一样而停止进取，我不赞同他。"现在有些人，学问还不如肉瘤大，却感到很完备而想要做别人的老师了。

孔子向南到楚国去，受困于陈、蔡两国之间，七天没有生火做饭，野菜汤里没有米，弟子们都面有饥色。子路上前，问孔子说："我听说：做善事的人上天用幸福来回报他，做不善之事的人上天用灾祸来报应他。现在您积累德行、奉行道义、心怀善良，并践行了这么长时间，怎么还会受困呢？"孔子说："你不知道，我跟你说说。你认为有智慧的人一定会被任用吗？王子比干不是被剜心了吗？你以为忠心的人一定会被任用吗？关龙逢不是被杀死了吗？你认为进谏的人一定会被任用吗？伍子胥不是在姑苏城外被车裂了吗？遇不遇到好运气，要看时机；贤能和不肖，在于个人的材质。君子学问广博、谋略深刻而遇不到好时机的人很多。由此看来，遇不到好世道的太多了，不只我一个啊。况且芷兰生在深山之中，并不会因为没有人来闻就不散发香气。君子的学问，不是为了通达，而是为了面对穷困而不消沉，有了忧患而意志不低落，知道福祸、终始的道理而内心不疑惑。贤能与不肖，在于材质；做与不做，在于个人；遇到、遇不到好君主，在于运气；死与活，这是命。现在有人遇不到好时机，即使很贤能，能够行其道吗？如果遇到了机会，又有什么难的呢？因此君子广博地学习、深刻地思考、修养自身、端正行为以等待时机。"孔子说："仲由，坐下来，我跟你说。过去晋国公子重耳的称霸之心产生于逃亡曹国时，越王勾践的称霸之心产生于困顿会稽时，齐桓公小白的称霸之心产生于逃亡莒国时。因此居住得不隐蔽，思考得就不深远；身体不安逸，志向就不广大。你怎么能知道我的理想不会实现？"

子贡观看鲁国太庙的北堂，出来问孔子说："刚才我观看太庙的北堂，我没有停止脚步，可转回来看到北堂的门扇都是拼接起来的，这有什么说法吗，还是工匠不小心砍断了呢？"孔子说："太庙的北堂是有些讲究的。官员招致工匠，要根据木材来加工、装饰，并不是没有好的木材，大概是注重纹彩吧。"

子道篇第二十九

原 文

入孝出弟，人之小行[①]也；上顺下笃，人之中行也；从道不从君，从义不从父，人之大行也。若夫志以礼安，言以类使，则儒道毕矣，虽舜不能加毫末于是矣。孝子所以不从命有三：从命则亲危，不从命则亲安，孝子不从命乃衷[②]；从命则亲辱，不从命则亲荣，孝子不从命乃义；从命则禽兽，不从命则修饰，孝子不从命乃敬。故可以从而不从，是不子也；未可以从而从，是不衷也；明于从不从之义，而能致恭敬、忠信、端悫，以慎行之，则可谓大孝矣。传曰："从道不从君，从义不从父。"此之谓也。故劳苦、雕萃[③]而能无失其敬，灾祸、患难而能无失其义，则不幸不顺见恶而能无失其爱，非仁人莫能行。《诗》曰："孝子不匮。[④]"此之谓也。

鲁哀公问于孔子曰："子从父命，孝乎？臣从君命，贞[⑤]乎？"三问，孔子不对。孔子趋出，以语子贡曰："乡者，君问丘也，曰：'子从父命，孝乎？臣从君命，贞乎？'三问而丘不对，赐以为何如？"子贡曰："子从父命，孝矣。臣从君命，贞矣，夫子有[⑥]奚对焉？"孔子曰："小人哉！赐不识也！昔万乘之国，有争[⑦]臣四人，则封疆不削；千乘之国，有争臣三人，则社稷不危；百乘之家，有争臣二人，则宗庙不毁。父有争子，不行无礼；士有争友，不为不义。故子从父，奚子孝？臣从君，奚臣贞？审其所以从之之谓孝、之谓贞也。"

注 释

①小行：与下文的"中行"、"大行"分别指做人的基本德行、一般德行和最高德行。

②衷：忠心。

③雕萃：即"凋悴"，憔悴。

④孝子不匮：引自《诗经·大雅·既醉》，意思是：孝子的孝敬是没有穷尽的。

⑤贞：忠贞，忠诚。

⑥有：通“又”。

⑦争：通“诤”，诤谏。

译文

在家孝顺父母，在外尊敬兄长，这是人的基本德行；对上顺从，对下诚恳，这是人的一般德行；顺从道而不顺从君主，顺从义而不顺从父亲，这是人的最高德行。若能使志向安于礼，言谈合乎法度，那么儒家之道也就完备了，即使是舜也不能再增加一点点了。孝子不遵从父母的命令有三种情形：遵从命令父母就会危险，不遵从命令父母就会安全，这时孝子不遵从命令才是忠心；遵从命令父母就会受侮辱，不遵从命令父母就光荣，这时孝子不遵从命令才是义；遵从命令就像禽兽一样，不遵从命令就会合乎礼义，这时孝子不遵从命令才是尊敬。因此可以遵从而不遵从，这是不孝子；不可以遵从而遵从，这是不忠心。明白遵从和不遵从的道理，而能致力于恭敬、忠信、端庄诚朴，并谨慎地践行，这就称得上是大孝了。古书上说：“遵从道而不遵从君主，遵从义而不遵从父亲。”讲的就是这个道理。因此，在劳苦、憔悴时不失却对父母的尊敬，在灾祸、忧患面前不失却对父母的道义，那么即使不幸因不顺从父母而被讨厌也能够不失却对父母的爱，除了仁义之人是不能做到的。《诗经》中说：“孝子的孝敬是没有穷尽的。”说的就是这个道理。

鲁哀公问孔子说：“儿子遵从父亲的命令，这是孝顺吗？臣子遵从君主的命令，这是忠贞吗？”问了三次，孔子不回答。孔子急步走出，对子贡说：“刚才，国君问我：‘儿子遵从父亲的命令，这是孝顺吗？臣子遵从君主的命令，这是忠贞吗？’问了我三次我都没有回答，你觉得怎么样？”子贡说：“儿子遵从父亲的命令，这是孝顺；臣子遵从君主的命令，这是忠贞。您又哪里需要回答呢？”孔子说：“小人啊！赐，你不懂啊。过去，拥有一万辆战车的国家有四个诤谏之臣，那么国土就不会被削减；拥有一千辆战车的国家有三个诤谏之臣，那么社稷就不会危险；拥有一百辆战车的国家有两个诤谏之臣，那么宗庙就不会被毁坏。父亲有诤谏的儿子，就不会行无礼之事；士有诤谏的朋友，就不会做不义之事。因此，儿子遵从父亲，儿子哪里就孝顺了？臣子遵从君主，臣子哪里就忠贞了？审查之所以要遵从的原因才叫孝顺，才叫忠贞啊。”

原文

子路问于孔子曰：“有人于此，夙兴夜寐，耕耘树艺①，手足胼胝②，以养其亲，然而无孝之名，何也？”孔子曰：“意者身不敬与？辞不逊与？色不顺与？古之人有言曰：‘衣与缪与③，不女聊[4]。’今夙兴夜寐，耕耘树艺，手足胼胝，以养其亲，无此三者，则何为而无孝之名也？意者所友非人邪？”孔子曰：“由，志[5]之，吾语女。虽有国士[6]之力，不能自举其身。非无力也，势不可也。故入而行不修，身之罪也；出而名不章[7]，友之过也。故君子入则笃行，出则友贤，何为而无孝之名也！”

子路问于孔子曰：“鲁大夫练而床[8]，礼邪？”孔子曰：“吾不知也。”子路出，谓子贡曰：“吾以为夫子无所不知，夫子徒有所不知。”子贡曰：“女何问哉？”子路曰：“由问：‘鲁大夫练而床，礼邪？’夫子曰：‘吾不知也。’”子贡曰：“吾将为女问之。”子贡问曰：“练而床，礼邪？”孔子曰；“非礼也。”子贡出，谓子路曰：“女谓夫子为有所不知乎？夫子徒无所不知。女问非也。礼，居是邑不非其大夫。”

注　释

①树：栽植。艺：播种。

②胼胝（zhī）：手掌、脚底因长期劳动而生的茧子。

③衣与缪与：供给衣食。缪：通“穋（lù）”，先种先熟的谷物，这里引申为供给食物。

④女：通“汝”，你。聊：依赖。

⑤志：记。

⑥国士：国中的大力士。

⑦章：通“彰”，彰显。

⑧练而床：为父母进行一周年祭祀期间穿戴白绢在床上睡觉。练：白色的熟绢，古代父母死后进行一周年祭祀时所穿。根据当时礼制，为父母进行一周年祭祀期间睡床是不合礼的。

译　文

子路问孔子说：“这里有一个人，早起晚睡，耕耘种植，手脚上长满茧子，这样来奉养他的双亲，却没有孝顺的名声，为什么呢？”孔子说：“可能是行为不恭敬吧？或者是言辞不谦逊吧？或者是脸色不恭顺吧？古代的人曾说过：‘供给衣食而不恭敬，我不依赖你。’现在早起晚睡，耕耘种植，手脚上长满茧子，这样来奉养他的双亲，没有上述三种行为，怎么会没有孝顺的名声呢？”孔子说：“由，你记住：即使有国中大力士的力气，也不能将自己的身体举起来，这不是没有力气，是形势不对。因此，在家中不端正自己的行为，这是自身的过失啊；出门而名声不得彰显，这是交朋友的过失啊。因此，君子在家中就会淳朴地做事，出门就交贤能的朋友，怎么会没有孝的名声呢？”

子路问孔子说：“鲁国有个大夫在为父母祭祀的时候身戴白绢睡床，合礼吗？”孔子说：“我不知道。”子路出来，对子贡说：“我认为夫子无所不知，原来夫子也有不知道的。”子贡说：“你问什么啦？”子路说：“我问‘鲁国有个大夫在为父母祭祀的时候身戴白绢睡床，合礼吗？’夫子说：‘我不知道。’”子贡说：“我去替你问一问。”子贡问道：“在为父母祭祀的时候身戴白绢睡床，合礼吗？”孔子说：“不合礼。”子贡出来，对子路说：“你说夫子有不知道的东西吗？夫子的确无所不知。是你问得不对。根据礼，居住在这个城邑就不非议这里的大夫。”

原 文

子路盛服而见孔子，孔子曰：“由，是裾裾[①]何也？昔者江出于岷山，其始出也，其源可以滥觞[②]，及其至江之津[③]也，不放舟[④]，不避风，则不可涉也。非维下流水多邪？今女衣服既盛，颜色充盈，天下且孰肯谏女矣？”子路趋而出，改服而入，盖犹若[⑤]也。孔子曰：“由志之！吾语汝：奋于言者华[⑥]，奋于行者伐[⑦]，色知[⑧]而有能者，小人也。故君子知之曰知之，不知曰不知，言之要也；能之曰能之，不能曰不能，行之至也。言要则知[⑨]，行至则仁；既知且仁，夫恶有不足矣哉！”

子路入，子曰：“由！知者若何？仁者若何？”子路对曰：“知者使人知己，仁者使人爱己。”子曰：“可谓士矣。”子贡入，子曰：“赐！知者若何？仁者若何？”子贡对曰：“知者知人，仁者爱人。”子曰：“可谓士君子矣。”颜渊入，子曰：“回！知者若何？仁者若何？”颜渊对曰：“知者自知，仁者自爱。”子曰：“可谓明君子矣。”

子路问于孔子曰：“君子亦有忧乎？”孔子曰：“君子其未得也，则乐其意[⑩]，既已得之，又乐其治。是以有终身之乐，无一日之忧。小人者，其未得也，则忧不得；既已得之，又恐失之。是以有终身之忧，无一日之乐也。”

注 释

①裾（jū）裾：身着盛服。

②滥觞：浮起酒杯。

③津：渡口。

④放舟：两船并在一起。

⑤犹若：舒缓温和。

⑥奋：骄傲。华：浮华。

⑦伐：自夸。

⑧色知：知识显露在脸上。

⑨知：通“智”。

⑩意：心意，这里指内心修养。

译文

子路穿着华美的衣服去见孔子。孔子说：“由，为何穿得这么华丽？古时候，长江从岷山流出，刚流出的时候，它的源头只能浮起酒杯，等到了长江的渡口，如果不把船并在一起，不躲避大风，就不能渡过。不就是因为下流水量大吗？现在你穿得这么华美，脸色又很得意，天下间有谁会来规劝你呢？”子路急步走出，换了衣服进来，显得舒缓温和的样子。孔子说：“记住，我跟你说，骄傲于言语的人会浮夸，骄傲于行为的人会自夸，聪明显露在脸上、自以为有才能的人，是小人。因此，君子知道就说知道，不知道就说不知道，这是说话的关键。能做就说能做，不能做就说不能做，这是行为的最高准则。说话能把握关键就是智慧，行为合乎标准就是仁义，既智慧又仁义，哪里还有不足呢？”

子路进来，孔子说：“由，有智慧的人什么样？仁义的人什么样？”子路回答说：“有智慧的人让人们了解自己，仁义的人让人们爱护自己。”孔子说：“可以称得上是士了。”子贡进来，孔子说：“赐，有智慧的人什么样？仁义的人什么样？”子贡回答说：“有智慧的人了解他人，仁义的人爱护他人。”孔子说：“可以称得上是士君子了。”颜渊进来，孔子说：“回，有智慧的人什么样？仁义的人什么样？”颜渊回答说：“有智慧的人了解自己，仁义的人爱护自己。”孔子说：“可以称得上是贤明的君子了。”

子路问孔子说：“君子也有忧愁吗？”孔子说：“君子，他没得志的时候，就以内在的修养为乐；得志的时候，又以自己的事业为乐。因此君子有终身的快乐，而没有一天忧愁。小人，不得志时，就担忧得不到；得志的时候，又害怕失去。因此有终身的忧愁，而没有一天的快乐。”

法行篇第三十

原　文

公输[①]不能加于绳墨，圣人不能加于礼。礼者，众人法而不知，圣人法而知之。

曾子曰："无内人之疏而外人之亲，无身不善而怨人，无刑已至而呼天。内人之疏而外人之亲，不亦反乎！身不善而怨人，不亦远[②]乎！刑已至而呼天，不亦晚乎！《诗》曰：'涓涓源水，不雍不塞。毂已破碎，乃大其辐。事已败矣，乃重大息。[③]'其云益乎！"

曾子病，曾元[④]持足，曾子曰："元志之！吾语汝。夫鱼鳖鼋鼍犹以渊为浅而堀[⑤]其中，鹰鸢犹以山为卑而增巢其上，及其得也必以饵。故君子苟能无以利害义，则耻辱亦无由至矣。"

子贡问于孔子曰："君子之所以贵玉而贱珉[⑥]者，何也？为夫玉之少而珉之多邪？"孔子曰："恶！赐，是何言也！夫君子岂多而贱之，少而贵之哉！夫玉者，君子比德焉。温润而泽，仁也；栗而理[⑦]，知也；坚刚而不屈，义也；廉而不刿[⑧]，行也；折而不桡[⑨]，勇也；瑕适[⑩]并见，情也；扣之，其声清扬而远闻，其止辍然[⑪]，辞也。故虽有珉之雕雕[⑫]，不若玉之章章。《诗》曰：'言念君子，温其如玉。[⑬]'此之谓也。"

注　释

①公输：即公输般，春秋时期鲁国人，也称鲁班。

②远：远离常理。

③涓涓源水……乃重大息：当为佚诗，意思是：细小的泉流，不堵塞就不断绝。车毂已经破碎，才想到要增大辐条。事情已经失败了，才反复地叹息。涓涓：形容水流很小。毂（gǔ）：车轮的中心插轴的部位。辐：连接车轮外圈与毂的直木。

④曾元：曾子的儿子。

⑤堀（kū）：挖洞。

⑥珉（mín）：一种像玉的石头。

⑦栗：坚实。理：条纹。

⑧廉：棱角。刿：割伤。

⑨桡（náo）：弯曲，引申为屈服。

⑩适：美好。

⑪辍然：突然停止。

⑫雕雕：雕刻的花纹，引申为文采显著的样子。下文“章章”亦同。

⑬言念君子，温其如玉：引自《诗经·秦风·小戎》，意思是：人们常谈说的君子，他们的性情温和如玉。

译文

公输般判断木头曲直的能力不能超越绳墨，圣人的言行不能超越礼。礼，百姓效法它却不理解它，圣人效法它并且能理解它。

曾子说：“不要疏远亲人而亲近外人，不要自身不好而怨恨他人，不要等刑罚到来了再呼叫上天。疏远亲人而亲近外人，不是违背常理吗？自身不好而怨恨他人，不是远离常理吗？刑罚到来了才去呼喊上天，不是太晚了吗？《诗经》中说：‘细小的泉流，不堵塞就不断绝。车毂已经破碎，才想到要增大辐条。事情已经失败了，才反复地叹息。’这样做有什么用呢？”

曾子生病，曾元抱着他的脚。曾子说：“元，你要记住！我告诉你。鱼、鳖、鼋、鼍都认为深渊很浅而要在其中打洞，鹰鸢认为山很矮小而要在山上面筑巢，要想抓获它们一定要用诱饵。因此，君子若能不用利来损害义，那么耻辱就没有理由到来。”

子贡问孔子说：“君子之所以尊贵玉而轻贱珉的原因是什么？是因为玉很少而珉太多吗？”孔子说：“哎呀！赐，说的是什么话！君子怎么会因为多就轻贱它，因为少就尊贵它呢？玉，君子用它来比拟德行。温润而有光泽，象征仁；坚实而有纹理，象征智；坚硬而不弯曲，象征义；有棱角而不伤人，象征行为；可被折断而不弯曲，象征勇；瑕疵和美好一起显现，象征情感；轻轻敲打，它的声音清脆、悠扬，传得很远，突然就停止，象征言辞。因此，即使有雕刻着花纹的珉，不如有发着光泽的玉。《诗经》中说：‘人们常谈说的君子，他们的性情温和如玉。’讲的就是这个道理。”

原文

曾子曰：“同游而不见爱者，吾必不仁也；交而不见敬者，吾必不长①也；临财而不见信者，吾必不信也。三者在身，曷怨人？怨人者穷②，怨天者无识。失之己而反诸人，岂不亦迂哉！”

南郭惠子问于子贡曰：“夫子之门何其杂也？”子贡曰：“君子

正身以俟[3]，欲来者不距，欲去者不止。且夫良医之门多病人，檃栝之侧多枉[4]木，是以杂也。”

孔子曰：“君子有三恕[5]：有君不能事，有臣而求其使，非恕也；有亲不能报，有子而求其孝，非恕也；有兄不能敬，有弟而求其听令，非恕也。士明于此三恕，则可以端身矣。”

孔子曰：“君子有三思，而不可不思也：少而不学，长无能也；老而不教，死无思也；有而不施，穷无与也。是故君子少思长，则学；老思死，则教；有思穷，则施也。”

注释

①长：尊敬。

②穷：不得志，困窘。

③俟：对待。

④枉：弯曲。

⑤恕：推己及人。

译文

曾子说：“一起交游而不被喜爱，一定是我不够仁义；与人交往而不被尊敬，一定是我不尊敬别人；涉及到财物而不被信任，一定是我不值得信任。这三个方面的毛病都在自身，怎么能埋怨别人？埋怨别人的人一定会困窘，埋怨上天的人无知。自己有过失而反过来怨别人，这不是很愚蠢吗？”

南郭惠子问子贡说：“孔夫子家中来往的人怎么那么混杂？”子贡说：“君子端正自身来对待他人，想要来的人不拒绝他，想要走的人不去阻止。况且好的医生家中病人多，矫木工具的旁边弯曲的木头多，所以孔子家中来往的人比较混杂。”

孔子说：“君子有三个方面要推己及人：有君主而不能事奉，却要求臣下被役使，这不是推己及人。有父母而不能报恩，却要求儿子孝顺自己，这不是推己及人。有兄长而不能尊敬，却要求弟弟听从自己的命令，这不是推己及人。士人明白这三个方面的推己及人，就可以端正自身了。”

孔子说：“君子有三件需要思考的事，是不能不去思考的：年少的时候不学习，长大了就没有才能；年老了不去教导别人，死了就不会被思念；富有而不去施舍，穷困了就没人馈赠给他。因此，君子年少时思考长大，就会学习；老年时思考死亡，就会教导他人；富有的时候思考贫穷，就会施舍。”

哀公篇第三十一

原 文

鲁哀公问于孔子曰："吾欲论吾国之士，与之治国，敢问何如取之邪？"孔子对曰："生今之世，志古之道，居今之俗，服古之服；舍[1]此而为非者，不亦鲜乎！"哀公曰："然则夫章甫絇屦[2]，绅而搢笏者[3]，此贤乎？"孔子对曰："不必然，夫端衣玄裳[4]，絻而乘路者[5]，志不在于食荤；斩衰菅屦[6]，杖而啜粥者，志不在于酒肉。生今之世，志古之道；居今之俗，服古之服；舍此而为非者，虽有，不亦鲜乎！"哀公曰："善！"

孔子曰："人有五仪[7]：有庸人，有士，有君子，有贤人，有大圣。"哀公曰："敢问何如斯可谓庸人矣？"孔子对曰："所谓庸人者，口不能道善言，心不知邑邑[8]；不知选贤人善士托其身焉以为[9]己忧；动行不知所务，止立不知所定；日选择于物，不知所贵；从物如流，不知所归；五凿[10]为正，心从而坏。如此，则可谓庸人矣。"哀公曰："善！敢问何如斯可谓士矣？"孔子对曰："所谓士者，虽不能尽道术，必有率[11]也；虽不能遍美善，必有处也。是故知不务多，务审其所知；言不务多，务审其所谓；行不务多，务审其所由。故知既已知之矣，言既已谓之矣，行既已由之矣，则若性命肌肤之不可易也。故富贵不足以益也，卑贱不足以损也，如此则可谓士矣。"哀公曰："善！敢问何如斯可谓之君子矣？"孔子对曰："所谓君子者，言忠信而心不德[12]，仁义在身而色不伐，思虑明通而辞不争，故犹然[13]如将可及者，君子也。"哀公曰："善！敢问何如斯可谓贤人矣？"孔子对曰："所谓贤人者，行中规绳而不伤于本，言足法于天下而不伤于身，富有天下而无怨[14]财，布施天下而不病贫：如此则可谓贤人矣。"哀公曰："善！敢问何如斯可谓大圣矣？"孔子对曰："所谓大圣者，知通乎大道，应变而不穷，辨乎万物之情性者也。大道者，所以变化遂成万物也；情性者，所以理然不取舍也。是故其事大辨[15]乎天地，明察乎日月，总要万物于风雨，缪缪肫肫[16]，其事不可循，若天之嗣，其事不可识，百姓浅然不识其邻。若此则可谓大圣矣。”哀公曰：“善！”

注释

①舍：居，处。

②章甫：商代的一种帽子。絇（qú）屦：古代的一种鞋头有装饰的鞋子。

③绅：士大夫束腰的大带。搢（jìn）：插。

④端衣、玄裳：用于丧祭场合的礼服。

⑤絻（wèn）：古代丧服的一种。路：大车。

⑥斩衰：古代粗麻布做的丧服。菅屦（jù）：草鞋。

⑦仪：等级。

⑧邑邑：忧郁。

⑨为：这里指解除，减轻。

⑩五凿：五官。

⑪率：遵从，遵循。

⑫心不德：内心不自以为有德行。

⑬犹然：缓慢、从容的样子。

⑭怨：通“蕴”，积累。

⑮辨：通“遍”，遍及。

⑯缪缪：通“穆穆”，和美。肫（chún）肫：通“纯纯”，精细，精纯。

译文

鲁哀公问孔子：“我想要讨论一下我国的士人，同他们一起治理国家，敢问应该怎样选取呢？”孔子回答说：“生在当今的时代，牢记古代的道术，处在当今的风俗中，身穿古代的衣服，能够做到这样而去做不正当的事的，不是很少吗？”哀公说：“难道戴着商代的帽子，穿着古代的鞋，系着宽大的腰带并插着笏板的，就都是贤人吗？”孔子回答说：“不一定。穿着祭祀用的端衣、玄裳，穿着絻服而乘坐大车的人，他们的心里不想吃荤；穿着斩衰、草鞋，拄杖、喝粥的人，他们的心里不想吃酒肉。生在当今的时代，牢记古代的道术，处在当今的风俗中，身穿古代的衣服，能够做到这样而去做不正当的事的，即使有，不是也很少吗？”哀公说：“说得好。”

孔子说：“人有五个等级：有庸俗之人，有士，有君子，有贤人，有伟大的圣人。”哀公说：“敢问什么样的人叫作庸俗之人？”孔子回答说：“所谓庸俗之人，嘴里不能说出善良的话，内心不知道忧愁；不知道选择贤人善士来解除自己的忧愁；行动起来不知道要干什么，站着不知道站哪里比较好；每天在选择事情做，却不知道做什么有价值；跟从外物流转，不知道哪里是归宿；为五官之欲所主宰，思想也跟着变坏。这样的人，就可以叫作庸俗的人了。”哀公说：“说得好，敢问什么叫作士呢？”孔子回答说：“所谓士，即使不能竭尽道术，也一定有所遵循；即使不能做尽各种美好和善良的事，也一定有所操守。因此知识不求太多，而努力地审察自己的知识；说话不求太多，而努力地审察自己说的是否正当；行为不求太多，而努力地审察所依从的道理。因此知识经过审察合乎正理，言辞经过审察十分正当，行为经过审察合乎正道，那么就会像生命和肌肤一样不能改变。因此富贵不能使之增加，卑贱也不能使之贬损，这样就可以称为士了。”哀公说：“说得好。敢问怎么才能称为君子？”孔子回答说：“所谓君子，他们说话合乎忠信而内心不自以为有德行，实践仁义而没有自夸的脸色，思虑通达清晰而说话不争词夺理。因此舒缓的样子，好像任何人都能赶上他们，这就是君子。”哀公说：“讲得好。敢问怎么样才可以成为贤人？”孔子回答说：“所谓贤人，行为合乎规矩而不会损伤性情，言语足以被天下效法而不伤害自身。富裕得拥有天下而自己不积累财物，向天下人布施而不担心贫困。这样，就称得上是贤人了。”哀公说：“讲得好。敢问怎么才称得上是伟大的圣人？”孔子回答说：“所谓伟大的圣人，他们的智慧与道相通，应对变化而不会受困，能够分辨各种事物的本性。与大道相同，就能变化、成就万物；了解事物的本性，可以决断是否取舍。因此圣人的事业遍及天地，能够像日月那样明察，能够像风雨那样掌控万物。和美精纯，他们的事业不能模仿，好像继承上天的命令；他们的事业难以被认识，百姓肤浅得连与它相近的事情也不知道。像这样，就能称作伟大的圣人了。”哀公说：“讲得好。”

原　文

鲁哀公问舜冠于孔子，孔子不对。三问，不对。哀公曰：“寡人问舜冠于子，何以不言也？”孔子对曰：“古之王者，有务而拘领者矣[①]，其政好生而恶杀焉。是以凤在列树，麟在郊野，乌鹊之巢可俯而窥也。君不此问，而问舜冠，所以不对也。”

鲁哀公问于孔子曰：“寡人生于深宫之中，长于妇人之手，寡人未尝知哀也，未尝知忧也，未尝知劳也，未尝知惧也，未尝知危也。”孔子曰：“君之所问，圣君之问也，丘，小人也，何足以知之？”曰：“非吾子无所闻之也。”孔子曰：“君入庙门而右，登自胙阶[②]，仰视榱栋[③]，俯见几筵，其器存，其人亡，君以此思哀，则哀将焉而不至矣？君昧爽而栉冠[4]，平明而听朝，一物不应，乱之端也，君以此思忧，则忧将焉而不至矣？君平明而听朝，日昃[5]而退，诸侯之子孙必有在君之末庭者，君以思劳，则劳将焉而不至矣？君出鲁之四门，以望鲁四郊，亡国之虚则必有数盖焉[6]，君以此思惧，则惧将焉而不至矣？且丘闻之，君者，舟也；庶人者，水也。水则载舟，水则覆舟，君以此思危，则危将焉而不至矣？”

鲁哀公问于孔子曰：“绅、委[7]、章甫有益于仁乎？”孔子蹴然[8]曰：“君号然也[9]？资衰、苴杖者不听乐[10]，非耳不能闻也，服使然也。黼衣[11]、黻裳者不茹荤，非口不能味也，服使然也。且丘闻之，好肆不守折[12]，长者[13]不为市。窃其有益与其无益，君其知之矣。”

注　释

①务：通“鍪”，形似头盔的帽子。拘（gōu）领：曲领，古人帽子下垂，用以绕颈。

②胙（zuò）阶：堂下东面的台阶，是主人所走的。

③榱（cuī）栋：指房顶。

④昧爽：黎明。栉（zhì）冠：梳头，戴冠。

⑤日昃（zè）：指傍晚。

⑥虚：通“墟”，废墟。盖：房屋，这里指废墟。

⑦委：周代的一种黑色礼帽。

⑧蹴（cù）然：变色的样子。

⑨君号然也：君主您怎么这么问呢？号：当为“胡”字。

⑩资衰：丧服中的一种。苴杖：古代居父丧时孝子所用的竹杖。

⑪黼衣：与下文的“黻裳”均为祭祀所穿的衣服。

⑫好肆：善于经商。折：亏本。

⑬长者：有德行的人。

译　文

鲁哀公向孔子询问舜的帽子，孔子不回答。问了三次，孔子不回答。哀公说：“我向你询问舜的帽子的情况，你为什么不回答？”孔子回答说：“古代的帝王，有戴着头盔那样的帽子并围着围脖的，他们的政治是好行恩惠而讨厌杀戮。因此凤凰落在树林里，城郊有麒麟出现，乌鸦、喜鹊的巢低得可以俯身去看。君主您不问这些，而去问舜的帽子，因此我不回答。”

鲁哀公问孔子说："我生在深宫之中，在妇人的关照下长大，我不知道什么是哀伤，不知道什么是忧愁，不知道什么是辛劳，不知道什么是恐惧，不知道什么是危险。"孔子说："君主您的问题，是圣明的君主的问题。我是一个贱民，我哪里能知道呢？"哀公说："除了你，我就无人可问了。"孔子说："君主进了庙门而往右走，从东边的台阶登堂，抬头看见屋顶，低头看见几案、坐垫，这些器具都保存着，而使用它们的人已经死去了，君主您通过这个来思考哀伤，哀伤的感觉怎么会不到来呢？君主您黎明起床梳洗，戴帽子，天亮了就要上朝听政，一件事不正当，就是混乱的开始，君主能通过这个来思考忧愁，忧愁的感觉怎么会不到来呢？君主您白天在决断政事，傍晚才休息，诸侯的子孙一定有在朝中担任低微的职位的，君主您通过这个来思考辛劳，辛劳的感觉怎么会不到来呢？君主您走出鲁国的四面城门来看看鲁国的四郊，灭亡的国家的废墟一定有不少，君主您通过这个来思考恐惧，那么恐惧的感觉怎么会不到来呢？况且我听说，君主就是船，百姓就是水。水能承载船，也能颠覆船。君主您通过这个来思考危险，那么危险的感觉怎么会不到来呢？"

鲁哀公问孔子说："穿戴宽大的腰带、周代的帽子、商代的帽子有益于仁义吗？"孔子恭敬地说："君主您怎么会这么问呢？穿丧服、拄竹杖的人不听音乐，不是耳朵不能听，是身穿丧服的缘故。穿着黼衣、黻裳的人不吃荤，不是口不能品尝美味，是身穿丧服的缘故。并且我听说，善于经商的人不会令自己亏本，德行美好的人不会去做买卖。考察这两者有好处还是没好处，您就明白了。"

原　文

鲁哀公问于孔子曰："请问取人？"孔子对曰："无取健[①]，无取诎[②]，无取口哼[③]。健，贪也；诎，乱也；口哼，诞也。故弓调而后求劲焉，马服而后求良焉，士信悫而后求知能焉。士不信悫而有多知能，譬之其豺狼也，不可以身尔[④]也。语曰：'桓公用其贼，文公用其盗。'故明主任计不信[⑤]怒，暗主信怒不任计。计胜怒则强，怒胜计则亡。"

定公问于颜渊曰："子亦闻东野毕之善驭乎？"颜渊对曰："善则善矣，虽然，其马将失。"定公不悦，入谓左右曰："君子固谗人乎！"三日而校[⑥]来谒，曰："东野毕之马失。两骖列[⑦]，两服入厩。"定公越席而起曰："趋驾召颜渊！"颜渊至，定公曰："前日寡人问吾子，吾子曰：'东野毕之驭，善则善矣，虽然，其马将失。'不识吾子何以知之？"颜渊对曰："臣以政知之。昔舜巧于使民，而造父巧于使马；舜不穷其民，造父不穷其马；是以舜无失民，造父无失马。今东野毕之驭，上车执辔[8]，衔[9]体正矣；步骤驰骋，朝[10]礼毕矣；历险致远，马力尽矣；然犹求马不已，是以知之也。”定公曰：“善，可得少进乎？”颜渊对曰：“臣闻之，鸟穷则啄，兽穷则攫[11]，人穷则诈。自古及今，未有穷其下而能无危者也。”

注释

①健：争强好胜的人。

②讲（gàn）：钳制他人的人。

③哼（zhūn）：通“谆”，多言。

④尔（ěr）：通“迩”，近。

⑤信：通“伸”，这里指显露、表露。

⑥校：负责养马的官。

⑦骖（cān）：车两旁的马。列：通“裂”，指缰绳断裂。服：指中间驾辕的马。厩：马圈。

⑧辔：缰绳。

⑨衔：嚼子。

⑩朝：通“调”，调教，训练。

⑪攫：抓取。

译文

鲁哀公问孔子说：“请问怎样选用人？”孔子回答说：“不要任用争强好胜的人，不要任用钳制他人的人，不要任用多言的人。争强好胜的人，贪婪；钳制别人的人，会导致混乱；多言的人，会说荒诞的话。因此，弓箭调整后再求它的强劲，马驯服后再求它跑得快，士人忠诚然后再求他们的知识和能力。士人不忠诚而有广博的知识和能力，这就好比是豺狼，人不能靠近他们。俗话说：‘齐桓公能任用奸贼，晋文公能任用大盗。’因此明智的君主使用计策而不表露怒气，昏庸的君主表露怒气而不能使用计策。计策胜过怒气就能强大，怒气胜过计策就会灭亡。”

鲁定公问颜渊说：“东野毕擅长驾驭马车吗？”颜渊回答说：“擅长是擅长，虽然如此，但他的马将会走失。”定公非常不高兴，回去对身边的人说：“君子也诽谤人吗？”三天后有养马的官吏来报告说：“东野毕的马走失了，车两边的缰绳断了，马走失了，中间驾辕的马跑回了马厩。”定公跨过席子站起来说：“赶紧驾车召见颜渊！”颜渊到了，定公说：“前几天我问你，你说：‘东野毕擅长驾车，擅长是擅长，虽然如此，但他的马将会走失。’不知道你是怎么知道的？”颜渊回答说："我是通过政治的道理知道的。古时候舜擅长役使百姓，造父擅长役使马。舜不竭尽百姓的力气，造父不竭尽马的力气，因此舜没有流失百姓，造父没有走失马匹。现在东野毕的驾车，上车后拿起缰绳，嚼子和马的身体都很端正，慢走、快走、奔跑，各种训练的仪式都结束了；经历险要的地方，走了很远的路程，马的力气已经竭尽了；然而还不停地要求马，我因此知道他的马会走失。"定公说："讲得好。还能再详细地讲讲吗？"颜渊回答说："臣听说，鸟被逼急了就会乱啄，兽被逼急了就会乱抓，人被逼急了就会奸诈。从古到今，没有君主把下面的人逼急了而自己没有危险的。"

尧问篇第三十二

原　文

尧问于舜曰："我欲致[①]天下，为之奈何？"对曰："执一无失，行微无怠，忠信无倦，而天下自来。执一如天地，行微如日月，忠诚盛于内，贲[②]于外，形于四海，天下其在一隅[③]邪，夫有[④]何足致也！"

魏武侯谋事而当，群臣莫能逮[⑤]，退朝而有喜色。吴起进曰："亦尝有以楚庄王之语闻于左右者乎？"武侯曰："楚庄王之语何如？"吴起对曰："楚庄王谋事而当，群臣莫能逮，退朝而有忧色。申公巫臣进问曰：'王朝而有忧色，何也？'庄王曰：'不谷[⑥]谋事而当，群臣莫能逮，是以忧也。其在中蘬[⑦]之言也，曰："诸侯自为得师者王，得友者霸，得疑者存，自为谋而莫己若者亡。"今以不谷之不肖，而群臣莫吾逮，吾国几于亡乎！是以忧也。'楚庄王以忧，而君以喜。"武侯逡巡[⑧]再拜曰："天使夫子振寡人之过也。"

注　释

①致：招致，这里指使天下人归顺。

②贲：通"奋"，发扬。

③隅：角落。

④有：通"又"。

⑤逮：及，赶得上。

⑥不谷：君主的谦称。

⑦中蘬（huǐ）：即仲虺，商汤的左相。

⑧逡巡：徘徊不前或向后退，表示恭敬。

译　文

尧对舜说："我想要使天下归服，该怎么做呢？"舜回答说："用心专一而不要有过失，行为谨小慎微而不要懈怠，忠心诚信而不知疲倦，天下人自然会来归服。用心专一好比天地的运行，行为谨慎好比日月的运转，忠心诚信充满于内而发扬于外，显现于四海，整个天下不就好像在一个小角落中吗？天下的归服又哪里需要特意努力呢？"

魏武侯谋划事情十分恰当，群臣都赶不上他，退朝之后他脸有喜色。吴起进谏说："您曾经从身边的人那里听说过楚庄王的事情吗？"武侯说："楚庄王说过什么话？"吴起回答说："楚庄王谋划事情十分恰当，群臣都赶不上他，退朝之后他脸上显得很忧愁。申公巫臣上前问他说：'大王上朝而脸色有忧愁，为什么？'庄王说：'我谋划事情很恰当，群臣都赶不上我，所以忧愁。仲虺曾经说过："诸侯得到老师的可以称王，得到朋友的可以称霸，得到质疑之臣的可以保存，自己谋划而群臣都不如自己的就会灭亡。"现在以我这么不贤的人，群臣都赶不上我，我的国家就快灭亡了吧。所以我才忧愁。'楚庄王因此忧愁，而您因此喜悦。"武侯徘徊退后向吴起拜两拜说："是上天派你来纠正我的过错啊。"

原　文

伯禽[①]将归于鲁，周公谓伯禽之傅曰："汝将行，盍志而子美德乎[②]？"对曰："其为人宽，好自用，以慎。此三者，其美德已。"周公曰："呜呼！以人恶为美德乎？君子好以道德，故其民归道。彼其宽也，出无辨[③]矣，女又美之！彼其好自用也，是所以窭小[④]也。君子力如牛，不与牛争力；走如马，不与马争走；知如士，不与士争知。彼争者，均者[⑤]之气也，女又美之！彼其慎也，是其所以浅也。闻之曰：'无越逾不见士[⑥]。'见士问曰：'无乃不察乎？'不闻，即物少至，少至则浅。彼浅者，贱人之道也，女又美之！吾语女：我，文王之为子，武王之为弟，成王之为叔父，吾于天下不贱矣；然而吾所执贽[⑦]而见者十人，还贽而相见者三十人，貌执[⑧]之士者百有余人，欲言而请毕事者千有余人，于是吾仅得三士焉，以正吾身，以定天下。吾所以得三士者，亡于十人与三十人中，乃在百人与千人之中。故上士吾薄为之貌，下士吾厚为之貌，人人皆以我为越逾好士，然故士至；士至而后见物，见物然后知其是非之所在。戒之哉！女以鲁国骄人，几⑨矣！夫仰禄之士犹可骄也，正身之士不可骄也。彼正身之士，舍贵而为贱，舍富而为贫，舍佚而为劳，颜色黎黑⑩而不失其所，是以天下之纪不息，文章⑪不废也。”

语曰：缯丘之封人⑫，见楚相孙叔敖曰：“吾闻之也：处官久者士妒之，禄厚者民怨之，位尊者君恨之。今相国有此三者，而不得罪楚之士民，何也？”孙叔敖曰：“吾三相楚而心愈卑，每益禄而施愈博，位滋尊而礼愈恭，是以不得罪于楚之士民也。”

注　释

①伯禽：周公的儿子。

②盍：何不。志：讲述。而：通“尔”，你。子：弟子，指伯禽。

③无辨：不能分辨善恶、对错。

④窭（jù）小：器量狭小。

⑤均者：爱比较的人。

⑥无越逾不见士：不越过等级就无法见到士人。

⑦贽（zhì）：礼物。

⑧貌执：以礼相待。

⑨几：危险。

⑩黎黑：肤色黝黑。

⑪文章：典章制度。

⑫缯丘：通“曾邱”，地名。封人：掌管边境的官员。

译　文

伯禽将要回鲁国去，周公问伯禽的师傅说：“你将要走了，何不说说你的弟子的美好品德呢？”回答说：“他为人宽厚，喜欢自己处理事情，做事谨慎。这三点是他的美德。”周公说：“哎呀，你以人的缺点当美德吗？君子喜好道德，因此百姓归于正道。伯禽的宽厚，是出于不分是非、善恶，你却以之为美德！他喜好自己处理事情，这说明他器量狭小。君子力气大得像牛一样，但不和牛争力气；奔跑快得像马一样，但不和马赛跑；智慧如士人一样，不和士人比较高低。伯禽争这些，是好计较的气质，你又以之为美德！他的谨慎，是他之所以浅薄的原因。我听说：‘不越过等级就不能见到士人。’见到士人应该问他们：‘我有什么不知道的吗？’不问，事情就听说得少，听说得少就浅薄。浅薄是卑贱之人所奉行的道理，你又以之为美德！我跟你说，我是文王的儿子，武王的弟弟，成王的叔父，对天下人来说我的位置不算卑贱了，然而我要拿着礼物去拜见的有十个人，还礼回见的有三十个人，以礼相待的有一百多人，想说话而等待人家讲完的有上千人。从这些人中，我只得到了三个贤士，靠他们来修正我的行为，靠他们来安定天下。我得到的这三个贤士，不是从那十个和那三十个人中选出的，而是在上述的百人和千人中选出的。因此，对于上士，我稍微对他们有礼貌，对于下士，我对他们极为有礼貌，人人都认为我不拘等级而喜好贤士，然后贤士才会到来。贤士到来然后各种事情也就了解了，了解了各种事物然后才能知道是非。要警惕呀！你因鲁国而傲慢地对待他人，这很危险！追求俸禄的士人还可以对他们傲慢，有修养的士人不可以对他们傲慢。那些有修养的士人，可以舍弃高贵而甘居卑贱，舍弃富有而甘居贫困，舍弃安逸而甘居辛劳，脸色黝黑而不放弃志向。因此，天下的纲纪不会败坏，典章制度不会废弃。”

传说：缯丘的一个掌管边境的官员见到楚国的相国孙叔敖说：“我听说：当官当久的士人就会嫉妒他，俸禄丰厚的人百姓就会怨恨他，地位尊贵的人君主会憎恨他。现在相国您兼有这三个方面而没有得罪楚国的士人和百姓，这是为什么呢？”孙叔敖说：“我三次做楚国的相国而内心越来越谦卑，每次增加俸禄而施舍就越多，地位越尊贵而礼貌越恭敬，因此没有得罪楚国的士人和百姓。”

原　文

子贡问于孔子曰：“赐为人下[①]而未知也。”孔子曰：“为人下者乎？其犹土也。深扣[②]之而得甘泉焉，树之而五谷蕃焉，草木殖焉，禽兽育焉；生则立焉，死则入焉；多其功而不息。为人下者其犹土也。”

昔虞不用宫之奇而晋并之，莱不用子马而齐并之，纣刳王子比干而武王得之。不亲贤用知，故身死国亡也。

为说者曰：“孙卿不及孔子。”是不然。孙卿迫于乱世，鰌[③]于严刑，上无贤主，下遇暴秦，礼义不行，教化不成，仁者绌约[④]，天下冥冥，行全刺之[⑤]，诸侯大倾。当是时也，知者不得虑，能者不得治，贤者不得使。故君上蔽而无睹，贤人距[⑥]而不受。然则孙卿怀将圣之心，蒙佯狂之色，视天下以愚。《诗》曰：“既明且哲，以保其身。[⑦]”此之谓也。是其所以名声不白，徒与不众，光辉不博也。今之学者，得孙卿之遗言余教，足以为天下法式表仪。所存者神，所过者化，观其善行，孔子弗过。世不详察，云非圣人，奈何！天下不治，孙卿不遇时也。德若尧、禹，世少知之；方术不用，为人所疑；其知至明，循道正行，足以为纪纲。呜呼！贤哉！宜为帝王。天下不知，善桀、纣，杀贤良，比干剖心，孔子拘匡，接舆避世，箕子佯狂，田常为乱，阖闾擅强[8]。为恶得福，善者有殃。今为说者又不察其实，乃信其名。时世不同，誉何由生？不得为政，功安能成？志修德厚，孰谓不贤乎！

注　释

①为人下：处于人下，对人谦恭。

②扫（hú）：挖掘。

③鳍（qiū）：通"遒"，迫近。

④绌约：黜退穷困。绌：通"黜"，罢黜。

⑤行全刺之：德行完美的人受到讽刺。

⑥距：通"拒"，拒绝。

⑦既明且哲，以保其身：引自《诗经·大雅·烝民》，意思是：既聪明又有智慧，用来保全自身。哲：有智慧。

⑧擅强：专横强暴。

译　文

子贡问孔子说："我想要对人谦恭而不知道怎么做。"孔子说："对人谦恭吗？就好像土地一样吧。往深挖掘可以得到甘泉，在上面种植就会五谷茂盛，草木丛生，禽兽繁殖；活着的时候站在上面，死了就回归土地；其功劳繁多而不自以为有德。对人谦恭就要像土地一样。"

从前，虞国不任用宫之奇而被晋国吞并，莱国不任用子马而被齐国吞并，商纣王剜比干的心而被武王得到天下。不亲近贤人，不任用有智慧的人，因此才会身死国亡。

有一种说法认为："荀子赶不上孔子。"这是不对的。荀子被乱世逼迫，受严刑制约，上没有贤明的君主，下遇到残暴的秦国，礼义得不到施行，教化不能成功，仁人受到罢黜、压制，天下昏暗，德行完美的人受到讽刺，诸侯国相继灭亡。在那个时候，聪明人不能实践他的谋虑，有能力的人不能去治理国家，贤人不被任用。因此君主受到蒙蔽而看不到实情，贤人遭受拒绝而不被接受。然而荀子怀着圣人之心，假装疯狂，让天下人认为他很愚蠢。《诗经》中说："既聪明又有智慧，用来保全自身。"讲的就是这种人。这就是他名声不显赫、门徒不多，影响不广的原因。现在的学者，得到荀子遗留下来的言论和教导，就足以成为天下人的法则和表率。他的学说被实行的地方都能得到很好的治理，他的学说传到的地方都会受到教化。观察他的善行，孔子也不能超过他，世人不仔细考察，说他不是圣人，有什么办法啊！天下得不到治理，因为荀子没有遇到好时候。他的德行比得上尧、舜，世人却很少知道；他的治国之术得不到施行，却遭到人们的质疑。他的智慧极为高明，他遵循正道而行，足以为天下的纲纪。哎呀！真是贤人啊！他适合做帝王。天地不明智，善待桀、纣，残害忠良，比干被剜心，孔子受困于匡，接舆隐退，箕子装疯，田常作乱，阖闾专横强暴。作恶的人得到福报，行善的人遭受灾祸。现在谈说的人又不考察事实，而相信外在的名声。时代不同了，名誉该怎么确定？不能执政，功业怎么完成？荀子内心美好、品德高尚，谁说他不贤能！